da Vinci Leonardo, Heinrich Ludwig

Das Buch von der Malerei

XVII. Band

da Vinci Leonardo, Heinrich Ludwig

Das Buch von der Malerei
XVII. Band

ISBN/EAN: 9783744631174

Hergestellt in Europa, USA, Kanada, Australien, Japan

Cover: Foto ©Thomas Meinert / pixelio.de

Weitere Bücher finden Sie auf **www.hansebooks.com**

QUELLENSCHRIFTEN

FÜR

KUNSTGESCHICHTE

UND

KUNSTTECHNIK DES MITTELALTERS

UND DER

RENAISSANCE

mit *Unterstützung des k. k. österr. Ministeriums für Kultus und Unterricht*
im Vereine mit Fachgenossen herausgegeben

von

R. EITELBERGER v. EDELBERG.

XVII.

LIONARDO DA VINCI.

DAS BUCH VON DER MALEREI.

NACH DEM CODEX VATICANUS 1270

HERAUSGEGEBEN, ÜBERSETZT UND ERLÄUTERT VON

HEINRICH LUDWIG.

IN DREI BÄNDEN.

III. BAND.

WIEN, 1882.

WILHELM BRAUMÜLLER

K. K. HOF- UND UNIVERSITÄTSBUCHHÄNDLER.

LIONARDO DA VINCI.

DAS

BUCH VON DER MALEREI.

NACH DEM

CODEX VATICANUS (URBINAS) 1270

HERAUSGEGEBEN, ÜBERSETZT UND ERLÄUTERT

VON

HEINRICH LUDWIG.

IN DREI BÄNDEN.

III. BAND
COMMENTAR.

MIT 15 HOLZSCHNITTEN.

WIEN, 1882.
WILHELM BRAUMÜLLER
K. K. HOF- UND UNIVERSITÄTSBUCHHÄNDLER.

I. VORBEMERKUNGEN.

(Ueber die Wiederherstellung des Lionardo da Vinci'schen Malerbuchs und die Schwierigkeiten, den Umfang, sowie auch den Nutzen dieses Unternehmens.)

§ 1.

Die Fassung des da Vinci'schen Malerbuchs, die durch die vorliegende Ausgabe zum erstenmale in entsprechender Gestalt zur Oeffentlichkeit gebracht wird, kann weder im Ganzen, noch in irgend einem ihrer Theile als Wiedergabe der vom Autor selbst verliehenen Originalfassung nachgewiesen werden. Sie stellt vielmehr nur einen Versuch dar, und zwar mit grösster Wahrscheinlichkeit den frühesten, das augenscheinlich nur zu bald nach seinem Entstehen bereits vermisste Originalwerk vom Grund aus neu herzustellen, durch Zusammenlese und Abschrift des in den hinterlassenen handschriftlichen Fragmenten und Notizbüchern zerstreuten Stoffs, soweit derselbe gerettet war. Die Echtheit der Sätze steht, was Inhalt und Wortlaut anlangt — von geringen und leicht zu berichtigenden Fehlern des Abschreibers abgesehen — über allem Zweifel, dagegen geht aus äussern Anzeichen des Werks selbst hervor, dass die Stoffsammlung nicht ganz vollendet wurde, und was die dem Buche gegebene Gesammtfassung anlangt, so bleibt deren Aehnlichkeit mit der Redaction des Originals durchaus in Frage gestellt. Es fehlen alle sicheren Anhaltspunkte für die Entscheidung, ob und wieweit die Compilatoren im Stande waren, sich der ursprünglichen Fassung und Einrichtung auch nur in allgemeinsten Zügen zu erinnern, oder etwa mit Hilfe vom Autor selbst in den Notizbüchern hinterlassener Anweisungen die Stoffordnung ihres Werks an die des Originals anzulehnen. Ja wir wissen nicht einmal

mit Gewissheit, ob und in welchem Umfang das Original jemals
zu Abschluss und Vollendung gelangt sei, und ob es nicht zum
grossen Theile in einem Zustand hinterblieben war, welcher Sichtung,
Bearbeitung und sogar Vervollständigung noch gar sehr erheischte.

Dass Lionardo eine Schrift verfasst habe, die, zum Unterschied
von andern Schriften, den Titel „Buch von der Malerei" von ihm
bekommen hatte, verbürgt uns zwar eine sehr glaubwürdige Nachricht. Lionardo's langjähriger Freund und Gefährte, Fra Luca
Pacioli, sagt in einem Schreiben vom 9. Februar 1498 an den
Herzog Lodovico Sforza, das in seinem Werk „De diuina Proportione" abgedruckt ist, Lionardo habe das Buch „von der Malerei
und den Bewegungen des Menschen" bereits vollendet.*) Doch ist
dies, wie man sieht, eine sehr vage und kärgliche Notiz, aus der
sich weiter nichts entnehmen lässt, als ganz im Allgemeinen, dass
es damals einen Tractat Lionardo's von der Malerei gegeben habe,
von dem ein sehr bemerkenswerther Abschnitt von den menschlichen Bewegungen handelte. Wie dies Buch aber beschaffen gewesen sei, ob es bereits damals ausser dem genannten Abschnitt
auch noch andre Theile in sich vereinigte, und mit was sich dieselben befassten, darüber lässt uns der Berichterstatter·im Dunkeln.

Dass anderweitige, nicht minder wichtige Abschnitte des Malerbuchs geplant waren, kann keinem Zweifel unterliegen, denn in
seinen Notizen citirt Lionardo eine ganze Anzahl von solchen, nur
dass die Citate durch die Unordnung ihrer Angaben Zweifel erwecken, ob eine endgültige Vollführung dieser Pläne je stattgefunden
habe. Doch befindet sich heute noch unter den aus Mailand nach
Paris entführten, der Melzi'schen Erbschaft entstammenden Originalmanuscripten Lionardo's ein Codex, Codex *C* der Venturi'schen Bezeichnung, der — „das Buch von Licht und Schatten" betitelt —
wohlgeheftet, sogar mit prachtvollem Einband versehen ist, und
nach den Berichten auch stofflich wohlgeordnet sein soll. In diesem,
28 Blätter umfassenden Buch steht, sonderbarer Weise erst auf
Folio 15, die eigenhändige Bemerkung Lionardo's, dass „dies Buch am
23. April 1490 begonnen worden sei".**) Diese Zeilen würden also

---

*) Pacioli's Ausdruck ist: „Il libro de Pictura et mouimenti humani".
**) Siehe Jordan „das Malerbuch Lionardo da Vinci's", Anhang VI,
pag. 74, unter Codex *C*. Der Ausdruck der Lionardo'schen Notiz lautet:
„Chominciai questo libro e richominciai il cauallo".

eine zweite, höchst authentische Nachricht über das Entstehen eines
der wichtigsten Theile des Malerbuchs liefern, wenn sie sich wirklich
nur auf das „Buch von Schatten und Licht" beziehen könnten und
als unzweifelhaft nachgewiesen wäre, dass der Codex C die von
Lionardo diesem Theil verliehene Schlussfassung darstellte; allein in
Anbetracht verschiedener Umstände darf diese Annahme bis jetzt
noch nicht für ganz gesichert gelten.

Eine eigentliche und sauber gehaltene Reinschrift ist der Codex
auf keinen Fall, dies bezeugt schon das Vorkommen noch verschiedener anderweitiger Privatnotizen ausser der vorerwähnten auf
Blatt 15, die aus etwas späterer Zeit stammen, aber gleich jener
mitten zwischen die von Licht und Schatten handelnden Texte hingeschrieben sind. Nach der Beschreibung befindet sich eine von
ihnen, über verliehenes Geld, auf Blattnummer 44; diese Zahl
stimmt also nicht wohl zu der in der nämlichen Beschreibung angegebenen Gesammtzahl von 28 Blättern, auf die sich der Codex
beschränken soll, man müsste denn annehmen, sie sei nicht Blatt-,
sondern Seitenzahl, und der Berichterstatter habe einmal im Ganzen
nach Blattnummern, und dann im Einzelnen nach Seitenzahlen seine
Angaben gemacht. Ehe dieser Zweifel gelöst ist, bleibt also schon
allein ihm zufolge die Möglichkeit offen, das Buch sei nicht etwa
die in fortlaufendem Zusammenhang geschriebene Abhandlung von
Licht und Schatten, sondern vielmehr nachträglich aus Blättern zu-
sammengelegt, die ursprünglich in anders geordneter Folge geheftet
gewesen waren, oder mit andern Worten, der Codex sei eine Zusammenlese aus einem oder mehreren grösseren tagebuchartigen
Heften, soweit sich deren Inhalt auf das Thema von Schatten und
Licht bezog, bei welcher Auslese trotzdem einige von den ander-
weitigen Notizen nicht wohl entfernt und ausgeschlossen werden
konnten.

Der Annahme, dass diese Auslese von Lionardo's eigener Hand
herrühren müsse, stemmt sich Verschiedenes entgegen. Erstens
fragt man sich, wie es komme, dass Pacioli in seiner vom Jahre 1498
datirten Erwähnung des Malerbuchs diesen Abschnitt von Licht und
Schatten nicht gleichfalls namhaft machte, der doch mindestens
ebenso erwähnenswerth scheinen musste, als der von den menschlichen Bewegungen, ja, dessen Thema von den Zeitgenossen recht
eigentlich als besondere Domäne Lionardo's anerkannt wurde. Man

müsste vielleicht annehmen, dass dieser Abschnitt, obwohl — wenn
nämlich die Notiz Lionardo's auf Folio 15 sich wirklich auf das
Buch von Licht und Schatten und nicht auf das Heft oder
das aus Verschiedenerlei gemischte Tagebuch bezieht — bereits
1490 begonnen, 1498 noch nicht vollendet und die Auslese und
Zusammenstellung desselben erst später vom Autor gemacht worden
sei. Doch auch hiegegen erheben sich Einwände, die gewichtig
genug sind.

Der Codex Vaticanus ward jedenfalls längst nach Lionardo's
Tod zusammengestellt, und seine Compilatoren verfügten über 18
noch unberührte Originalheftungen Lionardo's, in deren Verzeichniss
nicht ein Buch von Licht und Schatten aufgeführt wird, sondern
zwei Hefte dieses Inhalts und Titels genannt werden. Evidenter-
maassen glaubten aber die Compilatoren nicht, sich an diesen zwei
Heften genügen lassen zu dürfen, denn sie trugen im fünften Theil
ihres Werks, dem sie den Titel „d'Ombra e lume" ausdrücklich
voranstellten, noch gar manches Capitel aus den gleichfalls in ihrem
Verzeichniss angeführten Büchern A und B ein und hinzu. Hingegen soll den Berichten nach ihrem fünften Theil Manches fehlen,
was der Codex C enthält. Und nach denselben Berichten soll doch
wieder der besagte Codex C nichts sein, als eine Zusammenfügung
der von den Compilatoren des Codex Vaticanus benützten Heftungen G und W. Hätten die Compilatoren also geglaubt, diese
beiden Hefte für die vom Autor gegebene Schlussfassung des zum
Malerbuch gehörigen Theils von Licht und Schatten halten zu
dürfen, warum hätten sie da diese beiden Hefte in ihrem fünften
Theil nicht genau der Textfolge nach abgeschrieben, statt sie nur
zu excerpiren und noch Anderweitiges aus andern Heften hinzuzu-
sammeln? Oder sollte etwa gar der Codex C eine Originalheftung
Lionardo's darstellen, die ausser den Heften W und G bestanden
hätte, und Vieles wortgetreu enthielt, was auch in diesen stand, und
diese Heftung den Compilatoren nicht zugänglich gewesen sein? Das
ist doch wohl sehr unwahrscheinlich, und jedenfalls wären dann
in der Folgezeit die beiden Hefte G und W, gleichfalls vom Autor
selbst mit dem Titel „De Ombra e lume" versehen, in Verlust
gerathen; bevor diese also wiedergefunden und untersucht wären,
wäre es nicht wohlgerathen, den Codex C für die von Lionardo
selbst verliehene Schlussfassung zu erklären.

Diese Zweifel werden aber durch noch ganz andere Einwürfe unterstützt, wenn man sich die Art und Weise Lionardo's, Gedanken zu Papier zu bringen, vor Augen hält. Dieselbe hat wahrlich nicht die entfernteste Aehnlichkeit mit regelmässiger Schriftstellerei. Nicht, dass das Thema sich auch nur irgendwie in stetiger Weise abspänne; in Kreuz- und Quersprüngen wird es verfolgt, hier fallen gelassen, um bei ganz anderer Stelle und in ganz anderem Zusammenhang anderswo wieder aufgenommen zu werden, und überdem in allen Fällen in einzelne Thesen und Propositionen zerstückt, bei denen eine wirkliche Nothwendigkeit gebundener Aufeinanderfolge oft gar schwer nachzuweisen sein möchte. So wird es denn nur gar zu begreiflich, dass auch eine fremde Hand, sei dieselbe nun von wohlwollender oder von unreiner Absicht gelenkt, hier nicht allzu-grosse Schwierigkeiten finden würde, aus zerstreuten, wohl aber den gleichen Stoff im Allgemeinen betreffenden Einzelsätzen Lionardo's ein Flickwerk zusammenzustellen, das auf den ersten Blick einem nicht genau Sachverständigen auch wie eine von Lionardo selbst her-rührende Zusammenlese vorkommen kann.*) Und bedenkt man nun

---

*) Ein derartiges zweifelhaftes Heft ist z. B. der Tractat vom Vogelflug, einer von denen, die Libri nach Vollendung seiner Pariser Untersuchungen verkaufte. Die Blätter enthalten zwar fast nichts, als Capitel über den Flug der Vögel, nur wenige Seiten sind gemischten Inhalts, und auf das Innere des Umschlages, ausser einem Satze über das besagte Thema, verschiedene son-stige Bemerkungen eingetragen. Die Doppelblätter in Quartbruch, aus denen das Büchlein besteht, sind aber lose ineinandergelegt und ebenso in den Deckel, man kann sie umlegen, wie man will. Eines von ihnen ist nur zur Hälfte vorhanden. Die Seitennummern stimmen nicht zur Zahl der Blätter und sind von fremder Hand, offenbar in der Absicht die ursprünglichen Blattnummern unkenntlich zu machen, zweimal mit anderen Zahlen über-schrieben. An der Stelle der Aussenseite des Deckels, wo die Marke gestanden haben kann, ist — etwa mit nassem Finger — ein tiefes Loch gerieben, an zwei Stellen Versuche gemacht Marken nachzufälschen, aber wiederum halbgelöscht. Es ist weder zu sagen, ob diese Blätter ursprünglich zusammen, noch ob sie in den beiliegenden Deckel geheftet waren. Der Besitzer, Herr Graf Manzoni, sowie Herr Professor Uzielli, die den Inhalt gelesen haben, erklärten mir, dass derselbe aus lauter Einzelsätzen bestehe, deren strenge Aufeinanderfolge man vorläufig nicht mit Gewissheit erweisen und behaupten könne, ebensowenig als ihre Vollständigkeit. Eine Reinschrift ist auch dieses Manuscript nicht. Die Blätter waren sogar schon einmal benützt gewesen, an mehreren Stellen ist der Text über blasse Röthelzeichnungen von Baumblättern und Anderes hingeschrieben. Aus Libri's Händen stammen bekanntlich auch die Ashburnham'schen Manuscripte.

endlich, aus wessen Händen der heutige Codex *C* dereinst in die Mailänder Bibliothek gelangte, so gewinnt die Sache kein Zuversicht erweckenderes Ansehen. Dem Cardinal Friedrich Borromäo, dem Gründer der Ambrosiana, war das Buch im Jahre 1603 von demselben Guido Mazzenta verehrt worden, der sich damit einen Namen gemacht hat, dass er im Wetteifer mit dem berüchtigten Bildhauer Pompeo Leoni die Manuscripte der Melzi'schen Erbschaft auseinanderriss und dieselben an hohe Gönner abliess oder „verehrte". Von Mazzenta's Mitschuldigem weiss man mit Bestimmtheit, dass er sich bei diesem Geschäft nicht entblödete, oder besser gesagt, dass er sich durch den Sammlergeschmack und -Verstand der Gönnerschaft provocirt fand, aus mehr als drei verschiedenen Büchern Lionardo's ein grosses Quodlibet, den heutigen Codex Atlanticus, auf's Phantastischste zusammenzuleimen. Mazzenta aber war ein Gelehrter, er war Physiker und Mathematiker und glaubte sich vielleicht berufen, in umgekehrter Weise mit Lionardo's Aufzeichnungen zu verfahren, als sein Nebenbuhler, d. h. aus des Autors Büchern und Miscellaneen zu Ganzen zusammenzufügen, was ihm zusammengehörig zu sein schien. Nachweislich ist nun ein Theil der Lionardo'schen Untersuchungen über Licht und Schatten in rein physikalischer Weise behandelt, ein anderer Theil in solcher, wie er sich für das Malerbuch eignet.*) Daher mögen sich denn auch die beiden getrennten Hefte *G* und *W* erklären — und so hat Guido vielleicht in vollkommen urtheilsloser Weise aus diesen beiden Heften eines gemacht. Dass aber der ungeordnete Zustand des Lionardo'schen Schriftnachlasses überhaupt zu solchen Versuchen herausforderte, bedarf wohl keiner weiteren Erwähnung. Wiederholen sich doch ähnliche Anläufe nur wenige Jahre nach Mazzenta's Ableben in ausgedehntester, aber entschieden wohlwollender und edler Weise bei den Arconati's; wird doch die Möglichkeit und tolle Idee der Zusammenwürfelungen Leoni's einzig nur aus dieser ungeregelten Buntheit des ursprünglichen Zustandes einigermassen erklärlich, und ist doch endlich die weit frühere Compilation des Codex Vaticanus nichts als ein Versuch die besagte Unordnung zu einer lesbaren Schrift umzuformen.

Bevor demnach die Untersuchung nicht mit weit competenteren und eindringlicheren Kräften geführt ward, als bis jetzt geschah,

---

*) In dem in der zweitgenannten Weise behandelten Theil citirt Lionardo selbst vielfach Sätze der physikalischen Lehre als Begründungsstellen.

können wir uns nicht einmal der Hoffnung hingeben, es sei wenigstens ein sehr wichtiger zu Abschluss gelangter Theil der Urschrift in endgiltiger Originalfassung gerettet bis auf uns gelangt, und noch weit weniger wissen wir Sicheres über Umfang und Anordnung der übrigen Theile, deren Titel wir kennen, oder über den Habitus des Tractats im Ganzen.

Sehr bedenklich ist jedenfalls, dass von den Berichterstattern, die unmittelbar oder nicht allzulange nach Lionardo's Tod schrieben, kein Einziger des Tractats als eines abgeschlossenen und zusammenhängenden Ganzen Erwähnung thut, sondern nur einzelner Fragmente. Lionardo hatte seinem Schüler und Liebling, dem Patrizier Franz Meltzi, der ihm nach Frankreich gefolgt war und an seinem Todtenbett stand, wie das Testament besagt, seine sämmtlichen Bücher, die er damals besass, sammt sonstigen Instrumenten, Entwürfen und Zeichnungen (portracti, viell. Bildnissen), die seine Kunst und das Malergewerbe betrafen, geschenkt und vermacht, und Melzi führte diese Erbschaft auf sein Gut Vaprio bei Mailand, wo er sie bis zu seinem Tode getreulich hütete. Im März 1523, also noch nicht vier Jahre nach Lionardo's Tod (2. Mai 1519) schreibt Alberto Bandidio, Ferrareser Gesandter zu Mailand, über nicht zum Ziel gelangte Unterhaltungen mit Melzi wegen des Ankaufs der Lionardo'schen Erbschaft, erwähnt „vieler Aufzeichnungen, und des Manuscripts über Anatomie", aber nicht des Malerbuchs. Vasari, der die Schriften bei Melzi sah, hebt verschiedenes Einzelne hervor, darunter gleichfalls in erster Linie die anatomischen Zeichnungen;[*]) aber auch er nennt nicht das Malerbuch als Ganzes, und ebenso verhält es sich in Lomazzo's spätem, aber doch wohl aus sehr guten Quellen geschöpften Bericht. Es kann also sehr wohl sein, ja der Gedanke hieran liegt sehr nahe, dass das Buch bei Lionardo's Fortgang von Mailand gar nicht mehr in des Autors Besitz und wohl gar verloren oder der Zerstörung anheimgefallen war. Denn wie andere Gelehrte und Künstler, die Ludwig Sforza an seinem Hof um sich versammelt

---

[*]) Der Bericht des anonymen Biographen, dass die Anatomie in Santa Maria Novella in Florenz aufbewahrt worden sei, ist hiemit wohl nicht in Widerspruch, denn Lionardo hatte am nämlichen Ort noch anderweitiges Besitzthum zeitweilig deponirt. Somit können auch diese Zeichnungen entweder schon vor, oder bald nach seinem Tode von ihrem Aufbewahrungsorte zurückgezogen worden sein.

hatte, diesem Protector ihre Schriften zu widmen und zu überreichen pflegten, so wird auch Lionardo dies mit der seinigen gethan
haben, und so konnte das Buch bei des Herzogs Entthronung
durch die Franzosen, gleich anderen unschätzbaren Dingen, zerstört
worden oder in fremde Hände gefallen sein. Wir erwähnen hier der
Lommazzo'schen Notiz, es sei bei jener Gelegenheit Lionardo's
Tractat von der Pferdeanatomie zu Grunde gegangen.

Dass Melzi nicht der Einzige war, der Lionardo'sche Manuscripte
besass, ist wohlverbürgt. Nachdem Vasari in der zweiten Auflage der
„Vite", die im Jahr 1568 erschien, über die in Melzi's Besitz befindlichen Manuscripte berichtet hat, dass Melzi, „der zu Lionardo's Zeit
ein liebenswerther Jüngling gewesen, wie er jetzt noch ein feingesitteter
und schöner Greis sei, diese Schätze wie theure Reliquien in Vaprio
hüte", fährt er fort: „Vor Kurzem besuchte mich (in Florenz) noch
ein anderer Mailänder Maler N. N., derselbe gewährte mir Einblick
in von rechts nach links Geschriebenes von Lionardo's eigener Hand,
das von der Malerei und den Weisen des Zeichnens und Colorirens
handelte. Dieser Maler war auf der Reise nach Rom, wo er die
Schrift zu Druck bringen wollte." Leider weiss Vasari diesem unvoll-
ständigen Bericht nichts Weiteres hinzuzufügen. Wäre diese Schrift
vielleicht in die Vaticanische Bibliothek gewandert, so müsste man
der Zeit nach ausfindig zu machen suchen, ob etwa unter Pius IV.
oder Pius V. Regierung eine solche Anschaffung gemacht worden
sei. Nur hat es bekanntlich grosse Schwierigkeiten, derartige Nachforschungen in der Vaticana anzustellen. — Auch grössere Abschriften
von kunsttheoretischen Tractaten Lionardo's circulirten bereits lange
vor Franz Melzi's Tod in Italien. Benvenuto Cellini erzählt, dass
er vor 1542 eine solche von einem armen Edelmann erstanden habe,
die Vorschriften für Malerei, Architektur, und Bildhauerei enthielt.

Hienach besteht allerdings immer die Hoffnung, das von Pacioli
erwähnte Buch auch anderenorts als unter den aus der Melzi'schen
Erbschaft stammenden Manuscripten ausfindig zu machen. Jedenfalls
ist man über die Herkunft selbst der heute bekannten und nicht
unzugänglichen Theile des Manuscriptnachlasses noch beiweitem nicht
genügend unterrichtet, was sich daraus erklärt, dass ja, wie bereits
angedeutet, dieser Nachlass schon früh dem barbarischen Schicksal
verfiel, Gegenstand antiquarischer Handelsspeculation und Raritäten-
liebhaberei zu werden. Sind wir doch nicht einmal über die Herkunft

der im siebenzehnten Jahrhundert in Mailand aus der ersten Zerstreuung wieder aufgesammelten Fragmente durchaus im Klaren, und
es ist leider sogar auch für diesen an legitimer Stätte wieder vereinigt gewesenen Theil des Gesammtbestandes constatirt, dass er bis
auf die neueste Zeit herab, oder vielmehr in dieser letzten Zeit
von neuem, angetastet und auf Schleichwegen des Raritätenhandels
in nicht unbedeutenden Quoten nochmals zersplittert wurde. Somit
wird das Gelingen der Wiederauffindung des gesuchten Buches vielfach von reinen Glücksfällen abhängen, und die Forschung muss an
mancher Stelle nicht nur mit grösster Vorsicht, sondern geradezu mit
Misstrauen geführt werden, wie Jeder einsehen wird, der mit den
Mysterien der Antiquitätenspeculation bekannt ward. Ihren Ausgang
muss die Untersuchung natürlich bei den Theilen des Nachlasses
nehmen, von denen mit einiger Sicherheit feststeht, dass sie wenigstens der Hauptsache nach aus der Melzi'schen Erbschaft stammen,
obwohl hier, wie schon gesagt, die Aussicht auf Erfolg keine allzu
glänzende zu sein scheint. Hieher zu rechnen sind also die zu Beginn
des siebenzehnten Jahrhunderts durch Mazzenta's und Leoni's Hände
gegangenen Schriftstücke. Nur über einen Theil der ersten Episoden
dieser Hauptzersplitterung besitzen wir Licht, obwohl kein ganz zu-
verlässiges und noch weniger vollständiges.

Ein Mailänder Patrizier, Gianambrogio Mazzenta, der Bruder
des vorerwähnten Guido, erzählt in einem in der Ambrosiana aufbewahrten Bericht, es sei, als er in Pisa die Rechte studirte, ein
sicherer Lelio Gavardi, gewesener Lector der schönen Literatur im
Hause Vaprio, nach Pisa zu Besuch gekommen, der 13 Bände Lionardo'scher Manuscripte mit sich führte, die — nach Francesco
Melzi's 1570 erfolgtem Ableben — in gänzlicher Verwahrlosung in
Vaprio gelegen hätten, und die er, Gavardi, nach Florenz gebracht, um sie dem Grossherzog Franz zu Kauf anzubieten. Dieser
Handel war wegen des Grossherzogs am 19. October 1587 ein-
getretenem Tod nicht zu Abschluss gelangt. Mazzenta hielt dem
Gavardi die Unredlichkeit seiner Handlungsweise vor und bestimmte
ihn, dem rechtmässigen Besitzer sein Eigenthum zurückzuerstatten,
liess sich die Bände einhändigen und überbrachte sie bei seiner
Rückkehr nach Mailand im Jahre 1588 Oratio Melzi, dem Sohn und
Erben Francesco's. Allein Oratio „verwunderte sich, dass Mazzenta
sich so viel Unbequemlichkeit gemacht", und schenkte dem Ueber-

bringer alle 13 Bände. Im Jahr 1590 ging Gianambrogio in das Barna-
bitenkloster zu Mailand und überliess die Bände seinem Bruder, dem
Doctor Guido Mazzenta, einem „gelehrten und besonders im Fache
der Hydraulik sehr bewanderten Manne". Guido machte von diesem
Schatze und Oratio Melzi's Freigebigkeit solch' ein Gerede, dass
noch viele Andere sich veranlasst fühlten, Oratio um ähnliche
Geschenke anzugehen, bei welcher Gelegenheit dieser sich wirklich
des noch in Vaprio verbliebenen Restes von Handschriften, Instrumenten und Zeichnungen aus Lionardo's Nachlass entäusserte. Den
grössten Theil davon wusste Pompeo Leoni, Schüler Buonarotti's
und Hofbildhauer Philipp's II. von Spanien an sich zu bringen, der
auch durch Versprechung zu erwirkender Titel, Würden und sonstiger Vortheile Oratio Melzi bewog, Guido Mazzenta um die Rückerstattung der zuerst verschenkten 13 Bände anzugehen, damit diese
in seinen, Leoni's, Besitz kämen. Dies gelang jedoch nur halb. Guido
gab nur sieben von den Bänden wieder heraus, die übrigen sechs
behielt er für sich.

Von diesen sechs Bänden „verehrte". Guido Mazzenta:

1. Einen im Jahre 1603 dem Cardinal Friedrich Borromäo,
der denselben der im Jahre 1609 von ihm gegründeten Ambrosiana
einverleibte. Dies ist der oben erwähnte, in rothen Sammt gebundene
und mit goldener Aufschrift versehene Codex *C* der heute zu Paris
befindlichen Handschriften.

2. Einen zweiten Band erhielt der Maler Figini; der Band ward
von diesem auf Ercole Bianchi vererbt, und in späteren Jahren
vom englischen Consul in Venedig, Joseph Smith, angekauft, in
dessen Bücherverzeichniss von 1775 er erwähnt sein soll. Der Band
gilt für verschollen.

3. Ein dritter Band ward dem Herzog Carl Emanuel von
Savoyen verehrt. Dieser Band gilt gleichfalls für verschollen und
ist wahrscheinlich in einem der Turiner Bibliothekbrände von 1667
und 1679 zu Grunde gegangen.

Band 4, 5 und 6 kamen nach Guido's Tod (1613) an Leoni,
der aus ihren auseinander genommenen Blättern, denen er noch
sonstige Fragmente hinzufügte, jenes Quodlibet zusammenklebte,
das Graf Galeazzo Arconati nach Pompeo's Tod (1625) von dessen
Erben Calchi erstand und 1637 mit anderen von ihm aufgekauften
Manuscripten Lionardo's der Ambrosiana schenkte, wo es unter dem

Namen des Codex Atlanticus noch heute aufbewahrt wird. Govi meint, man könne den Blattformaten nach fünf Hefte aus diesem Codex zusammenordnen.

Nicht ein einziger von diesen sechs Bänden wird als das gesammte Original-Malerbuch bezeichnet, für einen Theil dieses Buches könnte wenigstens der ersterwähnte Band wirklich ausgegeben worden sein.

Weit undeutlicher lauten die Nachrichten über die sieben Bände, die Guido Mazzenta dem Oratio Melzi zurückerstattet hatte. Es ist nicht ganz gewiss, ob Pompeo Leoni dieselben wirklich sämmtlich erhalten und einige davon, wie seine Absicht gewesen war, nach Spanien gebracht hat. Sicher ist nur, dass er nach Philipp's II. Tod (1598) in Mailand Handel mit Lionardo'schen Manuscripten trieb.

Zwei umfangreiche Bände kaufte bei ihm der bereits 1610 nach Italien gekommene Graf Arundel für die britische Krone. Von diesen befindet sich der erste heute im British Museum, der zweite, die Anatomie, in Windsor, und es ist gewiss bezeichnend für das Verständniss damaliger englischer Grossen und den Geist italienischer Raritätenhändler, dass Leoni die anatomischen Zeichnungen Lionardo's restaurirte und ergänzte. Diese beiden Bände wurden also gleich damals in's Ausland verschleppt; nach einer Notiz, die sich in einer von den Mailänder Abschriften Lionardo'scher Texte, die Arconati anfertigen liess, vorfindet, soll auch ein Tractat „von den Farben" nach England verkauft worden sein.

Auch für keinen von diesen Bänden wurde von deren Verkäufer, soweit bekannt, die Behauptung aufgestellt, er sei das Malerbuch. Graf Galeazzo Arconati sammelte ausser dem vorerwähnten Codex Atlanticus noch zehn Hefte aus der Zerstreuung wieder auf, die möglicherweise sämmtlich aus den in Pompeo's Hände gerathenen Bänden herstammen. Er schenkte sie 1637 der Ambrosiana. Dass sie Originalheftungen seien, wird sich schwerlich beweisen lassen. Für den heutigen Codex D der Pariser Sammlung, „Dell'ochio e della visione", wird gemuthmasst, dass er von Arconati zusammengestellt sei, der sich das Recht vorbehalten hatte, die Hefte zurückzunehmen, auszutauschen und zu benützen, und eben für dieses später geschenkte Heft ein anderes zurücknahm, das, wie man glaubt, der jetzt in Casa Trivulzi bei Mailand befindliche Codex ist,

Endlich schenkte im Jahre 1674 Graf Oratio Archinti aus
Mailand der Ambrosiana ein weiteres Heft, das noch heute in Paris
des Gebers Namen trägt. *)

Somit besass die Ambrosiana gegen Ende des siebenzehnten
Jahrhunderts 13 Codices, worunter man sich aber, wie man sieht,
nicht die ursprünglichen 13 Bände der Melzi'schen Erbschaft vorzustellen hat, von deren Bestand allein schon, nach der eben gegebenen Zusammenstellung, fünf Heftungen fehlen würden: das
Trivulzi'sche Heft, der Turiner Band, der Figini'sche, und die beiden
Arundel'schen Bände. Aber auch von diesen weiss man ja nicht, dass
sie Lionardo'sche Originalheftungen seien, und die Ambrosianischen
Bücher können dies schon ihrer hohen Zahl wegen wohl unmöglich
sein, der Atlanticus ist zudem erwiesenermaassen eine Zusammenstellung aus Fragmenten von mehr als drei Originalheften, und für
den Codex D die Zusammenstellung durch Arconati wahrscheinlich;
es mögen sich aber immerhin trotz all dieses Wirrwarrs Stücke
in der ursprünglichen Blattfolge erhalten haben. Nur der Codex
Archintianus könnte vielleicht durchaus Originalheftung sein, wenn
er nämlich wirklich nicht aus der Melzi'schen Erbschaft her-
stammte.

Doch sind wir hiemit noch nicht am Ende der Zersplitterungs-
und Wandergeschichte angelangt.

Die Mailänder Handschriften wurden im Jahre 1796 von Napo-
leon nach Paris entführt, wo Venturi sie untersuchte und Auszüge
aus ihnen machte, ohne zu klaren Resultaten zu gelangen. Bei der
Rückerstattung der von dem Eroberer geraubten Schätze der Kunst
und Wissenschaft ging es betreffs der Lionardo'schen Schriften so
nachlässig zu, dass nur der Codex Atlanticus und einige Abschriften

---

*) Wann und wie dasselbe in Besitz der Archinti gekommen sei,
wird in den Berichten nicht erwähnt. Gleich den Arconati hat auch dies
Mailänder Geschlecht im siebenzehnten Jahrhundert mehrere Mitglieder aufzuweisen, die sich öffentlich als Gelehrte und Förderer der Wissenschaften
bethätigten, wie 1668—1732 Graf Carlo A., Sammler einer Bibliothek und
mathematischer Instrumente, Gründer der gelehrten Palatinischen Gesellschaft, kaiserlicher Kämmerer und Grande von Spanien; ferner Joseph A.,
1651 päpstlicher Nuntius in Florenz, 1699 Cardinal-Erzbischof von Mailand,
† 1712. Möglicherweise hatte die Familie den Codex Archintianus schon
früher und ohne dass derselbe aus der Melzi'schen Erbschaft stammte, be-
sessen.

an den rechtmässigen Besitzer zurückkamen, der Rest blieb in Paris liegen, offenbar in ziemlicher Verwahrlosung, denn es war in den Dreissiger-Jahren dem italienischen Mathematiker Libri bei Gelegenheit der Studien zu seinem Werk „Hystoire des sciences mathématiques en Italie etc." möglich, unbemerkt so viel von den Manuscripten aus der Instituts-Bibliothek zu stehlen, dass er Lord Ashburnham (Ashburnham Place bei Hastings) nebst verschiedenen Abschriften zwei Originalhefte, und später dem Bibliophilen, Grafen Manzoni (gegenwärtig in Rom lebend) ein Heft, den oben erwähnten Tractat vom Vogelflug — sehr wahrscheinlicherweise von ihm selbst ausgelesen und zusammengeordnet — verkaufen konnte.

In England befinden sich aber noch weit mehr Lionardo'sche Manuscripttheile, als die bis jetzt aufgeführten, sowohl in privaten, als in den Staatsbibliotheken; im Ganzen soll sich die Zahl auf neun Codices belaufen. Ueber die Provenienz des grössten Theiles von ihnen ist zur Zeit sehr wenig Sicheres bekannt, und höchst wahrscheinlich wird es dieser Theil des Lionardo'schen Nachlasses sein, gegen den sich die Forschung in erster Linie vorsichtig zu verhalten hat. Schon in nächster Zeit stehen uns Aufklärungen hierüber bevor. Ausserdem sind auch in Italien an verschiedenen Orten kleinere Fragmente zerstreut; zu einzelnen Blättern, ja Blatttheilen sind Stücke von Lionardo's Schriftnachlass auseinandergerissen worden, kurz, die Geschichte dieser Handschriften stellt nach Melzi's Tod eines der abenteuerlichsten Meisterstücke der Verstümmelung, vermuthlich auch der theilweisen Fälschung dar, die antiquarische Handels- und Sammlerwuth je an des Genius Hinterlassenschaft vollbracht haben; Schriften, also Dinge, deren Werth nur im Sinne des Inhaltes beruhen kann, wurden auf's Stumpfsinnigste ihres Zusammenhanges beraubt. Widersetzt haben sich solchem Frevel nur äusserst Wenige; glänzend stehen unter diesen der Cardinal Borromäo, und vor allen Andern der edle, patriotische Graf Galeazzo, sowie der Dominicaner Ludwig Maria Arconati da, die nicht nur das Zerstreute wieder aufsammelten, soweit dies in ihren Kräften stand, sondern auch Ordnung in dem Trümmerhaufen herzustellen suchten. Wir besitzen in ernsthaften, gründlichen Arbeiten die besten Belege, dass diese Männer über einen Zeitraum von nahezu, wenn nicht mehr als zwanzig Jahren hin das von ihnen wieder aufgesammelte Material genauester Prüfung unterzogen, und wissen, dass das Malerbuch ausdrücklich ein Hauptgegenstand dieser Nachforschungen war. Doch blieben alle Bemühungen hinsichtlich seiner fruchtlos, man musste sich daran genügen lassen, aus Lionardo's Miscellaneen und sogar zum Theil nur mit Röthel geschriebenen Notizen mühsam einen Theil des Stoffs zusammenzulesen, fand aber kein abgerundetes Ganzes; es gereicht also auch dieser Umstand der Vermuthung zur Stütze, dass Lionardo dies Ganze überhaupt nie vollendet, sondern sich mit Aufzeichnungen begnügt habe, wie und so weit er solcher zum Behuf seiner praktischen Lehrthätigkeit benöthigen konnte. In dieser Weise fände auch die Art, in der die Berichterstatter kurz nach seinem Tod und zu Franz Melzi's Lebzeiten sich über den Gegenstand äussern, ihre volle Erklärung, ja es liegt selbst keine Nöthigung vor, Pacioli's Bericht in weitergehendem Sinne zu deuten. Wollte man dies dennoch, so müsste man eben annehmen, das Buch oder der im Jahre 1498 vollendet gewesene Theil desselben habe sich wohl nicht in der Melzi'schen Erbschaft befunden, denn Melzi müsste doch ohnfehlbar von diesem Besitz gewusst haben, und würde denselben auch sicherlich nicht verheimlicht haben.

§ 2.

Die einzige, zutreffende oder nicht·ganz zutreffende Vorstellung, die wir vom Malerbuch bis jetzt haben können, verdanken wir jenen alten abschriftlichen Herstellungsversuchen aus Fragmenten und Notizbüchern, an denen sich auch Zeiten genügen lassen mussten, die dem Verständnisse der Lionardo'schen Kunsttheorie noch ganz unvergleichlich viel näher standen als wir. Diese Abschriften oder Ausschriften zerfallen in dreierlei Gestalt der Fassung, von denen wir die späteste hier zuerst betrachten wollen, die directen Ausschriften nämlich aus den von Borromäo und Arconati der Mailänder Bibliothek übergebenen Originalen, welche die beiden Arconati selbst besorgen liessen und leiteten. Diese Form stellt keine Redaction des Malerbuches dar, sondern ihre Capitel sind nur in einer zufälligen Reihenfolge abgeschrieben, wie man sie entweder in den Originalen vorfand, oder aus deren buntem Gemisch mit Intention einer schliesslichen Anordnung zusammenlas.

1. Die Codices H 227 und H 229 der Ambrosiana.

Der erstere von diesen hat folgende Eingangsworte: „Tractate von der Malerei des Lionardo da Vinci. Es sind hier die Werke, die Herr Galeazzo Arconati dem Herrn Cardinal Barberini schickte, zum Durchsehen (oder Untersuchen, Vergleichen: riuedersi), um ihm eine hergerichtete (aggiustata) Copie zu machen" (s. Dozio, S. 30). Der Codex enthält drei Theile. Theil I, 54 Blatt Folio mit 21 Tafeln Figuren, ist ein Tractat von Schatten und Licht. Dozio hält ihn für Copie des 1603 dem Cardinal Borromäo geschenkten (heutigen) Codex C, und fügt hinzu, dass er viele Capitel enthalte, die in Manzi's Edition des Codex Vaticanus nicht stünden. Ein von Dozio mitgetheiltes Stück, das wir später im Commentar zum fünften Theil unserer Ausgabe in Uebersetzung wiedergeben, enthält eine Art von Uebersicht über das Thema, wie Lionardo es unter anderen einmal zu behandeln beabsichtigte, und man wird finden, dass darin nicht nur Nichts vorkommt, das im fünften Theil unseres Codex nicht überreich bedacht wäre, sondern dass dieser fünfte Theil der älteren vaticanischen Abschrift sogar eine weit bessere Uebersicht und Planung des Buches von Schatten und Licht enthält.

Der zweite Theil des Codex H 227, 22 Blatt Folio mit in den Text gezeichneten Figuren, enthält ein Gemisch von Capiteln über Mechanik, Hydraulik, Kriegsmaschinen und Perspective.

Der dritte Theil enthält, auf 8 Blatt Folio ohne Figuren, ein Gemisch von Capiteln über Perspective, Bewegung der Körper, über den Kopf des Pferdes, Beleuchtung in Schatten und Licht der dunklen Körper, und es folgen alsdann einige wenige Capitel über das Malen von Bäumen, von denen nach Dozio, nur in anderer Ordnung und mit Textabweichungen, mehrere im Codex Vaticanus — Dozio kennt nur Manzi's Ausgabe — vorkommen. Dozio nennt die Theile II und III von Codex H 227 Copien nach Codex H 229, obwohl er sagt, dass sich die Texte in der Orthographie treuer den Lionardo'schen Autographen anschlössen, auch die Figuren von Theil II besser gezeichnet wären, als im Codex H 229.

Codex H 229 enthält gleichfalls drei Theile. Seine Ueberschrift lautet: „Copie verschiedener Capitel von Lionardo da Vinci über die Regeln der Malerei und das Verhalten beim Malen von Perspectiven, Schatten, Entfernungen, Höhen und Tiefen, von Nahem

und von Weitem (gesehen) und Anderm. Das Original zu diesen
Capiteln wurde von Herrn Galeazzo Arconati der Ambrosianischen
Büchersammlung geschenkt, und ward von demselben Sr. Eminenz
dem Herrn Cardinal Franz Barberini geschickt."*)

Der erste Theil von Codex *H* 229, 14 Blatt Folio, entspricht dem
dritten Theil von Codex *H* 227, ist aber im Text mit 26 Figuren
versehen, von denen jedoch Dozio nicht behaupten will, dass sie
nach Lionardo'schen Originalen gefertigt wurden, da sie mit allerhand Zuthaten und Verschönerungen ausgeschmückt seien, ihnen
auch zum Theil die Buchstabenbezeichnung fehle.

Der zweite Theil von Codex 229 enthält auf 60 Blatt Folio
Capitel über Hydraulik, Optik, Naturgeschichte, Astronomie, den
Vogelflug etc. und hat 175 zugehörige Figuren.

Der dritte Theil mit 33 Blättern ist gleich dem zweiten von
Codex *H* 227.

Am Schlusse der beiden Codices *H* 227 und 229 (Dozio sagt
nicht ausdrücklich welches von beiden) findet sich aber noch folgende
Nachschrift eines Copisten: ,,Von den gesuchten (ricercate) Figuren,
die nicht geschickt werden, gehören einige zum Tractat von der
Anatomie der natürlichen Dinge, und andere zum Tractat von den
Farben, welche Tractate in Händen des Königs von England sind;
und darum wurden die Capitel aus dieser Materie nicht confrontirt.
Die andern aber wurden sämmtlich confrontirt, sowohl auf die
Richtigkeit des Sinnes, als auf die des Wortlauts hin, nur auf die
Orthographie hin vielleicht nicht, die im Original etwas corrumpirt
ist, wegen der umgekehrten Schrift, und auch weil einige Capitel
mit verwischtem Rothstift (apis) geschrieben sind. Fand sich im

---

*) ,,Copia di capitoli diuersi di Lionardo da Vinci circa le Regole della
Pittura e modo da tenersi da dipingere prospettiue, ombre, lontananze,
bassezze, dappresso e discosto e altro, l'originale de quali dal Signor Galeazzo
Arconato è stato donato alla libreria Ambrosiana, e dall' istesso è stata in-
uiata all' eminentissimo Sig. Cardinale Francesco Barberino." -- Die weibliche
Participialform ,,inuiata" ist hiebei entweder Schreibfehler für ,,inuiato", oder
bezieht sich mit unbehilflicher Satzconstruction auf ,,Copia" am Anfang der
Notiz; — oder aber ,,dall' istesso", das sich auf Arconati beziehen würde,
ist wieder Schreibfehler für ,,dell' istesso", ,,desselbigen Originales", scil Copie,
nämlich. Doch steht bei dem hohen Rang und wissenschaftlichen Ansehen
Barberini's und dessen Freundschaft zu Borromäo der Annahme nichts im
Wege, dass auch das Original geschickt worden sein könne.

Uebrigen etwas, wovon schien, dass es keinen Sinn gebe, oder wo ein Wort fehlte, so ward es belassen, damit es mit dem Originale übereinstimme, mit dem Vorbehalt, von einem berufeneren Urtheil berichtigt zu werden." Und ferner: „Ausser dem Anhängsel (gionta) über die Art und Weise Landschaften zu malen, das herausgezogen (cauata) ward nebst sonstigen Capiteln mit ihren Figuren, die übersandt werden, hofft man auch den Tractat von Schatten und Licht herauszuziehen (cauare), obwohl mit etwas Zeit."

Diese Codices scheinen, soweit sie das Malerbuch betreffen, ihr Dasein ganz offenbar dem Wunsch des Cardinals Barberini zu verdanken, die von ihm bereits besessene ältere Abschrift und Redaction des Tractats, den Codex Barberini, nach den Originalen zu verificiren. Und was die „gionta" oder das Anhängsel über die Landschaftsmalerei, d. h. die „herausgeholten" Capitel von den Bäumen, sowie den Tractat von Schatten und Licht anlangt, so beziehen sich die eben erwähnten Notizen folgerecht mit höchster Wahrscheinlichkeit auf Verification des Codex 1270 der Urbinas, da besagte Capitel von den Bäumen, deren Darstellung im Codex Urbinas ein ganzes Buch gewidmet ist, und das Buch von Schatten und Licht im Barberini'schen Codex durchaus fehlen. Die berühmte Urbinatische Bibliothek war im Jahre 1626 mit dem Herzogthum an den päpstlichen Stuhl gefallen, den damals Urban VIII, Barberini, inne hatte, dessen Nipote der Cardinal Francesco war. Und der bekanntlich hochgebildete und kunstsinnige Cardinal Nipote hatte sich im gleichen Jahre 1626 an den ihm eng befreundeten Cardinal Friedrich Borromäo mit dem Anliegen gewandt, ihn mit Arconati wegen der Manuscripte in Verbindung zu setzen. Ist man einmal auf dieser Spur und überliest von Neuem die Eingangsworte des Codex Ambrosianus H. 227, dabei in Betracht ziehend, dass im ersten Theil dieses Codex die Capitel von Schatten und Licht aus den Originalen in der That herausgezogen wurden, so muss es höchst auffällig scheinen, dass dennoch die Anfertigung der „hergerichteten" (oder vielleicht nur „berichtigten") Copie unterblieb, und man zu einer solchen weder das ausgeschriebene Buch „von Schatten und Licht", noch das Anhängsel „von den Landschaften" benützte. Denn an Aufwand von Zeit und Kraft liess man es im Dienste des Cardinals Francesco nicht fehlen, den besten Beweis hiefür liefert der prachtvoll und gediegen ausgestattete Codex

„9 Bücher von Bewegung und Maass des Wassers", den Arconati's
Bruder, der gelehrte Dominikanermönch Ludwig Maria, dem Cardinal im Jahre 1643 übersandte, und dessen Inhalt man gleichfalls,
wie eine Note am Schlusse dieses in der Barberini'schen Bibliothek
aufbewahrten, musterhaften Prachtwerkes besagt, mühsam aus den
Originalfragmenten zusammengelesen und geordnet hatte. Aber im
Fortgang der noch auf weit spätere Zeit sich ausdehnenden Arbeiten
schrieb man vielmehr für die Ambrosiana selbst den Codex *H* 228,
der in Fassung mit dem Barberini'schen übereinstimmt.

2. Der Barberini'sche Codex, der Codex Pinellianus und der Codex H 228 der Ambrosiana, oder die redigirten Abschriften von verkürztem, d. h. vielmehr defectem Inhaltsumfang.

Die zweite abschriftliche Form des Tractates ist die vom Codex
Barberinus repräsentirte, die den von Dufrèsne benützten Abschriften
zu Grunde liegt. Der Titel dieses Codex lautet: „Von Malerei.
Ansichten Lionardo da Vinci's. Art und Weise Perspectiven, Schatten,
Entfernungen, Höhen und Tiefen, von Nahem und von Weitem
und Anderes zu malen." Die grosse Aehnlichkeit dieses Titels mit
dem Frontispiz des Codex Ambrosianus *H* 229 hat zu dem Irrthum
verleitet, dass der Barberini'sche Codex die „copia aggiustata, die
hergerichtete Abschrift" sein könne, von der im Frontispiz des
Codex *H* 227 die Rede. Allein durch seine Schriftzüge wird der
Barberinus mit Entschiedenheit in das sechszehnte Jahrhundert verwiesen, auch sticht er in seinem äusseren Habitus höchst auffallend
von jener hergerichteten kostbaren Abschrift „vom Wasser" ab, die
Ludwig Maria Arconati dem Cardinal Barberini anfertigte. Der
Codex ist auf geringes Papier in Quartbruch geschrieben, seine Hilfsfiguren grossentheils mitten über die geschriebenen Texte hin
gezeichnet, etwa, wie dies ein Maler in einer Abschrift zu eigenem
Gebrauch thun würde, der Einband ist sehr bescheiden, das ganze
Buch abgebraucht und verlesen. Kurz, obwohl bei der gegenwärtigen Unzugänglichkeit der Familiendocumente des Hauses Barberini über die Provenienz des Codex vorläufig nichts Bestimmtes
erhoben werden kann, dagegen kann kein Bedenken aufkommen:
das Buch stammt aus weit früherer Zeit, als aus dem ersten Drittel
des siebenzehnten Jahrhunderts. Es ist wahrscheinlich schon früher
in der Barberini'schen Bibliothek gewesen, oder auch vielleicht zur

gleichen Zeit angeschafft worden, da durch die Zerstreuung und
theilweise Wiedervereinigung der Originalmanuscripte das Interesse
in weiten Kreisen rege wurde, und der Cardinal liess es, aus
Absicht und Hoffnung einer authentischen Vervollständigung, mit
den Mailänder Originalen confrontiren, bei welcher Gelegenheit denn
die unter 1 erwähnten Ausschriften aus diesen letzteren entstanden.
Man halte hiebei die letzte der vorhin angeführten Abschreibernoten
aus Codex *H* 227 oder aber 229 im Sinn und den Umstand, dass
dem Barberinus das Buch von Schatten und Licht und das sechste
Buch fehlen, von denen in jener Notiz in so auffallender Weise die
Rede ist, und dass um die Zeit, als der Cardinal Barberini sich
an Friedrich Borromäo wandte, die Urbinatische, ausgedehntere Redaction des Malerbuchs in päpstlichen Besitz, wenn auch noch
nicht nach Rom gekommen war.

Vergleicht man den Text des Barberinus mit dem Stücke des
Urbinatischen Codex, also Theil II bis V dieses letzteren, das
der Barberinus darstellt, so findet sich zwischen beiden die auf-
fallendste Aehnlichkeit, bis auf die Fehler in Wortlaut und Figuren
und sogar bis auf die Lücken hinab, die im Urbinatischen Codex
wegen Unleserlichkeit der Originale stehen gelassen wurden. Kalli-
graphie und Orthographie sind im Barberinus etwas moderner, die
Textwiedergabe etwas nachlässiger, die Figuren verrathen schon
Manierismus, sind aber entschieden von einem gewandten Zeichner
copirt. Auch sie leiden jedesmal da an sachlichen Fehlern, wo die
des Codex 1270 an solchen leiden, und diese Fehler sind sogar
die gleichen. Von dem Stücke, welches im Codex Urbinas etwa
die Mitte des zweiten Theiles ausmacht, fehlen im Barberinus einige
Capitel, dafür ist eine unbedeutende Stelle einmal in etwas ver-
änderter Wortfassung — aber ohne die geringste Sinnveränderung —
wiederholt, wo dies im Codex Urbinas nicht der Fall ist. Auch
am Ende des Barberinus fehlen einige Capitel. Ausserdem ist die
Sonderung in Bücher oder Theile nicht vorhanden, alle Noten von
Manus 1, 2, 3 etc. des Codex Urbinas fehlen, so auch die in diesem
von Manus 3 neugesetzten Ueberschriften, und alle Librettcitate.
Dagegen sind im Barberinus Capitelnummern hinzugefügt, und ist
der Nachtrag am Ende des zweiten Theiles des Codex Urbinas, der
die unausgeschriebene Schilderung der Schlacht betrifft, an seine
Stelle im Text eingeschrieben.

2 *

Gleichlautend mit dem Barberinus ist der Codex *H* 228 der Ambrosiana, von dem jedoch Dozio annimmt, dass er erst nach dem Erscheinen der Dufrèsne'schen Ausgabe (1651) vollendet worden sei, da die beigegebenen Figuren viel mehr den Errard'schen glichen als Lionardo'schen.

Und ganz dieselbe Fassung zeigt auch der gleichfalls in der Ambrosiana befindliche Codex Pinellianus, nur mit dem Unterschied, dass ihm die Capitelüberschriften gänzlich fehlen, bis auf drei.*) Pinelli war 1535 in Neapel geboren; er machte sich bekannt als eifriger Bücher- und Antiquitätensammler. Im Jahre 1558 war er nach Padua gezogen, wo er 1601 starb. Von seiner Hand geschrieben sind nur wenige Zeilen des nach ihm benannten Codex und dessen Titel, welcher lautet: „Abhandlung über die Zeichnung von Lionardo da Vinci. Zweiter Theil". Dann beginnt dieser Codex oder zweite Theil des Malerbuchs genau, wie der zweite Theil des Codex Urbinas. Aber nach wenigen Zeilen geht die Handschrift des Pinelli zu Ende, und der Rest, der weit später, man glaubt erst gegen die zweite Hälfte des siebenzehnten Jahrhunderts ergänzt ward, endet, wie der Barberinus und die demselben gleichlautenden Abschriften, mit den Capiteln über Gewandung. Es ist also am Pinellianus — der im Uebrigen ebensowenig wie der Barberinus für defecte und fehlerhafte Stellen des Urbinas Correctur und Ersatz gewährt — nur der vor 1601 geschriebene Titel und Eingang wichtig, der ausdrücklich bezeugt, dass die so beginnende Fassung des Buchs ein Fragment einer schon vorher existirenden umfangreicheren Form darstelle, deren zweiter Theil genau so anhub, wie der Codex Urbinas, und dass sowohl diese umfangreichere, wie auch die verkürzte Form früher existirten, als die Mazzenta'sche Schenkung an Borromäo, die Erwerbungen und die Schenkung Arconati's, und endlich die Mailänder Arbeiten für den Cardinal Barberini statthatten.

Die an Umfang verkürzte, oder defecte Abschriftenform ist übrigens schon im sechszehnten und mehr noch im siebenzehnten Jahrhundert weit verbreitet gewesen. Man begegnet ihr in fast allen

---

*) In der Ausgabe des nach dem Pinellianus abgeschriebenen Codex della Bella oder Riccardianus sind diese: Capitel 164: Dei vari accidenti e movimenti = Dufrèsne, Capitel 166. — Capitel 242: Dei Moti = Dufrèsne, Capitel 242. — Capitel 322: Della Prospettiva lineale = Dufrèsne, Capitel 322 (Codex Barb. 320).

nur einigermaassen bedeutenden Bibliotheken Italiens, ebenso in
Paris und in England, unter verschiedenerlei von den jeweiligen
Anfertigern verliehenen Titeln und in besserer oder geringerer
Qualität der Abschrift und Figurirung. Aber in keinem von allen
diesen vielfältigen Exemplaren findet sich auch nur entfernt eine
Andeutung, dass die verkürzte Fassung direct aus den Originalmanuscripten Lionardo's geschöpft sei. Diese und alle sonstigen in
neuerer Zeit aufgetauchten Conjuncturen über ihre Entstehungszeit
ermangeln jeglichen Anscheins von Begründung.

**3. Die umfassendste und sachlich correcteste abschriftliche
Redaction des Malerbuchs, oder der Codex Urbinas Nr. 1270.** ·

Den gesammten verkürzten Abschriften des Buchs von der
Malerei und ebenso dem zerrütteten Fragmentmaterial der Original-
manuscripte, wie dieses vor Zeiten die Ambrosiana, oder die übrigen
Inhaber des Melzi'schen Nachlasses besassen, und wir es heute
in noch weiter zerrütteter Gestalt besitzen, steht der Urbinatische
Codex 1270 gegenüber. Er ist aus fünfzehn grossen und drei kleinen,
noch unverletzten und ihre Originalmarken tragenden Büchern der
Originalmanuscripte direct ausgeschrieben und zusammengestellt,
also aus einer vereinigten Anzahl von solchen noch unverletzten
Originalbüchern, der heute kaum mehr die Zahl der verzettelten und
zerstückten Fragmente gleichkommt. Nicht nur dass dieser Codex an
Umfang der verkürzten Fassung um das Dreifache überlegen ist, es
sind auch seine Einzeltexte und die dieselben begleitenden Hilfsfiguren unvergleichlich vollständiger und correcter. Seine nähere
Charakterisirung bilde einen besonderen Abschnitt, und betont werde
hier vorläufig nur, dass die Zahl der ihm zu Grunde liegenden
Originalbände sogar grösser ist, als die der bei Zerstreuung der
Melzi'schen Erbschaft an's Licht gekommenen unverletzten Bände,
dass er aber nach untrüglichem, in ihm vorhandenem Zeugnisse
bereits zu einer Zeit geschrieben wurde, in der mindestens noch
ein Theil der Manuscripte in Besitz der Melzi war. Und endlich
lässt sich mit voller Sicherheit aus ihm eruiren, dass in dem
zu seiner Zusammenstellung benützten Originalmaterial, trotz der
Fülle desselben, sich nicht vorfand, was den Compilatoren für
eine endgiltige und erschöpfende Originalfassung des ganzen Werks

hätte gelten können, oder uns dafür gelten könnte. Wenn man die Libretticitate, welche die Compilatoren am Rand bemerkten, ihren Blattzahlen nach ordnet, so ergibt sich vielmehr, dass der Stoff der Originale sehr erheblichen Theils ungeordnet war.

Dieser Codex ward zu Anfang des laufenden Jahrhunderts in sehr wenig entsprechender Weise vom weiland Bibliothekar der Barberina, Guglielmo Manzi, publicirt, der ihn, vielleicht durch irgend eine in den Barberini'schen Familiendocumenten vorgefundene Notiz geführt, in der Vaticanischen Bibliothek auffand. Die unter 2 charakterisirte abschriftliche Fassungsform erlebte sehr mannigfaltige Druckauflagen, darunter die erste, Dufrèsne'sche, vortrefflich ist. Auch die vom Kupferstecher Della Bella (1610, † 1664) gefertigte Abschrift des Codex Pinellianus, der heutige Codex Riccardianus in Florenz, ward 1792 von Fontani veröffentlicht. Den unter 1 aufgeführten Mailänder Abschriften ward, von einigen Excerpten abgesehen, noch keine Veröffentlichung durch den Druck zu Theil.

Die älteren Bemühungen um die Herstellung des verlornen Buchs, von denen sogar die unter Nummer 2 aufgeführte Fassung durch mehr als ein Jahrhundert hin namhaften Künstlern so viel Nutzen und Belehrung gewährte, dass sie ihnen für die Originalfassung unbedenklich galt, sind von neueren, nicht die Kunst ausübenden Schriftstellern nicht immer mit grosser Achtung behandelt worden; Mangel an philologischem Kriterium, Unbehilflichkeit, Unordnung und Lückenhaftigkeit sind die Gebrechen, die man an ihnen rügt. Wer aber den Muth gehabt hat, sich durch das bibliographische Schriftenthum hindurchzuarbeiten, dessen Gegenstand seit dem Ende des vorigen Jahrhunderts die Manuscripte des Lionardo geworden sind, dem darf man das Wohlbehagen gönnen, mit dem er sich zu jenen höchst simplen und gänzlich unphilologischen alten Abschreibern zurückwendet. Denn hier findet er wenigstens vom reinsten sachlichen Interesse erwärmte, ausdauernde Arbeitskraft, er wird nicht mit blossen Herausgreifungen nach Laune und Bequemlichkeit und eitel Tändeleien am Bast der Schaale abgespeist, sondern darf frisch und geradaus am Kern der Frucht zulangen. Das besagte Schriftenthum hingegen hat weder dem Stoff des Malerbuchs, wie er in den alten Abschriften vorliegt, irgend etwas Belangreiches hinzugefügt, noch hat es über des Originales mögliche Anordnug Aufklärung gebracht, sondern der Welt zumeist

nur bewiesen, dass, wenn Mangel philologischer Methode bei
Erhebung alter, in Verwirrung gekommener Handschriften kein
Förderniss ist — Mangel an Einsicht in das Thema dieser Schriften
doch kaum als Ersatz dafür angesehen werden darf.

§ 3.

Soll ein erneuter Versuch das Malerbuch Lionardo's in seiner
ursprünglichen Gestalt wieder hervorzusuchen auf Wissenschaftlichkeit Anspruch haben, so müssen hiebei vor allen Dingen und in
erster Reihe Solche Hand mit anlegen, denen Sinn und Zweck
bildnerischer Theorie überhaupt zugänglich sein, und die zum
mindesten doch deren Terminologie verstehen können, d. h. also
Künstler, die Theoretisches selbst praktisch erproben. Da hier eine
bildnerische Lehre in Frage steht, die, ungleich der heutigen, mathematische und physikalische Elemente in ihr Bereich zog, so müssen
diese Künstler die in Betracht kommenden Kenntnisse erwerben und
sich Raths bei Fachmännern in diesen Zweigen erholen. Und weil
es sich endlich um die Erhebung eines Materials handelt, das in
ganz ausnahmsweise schwer entzifferbarer Schrift niedergelegt ist, so
müssen des italienischen Idioms ganz vollkommen mächtige und im
Entziffern schwieriger Manuscripte erfahrene, höchst gewissenhafte und
alle weitere Einmischung vermeidende Philologen gleichfalls bereit
stehen. Diese an sich so verschiedenen Kräfte haben, dem Eigensinn
aprioristischer Specialmeinungen entsagend, vereint zu Rathe zu gehen.

Nun liegt es auf der Hand, dass sich innere und äussere
Hemmnisse weit bedenklicher gestaltet haben, als Diejenigen sie
vorfanden, die das gleiche Unternehmen vor dreihundert Jahren
erprobten. Wer immer die Compilatoren der älteren Codices auch
gewesen sein mögen, sie hatten den Vortheil, der allgemeinen
wissenschaftlichen und künstlerischen Bildung und Anschauungsweise von Lionardo's Zeit noch nahe und unter deren unmittelbarer
Nachwirkung zu stehen. Unsere Zeit aber hat gänzlich veränderte
wissenschaftliche Anschauungen und ist in demselben Grad, in dem
sie diese — an und für sich und nach ganz anderen Zielen hin —
erweiterte und vervollkommnete, an Einsicht in bildnerische Ziele und
Mittel zurückgesunken. Wie so Manches, dessen Sinn bei Lionardo's
oft nur andeutender Ausdrucksweise uns gänzlich entschlüpfen muss,
oder das wir uns nur mühevoll und vermuthungsweise zu deuten und

zurechtzulegen wissen, war zu Ende des sechszehnten Jahrhunderts noch jedem Freunde der Kunst geläufig, erschien in ·seiner sorgfältig ausgespitzten Zweckmässigkeit oder vielmehr Unentbehrlichkeit vollkommen klar und einleuchtend, denn es gab ja noch Künstler genug, die seinen intimsten Sinn in täglicher Bethätigung Allen vor Augen stellten. Durch die spätere Entartung der akademischen Schule, bei der wir derartige Dinge nur noch in durchaus verkümmerter und defecter Gestalt erblickten, kamen uns dieselben in Verruf unnütz pedantischer Verstandesformeln. Die radicale Opposition gegen den Akademicismus, die bei der stets phrasenbedürftigen Menge so grossen Anklang fand, hat diese abgeneigte Stimmung nicht nur für sich ausgebeutet, sie hat durch die Gewöhnung an ihre eigenen Leistungen sogar eine offenbare Verdummung des Augenurtheils herbeigeführt, die Viele gänzlich unfähig macht, das Uebergewicht guter Kunstübung über regellose Misspraxis auch nur zu empfinden, geschweige denn sich aus der alten Theorie definiren zu können, auf dieser Seite wird Kunstregel kurzweg für verderblich erklärt. Und wiewohl unsere Kunstgelehrsamkeit im Grossen und Ganzen sich solch nihilistischer Strömung widersetzt hat, so kann doch auch nicht geleugnet werden, dass sie ihr nicht auf eigener praktischer Erfahrung begründetes Gebäude mit mancher durchaus unsachlichen Hypothese aufschmückte, deren Vorurtheil wir erst bei uns zu Fall bringen müssen, ehe sich die Ausschau auf Kern und Wesen Lionardo'scher Theorie ungetrübt eröffnen kann. Endlich aber hat sich auch der äussere Zustand des Schriftmaterials seit jener früheren Zeit nicht gebessert, und wie sich von diesem heute sicherlich nicht so viel auf einem Fleck und in seiner ursprünglichen Heftung vereinigt findet als damals, so ist sogar vielmehr die grösste Wahrscheinlichkeit dafür vorhanden, dass die älteren abschriftlichen Compilationen der einzige Rettungshort für Manches geworden sind, das uns sonst spurlos verloren wäre.

Aus diesen Gründen wäre es sehr thöricht zu heissen, wenn wir die alten Compilationen über Bord werfen wollten. Wollen wir nicht selbst den Vorwurf der Kritiklosigkeit auf uns laden, so haben wir dieselben vielmehr zum Ausgangspunkt und Wegweiser zu wählen. Von den ungenügend oder noch gar nicht publicirten sind zu allererst genügende Ausgaben zu veranstalten, in denen die offenbaren sachlichen Versehen und Ungenauigkeiten der Abschriften

nicht stehen gelassen, sondern dem gesunden Menschenverstand
gemäss an's Licht gezogen und berichtigt werden, so, dass endlich
einmal einmal ein fliessendes Verständniss des Inhalts möglich
wird. Damit hätten sich ja schon die vornehmen Tadler befassen
können, es wäre ihnen doch gewiss ein Leichtes gewesen. Und
hat durch wirklich sachliche Interpretation des jetzo Vorhandenen
das bis jetzt kaum erwähnenswerthe Verständniss in etwas grösseren
Kreisen Leben bekommen und seine ersten Schritte gethan, dann
wird es Zeit sein, weiter und an Schwierigeres zu gehen, dessen
voreilige Inangriffnahme eher schaden als nützen und · zu den aller-
grössten Fehlgriffen unfehlbar führen müsste.

Was Lesung, und Sammlung der dem Malerbuch zuzurech-
nenden Originalmanuscripte selbst anlangt, so ist vor allen andern
Dingen der höchst anormale und jegliche Wissenschaftlichkeit unmöglich machende Umstand zu beseitigen, dass bis jetzt eine
eigentliche Controle des hier zu Leistenden nahezu ausgeschlossen
ist. Es wäre ein Leichtes, viele philologische Excerpte aus diesen
schwer leserlichen, nicht Jedem im Sinn und fast noch schwerer
äusserlich zugänglichen Fragmenten aufzuführen, die sehr wohl
accreditirten gelehrten Orts mit Wucht vor die Oeffentlichkeit
traten, und Lionardo Dinge und ein Toscanisch in Mund und Feder
legten „da far ridere le galline", wie man im Toscanischen sagt.
Doch kann ein jedes solche Excerpt sich hinter seine Uncontrolir-
barkeit flüchten, und muss dem gegenüber die Wahrheit vollkommen sachgemässer Kritik sich noch glücklich schätzen, wenn
man ihr nur die Möglichkeit der Wahrscheinlichkeit zuerkennen will.
Das darf bei einer ernsthaften Sache nicht der Fall sein können.

Bei der Ungewöhnlichkeit des ganzen Sachverhaltes bleibt gar
keine andere Auswahl, als jenen Weg zu nehmen, den eine Anzahl
italienischer Gelehrter vorschlug und mit Stücken aus dem Atlanticus probeweise, im „Saggio", zur Anwendung brachte, und den
man in neuester Zeit auch in Paris zu befolgen begann; das Manu-
scriptmaterial Lionardo's ist, so vollständig als nur immer möglich,
photographisch zu facsimiliren, und diese Sammlung an möglichst
vielen Orten einer grösseren Anzahl zur Sache Berufener zugänglich
zu machen.*) Der sonst übliche Weg directer Abschrift durch

---

*) An den erwähnten beiden ersten Proben in dieser Richtung ist nur
Weniges auszusetzen. Es dürfte ganz unnöthig sein, dass fernerhin dem

Einzelne an den verschiedenen Befundorten der weit zerstreuten Fragmente ist hier durchaus unzulänglich, aus sehr vielfachen Gründen.

Die Entzifferung von Lionardo's linkshändiger Schrift mit Hilfe des Spiegels ist, wie selbst Italiener, die sich mit ihr befassten, gestehen, schon an sich eine viel Zeit beanspruchende, unendlich ermüdende Arbeit, dabei wird aber diese sonderbare Schrift zuweilen auch noch so flüchtig und undeutlich, dass es unter Umständen nur von glücklichen Einfällen abhängt, ob ihr Sinn errathen wird, und dass der Sinn der umgebenden Stellen bei gar manchen Satzperioden zu Rathe gezogen werden muss. Nicht selten ist der Inhalt mehr in eine erläuternde Figur niedergelegt als in die Texte; es können aber durch ungenaue Wiedergabe dieser beiden Elemente Unklarheiten entstehen, die bei der Fremdheit der Absichten und des Inhalts den nachfolgenden Leser auf gänzlich falsche Spur leiten und oft nur schwer zur Wahrheit zurückzuführen sind. Die Zurathziehung des Sinnes von Texten aus der Umgebung solcher Stellen wird höchst unzuverlässig gemacht durch die bunte Mischung der Inhaltsthemata, die theils vom Autor selbst herrührt, theils gewaltsam herbeigeführt ward; und andrerseits wieder ist bei Lionardo's Behandlungsweise jederzeit möglich, dass z. B. zum Malerbuch gehört und vielleicht gerade über die zu enträthselnde Stelle Aufschluss enthält, was ein nicht ganz genau Sachverständiger für Naturwissenschaftliches oder rein Mathematisches ansieht. Es müssten also dem, der die Schriftzüge nur liest und abschreibt, fortwährend Fachkundige zur Seite stehen, d. h. Solche, denen die Enträthselung des Sinns nicht ganz unmöglich ist.

Zum Zweck der Aufsuchung des Stoffs und der Notizen zum Malerbuch muss jedenfalls weit Mehreres gesammelt werden, als

photographischen Facsimile eine Lesung und gar Uebersetzung gleich beigegeben würde. Wäre es nicht weit einfacher, da man die phothographischen Negativen ja auch umgekehrt vervielfältigen kann, neben das Facsimile des Originals, wie es ist, den umgekehrten Abzug zu stellen, so dass die Worte hier wenigstens nicht mehr mit dem Spiegel gelesen zu werden brauchten? Ueberliesse man so die in dieser Weise erleichterte Lesung Vielen, so würde man mit weniger Kosten und weit rascher zum Ziele kommen. Auch eine Begleitung dieser Materialveröffentlichungen mit so weitgehenden Commentar-Conjuncturen, wie der Saggio sie bietet, dürfte vorläufig noch ganz ungehörig und nutzlos sein.

was auf den ersten Blick stricte zu dieser Schrift zu gehören scheint.
Eine Vereinigung auf einen Fleck aber der Hefte und Heftstücke,
in denen diese Notizen vorkommen, ist ausserdem in jedem Falle
dringend wünschenswerth oder fast unerlässlich, der Vergleichung
der äussern, rein philologischen Merkmale der Zusammengehörig-
keit und Nichtzusammengehörigkeit halber. Man hat bei Aufsuchung
und Zusammenfügung des Malerbuchs wahrscheinlich auf zweierlei
zu achten oder zu fahnden, einmal nämlich auf Solches, das etwa
in sich zusammenhängende Bruchstücke dereinst beisammen gewesener Theile einer fertigen Tractatfassung vorstellen könnte, und
zweitens auf blosse Entwürfe und Skizzen, die nicht zum Ganzen
vereint und nur in zufälliger Reihenfolge in Notizbücher eingeschrieben waren. Nun werden aber bei Lionardo's unsteter Behandlungsweise Stücke fertiger Tractate von Theilen aus Notizbüchern,
der Redaction nach, oft sehr schwer zu unterscheiden sein, und
wie will man hier bei Auseinanderhaltung des nicht Zusammengehörigen oder bei Zusammenfügung des nur gewaltsam Auseinander-
gerissenen sich zurechtfinden, wenn man keine genaue und nach
allen Seiten hin tastende Confrontirung der äussern Merkmale, wie
Librettimarken, des Blattformats und der Blattnummern, der Form
und des Flusses der Buchstaben neben umsichtiger Vergleichung
und Ueberlegung des Inhalts anstellen kann. Manche äussere Kenn-
zeichen, die zum Wegweiser und Beweis werden können, lassen
sich freilich auch durch die Photographie nicht wiedergeben,
als z. B. Farbe der Tinte, Beschaffenheit des Papiers und dergleichen, aber dennoch ist, was das Uebrige anlangt, mit Hilfe
dieses Auskunftsmittels in ganz anderer Weise Rath zu schaffen
als ohne dasselbe, und wird es erst einmal möglich sein, das getreue Facsimile eines Fragments, das sich in Paris befindet, neben
Fragmente, die sich in Mailand, oder in irgend welcher Privat-
sammlung Englands befinden, direct hinzulegen, und diese Procedur
in der vielfältigsten Weise vorzunehmen, so werden wahrscheinlich
ganz neue Ansichten über den Sachverhalt auftauchen und sich
auch mit Evidenz erhärten lassen, denn es wird nun die Discussion
sowohl der äussern wie innern Merkmale und Beweise der Zu-
sammengehörigkeit unter directer Confrontirung der fraglichen Stücke
von vielen zur Sache Befähigten geführt werden können. Es ist
also bei Anfertigung der Facsimiles darauf zu achten, dass die

selben in der That alle mit der Grösse der Originale übercin-
stimmend gemacht werden. Und ein weiterer sehr wichtiger Grund,
der für diese Genauigkeit und Vollständigkeit der Materialdar-
stellung spricht, ist, dass die Manuscripte wahrscheinlich — sonderlich die in England befindlichen — nicht frei von Fälschungen
sind, die also gleichfalls nur durch die Untersuchung von Seiten
vieler und scharfer Kenneraugen an's Licht zu ziehen wären.

Dies Alles ist bei simpler Abschrift durch Einzelne an den
verschiedenen Befundorten nicht entfernt zu leisten; das in dieser
letzteren Weise gesammelte Material würde immer unsicher und
ungenügend controlirbar bleiben, auf wissenschaftliche Endgiltigkeit
keinen Anspruch haben, weit weniger noch, als dieser für die älteren
Compilationen erhoben werden kann.

§ 4.

Aber auch so wäre doch noch immer für weiter Nichts als
für die correcte Lesung der Texte gesorgt, deren folgerechte und
möglichst den Absichten des Autors entsprechende Zusammen-
ordnung würde dabei nur zum Theil mit einiger Sicherheit zu
bewerkstelligen sein, denn den Berichten zufolge muss es mit der
Erhaltung der oben erwähnten äussern Merkmale der Zusammen-
gehörigkeit selbst bei den Pariser Schriften nicht allzuwohl bestellt sein, und ist dies der Fall, so steht für die in englischen
oder sonstigen Privatbesitz gewanderten kleineren Stücke gewiss
nichts Besseres zu erwarten. Es wird in gar vielen Fällen die Aus-
legung des Sinnes der Texte den Ausschlag zu geben haben, und
dieser Sinn muss also zuvor von Sachverständigen richtig ausgelegt
werden können, d. h. den Auslegern dürfen die nöthigen Kenntnisse nicht abgesperrt sein.

Denn es geht offenbar überhaupt nicht an sich von der Eigenart
eines Geistes, der sich in der höchsten Bildungssphäre seiner Zeit
und bahnbrechend darüber hinaus bewegte, eine Vorstellung zu
machen, wenn man nicht zuvor auch rechte Vorstellungen von
dieser Bildungssphäre selbst besitzt. Dürfen wir uns bezüglich der
Zeit Lionardo's solchen Besitzes rühmen? Zum Theil wohl. Was
die allgemeinere, sogenannt schöngeistige und auch allgemein welt-
philosophische Bildung und Stimmung der Renaissance anlangt, so

darf wohl behauptet werden, dass heute in genügend weiten Kreisen
gute und lebensvolle Vorstellungen davon existiren, aber der sogenannte Humanismus der Renaissance zeigt uns auch eine weit
minder lockende Seite und kehrt gerade in der Bildnerei seine
Richtung auf streng und trocken wissenschaftliche Dinge im engeren
und exacteren Sinne scharf hervor. Nicht Lionardo war der Erste,
der es versucht hätte, die Kunsttheorie durch naturwissenschaftliche,
physikalische und mathematische Hilfskenntnisse zu stärken, er verstand diese Hilfen nur reichlicher und vielseitiger auszuüben, als
seine Vorgänger. Und fragen wir nun nach unserer Kenntniss des
von ihm vorgefundenen Bestandes dieser Hilfsmittel, d. h. der
physikalisch- und mathematisch-philosophischen Literatur des Alterthums, Mittelalters und der Hochrenaissance selbst, so wird die
Antwort weit bescheidener lauten müssen als im vorerwähnten Falle.
Es fehlen durchaus noch gründliche Begehungen dieses Gebiets, denn
eines Libri oder Venturi geistreiche Behüpfungen wird man nicht
solche nennen wollen, ganz abgesehen davon, dass sie die Beziehungen, in denen die Kunst der Renaissance zu jenen Dingen
stand, auch nicht im Entferntesten berühren.

Hier reichen aber nur allgemeine Vorstellungen von der Stimmung der Geister nicht aus. Und so anmuthig es klingt, wenn wir
von dem „erquickenden Strom antiker Bildungsatmosphäre" hören,
der hereinbrach, oder von der „lebens- und wissensfrohen Vermäh-
lung christlicher Mysterien mit heidnischer Philosophie zu neuem
Glauben", eine so recht präcise Vorstellung von dem, was denn
nun das eigentlich und positiv Fördersame für die Renaissancebildnerei gewesen sei, gewinnen wir wohl doch nicht hiebei. Es würde
auch manchen Autor, der solche Dinge in der besten Meinung
niederschrieb, ein Wissbegieriger gewiss in nicht geringe Verlegen-
heit setzen, wenn er demselben die Bitte vortrüge, ihm mit diesem
ganzen Strom nur zu etwas sehr Limitirtem zu verhelfen, das nur
ein einzelnes Beispiel von Wissen und Können betrifft, in denen
die Renaissance zu unzähligen andern Malen ihre Meisterschaft
bewährte, ihm z. B. den Schlüssel zur Analyse der Proportionalität
in Lionardo's Abendmahl, oder auch Rafaëls Schule von Athen zu
geben.

Es ist wohl ohne Zweifel in der heutigen Kunstwissenschaft
weit besser um die Kenntnisse bestellt, mit deren Hilfe sich die

verherrlichten Ideen erklären lassen, der Gedankenstoff, an dem sich die Renaissancebildnerei als allgemein menschliche Kunst entzückte, als um solche, die zu Einblick in das Aufblühen dieser Kunst zu specifisch bildnerischer Thätigkeit verhalfen. Ja man schreibt ganz gewiss jenen Ideen und ihrer begeisternden Macht einen weit grösseren Einfluss auf das bildnerische Element zu, als sie eigentlich der Natur der Sache nach üben können. Der Geist, durch den die Renaissancekunst als Bildnerei zu Fortschritt und ihrer, der Antike zustrebenden Vollendung kam, ist nicht eigentlich an jene Ideen gebunden, die auch da, bereits oder noch, im Geist der Menschen lebten, als die Bildnerei noch oder bereits in tiefer Barbarei lag. Wollten wir aber sagen, um jenen Geist und seine Wege besser zu verstehen, müsste unserm Verständniss das mathematische und physikalische Wissen und Treiben der Renaissance näher gebracht werden, so würde auch das offenbar zu sonderbaren Missverständnissen führen können. Es wird besser sein, erst von des Geistes Art an und für sich zu reden, dann werden seine Beziehungen zu diesem Wissen deutlicher und nicht verwunderlich sein. So möge man eine Erweiterung des Rahmens dieser Vorbemerkungen gestatten, der Gegenstand betrifft ohnedies Grundlagen, die bei Commentirung von Lionardo's Malerbuch constituirt sein müssen.

Einschaltung:

Das Wechselverhältniss zwischen bildnerischem Machen und Anschauen und die Rolle des Verstandes in der Bildnerei.

Jedem Verehrer bildender Kunst kann es nur zu Genugthuung gereichen, dass dieselbe zu allen Zeiten Stoff zu lebhafter Discussion über die Art ihres Talents und die beste Weise ihres Betriebs gewesen sei. Sie ist dies auch noch heute, des Parlaments discutirende Stände sind: die Geniessenden, die philosophisch Untersuchenden, und drittens die Ausübenden. Von diesen Ständen spaltet sich ein jeder in einander bekämpfende Meinungsparteiungen, die sich mit Parteigenossen aus den andern Ständen verbünden.

Die Einen suchen in der Bildnerei den Ausdruck allgemein menschlicher Gedanken und Empfindungen und beurtheilen nach dem wirlichen oder auch wohl nach Geschmack festgestellten Rangerhältniss derselben. sowie nach dem Gelungensein ihres Ausdrucks das Kunstwerk und das Talent, das es geschaffen. Entgegenhalten lässt sich, dass solche allgemein menschliche, d. h. religiöse, philosophische, geschichtliche oder poëtische und wohl gar nur sinnliche Gedanken und Empfindungen zu ihrem Ausdruck der Bildnerei nicht bedürften und weniger umständlich, zum Theil sogar besser und ausführlicher auf anderm Wege ausgesprochen werden könnten. Die Absicht, dieselben überhaupt auszusprechen kann, also nicht die specielle Triebfeder zur bildnerischen Thätigkeit sein.

Eine andre Partei ist daher auch der Meinung, das Charakteristische der Bildnerei liege im Reinanschaulichen, in der Erscheinung. Diese Partei zählt heute viel Anhänger und hat in neuester Zeit durch ein philosophisch klingendes Dogma ihren Ansichten eine höhere Weihe zu verleihen versucht: „Die Thätigkeit des bildnerischen Talents stelle, gegenüber der Fähigkeit die Welt durch Verstand ' und Wissenschaft zu begreifen, das Bedürfniss und in höheren Graden die vollendete Befähigung des menschlichen Geistes dar, sich von dieser Welt ein anschauliches und auf die Erscheinung begründetes Gesammtbewusstsein heranzubilden". Hiegegen ist jedoch einzuwenden, dass das einfach gar keinen Sinn hat, sowie man die Begriffe von Anschauung und Erscheinung unzweideutig in ihrer eigentlichen, natürlichen Bedeutung fasst. Denn die Anschauungskraft ist gleichsam nur eine Provinz eines weit grösseren Gebietes unserer gesammten Seelenfähigkeiten, und mittelst ihrer lässt sich kein Gesammtbewusstsein von einer Welt bilden, die noch mit gar Vielem sonst, als der Erscheinung auf uns wirkt.*) Auch ist es gar nicht wahr, dass die Bildnerei nur Reinanschauliches ausdrücken könne, sondern darin hat die vorhererwähnte Partei ganz Recht, dass die Bildnerei nur darum eine Kunst im höheren, allgemeineren Sinne genannt zu werden verdiene, weil sie uns in unserm gesammten Fühlen und Denken zu erregen und zu rühren vermag.

_____

*) Oder man versuche doch einmal, ob man es fertig bringt sich Einen vorzustellen, der alle Dinge nur ihrer Erscheinung willen in Betracht zöge, weiter nichts in ihnen suchte, und aus diesen puren Erscheinungen Combinationen bildete. Das wäre kein bildnerisches Talent, sondern ein Wahnsinniger der unglaublichsten und unglückseligsten Art. Ebenso gut könnte man sagen, ein Musiker sei, wer in der Welt umherginge und aller Dinge nur der Töne wegen acht hätte, die sie von sich gäben.

Ist nun vielleicht ein Compromiss beider Meinungen möglich? Ein solcher ist wohl längst vor diesem Streit unserer Tage versucht worden, und kein Geringerer als Lessing scheint sich für denselben entschieden zu haben, wenn er andeutet, für die Bildnerei, wenn sie die in ihren Mitteln liegende Lebhaftigkeit der Illusion erzielen solle, eigne sich vorzüglich, was auch in seiner nicht rein anschaulichen Bedeutung entweder allgemein bekannt sei oder in derselben durch Erscheinungsform doch leicht verständlich werden könne. Aber auch dies hält nicht Stich. Denn bei den hervorragendsten Kunstvölkern sehen wir sowohl die naiven Anfänge als die höchste Vollendung der Bildnerei vornehmlich, am liebsten und erfolgreichsten zu Gegenständen greifen, deren eigentliches Wesen mit einer bestimmbaren, concreten Erscheinung möglichst wenig zu schaffen hat, zu tiefgeistig religiösen oder gar allegorischen Vorstellungen nämlich; die reinsinnlichen, sogenannt realistischen Motive hingegen traten immer erst dann auf, wenn das bildnerische Vermögen einer Nation das Stadium des Raffinements und Zerfalls erreicht hatte.

Wir wollen die eben angedeutete Compromissformel einmal in Wortlaut und Sinn umkehren, vielleicht geht es alsdann: „Die bildende Kunst erzeugt die ihr eigne Lebhaftigkeit der Illusionswirkungen auf uns deshalb, weil sie den Dingen und Vorstellungen leibhaftige Erscheinung verleiht, auch wenn dieselben diese von Natur gar nicht haben sollten". Das schlösse keinerlei Gedankeninhalt aus und wäre auch im Stande der Erscheinung zu ihrem Recht zu verhelfen. Auch scheint es als allgemeinste Grundlage der bildnerischen Befähigung vorläufig weder eine Absonderlichkeit noch eine Einschränkung des Geistes vorauszusetzen, sondern nur eine gewisse Richtung der in der Natur aller Menschen überhaupt liegenden Art und Weise des Bildens von Gedanken und Vorstellungen.

Da nämlich die Freiheit unseres ganzen Denkens und inneren Empfindens, oder unseres Gesammtbewusstseins, auf der Fähigkeit unausgesetzten und unbegrenzten Combinirens und Associirens aller unserer Eindrücke und Vorstellungen beruht, auch Dinge der Aussenwelt stets auf mehrere unserer Empfindungsorgane Eindruck üben können, sei es nun, dass sie dies direct, oder durch Wirkungen auf anderes uns wahrnehmbar Werdende leisten, da ferner die Anschauung in entsprechender Weise bei Allem entweder direct oder indirect mit in Betracht zu kommen vermag, nirgendwo aber allein im Spiele ist oder zu sein braucht, und dies Alles zusammen die Gewohnheit unseres ganzen Lebens ausmacht, so muss es auch in der Kunst angehen, dass wir durch Erscheinungen an unendlich viele nicht anschauliche Dinge erinnert werden. Ja, eine Grenze dessen, was sich mit Erscheinung gar nicht mehr associiren könne, werden wir überhaupt nicht denken wollen und am wenigsten vor Kunstwerken, d. h. Erzeugnissen der Phantasie, uns wundern, wenn einmal erscheinungsmässig dasteht, was eigentlich gewöhnlich und an sich nicht zur Erscheinung kommt. Denn andererseits geben wir uns ja auch nirgendwo mit der absoluten Erscheinung allein zufrieden, sondern pflegten von Kindheit an solchen geschenen Dingen, deren ausseranschauliche Bedeutung wir etwa nicht kennen oder erfragen konnten, eine solche, wenn es sein musste, aus freier Erfindung unterzulegen. Mit andern Worten: als eine Association von Vorstellungen wollen wir, wie alles Uebrige, auch das Kunstwerk erfassen und geniessen. Dass diese Association durch die bei ihr im Spiele befindliche Erscheinung allein nicht auch in allen ihren sonstigen Factoren verständlich werden kann, liegt in der Natur der Sache, und das weitere Nachdenken und Erklären kommt uns ganz ordnungsgemäss vor, schmälert auch den specifisch anschaulichen Kunstgenuss durchaus nicht. Bei den Alten erklärte der Dichter die gegenwärtigen Kunstwerke, das galt für eine Steigerung des anschaulichen Genusses.

Ist die Erscheinung nur ein Factor der in der Gesammtphantasie gebildeten Sammelvorstellung, so wird uns nun auch ganz klar, wie man sagen könne, die Anschauungskraft verfahre selbstschöpferisch mit der Naturerscheinung. Sie wird zum Auffassen derselben aus einer gewissen vorgefassten Absicht heraus durch die Gesammtphantasie und die in dieser thätigen sonstigen Factoren des augenblicklichen Gesammt- oder Sammelvorstellungsbildes gestimmt, sieht in die Naturerscheinung hinein, was zur vorschwebenden Gesammtvorstellung passt, oder steigert auch nur solches in der Erscheinung bereits vorgefundene Passliche und isolirt es, indem sie am Naturbild übersicht, was für die Absicht der Gesammtphantasie nicht in's Gewicht fällt, und dies Verfahren nennt man also: selbstschöpferische Auffassung der Natur.

Andererseits liegt es aber in der grossen Rolle, welche die Erscheinung in der Aussenwelt spielt, und ebenso in derjenigen, die

unserm Auge und der von diesem ernährten Anschauungskraft bei
unserm Denken und Empfinden zufällt, begründet, dass uns die
Erscheinung nicht nur eine Zeitlang an und für sich auf's höchste
interessiren und auf's intensivste in Gefühl und Verstand zu bewegen vermag, sondern sogar solche Macht über uns hat, dass
wir schon im ganz gewöhnlichen Leben eine jede Sache stets lebhafter und vollständiger zu verstehen meinen, wenn wir sie selbst
leibhaftig oder doch wenigstens in irgend einer ihrer ausgeübten
oder erlittenen Wirkungen mit Augen sahen. Dies geht so weit,
dass sogar oft genug, sobald diese Möglichkeit des Sehens eingetreten war, alles sonstige weitere Forschen und Nachdenken über
die fragliche Sache für den Augenblick zu Ruhe kam. Und ganz
dasselbe leistet uns auch im bildnerischen Kunstwerk die Erscheinung. Sie kann daher hier an sich gar nicht gut und deutlich
genug gemacht und betrachtet werden. Das blosse Symbol leistet
uns diese Verlebendigung der ihm zu Grunde liegenden Idee nicht,
und kann noch weniger durch sein Dasein auf Augenblicke hin Ersatz
für diese Idee an und für sich gewähren. Dass aber unser reinanschauliches Empfinden der Dinge, so weit wir uns ein solches
abgesondert vorstellen können, sich nicht auf objectives Wieder-
spiegeln der Aussenwelt beschränkt, sondern zu Urtheilen über Em-
pfindungsunterschiede und in der Phantasie zu anschaulichen Selbst-
schöpfungen führt, bedarf nicht besonderer Erwähnung.

Doch wir haben noch nicht alle Parteien unseres discutirenden
Parlaments gehört. Unter dem dritten Stande, d. h. unter denen,
„die es zu machen haben", gibt es Einige, die behaupten, das
Gedankenerfinden und -Verbinden mit Erscheinung und die freudige
äussere und innere Schau von Erscheinungen an und für sich habe
ihnen noch nie Kopfzerbrechen gemacht, das gehe ganz von selbst,
und es könne das bald ein Jeder. Aber das sinnliche Produciren,
das bildnerische Machen der Erscheinung, das koste ihnen Mühe,
so zwar, das es Stadien dabei gebe, wo sie das innere Phantasiebild auf einige Zeit ganz bei Seite legten und legen müssten, nur,
um den Ausdruck desselben durch Missgriffe, die sie beim Machen
an sich begingen, nicht unmöglich werden zu lassen, und um es,
nachdem sie das entstehende Kunstwerk vor dieser Gefahr gesichert,
nachher wieder aufnehmen zu können. Nichts sei ein so grosser
Irrthum, als der gleicherweise von den Theoretikern des idealen

Inhaltes wie von den Anschauungsdogmatikern verbreitete, dass sich das Machen aus einem höchst lebhaften Erregungszustande der Phantasie von selbst ergebe, vielmehr lasse solche Erregtheit innerer Schau das freie Urtheil des Auges gar oft in bedenkliche Täuschung verfallen. Und überhaupt, aus der Fähigkeit lebhaftesten innern Anschauens sei das Machen gar noch nicht zu erklären. Denn es gäbe Dichter, Gelehrte und sonstige Menschen, die an Lebhaftigkeit dieser Anlage gar manchem guten Bildner voraus wären, es fiele ihnen aber niemals ein, selbst mit ihren zur grössten Helligkeit gesteigerten innern Vorstellungen auch nur ein einziges Mal vorzunehmen, was der Bildner gleich mit seinen eben erst aufdämmernden und noch sehr unentwickelten beginnt, sie nämlich sofort in sinnlich wahrnehmbarer Form vor sich hinzustellen, und dann an dieser Form erst zum Process ihrer weiteren Klärung, Präcisirung, Durchbildung und Abrundung zu schreiten.

Hienach wäre also der Trieb des Bildens der sinnlichen Erscheinung nicht das Resultat einer sehr lebhaften Anschauungskraft, sondern der Beigeordnete derselben, ohne den auch die lebhafteste Anschauung zur bildnerischen nicht wird. Und wiewohl sich hiebei von selbst versteht, dass dieser Trieb um so Glücklicheres hervorbringen wird, je begabter die Anschauungskraft ist, über die er verfügt, so wird doch behauptet, dass die Anschauung, sei sie auch noch so begabt, beim sinnlichen Schaffen im Anfang sehr unentwickelte innere Vorstellungsbilder zur Verfügung stelle, die erst durch das sinnliche Bilden und während desselben geklärt und vervollkommnet würden. Somit erhält auch die begabteste Anschauungskraft erst durch die Befolgung des ihr beigeordneten Triebs eine Erziehung, deren sie im höchsten Maasse bedarf. Man wird nun einsehen, dass zwischen dieser Ansicht und der von den Laien gemeiniglich aufgestellten ein gewaltiger und folgenreicher Unterschied obwaltet. Nach der Laienansicht sollte das Vermögen des Ideenbildens und die angeborne Kraft der Anschaulichkeit das Charakteristicum des bildnerischen Talents sein, und nach der Ansicht der Ausübenden liegt hierin nur das allgemein menschliche des Talents, das Specifische aber im Trieb des sinnlichen Gestaltens. Der Laienansicht zufolge ist das Machen eine selbstverständliche und keiner besonderen Beachtung würdige Nebensache im Process der Bildverleihung, die sinnlichen Werke sind nur zufällige Marksteine

auf dem Entwicklungsgange des Talents, und in Folge der andern
Ansicht sind die Werke das Ziel und der Beweggrund des Ideenbildens und der Erscheinungsverleihung, und das sinnliche Machen
hat ganz eigene Schwierigkeiten zu überwinden und Wege zu suchen,
auf denen es ebenbürtig mitherrschend in die Vollendung des künstlerischen Phantasiebildes eingreift. Wäre dem so, und es kann
keinem Zweifel unterliegen, dass es sich in der That so verhält,
so müssten die Hoffnungen aller derer, die das Wiederaufblühen
der Kunst von einer neuen Begeisterung durch Ideale der Seele,
oder etwa gar von einer Rückkehr der Civilisation zur vermeint-
lichen, sogenannten naiven Anschaulichkeit des Alterthums erwarten,
erbarmungslos zu Grabe getragen werden. Das Hoffen kann nur durch
die wiederaufzunehmende Belebung eines ganz anderen Elements
realisirt werden, das, als ein selbstständig mitwirkendes in Rechnung
zu ziehen, wir jetzt nicht mehr versäumen wollen, unbekümmert
darum, wann und wie es der Metaphysik gelingen wird, sein Rang-
und Herkunftsverhältniss im Complex des bildnerischen Geistesorganismus des Genaueren ausfindig zu machen und wissenschaftlich
bestimmbar zu registriren.

Wir constatiren zuerst, dass eine glänzende Künstlerepoche hinsichtlich der Specialität des bildnerischen Talents genau derselben
Meinung war, deren die von uns erwähnte, heute in der Minorität
befindliche Partei der ausübenden Bildnerschaft noch ist. „Die
Bildnerei zeichnet sich vor den andern Illusion erregenden Künsten
aus, indem sie nachgeahmte Gegenstände der Natur und innere
Erfindungen des Menschengeistes in sinnlicher Gestalt und mit künstlichen selbsterfundenen Mitteln neben die Werke der Natur hinstellt, und so ein gleichfalls sinnlich erschaffendes Töchterlein der
Schöpferin wird".

Dies ist die Quintessenz einer grossen Anzahl von Aussprüchen,
denen wir als Definition der Bildnerei in Schriften der Renaissance
begegnen. Der Anschein von sinnlicher Naivetät, den dieser Satz in
den Augen manches heutigen, weit tiefer schürfenden philosophischen
Definitors haben möchte, wird schon bedeutend gemildert, wenn
wir der Vollendung und Pracht der Werke gedenken, im Hinblick
auf die jene Zeit diesen Ausspruch that, denn wenn wir uns
der Vorstellung dieser Werke recht lebhaft hingeben, so erkennen
wir den ganzen innerlich feurigen Stolz einer grossen Bildnerzeit,

der in dem Ausspruch zu Wort kommt. Adel der Herkunft legt
Verpflichtung auf, wer nicht zu vollenden strebt wie die Natur,
liebt und ehrt die Mutter und Meisterin nicht und darf sein Werk
nicht neben das ihre stellen. Nur an der Erscheinung vollendete
Bildnerei ist bildende Kunst zu heissen, nicht etwa die bildnerische
Stümperei und Oberflächlichkeit. Noch mehr wird jener Eindruck
der Naivetät modificirt, wenn wir der Arbeit gedenken, welche
die Renaissance zur Vervollkommnung des sinnlichen Bildens an-
strengte, denn auch damals musste die anschauliche Naturanlage
des Einzelnen sowohl, als ganzer Generationen von unentwickelten
Anfängen her durch Uebung des Machens zur Kraftfülle heran entwickelt werden.

Vergleichen wir jedoch die Früchte, welche dies Ringen um
Vollendung des sinnlichen Erscheinungbildens der Renaissance trug
und diejenigen, welche die modernen Laiendoctrinen an unserer
Kunst zu Tage förderten, miteinander und bedenken dabei, dass
ja ohnedies Idealität und höchste Fähigkeit des Verbindens von
Erscheinung mit Seelischem des Inhalts gewiss das Letzte ist, was
man der Renaissancebildnerei wird absprechen wollen, so gewinnt
die Sache noch ein ganz anderes Ansehen. Die Renaissance, die
also auf dem Gebiete des Idealen und der poetischen Kraft der
Anschauung sicherlich mindestens ebenso gut zu Hause war, wie
unsere Zeit, hat am Ende wohl gar gewusst, dass Versuche des
philosophischen Definirens dieser Dinge an und für sich weder zu
irgend einem befriedigenden Ziel führen können, noch dem bildnerischen Vermögen durch sie der mindeste Zuwachs entsteht. In
der That haben bei uns die ewigen Wortgefechte über diese verbor-
gensten und subtilsten Gebiete — nicht des bildnerischen, sondern
vielmehr ganz im Allgemeinen des menschlichen Seelenlebens — die
Bildnerei um keinen Schritt vorwärts gebracht, sondern sind mit
ihren mysteriös und tief bedeutsam klingenden Floskeln nur dazu
benützt worden, uns den Naturinstinct sogenannter Originalgenies
trotz aller augenfälligsten Mängel und Unzulänglichkeiten als einzig
bindendes Gesetz in der Bildnerei aufzunöthigen, ja das Dogma
der absoluten Anschaulichkeit ist so weit gegangen, den menschlichen Verstand als ein der Kunst und bildnerischen Phantasie
feindseliges Element zu bezeichnen. Die Renaissance aber liess alle
diese unnöthigen und fruchtlosen Discussionen auf sich beruhen.

Dass Naturbegabung, so entschieden und individuell wie nur immer möglich, höchst wünschenswerth sei, wird man damals zweifelsohne auch gewusst haben, da sich aber deren Wesen weder genau definiren, noch auch erwerben lässt, so begann man die Discussion lieber gleich da, wozu die blosse natürliche Anlage nicht mehr ausreicht, sondern wo sie sich mühen und durch Arbeit das ihr Fehlende ersetzen muss, und so geniessen wir hier des erfreulichen Schauspiels eines Talents das nicht im Dictatorgewande seines Originalinstincts im Nebelhaften und Unbeweisbaren einherstolzirt, sondern auf deutlichen, gangbaren Wegen eine helle und klare Vernunft entwickelt, deren wohldurchdachte Gründe allen Vernünftigen überhaupt vorgelegt und einleuchtend werden können. Wir sehen eine Arbeit, die das Talent bewusstvoll vollbringen muss, und an die auch wir uns mit Aussicht auf sicheren Erfolg begeben können. Eine solche Auffassungsweise der Dinge scheint aber eher von erprobter Mannheit des Geistes Zeugniss abzulegen, als von kindlicher Naivetät und Unerfahrenheit.

Sie hat den unschätzbaren Vorzug, dass sie das Wesen des bildnerischen Talents in Gottes Namen im Besitz aller seiner natürlichen Kräfte und Triebe lässt, und ihm nicht aus Gelüsten wissenschaftlicher Systematisirung, Einschachtelung und Vereinfachung zu letzten Grundursachen den Werth einzelner herabgesetzt, oder gar so werthvolle Theile, wie z. B. den Verstand, herunteramputirt, auf dass sich nun Phantasie und Anschauung besser ausbreiten könnten. Wenn irgend ein grosser Künstler einmal sagte, man könne mit dem Verstand allein keine Kunstwerke schaffen, muss denn das gleich heissen, Kunst könne nur ohne Verstand gedeihen? Hätte er doch auch ebenso gut sagen können, man vermöge mit dem blossen Verstand keine exacte Wissenschaft zu betreiben, das wäre ebenso richtig und wahr gewesen. Denn wiewohl der Philosoph bei seiner wissenschaftlichen Untersuchung des menschlichen Geistes aus verschiedenen Thätigkeitsäusserungen auf verschiedene Kräfte des Geistes schliesst, und, diesen von ihm geahnten Kräften Namen verleihend, den Geistesorganismus gewissermaassen anatomisch zu zerlegen sucht, so geht es doch nicht wohl an, solche Trennung in der Praxis am lebendigen Menschen bei seinen complicirten Leistungen gleichfalls durchführen zu wollen, da hier diese Kräfte sich gegenseitig beizustehen und ein Ganzes zu bilden haben,

wenn die Leistung vernünftig ausfallen soll. Wie ein gelehrter
Forscher ohne Phantasie und ohne Beistand der Sinne mit dem
allein, was man Verstand nennt, keinen Schritt weit ginge und
alsbald durchaus Krankhaftes und Verrücktes leisten würde, so
würde dies auch einem Künstler begegnen, der seine Phantasie
allein wollte walten lassen. Ja, es wäre dies so unnatürlich, dass,
wie vorhin schon gesagt, gar Niemand, ausser ein bereits Verrückter,
es ausführen könnte, bei dem die Kräfte des Gesammtbewusstseins
zum Unheil aus dem natürlichen und gesunden Zusammenhang
kamen.

Verstand, Anschauungskraft, und wie sonst man die verschiedenen Organe immer nennen mag, die den Organismus des Geistes
bilden, können an sich selbst nur da gesund und kräftig gedeihen,
wo sie in reger Wechselbeziehung zu einander erhalten werden,
sich gegenseitig unterstützen und reguliren. Je lebhafter sie von
Natur vorhanden sind und je regsamer sie zusammen arbeiten,
desto vollkommener, reicher und heller muss endlich jene höchste
Art von Gesammtbewusstsein werden, die wir Vernunft nennen, und
die zum Forum wird, nach dessen Spruch die Einzelkräfte erzogen
und geleitet werden. Ja, es ist dies beiweitem noch nicht genug
gesagt. Denn gleichwie wir bei der grossen Leichtigkeit, mit der
unsere Seele innerhalb ihres Bewusstseins von Gegenstand zu Gegenstand und von Gebiet zu Gebiet hinüberzuschweifen vermag, der
stetigen Gefahr regelloser Gedanken- und Vorstellungsflucht ausgesetzt wären, wenn nicht ebenso fortwährend bestimmte und immer
bestimmter in's Bewusstsein tretende Zwecke der Thätigkeit Richtung verliehen und Gedanken und Vorstellungen zu zweckgemäss
logischen Verbindungen und Complexbildungen anhielten, so würde
es uns auch im erweiterten Maassstabe nicht gelingen, die einzelnen
Seelenfähigkeiten mit Consequenz zum logischen Zusammenarbeiten
mit andern Schwesterfähigkeiten zu erziehen, wenn hiefür nicht
gleichfalls ganz bestimmte und immer deutlicher und bindender
werdende Zwecke vorlägen oder entstünden.

Es mag nun gewiss erlaubt sein anzunehmen, dass die Richtung auf gewisse Zwecke hin, die eines Geistes Thätigkeit nimmt,
nach dem Uebergewicht einer oder der andern, von Natur vor-
herrschenden und dem Gesammtbewusstsein Färbung verleihenden
Specialanlage gewählt wird, und dass der Geist selbst an der

Gestaltung dieser Zwecke nach Art seiner Fähigkeiten arbeite.
Wie aber diese Richtungen, die der Geist zu nehmen pflegt, auch
heissen mögen, Kunst oder Wissenschaft, die Erfahrung lehrt, dass
überall nur da das Ausserordentlichste und Geniale geleistet ward,
wo die Natur bei ihrer Gabenverleihung sich einmal dem Ideal
des vollkommenen Gleichgewichts edler Anlagen schien nähern zu
wollen, und Erziehung und Umstände die mannigfaltigste Uebung
aller dieser Kräfte begünstigten. Insofern jedoch dies Ideal nie
vollkommen erreicht wird, muss wohl bei verschiedenen Individuen
jedesmal die Färbung verleihende Anlage in der ihr bequemen Richtung am weitesten kommen und mächtiger werden, als die andern,
schwächeren, in den ihnen gehörigen Specialitäten. Und in dieser
Weise können wir denn z. B. von einem zu gelehrter Forschung
mächtigen Verstande reden, der nicht gleich tauglich für künstlerische Zwecke ist, weil ihm die in zugehörigem Maasse mächtige
Anschauung nicht zur Seite steht, und umgekehrt. Wo hingegen
behauptet wurde, notorisch Verstandesbeschränkte hätten trotzdem
auch gute Bildner sein können, da wird erst noch zu erweisen sein,
ob denen, die so urtheilten, thatsächlich Urtheil der Sinne über
bildnerischen Werth und Unwerth zustand, oder ob im milderen
Falle mit dem Worte Verstand wirklich Verstand überhaupt, und
nicht vielmehr nur eine gewisse Richtung und Erziehung des Verstandes gemeint war, die bei Ausübung der Bildnerei allerdings
nicht in Betracht käme.

Vom Wesen des bildnerischen Geistes wird man sich gar nie
eine klare Vorstellung bilden, wenn man denselben nicht bei Verfolgung seines specifischen Zwecks, beim Hervorbringen der künstlerisch sinnlichen Erscheinung beobachtet. Von bildnerischer Anschauung nur so weit zu reden, als sie entweder sinnlich wahrgenommene Erscheinungen blos in ihrem Innern recipirt oder inner-
liche Vorstellungen selbst bildet, ist vollkommen müssig. Sie würde,
wenn sie sich nur hierauf beschränkte, gar nie zu der Schärfe und
Specialität, die sie auszeichnet, gelangen. Ja nicht einmal zum
genügend genauen Beobachten und Empfinden der Naturerscheinung
würde sie sich festrichten und ausdauern, wenn der Bildner nicht
sofort, was er hier in sich aufnimmt, sinnlich reproducirte und
so zum eingehendsten, dauernden Vergleich mit dem Vorbild vor
sein eigenes und Anderer leibliches Auge hinstellte. Aber weil ihm

von Natur dieser Trieb des sinnlichen Erschaffens verliehen ward,
dessen Befolgung und Verwirklichung der Hauptzweck seiner Seele
ist und seinen Geist von andern Geistern specifisch unterscheidet,
so hat er nun auch den concreten Zweck und besitzt zugleich das
wirksame Mittel, sein Schauen genau zu machen und auf lange
Zeit hin logisch und consequent bei demselben zu verharren, was
er ohne einen solchen Zweck gar nicht vermöchte. Neben der Gediegenheit und Vollendung des Vorbildes wird er des Nachbildes
Mängel aufs Drastischeste gewahr, und dieselben ausbessern heisst
weiter nichts, als auch der Vorzüge und feinen Eigenschaften des
Naturvorbildes in immer wachsender Anzahl und Schärfe innewerden.
Er ist hiemit auf einen Weg gestellt, dessen Ziel im Unendlichen
liegt, nur sobald er aufhört zu schaffen, oder das Vorbild in Beziehung zu diesem Schaffen zu beobachten, wird auch mit Sicherheit die Weiterbildung seiner anschaulichen Kraft eine Unterbrechung
erleiden. Allein all dies genaue und endlose Erlernen des Sehens
geschieht dennoch nur, soweit und insofern ein ganz bestimmt
begrenzter Zweck es erheischt.

Denn der Bildner producirt das Nachbild weder aus der Absicht noch mit den Mitteln der Natur, sondern mit künstlichen,
selbsterfundenen Mitteln, die gegen jene des Vorbildes an Kraft
und Eigenschaft weit zurückstehen, er producirt nichts als einen
Schein von einzelnen Eigenschaften des Vorbildes, soweit derselbe
für die Seelenabsicht passend ist, und insofern er sich zweitens
durch zweckentsprechende Behandlung der subjectiven Eigenschaften
des künstlichen Darstellungsmaterials gut wiedererwecken lässt.
Sein Schauen der Natur ist also in Folge dessen vom Schauen
Anderer z. B. des Naturforschers, wesentlich verschieden. Zugleich
hat er, was Andern ja nicht obliegt, die Eigenschaften des bildnerischen Materials in Betracht zu ziehen und sie bestens zum gewollten Schein zu zwingen.

Er hat also, wenn sein Versuch gelingen und alle Illusion
nicht gröblich zerstört werden soll, erstens eine ganz specifische
und auf bestimmte Eigenschaften eingeschränkte, bildnerische Betrachtungsweise des Naturvorbildes erfahrungs- und speculations-
mässig ausfindig zu machen, und zugleich Hand in Hand hiemit
eine künstliche Ausdrucks- und Behandlungsweise (nicht etwa nur
-Methode und -Geschicklichkeit) des Materials zu durchdenken und

in seine Gewalt zu bringen. Diese beiden sehr schwierigen und complicirten Elemente muss er im Kunstwerk mit Fleiss und feinster Aufmerksamkeit harmonisch zum Ganzen, gleichsam zur selbstständigen Persönlichkeit zusammengiessen. Zu meiden hat er am Naturvorbild und Material, was sich diesem Guss nicht einfügen lässt und denselben schadhaft und brüchig erscheinen lassen würde.

Doch auch in diesen Grenzen drückt er im Bildwerk ja nicht etwa ein vollkommen objectives Anschauen der Natur aus, sondern in dieses mischt sich sein ästhetisches Empfinden über das Naturvorbild mit ein und wird im Bildwerke sogar in erster Linie stehen müssen, soll dieses sich zum Rang eines Kunstwerks im höheren Sinne erheben. Zugleich aber muss er gewahr werden, dass auch der Subjectivität des Materials die Kraft ihr ganz allein zuzuschreibender ästhetischer und unästhetischer Wirkungen innewohnt, und da er seine Leistung nun einmal aus Natureigenschaften und Eigenschaften des Materials zusammenfügen muss, und es nicht in seiner Gewalt hat, die letzteren ganz vollkommen im Schein der ersteren untergehen zu lassen, so wird er aus der Noth eine Tugend machen und der ästhetischen Wirkungskraft des Materials geradezu mit Bewusstsein Rechnung tragen, gehe diese Kraft nun aus der bildnerischen Behandlungsweise des Materials hervor, oder aus den ersonnenen Kunstweisen, die das Material bedingt und hervorruft — wie gewisse Charaktere der Farbenschönheit, oder die Linearperspective — oder endlich aus der Stofflichkeit des platischen Mittels selbst. Denn alles dies kann und wird, bis zum Geringfügigsten hinab, beim fertigen Kunstwerk mitsprechen und dessen Eindruck unendlich erhöhen, oder, wenn es missbraucht oder gar vernachlässigt ward, denselben ganz oder theilweise vernichten und in sein Gegentheil verwandeln.

Man sieht nun wohl schon bei diesem flüchtigen Ueberblick, dass das bildnerische Machen der Erscheinung nicht instinctiv gefühlsmässig betrieben werden kann, noch weniger sich aus erhitztem Zustande der Phantasie von selbst ergibt, dass es vielmehr eine eigene und vielseitige Wissenschaft ist und zum guten Theil auf vollkommener Abstraction des Verstandes und Gefühls beruht. Je grösser das Talent ist, desto früher und energischer wird dasselbe das Machen als solche Abstraction bewusstvoll in's Auge fassen. Nur wo es dem grossen Talent gelang die ausserordentlichste

Herrschaft über diese weitverzweigte und feine Thätigkeit zu erlangen und ihrer allezeit bis in die letzten Subtilitäten der Technik und Handführung sorgfältig acht zu haben, kann der Geist von sich sagen, er sei Herr und frei ein gutes Kunstwerk im höheren Sinne sinnlich zu erschaffen. Aber dass hier bei einer letzten Grenze der Leistungstüchtigkeit angelangt werden könne, das zu behaupten ist gerade den grössten Talenten niemals eingefallen. Nur der Stümper, der factisch keine Herrschaft übt und niemals welche üben wird, glaubt, er verlöre die Herrschaft über den Ausdruck seiner confusen Vorstellungen, wenn er sich allzutief auf dies Gebiet einliesse, von ihm pflegen wir zu hören, „das, was ein Bildner für's Machen zu erlernen habe, sei bald gelernt", und die Grobheit seiner Leistung zeigt uns dann in schreiendem Widerspruch hiezu, dass der schnellfertige Herrscher nur der willenlose Knecht auch des niedersten seiner Diener, der plumpen Stofflichkeit des Materials, sei.

Dies alles und weit mehreres ergiebt sich für den, welcher die Bildnerei aus eigener Erprobung kennt, nur als einfache und natürliche Folgerung aus jenem oben erwähnten, scheinbar bis zur Kindlichkeit schlichten Ausspruch, der das sinnliche Erschaffen und Machen von Erscheinung für das Charakteristische und Auszeichnende der bildenden Kunst erklärt. Hätten die Anschauungsdogmatiker eine Ahnung davon haben können, wie so ganz abnorm und phantastisch den der Sache am nächsten Stehenden die Definition des Bildnertalents „als Befähigung zur Heranbildung einer anschauungsmässigen Welterfassung und -Verarbeitung" vorkam, bei welcher problematischen Procedur die Werke gar nur ganz beiläufige Nebenabfälle oder gelegentliche Marksteine des gerade erreichten Stadiums von Weltanschaulichkeitsbewusstsein sein sollten, sie hätten sich die Hypothese vielleicht erst noch einmal genauer überlegt, und in Erwägung gezogen, ob es nicht einfachere und natürlicher klingende Gründe für die specielle anschauliche Fertigkeit und Feinheit des bildnerischen Geistes geben könne. Mit solchen, etwas handfesteren Gründen hätten sie alsdann vielleicht wirklich einen Theil ihres Publicums dazu bewogen, das specifische Verfahren des Ausübenden bei Erziehung seines Auges und seiner künstlerischen Anschauungsempfindlichkeit einigermaassen nachzuahmen, und damit ihre wohlmeinende Absicht erreicht, dem Kunsturtheil und der

Bildnerei einen Dienst zu leisten, wenn schon die Erwerbung von
Weltbewusstsein vorläufig noch in einer anderen Sphäre verblieb,
und eine weitere Abtödtung des Verstandes zu Gunsten der Phan-
tasiekraft sogar gänzlich unterbleiben durfte. Doch war dieser
Wellenstoss im Arzneibecher für das krankende Kunstverständniss
ja nur eine Seitenwirkung, die durch andere, schon seit längerer
Zeit gangbare ähnliche Wellen hervorgerufen ward. Auch die kathe-
drale Kunstästhetik hat allezeit der Ansicht gehuldigt, das sinnliche
Machen — also das, was der Bildner als das eigentlich Schwierigste
an seiner Lebensaufgabe kennt, zugleich wissend, dass er der Befolgung dieses eingebornen Triebes und nur der stetigen Wechselbeziehung zwischen dem sinnlichen Anblick des wirklich Gemachten
und dem innerlich Gewollten die gesteigerte Klärung und Verfeinerung seines Urtheils und seiner Vorstellungskraft in letzter
Instanz verdankt — sei nur ein unbewusster, selbstverständlicher
Ausfluss der hellscherisch träumenden Phantasie. Die Philosophie,
die doch sonst annimmt, dass auch die geringste unserer anschaulichen Vorstellungen, um bewusst oder gar in bewusstvolle Handlung umgesetzt werden zu können, die Beihilfe des ordnenden,
Begriffe bildenden, speculirenden und logische Schlüsse ziehenden
Verstandes voraussetzt, hat gerade bei Ausübung einer so schwierigen
und hellen Thätigkeit der Anschauung, wie die Bildnerei ist, diese
Nothwendigkeit für nicht vorhanden ausgegeben. Sie hat damit die
ganze Vorstellung vom Wesen des bildnerischen Talents, die Nicht-
bildner haben sollten, und die diesen auch als die vernünftigste
leicht einleuchten müsste, unverzeihlicherweise verschoben und in's
Bodenlose und Nebelhafte versetzt. Indem sie beseitigte, über was
sich in positiver Weise reden, und wo sich Beweis führen lässt,
verlegte sie einen guten Theil ihrer Discussionen in das dunkle und
unauflösliche Gebiet der innern Vorgänge der Phantasie, über welches
auch die philosophische Wissenschaft uns heute, und vielleicht für
immer nichts zu lehren vermag, was der gesunde Menschenverstand
nicht von selbst ohne sonderliche Wissenschaft capirte, und was bei
der ausserordentlichen Allgemeinheit der begrifflichen Formulirung,
in die es sich fassen lässt, geeignet wäre, dem Bildner bei seiner
Arbeit in zweifelhaften Fällen irgendwie Rath und feste, concrete
Anhaltspunkte zu gewähren. Nichts kennzeichnet die Unvollkommenheit der Vorstellung, die solche Philosophen von bildnerischer Er-

scheinung und von der Leistungsfähigkeit des Talents in der Regel
besitzen, besser, als dass dieselben, wenn ein Künstler sie etwa auf
die Unentwickeltheit ihres Auges aufmerksam macht, verwundert
aufschauen und zu erwidern pflegen: „Dass ein Ausübender die
Technik einsichtsvoller zu beurtheilen weiss, gestehen wir ohne
Schwierigkeit zu". Als ob das Richtigsehen eines Contours, wie er
sich auf der Bildtafel zu zeigen hat, Beurtheilung der Perpective und
der Formenmodellirung durch Licht und Schatten, die Abschätzung
des Colorits, richtiges und scharfes Erkennen von Grössenverhältnissen, feinste Kenntniss der Erscheinungsmässigkeit alles organisch
Gegliederten, und was noch alles sonst! mit zur Technik gehörte,
oder überhaupt von Einem erworben werden könnte, der, weit entfernt in der vernünftigen und eingehenden Weise des Bildners danach
zu streben, vielmehr aus purer und vollkommener eigener Unwissenheit die Ausübung aller dieser Dinge für etwas Selbstverständliches,
der Beachtung Unwürdiges und für untergeordnet in der Kunst
erklärt. Oder welchen Werth kann es haben, dass Jemand, der
de facto Maasse nicht scharf zu unterscheiden weiss, nach psychi-
schen Ursachen des Sinnes für Verhältnissschönheit in die Tiefe
gräbt? Auf welchen Ausgangspunkt seiner Untersuchungen, auf
welches Fundament für seine gesuchten Gesetze ist er denn angewiesen? Auf nichts als auf die stumpfen und verworrenen Wirkungen,
die er an seinen eigenen unentwickelten Sinnen zu verspüren vermag,
und auf einen Verstand, der gar niemals in der Lage war, über
die Ausführung künstlerischer Absichten und den Gebrauch bildnerischer Mittel zu speculiren. Er bewegt sich also auf einem Gebiet,
für dessen Erkenntniss ihm ebensowohl die nöthige Empfindungsfeinheit mangelt, als die nöthige Verstandeserziehung, und hier hofft
er Rath und Gesetz zu finden. Das ist der berühmten Wissenschaftlichkeit unserer Zeit unwürdig. Ist also die Kunstästhetik, wie sie
uns neuerdings so gern versichert, eine „noch junge Wissenschaft",
so breche sie vor allen Dingen mit dem wohl in keiner sonstigen
Wissenschaft gestatteten Irrthum, man könne eine Sache erforschen,
deren auszeichnendes Besondere und offenbare Hauptbedingung man
von vornherein gänzlich übersieht und ausdrücklich als der Beachtung nicht werth bei Seite und von sich schiebt. Es kann nicht
wohl als Entschuldigung gelten, dass auch grosse und sogar in
andern Künsten hervorragende Geister die fundamentalen Irrthümer

über Bildnerei mit gehegt und gepflanzt haben, sondern nur als doppelte Mahnung, die Schuld endlich zu tilgen.*)

Man mag es als einen sprechenden Beweis für die Vornehmheit und Vielseitigkeit bildender Kunst ansehen, dass der Gelehrte meinen kann, sie sei Philosophie, und er könne folglich ohne weiteres über sie mitreden, und der Dichter sie für Poësie hält und demgemäss über sie urtheilt. Dennoch ist sie noch vornehmer, als diese meinen. Die Erziehung der bildnerischen Anschauungskraft wird nicht auf dem Wege der Deduction von vorausgefassten Schlussmaximen her geführt und erreicht, sondern auf dem der Induction durch eine lange Versuchskette hin. Das Individuum geht zuerst nur den Pfad des Empirikers. Hier kann es, wenn es aufmerkt, Schritt für Schritt der zurückgelegten Strecke nachweisen, umsomehr, als bei jedem Schritt der Fuss nur nach vielfachem Suchen und Irren auf sichern Boden gestellt wird. Und mit jedem Schritt vorwärts im Können und Erkennen kann das Individuum auch eine progressive Steigerung der Aussprüche seiner Anschauungskraft nachweisen. Ungleich dem angebornen Intensitätsgrad und Charakter des individuellen Talents und dem, was dieses Talent in seiner Eigenart — obwohl nie ohne Grundlage von Wissenschaft — so doch im Ansturm der Begeisterung in Augenblicken Persönliches leistet, können die Resultate der Erfahrung auch Andern mitgetheilt und deren Besitz überliefert werden, und der Empfangende kann und wird auf dem gezeigten Weg in consequenter Richtung weiter gelangen, als sein Vorgänger. Und endlich ist so viel erreicht, dass der Empirik, wie von selbst, auch die Speculation zur Seite treten muss. Wie sich diese allmählige und sichere Zunahme und Steigerung von und bei Individuen verfolgen lässt, so lässt sie sich auch bei Generationen und

---

*) So legt selbst ein Lessing seinem Maler Conti die Frage in den Mund: „Fürst, glauben Sie nicht, dass Rafaël auch dann der grösste Maler gewesen sein würde, wenn er unglücklicherweise ohne Hände geboren war?" — Aber wenn man nicht annehmen will, der sonst so geschmackvolle und vornehme Dichter habe sich gerade hier einmal zu der Realistik verstiegen, ein Zwiegespräch zwischen einem Gimpel von Gönner und einem denselben geistreich beschwatzenden Maler zu schildern, so bleibt kein anderer Ausweg, als den Dichter an dieser Stelle vollkommener Gedankenlosigkeit in Sachen bildnerischen Wesens zu zeihen, denn der Fürst hätte geruhig antworten dürfen: „Nein, lieber Conti, ausgenommen, Rafaël hätte in so unglücklichem Falle mit den Füssen gemalt."

über Jahrhunderte hin als eine mit Nothwendigkeit voranschreitende
Civilisation und wahre Wissenschaft der Bildnerei nachweisen. So
bestimmten innern Gesetzen, so von Natur feststehenden Zielen folgt
diese Civilisation, dass sie selbst auf lange Zeit ruhen, unterbrochen
und abgebrochen, aus Verfall in gänzliche Vergessenheit sinken kann,
und wird dennoch später wieder aus innerer Nöthigung des Talents
und mit Erfolg aufgesucht, weiter und zur Höhe emporgeführt. Was
vor Jahrhunderten kunstfertige Generationen für die Erziehung ihres
Talents geleistet oder vorbereitet haben, das können und müssen
wir Spätgeborne wieder aufnehmen. Es ist hier keinerlei Gefahr
vorhanden in gedankenlose Imitation zu versinken, von den grossen
Geistern, die hier an einander anknüpften und Einer auf des Andern
Schultern weiter stiegen, hat kein Einziger den Andern als Künstler
nachgeahmt. Es kann, wie die ersten empirischen Schritte dem
Schüler nicht gelehrt werden können, ohne dass dieser das zu Er-
lernende und zu Meidende gründlich selbst erfährt, so auch das ver-
allgemeinernde Resultat der Speculation nicht durch Tradition weiter
verpflanzt werden, ohne dass der Empfangende die Speculation des
Erfinders in sich erneuert und den ihm gezeigten Fund in neuen
Fällen der Anwendung für sich frisch nacherfindet, die durch Ver-
standesspeculation gewonnene Regel in ihrem allgemeinen Sinn
durch Specialisirung lebendig und wirkungskräftig werden lässt, sie
zu erweitern und auf's Neue zu begründen versucht.*) Und so breit
von Spur ist diese Erziehung und Civilisation, so allgemein um-
fassend ihre Theorie, dass sie Individuen und Generationen bei
ihrer Verwendung höchst ausgedehnte Freiheit der Variation zu ver-
schiedenartigst gestalteten Zwecken gestattet.

Wie man also eine Entwicklungsgeschichte der Kunst nach den
Ideen schreibt, die der Bildnerei innewohnten und von ihr verherrlicht
wurden, so lässt sich eine weit intimere und in sich folgerechtere
Entwicklung der Bildnerei an der Geschichte des Machens selbst vor
Augen stellen, oder vielmehr jene erste Art der Geschichtschreibung
bleibt unsicher und äusserlich, weil unvollständig, so lange ihr diese

---

*) Der Ausdruck „Tradition" wird nur zu häufig in dem Sinne blos
fortgesetzter Gewöhnung des Schauens oder der Ueberlieferung von Regeln
als fertiger Erfahrungs- oder Verstandesformeln aufgefasst. Doch dies ist
Copistenthum ohne Schaffensenergie und lässt das künstlerische Vermögen
herabsinken, statt es zu fördern.

andere, die Kern und charakteristisches Wesen des specifisch bildnerischen Triebes betrifft, nicht bis in's Detail scharf und bestimmt zu Grunde liegt. Jene hat nur ein verschwimmend ideales
Interesse und gilt vorzüglich dem einseitig und an der Oberfläche
geniessenden Laien, der Schaffende hingegen kann, ohne Gefahr for-
maler und äusserlicher Imitation zu laufen, nur äusserst wenig aus
ihr verwenden. Diese hingegen vermag unserer lebenden Bildnerei
zu Allem zu verhelfen, was ihr fehlt, und sie ebensowohl vom wieder-
wärtig ohnmächtigen und prahlerischen Wesen der Originalitäts-
geniesucht, wie von gedankenarmer Nachäffung und Anempfindelei
unzusammenhängender Aeusserlichkeiten des bereits Dagewesenen
gründlich zu befreien. Und liest der Laie die Blätter dieser Geschichte, so mag er wohl zu höchstem Nutzen seines Urtheils einen
Einblick in das Treiben thun, wegen dessen ungenügender Berück-
sichtigung Dürer den Nichtkünstlern seiner Umgebung die volle
Urtheilsfähigkeit über Bildwerk absprach.*)

Zwei Familien der Bildnerei sind es, die für uns hier in Frage
kommen können, die Sculptur und die Malerei, und in beiden treten
Bedürfniss und Entwicklung der Erziehung des Auges und der
inneren Anschauung mit charakteristischer Verschiedenheit auf. Für
die Sculptur stellen sich die Probleme des sinnlichen Machens unvergleichlich einfacher als für die Malerei, denn sie arbeitet in einem
Material, in das die runde Körperform genau, wie dieselbe an ihrer
Oberfläche und in ihren räumlichen Dimensionsverhältnissen ist,
direct übertragen werden, oder bei dem von einer künstlichen Erweckung des Anscheins plastischer und vertiefter Räumlichkeit nicht
die Rede sein kann. Denn wiewohl die Bildhauerei versucht hat, sich
im Relief mit diesem Anschein des Raumes selbst in grösserem Sinne
zu befassen, so konnte dies doch aus Eigenschaften der Subjectivität
des plastischen Materials nur so ungenügend gelingen, dass ein gesunder Kunstgeschmack den Versuch nicht wird erneuern wollen.
Auch auf die Farbe bezieht sich die Sculptur nicht in feinerer
Weise, sie könnte dieselbe nur durch Anstrich und Bemalen zur Anwendung bringen, bei dem bereits das Mischen von Licht- und Schattentönen von selbst hinwegfällt. Und selbst wo an einer Einzelfigur

---

*) „Die Kunst des Malens kann nicht wohl beurtheilt werden, denn
allein durch die, die da selbst gute Maler sind, den Andern ist es verborgen,
wie eine fremde Sprache." (Albrecht Dürer.)

der Bildhauer diese eingeschränkte Bemalungskunst in Anwendung bringen wollte, muss er ausdrücklich die Vorsicht gebrauchen, dass er, sie zu weit treibend, sein Werk nicht zu einer wirklichen, materiellen Sinnentäuschung und zum Kunsttück herabsinken lässt, was dem geistigen Wesen der Bildnerei widersprechen würde, denn wir wollen beim Genuss eines Kunstwerks niemals vergessen, dass wir einen künstlichen Schein vor uns haben, und keine absolute Wirklichkeit, die ja kunstlos ist, und deren dem Kunstwerk verliehene Erscheinung dieses zu erstarrter, bewegungsloser Wirklichkeit werden lässt. Er kann daher, um seinen Formen, die ohnedies bereits reale sind, das Wesen des künstlichen Scheins zu retten, die Farbe höchstens nur in conventioneller und andeutender Weise auftragen, nicht aber in sinntäuschender realistischer.

Die Malerei hingegen hat mit einem, an und für sich schon weit complicirteren und schwierigeren Material überall nur den Schein künstlich hervorzuzaubern. Für Ausdruck der runden und vertieften Körperlichkeit hat sie die dieser an sich widersprechende Bildfläche zur Verfügung, je drastischer sie aber den doch nie bis zu grober Sinnentäuschung gelingenden Schein hervorbringt, desto kunstvoller muss sie erscheinen. Sie bezieht sich frei auf Tausendfältiges der wirklichen Dinge im unendlichen Raum, und fasst Körperlichkeit und Form nach den Eigenschaften ihres bildnerischen Materials und der von diesem gestatteten und für es zu erfindenden Kunstweisen als Figur (Linienumriss), Beleuchtetes (Licht und Schatten), perspectivisch Verkürztes (Linearperspective) kunstgemäss auf. Sie befasst sich überdem noch mit der Farbe, wiederum in verschiedener Weise, als Localfarbe der Form, als beleuchteter Färbung in Licht und Schatten und als vor- und zurückgehender in der Farbenperspective; sie verwerthet auch zudem die Farbe zur Charakterisirung verschiedener Stoffart oder Dichtigkeit der Körper.

Nachweis des Gesagten bel der Renaissance.

Dass wir uns die Renaissance, und sonderlich die italienische, vorwiegend als eine begeisterte und schwungvolle Zeit vorstellen, wird aus dem festlichen Eindruck nur gar zu erklärlich, den uns bei unserer heutigen Armuth die Gesammtheit ihrer herrlichen Kunsthinterlassenschaft machen muss. Doch sollte uns die eminente

Vollendung und Gediegenheit der Erscheinung aller dieser Kunstwerke zugleich mit mahnender Deutlichkeit zur Empfindung bringen,
dass jener Zeit auch eine höchst vernünftige, ja nüchtern über-
legende, hartnäckige und gründliche Arbeitskraft innewohnte. Schon
von den ersten empirischen Anfängen an ist in dieser Kunst nichts
vernachlässigt, nichts mit knabenhafter Geniesucht dem blossen
Elan und dessen Zufällen anheimgestellt. Ein fest und ehrlich nach
Vollendung und Einsicht ringender Mannesernst spricht auch aus
solchem, das Vielen von uns, weil wir Späteres und Vollkommeneres
sahen, sogar im Lichte kindlicher Naivetät zu erscheinen pflegt.
Dieser Ernst bewirkt, was Kindernaivetät wahrlich nicht vermöchte,
dass wir uns vor Giotto und seiner Schule auch da beschämt
beugen müssen, wo wir uns nicht verhindern können, offenbare Unbehilflichkeit und sonderbare Verstösse einzusehen. Denn allem,
was hier gemacht ist, steht an die Stirn geschrieben, dass es mit
dem festen Willen gemacht sei, es besser zu lernen, das Gekonnte
ist dabei mit voller Energie und feinster Sorgfalt erschöpft, und das
Gewahrwerden dieser Züge von Willenskraft und Ehrlichkeit erfüllt
den Beschauer mit ehrerbietiger Rührung, die sich freudvoll in
gleichsam Partei ergreifende Bewunderung umwandelt, wo nur immer
das Auge das Streben sein Ziel erreichen sieht. Ganz derselben
Gediegenheit des Arbeitens begegnen wir aber auch, wo auf den
höchsten Stufen ein Jüngling die Wissenschaft des Könnens mit
leichter Sicherheit handhabe. In Rafaël's Disputa sind, oben im Duft
der Glorie versteckt, wohl hundert Cherubimköpfchen angebracht.
Wenn man hinaufsteigt und sie in der Nähe ansieht, so findet man
da keinen einzigen von allen, der nicht mit grösster Sorgfalt und
Strenge gezeichnet, richtig verkürzt und genau ausschattirt wäre,
ein jeder ist in Wendung und Ausdruck von den übrigen verschieden
und bestimmt ausgeprägt, aber die Figuren davor sind noch so
viel bestimmter ausgeführt, dass jene ganz in Duft verloren scheinen,
und man sie nur als untergeordnetes und entferntes Beiwerk gewahr wird.

Objectiv-Maassstäbe.

Diese Freude an der Arbeit, dies genaue Zusehen, diese Ehrlichkeit ohne jeglichen leichtfertigen Selbstbetrug bilden die Grundlage, sie stellen die Gesinnung dar, in Folge deren der Empiriker

hinsichtlich des Naturstudiums sich nicht etwa damit begnügte, in seinem Werk ein Modell so genau als möglich nachzubilden, sondern, bevor er an sein Werk selbst ging, sein Modell Glied um Glied und Maass für Maass buchstäblich auswendig lernte und ebenso die Wendung und Stellung, die er ihm im Bilde geben wollte. Dann erst trat er, mit dem schätzbarsten Vorrath höchst präciser Vorstellungen ausgerüstet, an sein eigentliches Bildwerk heran. Ja, für die gleiche Figur verfuhr er nicht nur mit einem Modell in dieser Weise, sondern mit vielen, von denen er dann auswählte und zusammenlas, was ihm für seine jedesmalige Absicht am besten passte. Als er aber viele Fälle auf diesem empirischen Wege gesammelt hatte und gewisse regelmässige Wiederholungen, eine gewisse Uebereinstimmung des Vielfältigen bemerkte, trieb ihn dieselbe Gründlichkeit der Gesinnung zum Aufstellen von Regeln und zum Forschen nach den Ursachen der Erscheinungsoberfläche, und es ist ja bekannt, dass Bildner der italienischen Renaissance endlich fast früher als die Aerzte Anatomie des Thierkörpers und sogar messende und vergleichende Anatomie trieben, auf Hebelgesetze, Gravitation und Statik der Bewegungen ihr Augenmerk des Genauesten richteten. Als Hilfsarbeit für ihr bildnerisches Naturstudium betrieben sie also wirkliche Naturwissenschaften; danach begann erst ihre eigentliche Arbeit, sie studirten nun an Körperform und Bewegung der lebendigen Natur von Neuem, wie sie das gewusste Organische und Physikalische mit möglichster Richtigkeit und zugleich künstlerischer Anmuth anzuwenden hätten.

Mit derselben Gründlichkeit und gleichem Verstand wie das Studium des Naturvorbilds behandelten sie auch die Erziehung des eigenen Auges zum scharfen und richtigen Sehen der Dinge. Sie liessen sich nicht an einer bloss gewohnheitsmässigen Uebung des Augenmaasses genügen, sondern nahmen überall, gleichsam um das Auge recht deutlich von seiner natürlichen Unsicherheit und Ungenauigkeit zu überzeugen, bei Formwendung und Proportion objective Maassstäbe zu Hilfe. Bei der Bildhauerei nun ergeben sich diese Hilfen zur Correctur des Sehens von selbst. In dieser Kunst kann man die Maasse der Naturkörper mit dem Zirkel abnehmen und sie gerade so oder auch in reducirtem Maassstabe in's plastische Material übertragen. Ein Bildhauer wird überdem schon ganz von selbst, wo es nur irgend ausführbar ist, sein Naturmodell in ganz

dieselbe Profilansicht neben sein Nachbild hinzustellen suchen, als
die ist, an der er am Nachbilde gerade arbeitet, und wird so
rundum verfahren. Laufen in allen Fällen die beiden auf diese Weise
äusserst leicht mit einander vergleichbaren Profile parallel zu einander, so ist das Nachbild, wofern auch sonst die Maasse stimmen,
richtig. Dennoch hielt es Alberti für nicht unnöthig, zum Behuf
genauen und bequemen Ausmessens und Contourbestimmens für die
Bildhauer zwei Objectivmaassstäbe zu erfinden, einen linearen senkrechten mit, in rechtem Winkel an diesem Lineal auf und nieder
laufendem Horizontalarm, der an das Modell angelegt ward, die
sogenannte Exempeda, und einen complicirteren kubischen, den
sogenannten Definitor, und man möge bei ihm selbst nachlesen,
welchen Nutzen er hiemit der Bildhauerarbeit geschaffen zu haben
meinte. *) Diese letztere zog auch in der That ganz eminente

---

*) „Quellenschriften", Alberti de Statua. — Als ein anderer Vortheil
und zugleich als Beweis von Ehrlichkeit und Selbstkritik verdient überdem
angeführt zu werden, dass die Bildhauer der Renaissance ihr Werk stets in
hartem und nicht glänzendem Schlussmaterial selbst zu Ende führten, nicht im
weichen, zerfliessenden und feucht glänzenden Thon. Viele heutige Bildhauer
haben die schädliche Angewohnheit, nur diesen letzteren zu handhaben und
hiebei die sogenannte malerische Manier anzuwenden, d. h. die Form nach der
Licht- und Schattenwirkung zu beurtheilen. Diese Art von Formbeurtheilung und
-Wiedergabe wird erstens an und für sich schon ganz illusorisch, wenn, was
ja fast nie der Fall sein kann, Natur und Thonmodell sich nicht genau im
gleichen Winkel und Abstand zur Beleuchtungsursache befinden. Nun suchen
aber diese Bildhauer auch noch etwas darin, den Modellirstab so zu führen,
dass derselbe im feuchtglänzenden Thonmodell durch die Richtung der Strich-
lagen Glanzlichter und Halbschattentöne hervorbringt. Führt man nämlich
den Strich horizontal, so fängt das feuchte Material hier volle Lichter und
Glanzlichter auf; und führt man ihn mehr oder weniger in vertikaler Richtung,
so erscheinen diese Striche vor Licht, das von oben und gegenüber einfällt,
mehr oder weniger dunkel. Man glaubt nun in Folge dieses zufälligen Anscheins
von Hell und Dunkel eine ausladende, lichtere, und eine zurückgehende, weil
dunklere, Formenmodellirung vor sich zu haben, weit prägnanter, als sie in
der That ist. Kommt aber nachher das Thonmodell in andere Beleuchtung
oder wird, wie es ist, in hartes, nicht glänzendes Material übersetzt, so ist
die Täuschung zu Ende, und man sieht nun ein ganz anderes, höchst fehler-
haftes, und meist sehr roh und kantig modellirtes Formendetail vor sich.
Solche Bildhauer betrögen sich also selbst, indem sie sich's so leicht machen,
und dies ist der Grund, aus dem ihre Marmorfiguren oder Bronzen so viel
geringer ausfallen, wie ihre Thonmodelle zu sein scheinen. — Im harten
Materiale kann aber diese Selbsttäuschung des Werkführers nicht vorkommen,

Vortheile davon. Denn wiewohl sie von je der Malerei in Wiedergabe
des Formendetails überlegen gewesen war — was sich leicht aus
der geringeren Schwierigkeit und grösseren Beschränktheit ihrer Aufgabe erklärt — und wiewohl schon Nicolaus Pisano's gefühlsmässig
der Antike nachgeahmtes Körperdetail auch gegen weit spätere und
von Meistern herrührende Malereien noch immer glänzend absticht,
so ist dies doch nicht mit dem zu vergleichen, was Donatello plötzlich
vermöge der exacten objectiven Richtungs- und Grössenmessung des
Naturvorbilds selbst auszurichten befähigt war. Und es soll hiebei
nicht unbemerkt bleiben, welches Uebergewicht ihm und seiner Bildhauerei diese Kenntniss des Formendetails und die Leichtigkeit,
dasselbe bis in's Feinste nachzubilden, bezüglich des Ausdrucks der
Stellung, der Geberde und der Seelenempfindung verleihen musste. *)

Malerische Perspective.

Für die Malerei lag die Frage brauchbarer Objectivmaassstäbe
zum Behuf der Correctur des Auges nicht so einfach, und doch
musste hier die Herstellung dieser Hilfe zum fehllosen Ermessen der
wirklichen und scheinbaren Grössen- und Linienrichtungsverhältnisse
noch weit mehr Bedürfniss sein. Wer hat, ohne irgend welche Kenntniss von Perspective und geometrischer Projection, je versucht, einen
ganz einfachen Solidkörper getreu dem Eindruck gemäss, den dies
Object in der Natur machte, auf einem Zeichenblatt wiederzugeben,
und hat nicht fortwährend das Gefühl bekommen, als müsse er die
vertiefte Form in das flache Blatt mit dem Stift hineinbohren, wurde
nicht rathlos und unsicher, da dies nicht anging? Wenn er nur

und dazu kommt noch, dass man die Formenwendungen in hartem Bildstoff
weit präciser und eingehender in's Detail führen kann, als im feuchten, zerfliessenden Thon; und je härter das Material ist, desto mehr Vortheil für die Vollendung der Arbeit, und also auch die Schulung des Auges bietet es dem Künstler.

*) Auf dies Uebergewicht gründet sich wohl auch Alberti's gering-
schätzige Erwähnung der gleichzeitigen Malerei in der Widmung seines Tractats
an Brunelleschi. Aber die Verhältnisse sollten sich bald ändern. Doch hat
Donatello in der That höchst schwierige Aufgaben bereits unübertrefflich
gelöst. Es gibt unter Andern ein Christkind von ihm, das ängstlich und unsicher auf seinen schwachen Füsschen steht und dabei mit verlegenem Lächeln
den Segen spendet, und es wäre unmöglich, diesen sublimen und schwierigen
Vorwurf mit grösserer Feinheit, Bestimmtheit und hinreissenderer Liebens-
würdigkeit zu lösen, als Donatello gethan.

einige Stunden lang dabei ausharrte und seine verschiedenen Versuche
unter einander verglich, so musste er gewahren, dass es seinem,
an unruhiges Umherschweifen über die Form hin gewöhnten Auge
gar nicht einmal gelungen war, ein einheitliches Bild des Körpers
dauernd zu fixiren.

Wer dies erfuhr, hat eine genaue Vorstellung davon, wie es
jedem Maler und Zeichner im Anfang zu Muthe ist, wenn er angewiesen wird nach dem Runden zu zeichnen. Und wer in dieser
Beziehung geübte Anschauung besitzt, der erkennt in der zeichnerischen Unbehilflichkeit und Kärglichkeit der älteren Schulen, nicht
über Jahrzehnte, sondern über Jahrhunderte hin denselben nutzlosen
Kampf gegen das widerspenstige Material und die Gewohnheit des
Auges. Wenn er sich aber recht lebhaft in diese Lage mit hineinversetzt, so wird ihm das zur Beseitigung solcher Pein erfundene
Auskunftsmittel weit weniger selbstverständlich vorkommen, als den
Meisten, die dessen Erfindung ohne viel weiteres Nachdenken hinnehmen, heute scheinen möchte, und nur in genauen mathematischen
und geometrischen Vorstellungen sehr scharf geübten Geistern konnte
der Einfall kommen, die ihrer Natur nach der Darstellung runder
Körperlichkeit schnurstracks widersprechende Bildfläche selbst zum
genauesten geometrischen Abmesser der gesuchten Erscheinung zu
machen, und das von Natur die Form umirrende Auge für den
Zweck des Malers gewaltsam auf einen Punkt festzubannen. „Die
Bildwand ist gleich einer Glastafel, die in einem bestimmten Abstand senkrecht und gleichsinnig vor dem feststehenden Auge angebracht ist, und beim Durchmarsch durch sie tragen die in pyra-
midalem Zusammenlauf zum Auge kommenden Scheinbilder der
Dinge ihre Figur selbst auf ihr ab." Es wird niemals eine bessere
Definition des malerischen Sehens gegeben werden, als diese von
Alberti gegebene, der zur Versinnlichung der so entscheidend gewordenen, bis jetzt einem Unbekannten verdankten Erfindung und
zum bequemsten, allezeit bereitstehenden Gebrauch zur Correctur
des Auges beim Zeichnen nach der Natur auch noch den Schleier
oder das aus Fäden gespannte Quadratnetz anfertigte und vor's
Modell hinstellte.

Nun hatte das sichere Erkennen der Linienwendungen des
malerischen, oder auf der Fläche auszudrückenden Contours in allen
nur erdenklichen Drehungen, Bewegungen und Verkürzungen der

Solidkörper keine Schwierigkeit mehr, und ebensowenig das Bestimmen der scheinbaren, durch Entfernung im Raum und Lage zum Auge sich verjüngenden Maasse. Und siehe, auch in der Malerei begann man jetzt alle Formen sicher, charakteristisch, fein und vielerwärts gewendet darzustellen, wie rasch ward die Lehre von der Statik und Bewegung von den letzten Zweifeln und Unsicherheiten befreit, wie viel individueller nun der Stellenausdruck in Gesichtsmine und Körperstellung geschildert. Das Quadratnetz wurde noch nach Jahrhunderten seiner grossen Bequemlichkeit wegen von den Malern zu Rath gezogen. Lomazzo und noch Spätere erwähnen seiner unter dem Namen der „Prospettiva per delucidazione" oder der Durchzeichnungsperspective. Die eigentliche theoretische Linearperspective aber hat die ganze malerische Anschauungsweise umgewandelt und vervollkommnet, die Malerei zur eigentlich selbstständigen Kunst gemacht, kurz den Nutzen gestiftet, den wir Alle kennen — oder vielmehr so recht nicht mehr zu erkennen und zu schätzen wissen; es wird sogar nicht schaden, ein wenig davon zu reden.

Moderne Einwendungen.

Es ist nämlich in unsern Tagen, da es trotz des Vorhandenseins der vortrefflichsten und bequemsten Lehrbücher der Perspective nur noch sehr wenige Maler gibt, welche die Kenntniss der Perspective für nöthig halten oder gar von derselben wirklichen und reichhaltigen Gebrauch zu machen wissen, auch bei Gelehrten, Physiologen und Mathematikern hie und da die Ansicht hervorgetreten, dass die sogenannte Centralperspective in der Malerei auf Bildflächen deshalb die bindende Lösung der Frage nicht sein könne, weil diese Art zu sehen mit den natürlichen Vorgängen und der allgemeinen Lebensgewohnheit des materiellen Sehens, sowie des Bildens von Erscheinungsvorstellungen von Seiten der Seele nicht übereinstimme. Diese Einwendung beruht auf Unkenntniss sowohl dessen, wozu die Perspective dem Maler dient, als auch der Modalitäten, die dieser in der Praxis in deren abstracte Begriffsformel einführt.

Zwar hat es gewiss seine vollkommene Richtigkeit damit, dass das Auge weder wie eine Camera obscura sieht, noch jemals auf längere Zeit feststeht, und dass die Seele sich keine einseitigen

Bilder von den Körpern bildet, sondern die Augen nöthigenfalls von den Beinen einem Körper näher oder ferner, oder ganz um denselben herumtragen lässt, wenn sie wissen will, wie er beschaffen ist. Doch auch beim Betrachten des gemalten Bilds wird ja nicht verlangt, dass das Auge unbeweglich feststehe, und man kann es auch näher heran oder in weitere Entfernung bringen. Nur das Bild muss doch ein feststehendes sein. Wenn man, wie in einem neuerdings erschienenen Schriftchen geschah, sogar das Listing'sche Gesetz und die fortwährende Verschiebung der Netzhautfläche als Argument gegen die Centralperspective anführt, so bedenkt man wohl nicht, dass der Maler in seinem Bild nicht etwa die physiologischen Vorgänge des Sehens und der Verschiebungen des Bildes auf der Netzhaut darzustellen hat, deren sich die Seele ja gar nicht bewusst wird, sondern dass er der Seele und dem Auge ein deutliches und einheitliches oder feststehendes Bild zu liefern hat, an dem sie aus den von der Netzhaut angestellten rasch aufeinanderfolgenden Einzelbeobachtungen aller Punkte die Summe des Gesammteindrucks ziehen können; der betrachtete Körper muss fest stehen, oder wird die Vorstellung von einem Rad und allen Theilen desselben um so deutlicher, je rascher das Rad sich dreht?

Beabsichtigt man als Bildner die dargestellten Körper von allen Seiten zu zeigen und die Seele in die Möglichkeit zu versetzen, ihr schauendes Auge von den Beinen um die Körper herumtragen zu lassen, so gibt es ein sehr einfaches Auskunftsmittel, man wird Bildhauer und macht Statuen. In der Malerei kann man aber unmöglich ebenso verfahren, d. h. alle Seiten zeigen wollen. Wollte man bei malerischer Darstellung einer Hand z. B. die Hand des Modells sich langsam herumdrehen lassen und alle zum Vorschein kommenden Ansichtbilder auf die Bildfläche nebeneinander tragen, so wäre kein Mensch mehr im Stande, das für eine Hand zu erkennen. Oder wollte man bei Darstellung derselben Hand des genaueren Sehens halber an die kleineren Theile näher herantreten, als da man die Hand als Ganzes sah, und dann auf dem Bild die Fingerglieder so gross und minutiös ausgeführt machen, als man sie in der Nähe, die Handfläche um soviel kleiner und weniger deutlich ausgeführt, wie man sie aus grösserem Abstand sah, so würde wiederum ein jeder Vernünftige gegen solche Missproportionen Protest einlegen. Zur Herstellung eines möglichst scharf und

genau umrissenen, sowie einheitlich proportionirten Bildes muss
das Auge des Malers auf einem Punkt stehen bleiben, und auch
das Auge des Beschauers lässt sich das ohne Widerspruch gefallen,
denn es ist gar nicht wahr, dass es immer und ewig um Alles und
alle Seiten der einzelnen Gegenstände herumläuft, sondern es sieht
sich für gewöhnlich die Dinge von einer Seite und von einem
ruhigen Standpunkt aus an, und die wahrgenommene einseitige Ansicht genügt der Seele vollkommen zum Wiedererkennen des Ganzen,
dass aber die Vorstellung auch von dieser Ansicht auf dem Weg blitz-
schneller Nacheinanderwahrnahme einer Unendlichkeit von Punkten
herangebildet worden sei, vermag selbst der Physiolog, der sich
einen Begriff hievon zu machen versteht, während des Sehens seinem
Auge niemals zur Ahnung, geschweige denn Empfindung zu bringen.

Hält man die grossen Meister der Renaissance, diese bevorzugten
und heute von Keinem an Genauigkeit des Sehens erreichten Augen-
menschen wirklich für solche Einfaltspinsel, dass man annimmt, sie
seien nicht — wenn schon in ganz anderer und weit einfacherer
Weise — mit der Beweglichkeit des Sehens bekannt gewesen?
Lionardo sagt doch ausdrücklich genug: „Die Malerei zeigt dir in
einer Composition alle Figuren zugleich in der ganzen Ansicht,
welche dieselben einem Standpunkt des Auges herweisen können."
So spricht er auch nie von der Figur eines Gegenstandes allein,
sondern immer von den Figuren, die ein Gegenstand dem Auge
herweisen kann, und sagt, derselben seien unendlich viele, da der
Raum, den der Gegenstand bei seiner Umdrehung um seine Achse,
oder das Auge bei des Gegenstandes Umwanderung durchmisst, eine
„continuirliche Quantität" ist. So klare Rechenschaft gaben sich diese
Maler von der Aufgabe ihres Sehens und Darstellens der Dinge
und von der Nothwendigkeit der Feststellung des Auges zu diesem
Behuf. So geht auch aus der Alberti'schen, meisterlich schlichten
Definition der Ursachen, in Folge deren man aus Art und Graden
perspectivischer Verjüngung von Dimensionen auf die Grösse, die
Entfernung und Flächenstellung der Dinge im Raum und zum Auge
schliesst, und aus Lionardo's unausgesetzter Betonung der Nothwendigkeit höchst klarer und einfacher Raum- und Stellungsverhält-
nisse in Bildern, sowie aus seinem Dringen auf Zuhilfenahme der
exactesten und gesetzmässigsten Luftperspective zur linearen Verkleinerungsperspective mit Evidenz hervor, dass diese Männer, die

zu einer Zeit lebten, deren naturwissenschaftliche Bestrebungen im
Vergleich zu den heutigen kaum eine beginnende Morgendämmerung
genannt werden können, und die an Einsicht in die physikalischen
und physiologischen Vorgänge des Sehens zwar leichtlich von jedem
heutigen Schüler der Arzneikunde überragt, darum aber an Fähigkeit des malerischen Richtigsehens und an Nachdenken über dasselbe
auch von unsern grössten Physiologen nicht einmal erreicht werden,
mit ihrem relativ ungelehrten Verstand die Unterschiede dieser Art
von Sehen vom gewöhnlichen Sehen sehr eindringlich erörtert hatten.
Sie wussten nämlich augenscheinlich sehr wohl, dass die Seele in
ihrem an sich beweglichen und sogar durch die Bewegungsfähigkeit
der Beine transportablen Auge, sowie im Tastsinn dem vertieften
Raum gegenüber ganz andere Hilfsmittel zum Erkennen und Fest-
halten der Relation von Flächenrichtungen und Grössen wirklicher
Körper besitzt, als sie vor der Fläche von Bildern zur Anwendung
bringen kann.

Sieht man in der Wirklichkeit kleine Gegenstände aus der
Nähe, so dass sie weit grössere entfernte an Dimension und Höhe
zu überragen scheinen, so überzeugt man sich durch eine geringe
Veränderung des Standorts doch leicht vom wahren Sachverhalt,
und die Seele zweifelt an der relativen Kleinheit des nahen und
gross erscheinenden Gegenstandes keinen Augenblick. Kehrt ein
Solidkörper verschiedentlich geneigte Seiten oder Flächen dem Blick
theils in unverkürzter, theils in mehr oder weniger sich verjüngender
Ansicht zu, so kann sich das Auge durch Ortsveränderung ebenfalls
leicht Gewissheit über aller dieser Flächen reale Dimensionsverhältnisse verschaffen. Sieht Jemand bald ganz, bald weniger von oben
auf horizontale und vertikale Flächen hin, so entsteht trotz der Verschiebung der scheinbaren Neigungs- und Grössenverhältnisse derselben doch kein Zweifel über der Flächen wirkliches Stellungs-
verhältniss, ja es tritt dies selbst dann nicht ein, wenn man in solch
verschiedener Weise die fraglichen Flächen und ihre wandelbaren
Bilder nicht in directem Vergleich zueinander, sondern jede für sich
und eine nach der andern betrachtet; die Gesammtvorstellung kehrt
darum doch nachträglich immer wieder zum eigentlichen Thatbestand
zutreffend und richtig zurück, oder verliert ihn vielmehr gar nie,
denn man weiss ja, dass man thatsächlich nur die Richtung des
eigenen Blicks in so schroffen und vielfachen Unterschieden geändert

hatte. Nicht so vor dem Bilde, vor dem man die Blickrichtung um
so weniger schroff ändert, je kleiner des betrachteten Bildes Umfang
ist. Hier kann also nur die Richtigkeit der centralperspectivischen
Construction die zutreffende und gewollte Vorstellung erwecken und
befestigen.

Doch es gibt ja in der That genug Maler, die so malen, wie
jene Zweifler möchten, und um bei der Einfachheit des soeben
angeführten Beispiels von Flächenverhältnissen zu bleiben, wollen
wir eines vielbewunderten Marinemalers Verfahren schildern, dessen
Hauptproblem also unter allen Umständen ist, die Horizontalfläche
der Gewässer auszudrücken. Wenn der in See auf einem Schiff
stehend nach dem Horizont blickt, so lässt er ganz, wie er es sieht,
eine kleine Fischerhütte am mässig hohen Ufer des Mittelgrundes
hoch über die Horizontallinie des Wassers hinausragen. Das ist vollkommen richtig. Nun schlagen unten an das Schiff, auf dem er
steht, die Wellen, und es fahren da einige kleine Boote an. Gleich
wendet er den Kopf hinunter und malt diese, wie wiederum ganz
natürlich, aus der Vogelperspective ab. Sieht man jedoch sein Bild
an und empfindet nicht den Zwang der realen heftigen Richtungsveränderung des Blicks, sondern überschaut Alles leicht mit einem
Male, so sieht die kleine Fischerhütte des Mittelgrunds, an der die
niedrige Thür bis unter's Dach reicht, und aus der gebückt ein
Fischerjunge heraustritt, wegen ihres Ueberragens über den Horizont
bei so starker Aufsicht auf den Vordergrund der Wasserfläche aus,
wie ein Gebirgsfels, und der Junge wie ein ungeheurer Riese. Lässt
man hingegen Horizont und Hütte gelten, so stürzt vom Mittelgrund
an die ganze See, wie ein Bach, den Berg herab auf den Beschauer
los; und dies Herabstürzen sieht dann noch dazu überaus schlecht
beobachtet aus, da ein Wasserfall, von vorn gesehen, doch niemals
unserem Auge in horizontaler Richtung sich entgegenspitzende Wellen-
kämme zeigt. Der Eindruck ist also ein höchst lächerlicher und
unästhetischer, und das bewegliche Auge des Schauenden widersetzt
sich der unpassenden Zumuthung, dass es sich aus seiner ruhigen
Lage, die ihm zur Ueberschau des kleinen Dings von Marinebildchen
gerade genügt, mit Gewalt in die schroffen Unterschiede von Blick-
richtungen versetzen soll, deren der Maler bei seiner „naiven" Naturbeobachtung bedurfte. Wenn nun Viele, indem man ihnen diesen
Sachverhalt verstandesmässig auseinandersetzt, einsehen, dass das

Auge in seinem Recht ist, wenn es sich weigert, dennoch aber ihr
eigenes Auge sich derlei von Malern gefallen lässt, so müssen sie
bekennen, dass ihre Augen gegen ihren Verstand zurückstehen. Und
wenn sie einwenden, für die Kunst reiche dennoch das sogenannte
naive Sehen aus, werden sie sich da nicht darüber zu schämen
haben, dass schon Lionardo von zwei verschiedenen Arten des Sehens,
wie von aller Welt bekannten und geläufigen Dingen sprach, von
,,vedere'' und ,,speculare'', Worte, über deren Bedeutung Lomazzo
klare Auskunft gibt, indem er sagt, vedere bedeute die unbewusste,
gedankenlose, sinnlich dumpfe und ungenaue Wahrnehmung des
Gesichtssinns, und speculare die scharfe, bewusstvolle, sinnlich-
geistige und verständige Schau des Bildners und denkenden Menschen
überhaupt?

Gewiss werden die Zweifler, nachdem ihre physiologisch an-
gehauchte Argumentation auch ohne sonderlichen Aufwand von Physiologie und Mathematik Erwiderung fand, nun gleich in andern
Extremen fragen, wie es denn um die sogenannten perspectivischen
Verzerrungen stehe, die in Folge strenger Durchführung der Centralperspective an den Seiten ausgedehnter Bildflächen und bei nahem
Abstand eintreten müssen, und bei der Photographirmaschine zum
Beispiel wirklich eintreten. Doch dürfen sie vollkommen darüber
beruhigt sein; ein Maler ist keine absichts- und willenlose Photographirmaschine und hat es vollkommen in seiner Gewalt, da ein-
zuschreiten, wo die absolute Durchsetzung der abstracten Verstands-
formel deshalb vom Uebel sein wird, weil es kein von Menschen
erdachtes Gesetz gibt, dessen Begriffsformulirung sich in der Praxis
als vollkommen bewährte. Malerei ist angewandte Wissenschaft, und
was unterscheidet denn den Bildner deutlicher vom Gelehrten, als
dass er die Begriffsformel nicht um ihretwillen, sondern als Mittel
nur so weit verfolgt, als sie ihm für seine Zwecke taugt, und dass
er sofort erfinderisch auf neue Hilfe denkt, wo in der Verwendung
der Begriffsformel Unzulänglichkeit zu Tage tritt? So haben auch
die ersten Perspectiviker in der Malerei sogleich die Unzukömm-
lichkeiten, die in jenen Verzerrungen auftreten, erkannt und vermieden, sie haben eben keine zu nahen Abstände gewählt, und wo
in langgestreckten Wandbildern die strenge Durchführung der Construction in seitlichen Figuren jene Verzerrungen hervorgerufen haben
würde, wussten sie auf's Einfachste die Formähnlichkeit dieser

Gestalten gegen die Regel in abstracto zu wahren; oder sie haben
für geradlinig umgrenzte Gegenstände, wo dies letztere nicht unbedingt anging, zwei oder mehrere Augenpunkte für den Zusammenlauf der Linien im Bilde angesetzt. Nie aber hat die Möglichkeit
jener Unvollkommenheit ihnen für einen Beweis gegen die Wohl-
thaten der perspectivischen Regel gegolten, sondern sie bewährten
in deren tausendfältig erfinderischer, kunstvoll drastischer und an-
muthiger Ausbeutung mit Lust und Eifer ihr speculirendes Auge.
Wer nie eine Bildercomposition gemacht hat, in der viele Gegenstände und ein weiter Raum im beschränkten Rahmen einer Bildwand
zusammengedrängt werden müssen, kann gar nicht ahnen, welchen
Vortheil dem Maler die regelmässige perspectivische Construction
beim Componiren gewährt. Wer da nicht Perspective weiss, ist
sofort mit dem Raum zu Ende, wirr, unsicher und ohne Illusion
des freien Raumes stehen alle seine Gegenstände durcheinander und
erdrücken sich gegenseitig. Weil sie nicht Perspective verstehen und
doch die Illusion vom Raum erwecken wollen, müssen die Maler
der modernen realistischen Schule ihre Figuren- und Landschafts-
bilder gegenstandsleer componiren. Wer aber auf perspectivisch
vorbereiteter Grundfläche zu componiren anfängt, ist im Stande, in
den kleinsten Rahmen viele Hunderte von Gegenständen zu vereinigen,
die alle frei und sicher dort stehen und sich bewegen können, und
je mehr der Gegenstände er anbringt, desto grösser und tiefer wird
der bemalte Raum aussehen. Erst er vermag auch deutlich und klar
alle und die feinsten Verschiedenheiten von Flächenrichtungen auszudrücken, auf deren Reichthum und scharfem Ausdruck Fülle und
Bestimmtheit des plastischen Scheins beruhen. Deshalb möge hier
sofort erwähnt werden, dass Alberti zum Behuf des richtigen und
sichern Componirens von Historien für das damals noch sehr um-
ständliche und primitive perspectivische Constructionsverfahren einen
Fluchtmaassstab von gleichen Quadraten auf der Grundfläche der
Composition anordnete. Dies ist die wichtige Erfindung und Neuerung
in der Perspective, die er sich im Buch von der Malerei zuschreibt,[*]
und sie ist allerdings wichtig genug. Denn zum grossen Theil auf
ihrer Anwendung beruht die ausserordentliche Klarheit der Anordnung aller grossen und kleinen Compositionen der italienischen

---

[*] „Quellenschriften" Alberti Tratt. d. Pitt., Buch I, pag. 79 und ff.,
Buch II, pag. 107 ff.

Renaissance seit Erfindung der Perspective. Der Maler wusste beim
Entwerfen nun ganz genau, wie weit alle seine fingirten Gegenstände im Raum auseinanderstünden, wie viel Platz ein jeder ein-
nahm und beanspruchte, und konnte somit seine Composition nach
einem höchst klar gegliederten geometrischen Grundplan, wie
einen architektonisch proportionirten Entwurf in Perspective setzen.
Der Eindruck der grossen Klarheit und Einfachheit, den wir auch
von den figurenreichsten Historien und auf's Mannigfaltigste gegliederten Landschaftsbildern der italienischen Renaissance empfangen,
ist also kein eingebildeter, er beruht auf sehr positiven, unwider-
leglich nachweisbaren Ursachen und ist vom Maler mit voller, wohl-
berechnender Sicherheit in uns hervorbefohlen, und so werden umgekehrt den ähnlichen Eindruck hervorzubringen alle unsere neueren
stylisirenden Nachahmer jener Vorbilder sich vergeblich mühen, so
lange sie ihren Compositionen nicht vor allem andern gleichfalls
richtig construirte perspectivische Pläne zu Grunde legen.

Endlich erhebt man noch den Einwand, die Wirkung der centralperspectivischen Construction werde deshalb ganz illusorisch gemacht, weil der Beschauer in der Regel vor Staffelei- oder auch
Wandbildern nicht den richtigen Standort gegenüber dem Augenpunkt und nicht die richtige Distanz einnehme und innehalte, sondern
seinen Platz vielmehr wechsle; nur da sei dies nicht so, wo ihm
sein Standort ausdrücklich bezeichnet sei, wie z. B. bei gewissen
auf Sinnentäuschung berechneten decorativen Malereien niederer
Kunstgattung der Fall zu sein pflege. Auch dieser Einwurf beruht
auf durchaus mangelhaften und irrigen Vorstellungen von der Absicht
des Malers bei Gebrauch der Centralperspective.

Erstens ist durch nichts bewiesen, dass grobe Sinnentäuschung
die Absicht irgend Eines der grossen Maler gewesen sei, wenn sie
ihre Bilder genau perspectivisch construirten, das war nicht einmal
bei jenen Decorationen der Fall, für deren Betrachtung dem Beschauer
der passende Standort vom Künstler bezeichnet ward. So sind
z. B. die berühmten Malereien Pozzi's in Sant' Ignazio zu Rom auf
dauernde und unbedingte Sinnestäuschung durchaus gar nicht be-
rechnet, dies zeigt schon ihr Colorit und ausserdem der Umstand,
dass sie in einem grossen Raum angebracht sind, in dem sich Jeder
frei bewegen kann, und in welchem der richtige Standort oder der
Distanzpunkt für die Perspective des Plafonds durch nichts bezeichnet

ist, als durch eine kleine, unscheinbare, runde Platte im Fussboden,
auf die hinzutreten den Beschauer nichts nöthigt, ja zu der er durch
nichts irgendwie Augenfälliges im ganzen Raum hingeleitet wird.
Das ganze Vergnügen und Interesse, das solche Dinge dem Beschauer
gewähren sollen, besteht vielmehr gerade darin, dass dieser weiss,
er habe nicht mit sinnlicher Wirklichkeit zu schaffen, sondern mehr
als deutlich von allen ausserhalb des Distanzpunkts befindlichen
Stellen des Raums erkennen kann, die Dinge am Plafond seien
gemalt. In ganz unmöglichen und sonderbaren Stellungen sieht er
sie durcheinanderliegen, aber so wie er sich dem richtigen Standort nähert und sein Fuss diesen endlich selbst betritt, richtet sich
wie mit einem Zauberschlag der sonderbare Wirrwarr dort oben zum
wohlgegliederten, festgegründeten und den Raum bis in's Unendliche erweiternden Ganzen auf. Allein auch dann wird es Niemandem
einfallen zu glauben, Pozzi habe ihm diesen Raum und das darin
Vorgestellte für solchen Augenblick bis zur Illusion materieller
Wirklichkeit vortäuschen wollen, denn darauf sind, wie gesagt,
Colorit und malerische Behandlung des Bildes nicht eingerichtet.
Nordische Kritik hat nicht verfehlt, die Anbringung solcher „Kunst-
stücke" in ernsten oder gar der Andacht geweihten Räumen für
eine schauderhafte Verirrung des Geschmacks zu erklären, im kunst-
frohen Süden urtheilt man anders. Noch heute zollt jeder Italiener
der kühnen Meisterschaft des Könnens, mit der diese grandiosen
Werke geleistet sind, unmittelbare, naive und freudige Bewunderung
und findet die Heiligkeit des Gottestempels nicht im mindesten
beleidigt, weil eine in dieser Richtung geniale Kraft auch ihre beste
Kunst der Zierde des Tempels in aller Fülle weihte. Schon die
maassgebendsten Künstler der Hochrenaissance, Mantegna, Coreggio,
Michel Angelo und alle grossen Venetianer hatten die heiligen und
historischen Gegenstände, die sie in ernsten, würdigen Räumlichkeiten zu malen hatten, auch zu Vehikeln der Hinwegversetzung des
Beschauers über die architektonische Wirklichkeit und Beschränktheit des Raums benützt und, wie sich von selbst versteht, hiebei
die Perspective in erster Linie zu Hilfe genommen. Es kann uns
ja nur sehr erfreulich sein, dass man hiebei so mannigfaltige Ansichten über die Art der Bewerkstelligung zur Geltung brachte. Die
Einen gaben den Malereien, die wirkliche Architekturgliederung und
Sculpturverzierung von Decken und Seitenwänden vorstellten, Distanz-

und Augenpunkt der wirklichen Augenhöhe und Bewegungsfläche
des Beschauers gemäss, den dazwischen gemalten idealen Historien
aber setzten sie die Constructionsweise in hievon verschiedener Weise
fest. Dies war leicht, und liess keine Disharmonie gewahren, wenn
die Historien ganz ideale Gegenstände darstellten, die in Lüften und
Wolken schwebend vor sich gingen; doch schlug man den gleichen
Weg auch ein, wo die Handlung der Historien sich auf irdischem
und architektonischem Plan bewegte. Die Einen suchten dann den
Widerstreit der perspectivischen Linien, der in den beiden Elementen des malerischen Vorwurfs eintreten musste, durch geschickte
Auskunftsmittel zu mildern und zu verdecken; Andere wieder liessen
ihn, gleichfalls mit glücklichem Erfolg, keck und absichtlich bestehen.
Oder man war der Ansicht, jedes einzelne von vielen Bildern im
gleichen Raum dürfe seine eigene Perspective haben; Andere wieder
meinten das Gegentheil und suchten sogar den gesammten Bild-
schmuck und alle verschiedenen Historien eines Gesammtraums von
allen Wänden und von allen Cassettirungsfeldern der Decke her
auf einen gemeinsamen Mittelpunkt der Construction hinweisen zu
lassen; noch Andere stellten die Figuren der idealen Historie keck
in die gemalte architektonische Wirklichkeit, als wären sie ebenso
wirklich wie diese gedacht, mitten hinein, und fügten durch gemeinsamen Mittelpunkt der perspectivischen Construction beide Elemente
der Decoration zu Einem zusammen. Vielfältig sind die malerischen
Combinationen und Wege des Scharfsinns, die sich hier ergaben und
ausfindig gemacht wurden. Immer ist das Ziel erreicht, dass die
Vorstellung von der nackten Wirklichkeit der architektonischen
Fläche, Kuppel, Decke, gänzlich beseitigt ist, und dass der Geist
des Schauenden statt mit ihr — ganz abgesehen vom Inhalt der
Historien — mit einer idealen Raumwirkung sich ästhetisch ge-
niessend beschäftigt, aber gar nie kann auch nur von Verdacht der
Absicht auf plumpe Sinnentäuschung die Rede sein. Wer um des
Genusses dieser plumpen Sinnestäuschung willen vor den Historien
der Renaissance den Distanzpunkt aufsucht, wird, wenn er dessen
Stelle glücklich fand, sich arg betrogen sehen. Zur Anziehung des
Beschauers und für dessen Interesse-Erregung leistet die centralper-
spectivische Construction vielmehr einen weit künstlerischeren Dienst,
von dessen Feinheit sich aber unerzogene Augen, obgleich sie seiner
Wirkung unterliegen, keine Rechenschaft zu geben wissen.

In den verzüglichsten Compositionen der Hochrenaissance ist
es stets so eingerichtet, dass die perspectivische Wirkung zur Hervorhebung der Gegenstände und Figuren mitbenützt ist, in denen
das Hauptinteresse der Composition ruht. Der Augenpunkt liegt
entweder in der Hauptfigur oder ganz in der Nähe derselben, oder
seine Anordnung und die durch diese bedingte Gegensätzlichkeit
der perspectivischen Grössen hat irgendwie Bedeutung für ihre Hervorhebung; auch weisen mit grösster Schärfe alle Hauptflucht-
linien auf diese Stelle hin, und ihre hinweisende Wirkung ist noch
ausserdem durch Brillanz und Abtönung von Licht und Schatten
und das die Aufmerksamkeit anziehende Spiel der Hauptfarben
unterstützt. So ist es in Rafaël's Disputa und in der Schule von
Athen, so in Lionardo's Abendmahl und in hundert andern guten
Compositionen, so hielten es mit grosser Meisterschaft und unter
vielfältiger, erfindungsreicher Variation die Venetianer, bis zu
Tiepolo. Und wie also hier die Perspective als Mittel der Con-
centration und Herbeiziehung des Blicks auf den Hauptgegenstand
und Gedanken im Bild verwandt ist, so leistet dieser Umstand
nun seinerseits der perspectivischen Raumwirkung den Gegendienst,
dass das Auge auch auf sie an und für sich mit grösserer Lebhaftigkeit gelenkt und an sie gefesselt ist. — Wir wollen ein
solches Verfahren, auf das wir später etwas ausführlicher zurückkommen, die Durchführung einer perspectivischen Idee der Composition nennen, zum Unterschied von der gewöhnlichen Richtigkeit
der Construction, die der Zeichnung der Gegenstände verliehen wird,
ohne dass ein leitender Gedanke der wirksamen Anordnung des
Ganzen zu Grunde läge.

Ist aber solch ein bestimmter perspectivischer Grundgedanke
mit aller Klarheit und allen Mitteln deutlich zum Ausdruck gebracht,
dann mag sich der Beschauer vor dem Bild aufstellen, wo er nur
will, seinem Auge thut der Augenpunkt der Composition alsdann
ganz das Gleiche an, wie der Blick eines Porträts, das der Maler
gemalt hat, indem der Sitzende ihm gerade in's Auge schaute, und
der, wie Jedem bekannt, das betrachtende Auge nun aus dem Bilde
heraus verfolgt, wohin der Schauende auch treten möge. Ungehörig
seitwärts stehend wird das Auge zwar gewahr, dass die ganze Bildfläche verkürzt sei, der perspectivische Anordnungsgedanke zieht und
zwingt es aber dennoch zu sich hin, und endlich wird der Schauende,

wenn die Verschiebung sein Urtheil stört, einen besseren Standort
aufsuchen. — Der vorerwähnte Einwand gegen die Wirksamkeit
der Centralperspective gilt also nur gegen gedankenlose Verwendung
derselben in Bildcompositionen.

Vielseitigkeit des Nutzens und der Verwendung der Perspective.

Als Ereigniss in den mathematischen und physikalischen Wissenschaften angesehen, möchte die Erfindung der malerischen Perspective vielleicht nicht auf das hohe Ansehen Anspruch haben, das
man ihr zur Zeit der Renaissance allgemein zuerkannte. Auf ihre
vielfältige Verwendung in der bildenden Kunst und auf den vielfältigen und eminenten Nutzen, den sie dem malerischen Sehen
stiftete, muss man die Blicke wenden, will man dies Ansehen recht
würdigen lernen, man muss verstehen, aus den älteren Werken das
Drängen zu ihrer Erfindung und das Ringen um dieselbe heraus-
zulesen, und den Fortschritt, der mit ihr siegreich und befreiend
hereinbrach, an der raschen Entwickelung der Hochrenaissance zu
verfolgen. Dass das malerische Richtigsehen nun erst genau und
exact betrieben werden konnte, wird vielleicht auch ein Gelehrter,
wenn auch nur ganz im Allgemeinen, einzusehen vermögen; aber
davon kann er keine Vorstellung haben, dass selbst die angeblichen
Mängel, die dem älteren und primitiven Constructionsverfahren an-
kleben, dass dessen Unbehilflichkeit und Umständlichkeit zu Hebeln
für die Güte der Darstellung und die genaue Beobachtung der Formen-
erscheinung geworden sind. Denn dies Verfahren setzt den Gebrauch
von geometrischen Grund- und Aufrissen der Figur als ganz unerlässlich voraus; will man eine Figur im Bild im Profil zeigen, so
muss man bei der alten Constructionsweise ihre realen Maasse und
Bewegungsausladungen auf der Hilfsconstruction, entweder in Vorder-
oder Rückenansicht des Aufrisses, zu Grund legen und umgekehrt,
und für die Verjüngung der Breiten die realen Maasse des Grundrisses besitzen. So war man also gezwungen, zu diesem Behuf den
menschlichen Körper von allen Seiten, nach allen Dimensionen und
in allen seinen Theilen auf's sorgfältigste zu ermessen und sich in
seiner Realität vorstellen zu können, und mit aus diesem Grund
besitzen wir die vielen und bis in's Minutiöse gehenden, in Zahlen
ausgedrückten Proportionstabellen aus jener Zeit, die heute unsere

Verwunderung erregen. Weniger bekannt geworden sind die Grund-
riss- und Aufrisstafeln, welche die Maler sich anfertigten, doch
hinterliess uns Dürer in seiner Symmetria, und zwar in den dem
Brescianer Foppa entlehnten Grundrissen, sowie in den geometrischen
Projectionen verschiedener Ansichten von Körperstellungen aus
Grund- und Aufriss genug, um uns in die Strenge und Genauigkeit
dieses „speculirenden" Sehens und Naturstudiums einen ahnenden
Blick thun zu lassen. Auch in Lionardo's Tractat kommt der
Gebrauch solcher Grund- und Aufrisse menschlicher Körper und
Körpertheile als eine ganz allgemein übliche Sache mehrmals vor,
ausführlicher bei Lomazzo und Andern. Die Bestimmung des perspectivischen Bildes veranlasste und nöthigte also zur genauesten
und vielseitigsten Erforschung des realen Sachverhaltes der Erscheinung.

Auch auf die Proportionalität der Flächendecoration gewann
die Perspective Einfluss. Schon Alberti erwähnt einer — von ihm
in ihrer Richtigkeit bekämpften — Benützung der linearperspectivischen Grössenverjüngung zur Herstellung und Abwandlung der
diminuirenden Proportio sesquialtera.*) In allen guten Bildern der
Folgezeit lässt sich das Bestreben nach ähnlicher Ausnützung der
Horizonthöhe, der Breite verjüngter Pläne, sowie der Abnahme der
Figurengrössen nachweisen, bis endlich Lionardo in seinem System
gleicher Abstände das Eintreten des pithagoräischen Gesetzes der
Proportionalität harmonisch klingender Saiten nachwiess und auch
zu anschaulicher Verwendung brachte.

Licht- und Schatten-Construction.

Doch ist dies Alles nur erst ein Drittel des Inhalts und der
Bedeutung der Perspective für die Renaissancemalerei. Ermaass man
auf's Genaueste den geometrischen Raum der Composition, so ermaass
man auch Herkunft, Fall und Ort des Beleuchtungslichtes und bestimmte perspectivisch Stelle und Ausdehnung jeder Nüancirung von
Lichtern und Schatten. Für die Modellirung und Beleuchtung der
Figuren und der ganzen Composition war dies von ähnlichen Folgen,
wie solche die Erfindung der Perspective auch für die Formzeichnung
gehabt hatte, aus engen, in einer gewissen, ausprobirten Manier

---

*) Alberti, de Pitt., „Quellenschriften", pag. 81.

5*

befangenen Vorstellungen erhoben sich auch auf diesem Gebiet Blick
und Absicht zu allgemeinerer Umschau und zur Mannigfaltigkeit.
Eine totale Veränderung der coloristischen Anschauung trat ein,
die sogenannte Clairobscurmalerei, sie eignete sich vortrefflich zum
Dienst der malerischen Hervorhebung des bis in alle seine Feinheiten verfolgten Formendetails. Aus Lionardo's Aufzeichnungen geht
hervor, dass die erlangte Möglichkeit der Darstellung detaillirter und
verschmolzener Beleuchtung im engsten Zusammenhang mit dem
Studium des Muskelanatomie stand und lebhaft zu demselben auf-
forderte, denn man konnte mittelst dieser Beleuchtungsart alle
Bewegungen des Muskelspiels, die „sentimenti", wie Lionardo mit
unübersetzlich feinem Ausdruck sagt, bis in die zartesten Andeutungen
von Aus- und Einbiegung der Oberfläche erkennen und nachahmend
ausdrücken. Und da dies auch der Darstellung des Geberdenausdrucks
und der Gesichtsmiene zugute kommen musste, so fand sich schliesslich der Maler in Stand gesetzt, eine einzelne Figur, ein Gesicht
zum inhaltreichen Gedankenstoff eines ganzen Bilds zu machen, fast
fesselnder und rührender, als früher der Aufwand einer figurenreichen
Historie gewesen sein mochte.

Farbenperspectlve. Harmonie durch Richtigkeit der perspectivischen Verhältnisse.

Drittens endlich gehörte auch noch die Farbenabnahme in's
Gebiet der Perspective. Mit der gleichen Vorstellungseinfachheit
ward die Farbenperspective in ihren natürlichen Gründen und Vor-
gängen aufgesucht und in höchst einleuchtende und unmittelbar
praktisch verwendbare Regeln gefasst. Die weisslichen Dünste der
Luft sind es, die das Schwächerwerden der Localfarben nach der
Ferne zu bedingen. Zweierlei wird also zu beachten sein, der
Sättigungsgrad der Luft mit solchen weisslichen Partikeln, und die
Dicke der zwischen Auge und Objecten lagernden Luftschichten.
Das erste von diesen beiden Elementen kann der Maler in seinem
Bilde ansetzen, wie er will, er hat Freiheit, hellere, dunstreinere,
oder neblige Lüfte zu wählen, beim zweiten Element ist er an die
dargestellten räumlichen Entfernungen gebunden. „Mit der Grössen-
abnahme, die durch die Abstände der Dinge vom Auge bewirkt wird,
geht auch die Abnahme der Farben Hand in Hand. Habe ich eine
Luft darzustellen, die bei 1 Grad räumlicher Entfernung der reinen

Localfarbe des Körpers 1 Theil von ihrer Weisslichkeit zumischt, so wird dieselbe bei zwei Entfernungsgraden 2 Theile Weiss der Localfarbe zugemischt haben" u. s. w. Das heisst in der That „mit dem Verstande der Natur verfahren", und mit Leichtigkeit erkennt man, dass auch hier wieder auf's Allereinfachste ein in sich correcter Objectivmaassstab für die Erziehung des Augenurtheils hergestellt ist. Ebenso erkennt man auf's Neue das Streben nach möglichster Klarheit, Regelmässigkeit und Einfachheit der Verhältnisse im Bilde, der Drastik der Wirkung zu Liebe, und endlich springt in höchst erfreulich überraschender Weise eine Derbheit und Positivität des ästhetischen Empfindens und Ergreifens der Dinge in die Augen, die nicht der letzte unter den Vorzügen solider, „machender" Bildnerei sein möchte, den wir anzustreben hätten.

Das Streben nach „göttlicher Harmonie der Verhältnisse" ist hier kein unbestimmter Klang mehr, es erfüllt sich in fassbarer That, in der Harmoniewirkung der naturgesetzlichen Richtigkeit. In jedem Bilde wird aller Grössenverkleinerung und Verkürzung, aller Flächenstellung Erscheinungsbild nach dem gleichen, unveränderlich im Auge waltenden Gesetz harmonisch bestimmt. Dasselbe Gesetz ist in der Licht- und Schattengebung thätig, von welcher der dargestellten Körper Runderscheinung abhängt, klar und bestimmt entwickelt sich die Form des fingirten Raums schon durch den Ausdruck der Form allein. Und in strengster Harmonie hiemit tritt nun auch, an das gleiche Gesetz angeschlossen, die Farbenabnahme nach der Tiefe des Raums zu ein „bei einem Grad räumlicher Entfernung und Grössenverkleinerung werde ich den natürlichen Localfarben der Körper einen Grad Luftfarbe zumischen und bei zwei Graden Entfernung zwei". Wohl ist es wahr, dass dem gewöhnlichen Beschauer, der Naturerscheinung gegenüber dies Alles nicht fühlbar in's Bewusstsein fällt, es würde das vielleicht nur geschehen, wenn die Natur einmal gegen ihr Harmoniegesetz sündigen könnte. Der Maler aber, in seinem speculirend und absichtlich geschaffenen Werk, muss das, was im Kunstwerk richtig wirken kann, als zusammengehörig und in sich folgerecht übereinstimmend scharf betonen und hervorheben, den Ansatz seiner Rechnung mag er dann in so verschiedenerlei Weise machen, als er nur immer will. Man sieht also die Deutlichkeit und Schärfe ein, zu der bildnerisches Empfinden und bildnerischer Verstand durch das Machen und nur durch dieses

geleitet werden. Wie ganz anders lautet die Rede von göttlicher
Verhältnissharmonie nun im Munde dieser „Macher", als in dem
eines Docenten der Aesthetik, der vom Katheder, oder vielmehr vom
luftigen Dach seines Begriffspalasts herab von Harmonie zu einem
Publicum spricht, das nie weder malen noch meisseln wird. Den
Gedanken und Reden Jener wohnte vielmehr ein gut Stück von der
irdisch derben Gesinnung bei, mit welcher der Docent nach dem
Collegium sein Mittagsmahl in Betracht zieht, die wollten ihre
„göttliche Verhältnissharmonie" ordentlich leibhaftig sehen und con-
sumiren, und was von ihr man nicht machen, zeigen, und durch
die That als in sich richtig beweisen, sondern nur in verschwommener
Phantasie ahnen konnte, das war für ihr hell und lebhaft entwickeltes,
nach Deutlichkeit verlangendes Auge und Begriffsvermögen noch kein
Factor der Schönheitswirkung, so wenig, als ein confus ineinander
hallendes Summen dem Ohr für Schönheit der Musik gilt. Und
andrerseits erkennt man, wie viel sicherer auf diesem vernünftigen
und durch theoretisches Wissen gebahnten Wege die Harmonie natürlicher Wirkungen erreicht werden muss, als auf demjenigen, den der
copirende Naturalismus unserer Tage kurzsichtigerweise einschlug,
der bei seinem unkünstlerischen Anglotzen der Natur nicht einmal
gewahr wird, dass auch in der Naturerscheinung „Harmonie nur
Augenblicken eingeboren ist", und dessen disharmonische Leistungen
sich vollkommen daraus erklären, dass, indem man die Natur im
Bildwerk mechanisch copirt, wegen der Zeitdauer, die eines Bildwerks Anfertigung in Anspruch nimmt, nicht einer, sondern gar
viele wechselnde Momente des Naturbildes im Werk aneinander
gereiht werden müssen, sollte man die Ansprüche an des Kunstwerks
Inhalt und Ausführung selbst so weit herabmindern, wie die fran-
zösische sogenannte Impressionsmalerei für räthlich fand.

Allgemeinere Bedeutung des Ausdrucks „Perspective".

Man verstand zur Zeit der Renaissance unter Perspective im
Allgemeinen die Lehre vom Sehen und von Allem, was damit zusammenhängt; was man überhaupt von der Natur und den Functionen
des Auges, sowie von der Natur des Lichts und der Farbe wusste
und lehrte, ward Alles unter diesem Ausdruck zusammengefasst, und
wir sehen auch in diesem Zweig des Wissens Bildner mit einzelnen

Entdeckungen in die vordersten Reihen der damaligen Naturwissenschaft treten, so Lionardo mit seinen Beobachtungen der Camera-
obscura-Bilder, seiner Definition des sogenannten stereoskopischen
Sehens, seinen physikalischen Versuchen über Beleuchtung und mit
der Definition der Farben in trüben Medien. Auf die Malerei speciell
angewandt, ward die Perspective recht in des Wortes eigentlichem
Sinne die Wissenschaft vom malerischen Sehen und Richtigsehen.
Die malerische Richtigkeit und Naturähnlichkeit bekamen einen con-
ciseren und zugleich höheren Sinn, als den der blos ungefähr zu-
treffenden Aehnlichkeit des Anscheins der Oberfläche. Wie mit dem
Verstande der Natur sollten nachgeahmte Werke sowohl, als innere
Erfindungen des Geistes körperlich erschaffen und so als in sich
vollendet künstlerische Schöpfungen neben der Meisterin und Mutter
Werke hingestellt werden können, nicht als flüchtige Einfälle oder
Andeutungen und Symbole. Wie die Naturerscheinung folgerecht
aus gesetzlichen Bedingungen hervorgeht, so sollte auch das Bildwerk in seinen Erscheinungsverhältnissen mit logischer innerer Be-
weisfähigkeit und Gesetzlichkeit erfunden und auferbaut werden, so
dass man den Tadler und Zweifler damit, nach Lionardo's Ausdruck,
wie mittelst eines geometrischen Beweissatzes des Irrthums überführen
könne. So sicher sollte das Schöne der Kunst begründet sein. Auf
solchem Bewusstsein sollte die damalige Bildnerei fussen, wie die
Wissenschaft gleichfalls auf ihrer Beweiskraft fusst, und wie der Welt-
adel auf seinen Grundbesitz und seine Waffen sich stützte. Und in
der That, die Kunst der Bildnerei hat keinen andern Beweis und
keine andern Schutzwaffen. Giebt sie die Strenge der Richtigkeit
preis, so überliefert sie sich wehrlos der Laune und dem Ueber-
muth der urtheilslosen Menge; die moderne Redensart und wissenschaftliche Skepsis nachäffende Frage „was denn in der Bildnerei
Richtigkeit sei", ist nichts als eine Eselsbrücke für die Anmaassung
der Dilettanten-Unzurechnungsfähigkeit.

Geometrie.

Albrecht Dürer erkannte die Ursache des Uebergewichts itali-
nischer Bildnerei über deutsche in dem Umstand, dass man in Italien
die Kunst mit weit mehr Verstand betreibe, während sich die deutschen Talente allzu einseitig ihrer Gefühlsstimmung anvertrauten, und

auch heute noch möchte es geringe Gunst bei deutschen Bildnern erfahren, wenn man ihnen z. B. einen fleissigen Betrieb geometrischer Uebungen als Hilfe bei ihrer Kunst anempföhle. Und doch ist von vielen grossen Künstlern der italienischen Renaissance bekannt, dass sie zu derartigen Uebungen grosse Lust und regen Eifer zeigten, sich durch eine Art von Indovinationsgeist in geometrischen Anschauungen auszeichneten. Man braucht sich dies nicht mittelst der allgemeinen Redensart zu erklären, die humanistische Bildung habe diese Richtung aus Nachahmung der platonischen Philosophie in Schwung gebracht, welche lehrte, dass ohne Mathematik und Geometrie keine höhere Geistesbildung möglich sei, auch·nicht aus dem blossen Beispiel, das zu jener Zeit äusserst viele Gebildete gaben, noch aus der grösseren Einfachheit, auf die sich dies Studium damals beschränkte; das Alles kann mitgewirkt haben, aber der eigentliche Grund ist ein viel näher liegender. Auch das reicht nicht aus, wenn man sagt, es seien damals viele Bildner zugleich Architekten gewesen und hätten deshalb mathematischer Kenntnisse bedurft; denn die Hinneigung zu diesem Studium findet sich auch bei Solchen, die gar nicht oder kaum als Architekten zu nennen sind, und der Betrieb der Geometrie steht bei ihnen in ganz anderm Dienst, als in dem des mechanischen Theils der Technik der Architektur. Diese verständigen und klaren Menschen fühlten sich vielmehr auch ohne alles dieses von der Geometrie angezogen, weil ja in der That dem, dessen Hauptlebensberuf es ist, den Raum und die Oberflächen der Körper in allen Wendungen ermessend darzustellen, keine Wissenschaft willkommener und sympathischer sein kann, als die Messkunst mit ihren klaren, genauen und überraschenden Resultaten. Man kann ganz gewiss sagen, dass, wer nur aus dem richtigen Anlass und auf dem rechten und den Künstler interessirenden Wege mit dieser liebenswürdigsten unter den mathematischen Wissenschaften Bekanntschaft macht und sich nicht bald angezogen und gefesselt fühlt, kein lebhaftes und kräftiges anschauliches Talent besitzt. Die bei uns umgehende Ansicht, als sei alles Mathematische vermöge seiner angeblichen Trockenheit ein Widerspruch künstlerischen Sinnes, ist gewiss ein schädlicher Irrthum.

Nur interessirt den Bildner an der Geometrie nicht ganz das Nämliche wie den reinen Mathematiker. Es ist nicht sowohl die exacte Begriffsformel des Beweises, als der Anblick und die überzeugende Genauigkeit der räumlichen Vorstellung, an der sein Sinn sich erfreut. Nicht nur, dass dem Bildner solche exacte Uebungen zur Schärfung seines Blicks für Dimension und Richtung darzustellender Räumlichkeit äusserst nützlich sind, es liegt in der Klarheit bestimmter und sonderlich regelmässiger Verhältnisse von geometrischen Figuren auch eine eigne Kraft der Erregung und Befriedigung des Schönheitsgefühls. Dass dies auf einer angebornen Fähigkeit oder Einrichtung unseres Organismus beruhen müsse, kann man nirgendwo deutlicher erkennen, als wenn man talentvolle Bildner bei ihrem Componiren und Entwerfen beobachtet, und zwar solche, die ohne Kenntniss irgend welcher Proportionsregeln, ja sogar unter tendenziöser Abweisung derselben, ganz aus dem Gefühl zu schaffen pflegen. Man kann hier unter allen Umständen, mit dem Zirkel in der Hand, nachweisen, dass ihr unbefriedigtes Schwanken und ihre Unruhe beim Entwerfen so lange andauert, bis aus unbewusster Gefühlsmässigkeit nahezu regelmässige oder bestimmte geometrische Verhältnisse der Massenanordnung ausprobirt sind.

So ist also der alte griechische und von der italienischen Renaissance adoptirte Grundsatz, dass ohne Ordnung der Grössen- und Richtungsverhältnisse ein Bildwerk kein Kunstwerk sei, nicht eine willkürliche vorgefasste Annahme, sondern das reiflich erwogene Schlussresultat des Nachdenkens über einen uns anfänglich unbewusster Weise innewohnenden und in der Schule der Uebung immer bewusstvoller sich klärenden Naturtrieb. Mit vollem, aus der Natur des Menschengeistes selbst entwickeltem Recht gilt den auf ihrer alten und hochausgebildeten Kunstcivilisation und der natürlichen Kraftfülle ihrer sinnlichen Veranlagung fussenden Italienern auch heute noch, nicht etwa das Streben nach Zufälligkeit und Wirrwarr, sondern die Einsetzung von klarer, fasslicher Ordnung für eine erste, ursprünglichste Manifestation des Kunsttriebes. Was in der Bildnerei nicht von vornherein mit dieser Subjectivität des Wollens auftritt, mag vielleicht noch eine gewisse, das Bildnerische streifende Anlage der Phantasie, oder auch ein gewisses receptives Naturgefühl verrathen, aber kein deutlich künstlerisches Empfinden mehr, sondern nur das verschwommene, ungewisse einer defecten Naturanlage oder des zur Civilisation noch nicht ausgereiften Halbbarbaren. Warum sollte es auch, so darf man ganz im Allgemeinen fragen, in Bildnerei sich anders verhalten als in allen andern Künsten. Ist doch Gehen,

oder gar ein Wirrwarr von Schritten und Sprüngen kein Tanz, Zu-
fälligkeiten von Klängen und Accorden ohne Tact keine Musik, und
schmückt sich doch auch der sprachliche Ausdruck aus angebornem
Trieb der Menschen mit Gesetzlichkeit des Verses, wenn künstlerische
Begeisterung ihn beschwingt.

Grössen- und Richtungsverhältnisse in ihrer allgemeineren, sachlichen Bedeutung für die Bildnerei.

Dies schliesst nun keineswegs aus, dass das Streben nach
Schönheit der Verhältnisse in den höheren Fächern der Bildnerei
auf die Charakteristik von Verhältnissen zu achten habe, welche
die Natur ihren Werken verlieh. Man muss überhaupt das Thema
der Richtungs- und Dimensionsproportionen, wie es in der Bildnerei
in Betracht kommt, in zwei Theile zerlegen. Schon Alberti wiederholt mit klaren Worten und vollem Verständniss den Ausspruch der
Antike, dass der Maler oder Bildner die Dimensionen und Richtungen der Dinge im wirklichen Raum nur durch die Wiedergabe
der obwaltenden Grössen- und Richtungsverhältnisse nachahme. In
dieser Weise werden die Vorstellungen von Gross und Klein, Hoch-
strebend und Gedrückt, Leicht und Schwer, Schlank und Gedrungen,
Stehend und Liegend, Fest und Beweglich, Aufrecht, Geneigt und
Horizontal, Compact und Gegliedert, Monoton und Abwechselnd u. s. w.,
kurz Alles bezeichnet, was Räumliches an der Gestalt der Wirklichkeit wahrgenommen wird, und auch hier findet sich das Schönheitsgefühl verletzt, wo nur der Richtigkeit und Charakteristik von der
Natur vorgeschriebener Dinge oder der Mannigfaltigkeit der Naturerscheinung, aus Unachtsamkeit oder abstractem Schematismus sogenannter Schönheitsregeln, Gewalt angethan wurde. Neben dieser
natürlichen Proportionalität aber, die wir mit dem Namen der
Charakterproportionalität bezeichnen wollen, gibt es dann noch jene
andre, die man die architektonische nennen könnte, und die der
Bildner nach dem ihm innewohnenden Rhythmengefühl seinem Kunstwerk verleiht. In dieser letztern Art von Proportionalität kommen
denn alle jene natürlichen Charaktere von Gross, Klein, Schlank,
Gedrungen u. s. w., von denen wir soeben sprachen, gleichfalls
wieder als allgemein unterscheidende Schönheitscharaktere zum Vorschein. Und den individuellen Charakteren concreter Naturerscheinun-
gen stellt sich dies Schönheitsgefühl so gegenüber, dass es dieselben

für das Kunstwerk erstens höchst präcis hervorzuheben und auszu-
wählen sucht, und zweitens unablässig bestrebt ist, vermöge dieser
Auswahl Rhythmisches zusammen zu finden und in die architektonische Rhythmik des Bildwerks einzufügen, was um so ausführ-
barer wird, als ja das Schönheitsgefühl bei Hervorbringung dieser
letztern Gattung von Proportionalität mit selbstschöpferischer Erfindung verfährt.

Was das Studium der natürlichen Charakterverhältnisse anlangt,
so ist es nicht schwer, die Intelligenz, mit der dasselbe von der
Renaissancebildnerei betrieben wurde, Jedem einleuchtend zu machen.
Schon vor Erfindung der Objectivmaassstäbe und der Perspective
hatten die Giottesken einen grossen Theil alles dessen, was sich am
Hauptobject der Darstellung, der menschlichen Gestalt und deren
Stellungen, für die Richtungsverhältnisse an den Achsen der Körper
und Gliedmaassen bestimmen lässt, mit Fleiss und Erfolg in Betrachtung gezogen. Schwer dürfte es sein, an den Figuren Giotto's und der
Gaddi einen Fehler gegen die Statik der Bewegungen nachzuweisen,
und in scharfer Charakteristik der Achsenrichtung von Körpern und
Gliedmaassen beim Spiel des Geberdenausdrucks sind diese Künstler
niemals übertroffen worden. Es ist sehr wahrscheinlich, dass die-
selben, da sich diese Sicherheit aus bloss gefühlsmässiger Uebung der
Naturbeobachtung nicht wohl erklären lässt, sich bei ihrem Studium
des Senkels fleissig bedient, vielleicht auch über ältere Regeln der
Statik verfügt haben. Alberti aber gibt jedenfalls schon mit wenigen
Worten eine Definition des Grundgesetzes der Statik menschlicher
Körper, die geradezu wissenschaftlich ist, und an schlagender Ein-
fachheit nie übertroffen werden kann. Er sagt: „Da der Mensch von
Natur angewiesen wurde, das Haupt zu oberst zu tragen, und dies
Haupt der schwerste von seinen Körpertheilen ist, so richtet er
es aus Naturnothwendigkeit und unbewusst so ein, dass er stets
wenigstens Eine der Stützen des Körpers senkrecht unter das
Haupt bringt".

Wie sehr durch die Anwendung des Quadratnetzes beim Naturstudium das Erkennen der statischen Verhältnisse geweckt und
erleichtert werden musste, bedarf kaum der Erwähnung. Lionardo
endlich begründete dies Studium noch weiter durch die Gesetze der
Gravitation und unterschied Ruhe als Gleichgewicht, und Bewegung
als Aufhebung des Gleichgewichts.

Wir wollen nicht unterlassen, hier zu bemerken, dass diese an den Achsen der Körper bestimmbaren Richtungsverhältnisse früher und vollständiger von der Malerei erkannt wurden, als von der Bildhauerei. So überlegen schon Nicolaus von Pisa den um ein Jahrhundert späteren Giottesken in seinem der Antike nachgeahmten äusseren Formendetail ist, so weit steht er in allem Statischen der Achsenrichtungen hinter ihnen zurück, und desgleichen erreicht auch selbst der spätere Donatello, trotz seiner noch weit grösseren Ueberlegenheit in natürlichem Formendetail, die Giottesken oder gar Masaccio nicht an Sicherheit und Fehllosigkeit der Statik. Die Ursache hievon ist wohl nicht schwer einzusehen. Auf der ebenen Bildfläche werden Achsen und Achsenrichtungen leichter gefunden, beurtheilt und nachgeahmt, als in Solidkörpern, während für das äussere Formdetail und dessen Umrisswendungen das Umgekehrte der Fall ist.

Auch das Studium der natürlichen Charaktermaasse war ein vollkommen erschöpfendes. Man maass die Höhen- und Breitenverhältnisse von Hunderten menschlicher Körper aufs Genaueste und achtete dabei der Mannigfaltigkeit aller nur möglichen Charaktere von Leibesbeschaffenheit und der Unterschiede der Lebensalter und Geschlechter. Durch das Studium der Anatomie gewann dies Verfahren an Intensität. Man beschränkte sich beim Ansetzen des Zirkels nicht mehr auf die Punkte und Stellen an der Körperoberfläche, die aus zum Theil zufälligen Gründen lebhafter in's Auge fielen, man maass das Knochengerüst und den Muskelbau sowohl von einander abgesondert, als vergleichend. Lionardo maass die Veränderungen, welche die Grössen- und Breitenverhältnisse durch Biegung oder Streckung der Gliedmaassen und durch Muskelbewegung erleiden, in detaillirtester Weise. Ebenso trug das perspectivische Constructionsverfahren zur weiteren Ausbildung dieser Messungen bei, man reducirte des leichteren Construirens willen die Hauptkörpertheile auf die Gestalt einfacher geometrischer und kubischer Figuren, und maass den Raum aus, den der Körper und seine Gliedmaassen bei allen nur möglichen Bewegungen, Ausdehnungen, Zusammenziehungen einzunehmen in Stande sind. Nicht nur auf den menschlichen Körper beschränkte man sich hiemit, sondern man dehnte derartige Messungen auf den Thierkörper überhaupt aus, zu bildnerischem Zweck eine Art von vergleichender Anatomie betreibend, und

Lionardo endlich ermaass in gleicher Weise und mit gleichem
Streben nach geometrischer Exactheit auch die Verhältnisse des
Pflanzenwuchses.

So ward das diesbezügliche Wissen ein geradezu erstaunliches.
Welcher Künstler wäre wohl heute im Stande, eine solche Anzahl
der detaillirtesten Charaktermaasse von menschlichen und thierischen
Körpern aus dem Gedächtniss aufzuzählen, wie sie der erblindete
Lomazzo seinem Schreiber in die Feder dictirte?

Endlich wird auch das leicht verstanden werden und allgemeine
Zustimmung erlangen, dass man aus dieser Mannigfaltigkeit von
individuellen Charaktermaassen gewisse mittlere natürliche Normal-
verhältnisse ausfand. Denn wer nur eine grössere Anzahl von menschlichen Körpern misst und vergleicht, wird in der That finden, dass
in den Hauptmaassverhältnissen eine gewisse mittlere Uebereinstimmung herrscht zwischen den Individuen gleichen Geschlechts,
gleichen Alters und ähnlicher Leibesconstitution. Spricht man also
von einer Lehre der natürlichen Richtungs- und Maassverhältnisse,
die durch und für die Bildnerei entwickelt worden sei, so wird das
Jeder begreiflich und verständig finden, und die Heranbildung und
Befolgung dieser Lehre, sowie auch deren Wiederaufnahme unserer-
seits für ausführbar halten.

Die künstlerische Schönheit der Richtungs- und Grössen-proportionen.

Ja man darf hier wohl noch einen Schritt weiter gehen. Was
die natürlichen Grössenverhältnisse und die durch dieselben gebildeten
Charaktere anlangt, darf man darauf rechnen, dass auch ohne
Schwierigkeit verstanden werde, wie hier durch Auswahl der zu-
sammenstimmenden individuellen Maasse eine das Schönheitsgefühl
interessirende Harmonie erzeugt werden könne, die in der Richtigkeit
oder Naturgesetzlichkeit begründet liegt, ähnlich, wie wir vorher
auch bei der Perspective von einer solchen Verhältnissharmonie
reden konnten. Lionardo sagt z. B. ausdrücklich, dass man bei
Zusammenfügung seiner Figuren auf solche charakteristische Uebereinstimmung der einzelnen Theile achten, und nicht etwa an einer
Gestalt Proportionen von Starken mit solchen von Schwachen, oder
Gliedmaassen von Jungen, Schlanken, Behenden und Kraftstrotzen-
den mit solchen von Alten, Fetten, Ungelenkigen oder Verkümmerten

durcheinandermischen solle, u. s. w. So wie man aber die eigentliche Rhythmik der Dimensions- und Richtungsverhältnisse im engeren,
architektonischen Sinn, und den diesbezüglichen Studienbetrieb der
Renaissance in Betracht zieht, betritt man ein dem allgemeinen Verständniss weniger zugängliches und an sich auch weit schwierigeres
Gebiet. Zumal in unserm deutschen Norden wird man im Allgemeinen
wenig Glauben finden, wenn man sagt, die italienische Renaissance
sei in Heranbildung einer wirklichen Lehre der schönen Verhältnisse
zu bedeutenden positiven Resultaten gelangt. Es fehlt, um dies einleuchtend zu machen, in unserm Vaterland vor allen Dingen der
genügend reichliche Beweis durch Augenschein, denn bei uns ward
die Entwicklung der Bildnerei unglücklicherweise gerade damals
gewaltsam unterbrochen, da jene Lehre auch in unserer Kunst ihre
ersten Wirkungen deutlicher zu zeigen begann. Freilich sollte man
denken, es müsse ein Jeder, der Italien bereist, die Wohlthat
empfinden, die seinem Auge durch den Anblick vieler schön pro-
portionirter Gebäude und Kunstwerke zu Theil wird; aber dieser
Eindruck vermag sich meist nicht so weit zu befestigen, dass die
Frage nach den näheren Ursachen genügend intensiv rege und vielseitig und gründlich genug studirt werden könnte, und das Auge
fällt bei der Rückkehr in unser kunstarmes Land aus mangelnder
Uebung wieder in seine gewohnte Stumpfheit zurück. Auf die
öffentliche Anschauung können diese flüchtigen und ungeklärten
Eindrücke Einzelner also keine Wirkung üben; doch sind sie leider
das Einzige, wobei wir anknüpfen können, wir wollen die Frage
also verschärfter stellen, wozu sich seit neuester Zeit gerade in Italien
zutreffende Gelegenheit finden dürfte. Es hat nämlich, seit der
künstlerisch am schwächsten veranlagte italienische Stamm politisch
an dieses Landes Spitze trat, nordischer, speciell französischer
Stumpfsinn gegen Verhältnissschönheit neben der Nachahmung sonstiger moderner Civilisation auch in Neubauten und Kunstwerken
Italiens Eingang und Ausdruck gefunden, wennschon er nicht in
ganz so crasser Weise als in seiner Heimat auftritt, und solche
Leistungen stehen nun mit denen der national-italienischen Renaissance häufig genug zu directem Vergleich.

Nun wohl, selbst relativ mässige Werke der Spätrenaissance,
wie z. B. die Kirche Sta. Maria maggiore, oder gar Sta. Bibiana in
Rom, sind durch ihre neue, entweder bis zur Oede verhältnissmonotone

oder gänzlich proportionsverworrene Umgebung dem Auge plötzlich
zu wahren Juwelen der Verhältnissschönheit geworden, was sie ihm
früher nicht einmal zu sein schienen; und wer gar seinen Blick von
italienischen Renaissancegebäuden aus auf Versuche nordischer,
deutscher und englischer Architekten, die hier Gelegenheit zum
Bauen fanden, hinüberlenkt, muss ob des Abstandes wahrhaft er-
schrecken — wir reden von Bauten, die nicht etwa der blossen
Lebensnothdurft dienen, sondern mit künstlerischen Prätentionen
und dem Aufwand grosser Geldmittel errichtet wurden. Denselb-
ben Eindruck der Anordnungslosigkeit und Proportionendürftigkeit
machen auch in den Schauläden die Reproductionen der, vom Modegeschmack zumeist bevorzugten, modernen nordischen oder nordisch
influenzirten Bildwerke neben den Reproductionen selbst nur mässig
guter italienischer Renaissancebilder; der Eindruck ist etwa demjenigen vergleichbar, den man bekommen würde, wenn man eine
in ungleichem Tempo gespielte oder defecte Drehorgel nach einer
vollendet aufgeführten Mozart'schen oder Beethoven'schen Symphonie
anhören müsste.

Und dass die Macht dieser Ueberlegenheit wirklich in der Schönheit der Richtungs- und Maassverhältnisse liege, davon kann man
sich überzeugen, wenn man übrigens ganz mangelhafte Reproductionen
Raphaëlischer, da Vinci'scher und sonstiger Compositionen aus der
italienischen' Renaissance zu Rathe zieht, welche, sofern in diesen
Reproductionen nur die Hauptverhältnisse getroffen sind, wie man
zu sagen pflegt, gar nicht umzubringen sind, oder wenn man z. B.
ganz ohne allen Vergleich vor eine jener Brumante'schen schmucklosen Façaden tritt, deren einzige und imposante Zierde nur dem
Adel ihrer bis zu Grösse und Format des Quaderschnitts durch-
geführten Proportionalität anvertraut ist.

Die Ursachen des Unvermögens moderner nordischer Bildnerei
im Gebiete der Verhältnissschönheit sind verschiedene. Zum Theil
mangelt es geradezu am Willen, denn überall da, wo die Kunst
zur platten Schmeichlerin des Materialismus herabsank, der heute
in weiten Kreisen der herrschenden Classen den Sieg davonträgt,
darf sie wohl überhaupt nicht mehr zugestehen, dass sie edle Aufgaben hat, und da die Hervorbringung des Schönen offenbar am
speciellsten zu den edlen Aufgaben der Bildnerei gehört, so muss
auch dies Schöne zuerst absichtlich ignorirt werden. Auch die

Renaissance war weit von der sentimentalen Uebertreibung entfernt, dass Schönheit das Einzige sei, was der Bildner zu schildern habe, denn in Natur und Wirklichkeit liegen für menschliches Empfinden Schön und Hässlich nebeneinander, und man kann dem Bildner die Wahl des einen oder des andern nicht polizeilich verbieten. Wer aber mehr vom Hässlichen als vom Schönen angezogen worden wäre, der hätte schlechtweg für dumm oder für gemein von Natur gegolten, und man hätte solchen Thersites nicht mit Klügeren und Feineren, die lieber das Schöne wählten, in Rang oder denselben gar zum Muster aufgestellt. Doch auch da, wo heute das künstlerische Bewusstsein nicht so tief sank, und die Hervorbringung des Schönen für die beste Aufgabe der Bildnerei gehalten wird, nimmt man die Aufgabe zu leicht, und hat gemeiniglich der Glaube Platz genommen, ihre Lösung sei der unbewusst handelnden Gefühlsanlage zu überlassen. Man überlegt nicht, dass diese bequeme Doctrin vom Materialismus erfunden ward, und dass sie nicht einmal den Laien, der das Schöne ja nicht producirt, sondern es nur geniesst, wo er es zufällig findet, auch nur zum recipirenden Unterscheiden und Erkennen mit Sicherheit führt; und der Materialismus, der die Doctrin aufstellte, vergass hier einmal ganz und gar, dass doch selbst der Besitz der plumpen Güter, denen er nachstrebt, nicht aus blosser Gefühlsmässigkeit von ihm erlangt zu werden pflegt, wie kann er behaupten wollen, dies müsse bei so viel edleren und feineren der Fall sein.

Aus dieser Laxheit der Künstler entspringt nun — und dies ist eine speciellere Ursache, aus der man nicht zu überzeugenden Resultaten gelangt — dass sich heute mit der Untersuchung des Thema's der Proportionalität und der Aufsuchung von Regeln derselben anormalerweise weit öfter und angelegentlicher Gelehrte beschäftigen, als Bildner von Fach. Nicht als ob diese Theilnahme, abgesehen davon, dass sie den sie Zeigenden zur Ehre gereicht, und Künstler zum Wetteifer anspornen sollte, nicht im höchsten Grade wünschenswerth wäre. Allein der Verstand des Gelehrten forscht doch mit wesentlich anderm Interesse, er sucht nicht sowohl die Erscheinung selbst in allen nur erdenklichen Möglichkeiten kennen zu lernen und zu variiren, als dass er nach den letzten, einfachsten Gründen der Empfindung in unserm Organismus forscht, dies Interesse ist also eigentlich ein vom künstlerischen Zweck an sich fernabliegendes, und praktisch bedenklich ist dabei, dass dem Verstand, damit er hier vollkommen sachgemäss vernünftig voranschreite, der nach äusserster Verfeinerung und Empfindlichkeit strebende Sinn des Auges fortwährend regulirend zur Seite stehen muss, was doch beim Gelehrten nicht wohl in so genügendem Maasse der Fall sein kann als beim ausübenden Bildner. Hat man sich nicht überhaupt gewöhnt, von der blossen Wissenschaft zu viel in diesen Dingen zu erwarten? Können wir doch der grösseren Deutlichkeit halber ein allgemein bekanntes und mit verdienter Autorität ausgestattetes Beispiel für das anführen, was hier von der reinen Wissenschaft geleistet zu werden vermag. Nicht ein naturwissenschaftlich angehauchter Aesthetiker, sondern ein wirklicher Naturforscher hat im Gehörsinn den Organismus und die Zustände nachgewiesen, welche als sinnliche Ursachen für die Empfindung der musikalischen Harmonie angesehen werden müssen. Wissenschaftlich genommen, ist diese Entdeckung unbestreitbar den schönsten Triumphen der Forschung zuzuzählen. Dennoch war sie zur Feststellung der musikalischen Harmonielehre so wenig erforderlich gewesen, dass diese vielmehr schon längst bestanden hatte, ehe man auch nur eine Ahnung von der Existenz von Tonschwingungen besass, und setzte man gar den Fall, die musikalische Lehre wäre zur Zeit von Helmholtz' Entdeckung noch nicht ausgebildet gewesen, so würde keinem Menschen einfallen zu glauben, man könne mit dieser Entdeckung an und für sich auch nur einen Schatten, einen Homunculus von lebendiger Harmonielehre begründen.

Genau so verhält es sich für die bildnerische Proportionenlehre. Was auch die Physiologie als letzte im Sinnenorganismus begründete Ursache der diesbezüglichen Wohlempfindung entdecken mag, dasselbe wird, wenn in Berechnungsformeln der Physiologie bestimmt und ausgedrückt, viel zu complicirt und unfassbar sein, als dass die künstlerische Praxis je Gebrauch davon machen könnte, oder aber es wird, wenn allgemeiner und nicht mathematisch exact bis zur letzten Ausdrucksformel verfolgt und gefasst, sofort so vulgär erscheinen, dass diesen Ausdruck zu formuliren auch der ungelehrte Verstand, ohne Hilfe der complicirten mathematischen Vorstellungsformel längst vorher und aus ganz anderer Erfahrung im Stande gewesen sein wird. Sicher wird aber auch hier die exactere und verfeinerte wissenschaftliche Form nur eine nachträgliche Bestätigung

dieses vom bildnerischen Verstand längst vorher gefundenen vul-
gäreren Ausdrucks der Regel sein können. Dies gilt schon heute
für die Erklärungsversuche von Seiten der physiologisch angehauchten
Aesthetik. Es ist für den Lernenden und Ausübenden vollkommen
einerlei, ob er hört, dass sich das Wohlempfinden des Auges vor
Dimensions- und Richtungsverhältnissen aus einer gewissen Leicht-
ausführbarkeit, Abrundung und Regelmässigkeit der Augenmuskel-
bewegungen erkläre, oder ob man ihm sagt, die gesehenen Richtungen
selbst, an denen er diese Muskelbewegungen unbewusst ausübt, hätten
nicht allzu verworrene, zerrissene und von einander abspringende
zu sein, im Gegentheil, diese ältere Ausdrucksform ist überhaupt
fasslich, die neuere kommt gar nicht zur klaren Vorstellung, denn
noch Niemand sah oder empfand, wie seine Augenmuskeln sich bewegen, und so verhält es sich mit allem Uebrigen der veränderten,
modern gelehrten Ausdrucksweise. Dagegen ist andererseits das Feld,
auf dem von der Renaissancebildnerei die Untersuchung geführt
wurde, ein ganz eminent viel grösseres und reicheres, für die modern
gelehrte Untersuchungsmethode steht aber gerade aus dem Suchen
nach äusserster Einfachheit der Versuchsobjecte Erfolglosigkeit zu
befürchten. Man kann z. B. nicht an so einfachen Dingen, wie die
Richtungs- und Maassverhältnisse einer aus möglichst wenig Um-
grenzungselementen bestehenden Fläche, oder die Maasse zweier
linearer Erstreckungen sind, bestimmte Schönheitsempfindungen definiren. Erst in der Wiederholung und im Zusammenstehen mit noch
Anderm erlangen solche Dinge ihr Maass von Angenehm und Un-
angenehm; und nicht durch Abstimmungen einer Menge im Sehen
von Verhältnissen gänzlich unsicherer Individuen kann man Gewissheit über Schön und Hässlich von Verhältnissen bekommen, sondern
weit geeigneter wird es sein, nach dem Urtheil der in dieser Beziehung Höchstbegabten und -Geübten, wenn selbst in der Minderheit
Befindlichen, zu forschen, und zwar muss die Lehre und Meinung
dieser an den anschaulichen Beispielen lebendiger und thatsächlicher
Verwendung in Kunstwerken und in ihrer ganzen Mannigfaltigkeit
studirt werden, denn nur so hat sie überhaupt einen verständlichen und verwendbaren Sinn. Denn allgemein begrifflich sind die
Resultate, welche die Renaissance hier erzielte, ebenso rasch ausgesprochen und geben ebenso wenig eine lebhafte Vorstellung vom
Wesen der Sache, als es von der Perspective eine Vorstellung gibt.

wenn man die drei oder vier Lehrsätze hernennt, auf denen diese
beruht. Man muss, um das Ganze nicht schief und dürftig zu beurtheilen, auch hier die vielfachen Wege wechselnder Bedingungen
und den Scharfsinn der Verwendung verfolgen. Erhuben Gelehrte,
die sich mit dem Thema beschäftigten, Einwurf dagegen, dass man
die Frage an so complicirten Dingen erörtern könne, wie Werke
der Bildnerei, sonderlich der Malerei seien, so beweist das nur für
die Unzulänglichkeit ihres Auges und für ihren Mangel an Einsicht
in die Art und Weise bildnerischer Procedur. Sie dürfen versichert
sein, dass ein Maler, wenn er dabei ist, die Maass- und Richtungsverhältnisse seines Bildes zu bestimmen, durch keinen andern Factor
der Schönheit, sonderlich nicht durch das, was immer und in jedem
Fall des Gelehrten Aufmerksamkeit zumeist gefangen nimmt, die
Schönheit des seelischen Inhalts nämlich, abgelenkt wird, sondern
dass er sich für den Augenblick rein mit den gesuchten Verhältnissen
an und für sich beschäftigt. Es kann dies gar nicht wohl anders
sein, da das Verleihen der architektonischen Verhältnisse sozusagen
das früheste Stadium des Compositionsverfahrens ausmacht, und auf
dem Verhältnissrhythmus ja die ganze Formgebung, die Trägerin
des seelischen Inhalts, erst weit später eingeleitet wird. Ging also im
Geist des Malers die Verleihung und Anordnung dieser Verhältnisse
ganz ohne Theilhaberschaft und Einmischung der nachfolgenden
Schönheitsfactoren vor sich, so muss ihrer Spur vom Untersuchenden
auch ebenso nachgefolgt werden können, und es ist dies in der
That auch der Fall. Kein Maler wird, wenn er die Verhältnissan-
ordnung eines fremden Bildwerks studirt, bei seiner Analyse im
mindesten von diesen sonstigen Schönheitsfactoren gestört und be-
helligt werden, im Gegentheil, dieselben werden ihm beistehen. Denn
keine andere Art von Bildnerei, weder die Architektur noch die
Sculptur, verfügt ja über so reiche und wirksame Hilfsmittel, als
gerade die Malerei, den Rhythmus von Dimensions- und Richtungsverhältnissen noch deutlicher zu bezeichnen, als dies durch Markirung
seiner eigenen Elemente ohnedies schon geschehen kann, und ihn
nach Gutdünken hervorzuheben oder abzuschwächen. Ja es hat sogar
keines von diesen sonstigen Fächern der Bildnerei solche Macht und
Gelegenheit, das charakteristische Wesen und den Begriff von Rhythmik
und Verhältnissharmonie an sich so sachgemäss, d. h. in solcher
Vielfältigkeit der Elemente beherrschend zu verfolgen und darzustellen,

6*

welcher Begriff ja nicht etwa in höchster Einfachheit, sondern gerade in Vielfältigkeit der Elemente beruht.

Gelehrte setzen der Aufforderung zur Untersuchung, die im Vorhandensein fertiger künstlerischer Leistungen liegt, freilich auch zuweilen noch andere Einwürfe entgegen, die man eigentlich Vorwürfe nennen könnte, und deren Vorurtheil gewiss verschwinden wird, wenn die Sachkenntniss erst tiefer in den Gegenstand eindrang. Gerade die neueste gelehrte Forschung hat nämlich zuweilen behauptet, man sei nicht sicher davor, dass Künstler das in Frage stehende Thema oft nicht nur nach individueller Willkür des Gefühls, sondern auch nach Willkür des Verstandes behandelt und zugestutzt hätten. Aber wahrlich, wenn es je ein Verfahren gab, das den Namen experimentaler Aesthetik der Dimensionsverhältnisse wirklich verdiente, so war es dasjenige, welches die italienische Renaissance im Ganzen, und zwar in wahrhaft grossartigem Stile befolgte.

Wir müssen immer wieder auf das zurückkommen, was wir bildnerische Vernunft nennen. In diesen Dingen steht nicht dem Verstand allein die Untersuchung und Entscheidung zu, sondern vernünftig wird nur ein solcher Verstand verfahren können, der mit der Schärfe und der Empfindungsfeinheit bildnerischer Anschauung zusammenarbeitet und kein anderes Ziel hat, als durch seine Beihilfe dieser Anschauungskraft, in deren Bereich ja endlich das ganze fragliche Thema gehört, zu Bewusstsein ihres Empfindens und zu klarer Uebersicht über ihre Objecte zu verhelfen, oder wie die Alten sich ausdrückten, das blosse Sehen zum Speculiren werden zu lassen.

Hier möchte es auf's Neue sofort nicht bedeutungslos sein, dass die Ersten, die sich überhaupt intensiv und energisch mit Schönheit der Richtungs- und Maassproportionen beschäftigten und auch die ersten guten Erfolge aufzuweisen hatten, wiederum nicht Bildhauer, sondern, neben den Architekten, Maler waren. Der Grund ist auch hier ohne Schwierigkeit einzusehen. Sowohl die Architektur, als vornehmlich die Malerei haben die Decoration ebener Flächen zur Aufgabe, und auf diesen fällt der Entscheid über Dimensionsverhältnisse von Körperdurchschnitten leichter, als an runden Körpern selbst, das Object zeigt hier grössere Stetigkeit, als an Solidkörpern, wie die Sculptur solche realiter behandelt, wo das Aussehen der Verhältnisse sich bei jeder neuen perspectivischen Ansicht, die der Beschauer wählt, verändert. So erklärt es sich, das Nicolaus Pisano, obgleich er das antike Formendetail nachahmte, dennoch weniger glücklich in Schönheit der Richtungs- und Maassverhältnisse des Figurendurchschnitts ist, als die im Formdetail gegen ihn zurückstehenden Giottesken, und dass diese Letzteren in ihren Figürchen einen wahren, antiken, und zwar sehr schönen Canon anwenden; auf den sogar Lionardo mit ganz geringen Zusätzen wieder zurückgriff, und ein unter allen Umständen sichtbares und seiner ausgezeichneten Stelle wie seiner Richtung halber lebhaft sprechendes Element, die Gesichtslänge nämlich, zur Maasseinheit oder zum Modul bei diesem Canon anrufen, während der spätere Alberti in seiner, im Verein mit Donatello aufgestellten und an Naturmodellen geschöpften Proportionalität des menschlichen Körpers es zu keinem wahren rhythmischen Canon von weitgehender Durchführung brachte. Denn er lässt die Proportionalität auf drei gleichen Hauptmaassen so verlaufen, dass keine von den kleineren Verhältnisszahlen mehr in kenntliche Proportion zu diesen Hauptmaassen kommt, und nimmt zum Modul den Fuss an, der mit dem senkrechten Verlauf der Proportionalität nicht gleich gerichtet steht und auch keine so in's Auge fallende Stelle einnimmt, als das Haupt: ja dieser Fuss ist bei Alberti eigentlich gar nicht selbst die Maasseinheit, sondern der winzige Zoll ist dies, wovon dem Fuss nach arithmetischem Gebrauch, ohne bildnerische Rücksicht auf ein in des Fusses Gliederung deutlich werdendes Element, zehn an der Zahl gegeben sind. Nicht einmal Haupt und Fuss sind bei der Alberti'schen Musterfigur proportional, und noch weniger ist dies für die übrigen kleineren Markirungserstreckungen der Fall.

Trotz dieses weniger glücklichen Erfolgs war aber Alberti's und Donatello's Vorschlag wirklichem, verständigem und sehr vielseitigem Experimentiren verdankt und nicht der Gefühlswillkür. Alberti sagt: „Wir maassen — nämlich er und seine Freunde thaten dies — viele menschliche Körper aus, die dem Urtheil Mehrerer und in solchen Dingen Geübter für schön galten, und fanden diese mittleren Maasse." So ist auch später bei keinem der grossen, tonangebenden Renaissancebildner von Exclusivität gegen Andere und von Aufdringen der eignen Meinung auch nur entfernt die Rede. Lionardo sagt sogar mit einer Skepsis, die wohl nicht weiter zu treiben ist, man habe sich vor Nichts so fleissig zu hüten, als vor einseitiger Subjectivität des eignen Urtheils, und solle bei Auswahl der Schönheitsproportionen, auf deren

Gebrauch man sich einübe, mehr das Urtheil Anderer, als das eigne zu Rathe ziehen. Lomazzo berichtet von vielen Künstlern, die er namhaft macht, sie hätten ihre Lieblingsproportionen gehabt, und niemals werden sie von ihm dafür getadelt, sondern dies verschiedene Schöne wird, jedes in seiner Art, als erfreulich und gleichberechtigt mit dem übrigen anerkannt. Von einem höchst oder einzig Schönen ist gar nirgendwo die Rede, dagegen wird überall zur Mannigfaltigkeit im Schönen ermahnt. Das Höchstschöne und Einzigschöne ist erst die Erfindung später, handwerksmässiger Maniristen und vorzüglich der Aesthetiker von Profession. Dass ein Bildner wegen der Arbeit, die es kostet, gewollte Verhältnisse wirklich zu evidenter Geltung zu bringen, oder auch wegen der Mannigfaltigkeit, in der sich ein Rhythmus anwenden lässt, fast Zeit seines Lebens bei einem einmal angeschlagenen Thema der Proportionalität ausharren kann, ohne je zu glauben, er habe dasselbe erschöpft oder dessen Darstellung Genüge geleistet, kommt ja Nichtpraktikern so bald nicht in den Sinn, und so glauben sie vielleicht, wo sie ein solches Ausharren wahrnehmen, auf ein vom Künstler angenommenes Höchstschöne schliessen zu müssen. Wer aber selbst erfuhr, wie nicht so ganz leicht und wie mannigfaltig, um nicht zu sagen, unendlich interessant in der Praxis die Handhabung eines Rhythmus sein kann, der wird sich den conservativen Sinn, den Bildner oft in solchen Dingen für sich zeigen, aus viel bescheideneren und erfreulicheren Gründen erklären. Hätte es denn überhaupt den Renaissancebildnern, die im regsten Wetteifer eine so grosse Anzahl von Naturmodellen und von Vorbildern guter Kunst genau ermaassen, und hiedurch ihr Auge nur immer mehr zum schärfsten Erkennen des Mannigfaltigen auch im Schönen erzogen, hätte es diesen nicht wie reine Thorheit klingen müssen, wenn man ihnen ein höchstes und maassgebendes Proportionenschöne hätte aufdringen wollen? Es kann ja nicht derselbe Rhythmus für alle Charakterproportionen zugleich gelten, und während er beim einen vielleicht schön wäre, würde er bei allen andern hinderlich, falsch und lächerlich sein. Rhythmus von Maassen bedeutet in der Bildnerei etwas Aehnliches, wie Rhythmus der Musik, und wer würde wohl in dieser von einem höchstschönen und vollkommensten Tactschlag reden wollen?

Wohl sprach man hingegen, im Gedanken an die Anwendung, von Systemen in sich vollkommener oder vollkommen geschlossener

Rhythmik, und das kann man ja denn auch sehr wohl thun. Auch
wir reden heute noch von vollkommener Symmetrie, wobei wir ein
ganz bestimmtes, höchst regelmässiges Anordnungsverhältniss gleich-
gewichtiger und ebenmässiger, d. h. gleichmässiger Bestandtheile im
Sinne haben. Die Renaissance nahm das Wort Symmetrie noch in
weiterem Sinne, als wir, und nannte überhaupt eine jede exacte
Durchführung irgend eines angeschlagenen Rhythmus im Kunstwerk
so. Wohl galt auch ihr das, was wir Symmetrie nennen, für eine in
sich höchst vollkommen abgeschlossene Rhythmik. Allein man hatte
auch längst die Schranken gefühlt, in die dies höchst regelmässige
Verhältniss die Bildnerei und sonderlich die Malerei einengt, die in
ihren Compositionen Objecte von sehr verschiedenen Grössenverhältnissen zur Darstellung bringt und oft Aufgaben behandelt, für die
sich diese Art von augenfälligster Regelmässigkeit nicht schickt. Für
ihre Zwecke eignen sich in vielen Fällen weit mehr jene bis in's
Unendliche diminuirbaren Rhythmen, wie die Sesquialtera, Sesquitertia und der goldne Schnitt, die der natürlichen Mannigfaltigkeit
des Aussehens nicht im Wege stehen und dennoch in jedem Bild ein
fest in sich geschlossenes und klar bleibendes System der Rhythmik
darstellen können. So wird man es verstehen müssen, wenn auch
diese höchst vollkommen hiessen. Man verband hiemit noch ausserdem
den Gedanken an die Zweckmässigkeit, die Gunst, in welcher der
goldene Schnitt lange Zeit stand, erklärt sich für den Praktiker schon
allein aus der Handlichkeit, die diesem System eignet, d. h. aus
der relativen Mühelosigkeit, mit der man sein Wohlverhältniss bis
in's Unendliche diminuirend oder anschwellend in Praxis setzen kann.
Dinge, wie sie dann Mathematiker und Aesthetiker, wie z. B. Pacioli
in der Divina Proportione, über derartige, sogenannte vollkommene
Rhythmen schrieben, sind mit ihrer sonderbaren und aus dem Bereich
heidnischer Weltphilosophie in das christlicher Glaubensdogmatik
übersetzten Mystik wohl weniger als Versuche der Begründung anzusehen, denn als nachträgliche Verherrlichungen des bereits mit
Nutzen Erprobten und in Folge dessen bei Bildnern längst in Gunst
Stehenden. Ausschliesslichkeit wird man jedoch auch hier nicht
nachweisen können, dieselbe würde als Beschränktheit und Urtheils-
losigkeit von allen guten Meistern getadelt worden sein.

Wahrhaft wissenschaftlich verfuhr man aber, indem man zum
Behuf leichter und mannigfacher Darstellung solcher Verhältniss-

normen emsig Geometrie trieb, gleich Pietro della Francesca, Lionardo und Andern diese Uebungen in Construction von Vielflächnern bis zur Darstellung des regelmässigen 72- und 94-Flächners ausdehnte. Welche Schärfung des Maassgefühls mussten solche Excercitien zur Folge haben! Hatte man sich doch nirgendwo auf die angeborne Anlage des Sinnes allein verlassen, sondern dieselbe immer überwacht und angespornt, das Auge durch untrügliche Objectivmaassstäbe anleitend und überzeugend. Auch die Proportionen des Vitruv hatte man nicht nur in Zahlen abgelesen, sondern pflegte sie zeichnerisch darzustellen. So erklärt es sich, dass man endlich so feine und exacte Schemata auszusinnen im Stande war, wie Lionardo's Entwickelung des menschlichen Haupts und seiner Verhältnisse aus dem gleichseitigen Dreieck, oder wie Raphaëls Schema der Pythagoräischen Harmonie. Und als nun gar Lionardo diese letztern Verhältnisse an den perspectivischen Verjüngungsbildern gleicher Abstände und Grössen eintreten sah, hatte er da experimentirt, oder proclamirte er Willkürliches? Wahrlich, wer solche Künstler der Willkür zeiht, der sollte doch erst einmal den Versuch wagen, sie in ihrer genauen Erziehung des Auges nachzuahmen, vielleicht würde er nach allen diesen Uebungen erst inne werden, wie man in Verstand und Sinn vorbereitet zu sein hat, wenn man überhaupt über Verhältnissschönheit experimentiren will.

Man hat insbesondre gesagt, beim Ermessen der menschlichen Körperproportionen sei der Zirkel sehr verschiedenartig und willkürlich angesetzt worden, um in die Natur mit Gewalt gewisse beliebte Schönheitsproportionen hineinzumessen. Dieser Vorwurf kann natürlich nicht denen gelten, die gleich Alberti und Donatello in ganz objectiver Weise ihnen schön erscheinende Körper ausmaassen und dabei auf die Feststellung eines rhythmischen Canon gar nicht ausgingen. Man würde aber ganz im Allgemeinen aus Verkennung des Zieles fehlgehen, wenn man feste Schönheitsrhythmen aus der objectiven Naturerscheinung glaubte ableiten zu können, denn Rhythmus überhaupt ist vielmehr eine subjective Forderung der künstlerischen Seele, welche zwar von derjenigen Naturerscheinung zumeist befriedigt werden wird, deren Verhältnisse wirklichem Rhythmus am nächsten kommen, sich aber unter allen Umständen für ihr Kunstwerk das Recht vorbehält, der diesbezüglichen Mangelhaftigkeit der Naturerscheinung nachzuhelfen, so zwar, dass sie die Momente des

Charakteristischen dennoch nicht zerstört. An welchen Punkten hiebei der Künstler nun den Zirkel ansetzen will, das liegt ganz in seinem Ermessen, denn in seiner Hand liegt es ja auch, diese Stellen in seinem Kunstwerk als diejenigen hervorzuheben, die den Rhythmus markiren sollen, alle die Körperstellen hingegen im Kunstwerk rhythmisch unterzuordnen, die dies nicht sollen. Zum Behuf solchen Hervorhebens besitzt er aber unendlich viele Mittel, von denen jedoch Nichtausübende allerdings wiederum keine Ahnung haben können. Man stelle z. B. den Abguss irgend einer guten Antike, sagen wir den der berühmten Venus von Milo, vor sich hin, zuerst bei ganz platt von vorn, oder gerade von der Seite her einfallendem Licht; alsdann wird man nur einen undeutlichen Eindruck von dem Proportionsrhythmus dieser Figur erhalten. Sowie man aber das Licht von vorn und etwas stark von oben her zu der Figur herniedergehen lässt, wird man plötzlich erkennen, wie die Bewegung der Gliedpartien so gehalten sei, dass bei derartigem Licht die senkrechten und die sanft zurückgeneigten Theile in Halbschatten und Schatten zu liegen kommen, die hervortretenden helles Licht auffangen, man wird nun die Ansätze der Proportionsglieder äusserst scharf bezeichnet sehen, in einer Weise, wie man dies in der Natur vielleicht nie zu beobachten Gelegenheit hatte. Auch wird man dann unter den Punkten oder Stellen, die als solche Ansatzpunkte benützt und hervorgehoben sind, gar manche finden, die an einem gleichgiltig gestellten und beleuchteten menschlichen Körper nicht leicht als Merkpunkte der Proportionalität in die Augen fallen möchten. Wer aber würde sich getrauen zu sagen, der Künstler, der diese Figur geschaffen, habe der Natürlichkeit irgendwo Gewalt angethan, obgleich man beim Nachmessen finden wird, dass er eine Regelmässigkeit von Verhältnissen eingeführt, die unter Tausenden von Naturexempeln nicht ein einziges Mal zu constatiren sein dürfte, und dass er sogar bei Feststellung der Punkte, die auch an Naturexempeln in Folge ihrer Deutlichkeit zum Ansetzen des Zirkels auffordern würden, um Kleinigkeiten dislocirend nachhalf. In ähnlicher Weise vermittelnd und nachhelfend würde aber derselbe Künstler bei allen nur erdenklichen Naturexempeln haben verfahren können, er würde seine Rhythmen zuvörderst je nach den Charaktermaassen gewählt, dann die Charaktermaasse um die Kleinigkeiten, deren es bedurfte, accommodirt und endlich Bewegung und Beleuchtung der Gliedmaassen günstig für die Anbringung und

Hervorhebung seines gewollten Rhythmus eingerichtet haben. So lässt sich nun auch denken, dass ein Künstler einen Rhythmus auf einer Figur anbringen kann, ohne die natürlichen Charaktermaasse im Allermindesten auszutasten; er braucht zu diesem Behuf ja weiter nichts zu thun, als die gewählten Stellen der Rhythmeneinsätze irgendwie hervorzuheben und im Vergleich hiezu die Endpunkte der Charaktermaasse weniger stark zu betonen, was jedoch nicht ausschliesst, dass er diese letztgenannten Punkte überall zur Mitwirkung ziehen wird, wo es angeht, oder sie sich von selbst hiezu darbieten. Diese Freiheit der Wahl der rhythmischen Merkpunkte ist der Fall, in den die Malerei sogar äusserst häufig aus Nothwendigkeit kommt, da sie die Charaktermaasse ihrer Figuren sehr oft in Verkürzung statt in den wirklichen gestreckten Achsenlängen darzustellen hat. Auch besitzt sie, zum Behuf der Hervorhebung und Betonung der gewählten Einsatzpunkte geradezu unerschöpfliche Hilfsmittel, was sich von der Sculptur nicht in solcher Ausdehnung sagen lässt. Denn zeigte sich auch an dem vorhin gegebenen Beispiel, wie schon der Bildhauer die Beleuchtung kann mithelfen lassen, so ,,führt doch eine Malerei ihr Licht und ihren Schatten überall mit sich", und es steht ihr überdem das Spiel der stärkeren und schwächeren Localfarben, sonderlich in bekleideten Figuren, zu Gebote. Ist dies Alles schon bei Einzelfiguren der Fall, also beim einfachsten und einschränkendsten Problem, das sich dem bildnerischen Scharfsinn darbietet, was wird in grösseren Compositionen noch alles hinzutreten können, wo die Richtungs- und Proportionsanordnung der umgebenden Dinge, als anderer Figuren und sonstiger Gegenstände, der Architektur u. s. w. als Hinweis auf den Proportionsrhythmus der Figur benützt werden, und man es in der Gewalt hat, durch diese Nebenumstände solchen Rhythmus entweder begleitend zu verstärken, oder durch Gegensatz auszusondern und hervorzuheben.

Schon durch das wenige hier Gesagte wird genügendes Licht auf die Dürftigkeit der Vorstellung von den Möglichkeiten bildnerischen Schaffens gefallen sein, die jenem Vorwurf zu Grunde liegt, gegen den wir Einsprache erheben. Gerade diejenigen Bildner, die am energischsten und mannigfaltigsten Vortheil von dem durch Alberti und Donatello eingeführten exacten Studium der Charaktermaasse zogen, Lionardo und Raphaël, konnten vielmehr auch diejenigen sein, welche zugleich die subjective Schönheit von Rhythmen am energisch-

sten und mannigfaltigsten in ihren Werken zur Geltung brachten.
Sie zogen für diese ihre Neigung aus jenem Naturstudium nur den
grössten Nutzen der Mannigfaltigkeit von Problemen und Vorstellungen,
vermöge ihrer gesteigerten künstlerischen Erfindungskraft brauchten
sie der Natur nie Gewalt anzuthun, und konnten auch hier den
Andern zurufen, dass man universal sein, auch die Schönheit der
Figuren vor Monotonie behüten solle. Erst bildnerisch erfindungs-
armer Manierismus betrieb nebst allem Andern auch die Verleihung
von Schönheitsproportionen als receptmässiges Handwerk. Und noch
Eines müssen wir hier anfügen: man thut jener emsigen Künstlerschaft sehr Unrecht, wenn man glaubt, aus der blossen Ablesung
ihrer hinterlassenen Verhältnisszahlentabellen eine Vorstellung von
ihren Meinungen über Verhältnissschönheit zu erlangen. Man muss
vielmehr überall solche Tabellen zuvor wirklich in gezeichnete
Figuren umsetzen, um wenigstens zu sehen, wie diese Zahlen sowohl
in linearer, als in Flächendimension ausgedrückt sich ausnehmen,
und hat zudem die begleitenden Umstände der Compositionsganzen
der Historien mit in Rechnung zu ziehen, in denen die Figuren
und die auf sie angewandten Rhythmen vorkommen.

Fähigkeit des Auges zum Erkennen von Rhythmen.

Dass unsere Seele für anschauliche Eindrücke, die ihr vorgestellt
werden, so gut wie für alle übrigen Ordnung und Klarheit verlangt,
kann nicht geleugnet werden. Sie gibt in rhythmischer Proportionalität angeordneten Kunstwerken vor solchen, die dies nicht sind,
jederzeit unwillkürlich den Vorzug. Man hänge auf der Wand eines
Zimmers unter einen Schwarm von modernen, proportional undeutlich angeordneten Bildern ein einziges, an sich wenig bedeutendes
Werk der Spätrenaissance oder auch noch der Barockzeit auf, sagen
wir, eine Landschaft van Blömens, der sich in Italien der Klarheit
seiner Compositionsweise halber den Beinamen „Orizonte" erworben
hatte, und diese Landschaft wird, man möge sie unter den übrigen
Bildern placiren wie man wolle, auch für das ungeübteste Laien-
auge in allen Fällen zum anziehenden Mittelpunkt der Schau werden,
alles Uebrige wird, als Reizmittel der Schau, für den ersten Augenblick daneben hinwegfallen, so sehr sich auch der Geschmack an
dessen sonstige Eigenschaften und Vorzüge gewöhnt haben möchte.

So wird auch in noch weit höherem Grade ein jedes Auge den allezeit sichern Wirkungen der Proportionalität, die ein Ghirlandajo,
Lionardo, Perugino, Raphaël hervorzubringen wussten, unterliegen,
und wird mit unwillkürlichem Ergötzen den Reigen tanzen, der ihm
in diesen Werken der Schau vorgezeichnet ist; und je mehr Einsicht in die Ursachen dieses ergötzlichen Spieles das Auge gewinnt,
desto grösser und deutlicher wird seine Ergötzung werden.

Doch besitzt das Auge erfahrungsgemäss weniger Fähigkeit zu
scharfer Unterscheidung oder präciser Feststellung von räumlichen
Maassverhältnissen, als das Ohr Befähigung für das Unterscheiden
von Zeitmaassen und für deren augenblickliches Wiederkennen,
auch nach längerer Unterbrechung des Tactes, besitzt. Selbst ein
Lionardo gesteht für sein Auge ein, dass er an der Möglichkeit
zweifle, eine Linearerstreckung ohne Hilfe objectiver Maassstäbe nur
in eine beschränkte Anzahl exact gleicher Theile einzutheilen. Dies
bedeutet also für die Bildnerei, dass in ihr, sobald das Rhythmengefühl der Seele durch Erscheinungen geweckt und befriedigt werden
soll, der Tact weit deutlicher geschlagen werden müsse, als in der
Musik der Tact für's Ohr. Andererseits aber gehen die anschaulichen
Rhythmenwirkungen von Objecten aus, die dauernder oder gegenwärtig bleibender Natur sind. Dies bedeutet also für das Bildwerk,
dass in ihm eine grosse Vielzahl gleichmässiger Tactschläge das
Gefühl eher abstumpft, und als Monotonie empfunden wird, als beim
Tactschlag der Musik, und dass deshalb im Bildwerk unter Umständen grössere Mannigfaltigkeit und Abwechslung der Rhythmik
erheischt ist, als in der Musik je gestattet sein würde, doch wird auch
aus demselben Grund des dauernden Gegenwärtigbleibens der Ein-
drucksfactoren, im Bildwerk Rhythmenverwirrung und unmotivirtes
Herausfallen aus eingeschlagener Rhythmik peinlicher empfunden.

Von der Nothwendigkeit der Deutlichkeit des Tactschlags, um
uns der Kürze halber dieses Ausdrucks zu bedienen, und von der
Sorgsamkeit, mit der hier von Seiten des Bildners zu verfahren sei,
kann man keine bessere Vorstellung bekommen, als wenn man sich
beim ersten Entwurf einer Composition des Hilfsmittels bedient, das
Cenninini, der Schriftsteller der Giottesken, zum Behufe der Einsetzung der Hauptgrössenverhältnisse der Compositionsmassen an-
empfiehlt, und das wir auch noch von Raphaël auf dem Carton
der Schule von Athen angewandt sehen. Dasselbe besteht in der

Vorzeichnung eines Netzes von gleichen oder rhythmisch proportionalen Vierecken auf die noch leere Bildfläche, mittelst dessen
dann die rhythmischen Dimensionsverhältnisse der zu componirenden
Gegenstände und Figurengruppen leicht abgewogen werden. Glaubt
man nun in ein solches Netz besagte Hauptmassen in befriedigender
Weise in Proportionalität und Rhythmus gebracht zu haben, und
löscht das Netz, so wird der proportionale und rhythmische Eindruck der Composition plötzlich um ein sehr Merkbares gemindert
erscheinen. Hatte man aber gar beim Entwerfen nicht sofort die
Vertheilung von Licht- und Schattenmassen, oder die Disposition
der lebhaften und minder lebhaften Localfarbenwerthe und der Ab-
minderungsgrade derselben mit in Betracht gezogen, so wird beim
Ausführen des Bildes sich erweisen, dass durch die in blosse Umriss-
linien niedergelegte Disposition noch sehr wenig für die Rhythmik
geschehen war, und dass man durch Missgriffe, die man hier während
der Weiterführung des Werks etwa beginge, den ersten günstigen
Eindruck durchaus zerstören würde.

In geübten und von Intelligenz geleiteten Händen werden nun
leichtverständlicherweise diese letztgenannten und noch weit mehr
ähnliche Dinge zu Hilfen für die Verdeutlichung des Rhythmus.
Nachdem die Hauptgruppen in einfache und leicht kenntliche, wie
messend vergleichbare geometrische Figuren eingezeichnet, und auch
durch die Stellung und Richtung dieser idealen Figurenformen im
Raum der Bildfläche deren wechselseitige Beziehungen als einander
stützende, ergänzende oder contrastirende, gleichgewichtig aufwiegende,
oder aber entweder nach Seite der Verjüngung oder Progression
weiterführende Proportionsmassen leicht begreiflich und augenfällig
gemacht wurden, werden zu weiterer Betonung dieser Verhältnisse
Schatten und Licht, Localfarben, die stoffliche, ja die geistig sachliche
Bedeutung der geschilderten Gegenstände, und endlich mit Regelmässigkeit auf die Hauptstellen des Rhythmus einfallende Architektur-
linien des Hintergrundes, strenge perspectivische Richtungslinien, oder
auch gleichgiltige, leere Intervalle und an sich bedeutungslose Folien
mit herangezogen. Von diesen Hilfsmitteln und ihrer Anwendung
wird man sich vor Bildern, wie Lionardo's Abendmahl, Perugino's
Schlüsselamtsverleihung Petri, Raphaël's Schule von Athen (aber
ebensowohl auch noch in Landschaften N. Poussin's) den besten Begriff verschaffen können. Man wird auch hier am besten sehen, wie

zugleich allen den ebengenannten Factoren die Sorge für eine scheinbare Abwechslung des Rhythmus anvertraut werden kann, indem
sich dieselben stellenweise als Rhythmenträger ablösen. Hievon abgesehen, ist die Vermeidung der Monotonie des Eindrucks schon
durch die Unregelmässigkeit und das Minutiösere der Einzelgestalten
oder des Details der Einzelgegenstände gewährleistet. die in die
unsichtbaren und doch fühlbar bleibenden Umrisse jener geometrischen Proportionalfiguren eingezeichnet sind, und durch den Umstand, dass in den genannten Werken die reine Flächenproportionalität und Rhythmik durch die drastische Wirkung perspectivischer
Raumvertiefung nicht sowohl unterbrochen, als der Richtung nach
vermannigfaltigt und interessanter gemacht wird.

Man erkennt schon aus diesen knappen Andeutungen, wie es
nicht zu viel gesagt sei, dass die Malerei das eigentliche Feld und
der Tummelplatz anschaulicher Grössen- und Richtungsrhythmik sei,
und wird dies noch besser erkennen, wenn man zusieht, wie verschiedenartig das Thema der Proportionalität sich während der
Entwicklung der Malerei von der flächenhaften und räumlich wenig
vertieften Darstellungsweise an bis zur vollen Ausbeutung der Perspective, oder von der weniger stark modellirenden schönfarbigen
Weise des Colorits figurenreicher Compositionen her bis zum Clairobscur und der Darstellung wenig figurenreicher Probleme gestaltet
hat. Man wird ob des mannigfachen Wechsels von charakteristischen
Neuerungen und ebensowohl von Zurückgreifungen auf unter andern
Bedingungen schon erprobt Gewesenes erstaunen, wird die Kraft-
steigerung wahrnehmen, die zwischen dem Anschmiegen des Bild-
rhythmus an vorhandene Proportionalbedingungen des zu schmücken-
den Architekturraumes und des gegebenen Bildformats und der
Freiheit liegt, mit der Raphaël gleichgiltigen und ungünstigen architektonischen Räumen, wie den Stanzen des Vaticans, durch gemalte Bilder eine höchst vollkommene rhythmische Totalwirkung
verlieh und dabei ganze Stücke des wirklichen Raums, die sich
seiner Absicht nicht fügen konnten, als Gleichgiltiges behandelte
und so für's Auge verschwinden liess.

Bei diesen Untersuchungen wird es sehr lehrreich sein, auf
die Richtungsverhältnisse der Compositionen zu achten, in welchen
die Grössenrhythmik vorschreitet und niedergelegt ist. Es sind uns
hierüber schriftliche Andeutungen erhalten. Nach Lomazzo soll

z. B. Raphaël die Grössenproportionalität gern in concentrischer
Richtung nach dem in die Mitte des Bilds verlegten Hauptgegenstand zu abgewandelt haben. Aehnlich scheint es sich bei Lionardo's
Abendmahl zu verhalten. Bei andern Compositionen hebt der Rhythmus breit auf einer Seite der Bildfläche an, um diminuirend zur
andern hin fortgeführt zu werden. Oder wir sehen einen Rhythmus,
von der rechten Bildseite her bis über des Bildes Mitte hinaus
der Bildbreite nach abgewandelt, und hieran angelehnt, im Rest der
Composition den nämlichen Rhythmus von unten nach oben geführt.
Wir sehen den gleichen Rhythmus bandweise übereinander wiederholt; die Venetianer, eine gewisse capriciöse Missachtung der architektonischen Umgebung liebend, legen ihn zuweilen in Diagonal-
streifen quer über die statischen Gleichgewichtsrichtungen der Composition hin. In dieser Weise findet sich auch wohl eine doppelte
Rhythmik vor, einmal die der statischen Massen in verticalen und
horizontalen oder auch concentrischen Verläufen, dann, über diese
in schräger Richtung hingeführt, eine Rhythmik breiterer oder
schmälerer Streifen des Licht- und Schattenfalls, oder von abwech-
selnden Massen kühler und warmer Localtöne u. s. w.

Dass Art und Weise der perspectivischen Verjüngung der Bildpläne zum rhythmischen Verlauf der Bildflächenproportionalität mit
herangezogen worden seien, ward schon mehrfach erwähnt, ebenso,
dass die perspectivische Construction gleich zu Beginn der Conception von architektonisch-proportional gegliederten Grundrissen
der Bildpläne ausging. Eminente Beispiele hiefür sind wieder Compositionen Raphaël's, wie die Disputa del Sagramento, und speciell
diese Art von Herbeiziehung der Perspective hatte denn auch wohl
Lionardo bei den Versuchen im Auge, die zur Auffindung der musikalischen Accordverhältnisse in den Verjüngungsbildern gleicher perspectivischer Abstände führten.

Das Studium der Richtungsverhältnisse ist von dem der Grössen-
rhythmen nicht zu trennen. Es scheint, als ob erst diese beiden
Elemente vereint die Wirkungen übten, die man etwa mit denen
der musikalischen Harmonie vergleichen könnte, müssen doch überhaupt bei der Vorstellung von Räumlichkeit, Richtung und Grösse
der Dimensionen einander fortwährend ergänzen. Richtungsveränderung oder -Aehnlichkeiten unterscheidet das Auge aber leichter
und schärfer als Veränderungen und Aehnlichkeiten von Grössen.

Das von Natur in uns dominirende Gefühl für Verticalität und horizontales Gleichgewicht ist wohl hiezu behilflich, aber es kann auch fernerhin eine Richtung, die wir sehen, in ihrem Verlauf stellenweise verdeckt und unterbrochen werden, ohne dass das Auge deshalb den Entscheid über ihr Beharren oder ihren Wechsel einbüsste. Analoges ist für Grössen nicht in solchem Maasse der Fall. Somit bieten sich Richtungen und Richtungsverhältnisse dazu dar, Hilfen für das Wiedererkennen auch von Maassen zu werden. Man schätzt Grössenverhältnisse am leichtesten ab, wenn sie in gleicher Richtung angeordnet sind, ähnlich verhält sich dies aber auch für concentrische oder überhaupt irgendwie regelmässig angeordnete Grössenrichtungen. So kann also durch Wiederkehr von Richtungen auch ein Grössenrhythmus, nachdem er unterbrochen war, deutlich von Neuem aufgenommen und weitergesponnen, oder in sich selbst zurückgeführt und concentrisch wirkend abgeschlossen werden u. s. w., und umgekehrt kann durch Richtungsveränderung eine Veränderung des Grössenrhythmus motivirt und unterstützt, oder aber können thatsächlich gleichbleibende Maassverhältnisse als eine Rhythmusveränderung vorgetäuscht werden. Auch bei Abschätzung von Flächenverhältnissen behält dies Geltung; so werden z. B. für das Empfinden der Gleichheit oder Ungleichheit ähnlich umrissener Flächendimensionen gleichgerichtete oder zu einem gemeinsamen Centrum hinstrebende Diagonalen derselben eine Erleichterung sein. Für die Beurtheilung des proportionalen, gleichgewichtigen, oder nicht gleichgewichtigen Verlaufs gekrümmter oder schräg gegeneinander geneigter Richtungen stellt sich unser natürliches Gefühl für Vertical und Horizontal ganz von selbst ein, und in Bildern wird es fast immer räthlich sein, diese beiden Grundrichtungen zum Beurtheilen der übrigen und zur schliesslichen Beruhigung derselben zu allgemeinem Gleichgewicht des Ganzen energisch einzuführen. Doch werden auch andererseits die Grössenverhältnisse der gegenseitigen Abstände, welche Richtungen an verschiedenen Punkten ihres Verlaufs zeigen, als Factoren der Richtungsrhythmik wirksam, so in parallelen oder in divergirenden Richtungen. Allen diesen Dingen wird ein gründlicher Beobachter vor Bildwerken der italienischen Renaissance Aufmerksamkeit zuwenden müssen.

Auch von Schönheit der Richtungsverhältnisse ist bei den Bildnern der Renaissance nie in exclusiver Weise die Rede; immer steht die

Charakteristik natürlicher Richtungen voran und ist durch Anordnung, verschärfte Verdeutlichung, oder durch vermittelnde und vorbereitende Elemente zu rhythmischer Wirkung gebracht. In Werken der Malerei können Grössen- und Richtungsrhythmen überhaupt nichts Anderes sein, als in entsprechender Weise geregelte Ausdrucksformen allgemeinerer natürlicher Charakterverhältnisse, wie die oben erwähnten von Schlank, Gedrungen, Bewegt, Ruhig etc. Für die rein architektonischen Verhältnisse der Bildcomposition wird sich entweder ein Hauptcharakterverhältniss, das im Gegenstand der Composition dominirt, wie also Grösse oder Richtung der Hauptfiguren, als Modul anwenden lassen, oder wo dies nicht der Fall oder die Absicht sein sollte, die Rhythmik in die Elemente der Beleuchtung oder des Colorits niederzulegen sein, wobei denn die gegebenen natürlichen Charakterverhältnisse unbeschadet ihrer Richtigkeit, wie oben angedeutet, untergeordnet oder als für die Hauptrhythmik nicht mitsprechend behandelt werden. Die hier anwendbaren Möglichkeiten gehen natürlich geradezu in's Unendliche. Doch es kann an dieser Stelle nur unsere Absicht sein, darauf hinzuweisen, wie wenig die Einhaltung schöner Rhythmik einem Maler Versündigung gegen Naturverhältnisse auferlegt, und ferner, wie der Sinn für diese Dinge bei uns besser durch das Studium der Feinheit und Mannigfaltigkeit geweckt werden wird, welche die italienische Renaissance in deren Verwerthung an den Tag legte, als durch die Aufstellung von einigen wenigen Zahlenverhältnissen und allgemein gehaltenen metaphysischen Formeln. Wohl lassen sich zufällig gewisse schönwirkende Proportionen auch durch einfache und leichtübersehbare Zahlenverhältnisse ausdrücken, aber für unzählige Verhältnisse, die das Auge mit Wohlgefallen als rhythmische empfindet, ist dies nicht der Fall, wie denn Pacioli die Kunst des Mathematikers als eine höchst schwerfällige und unzulängliche neben der Rechenkraft eines feingebildeten künstlerischen Auges bezeichnet. Wird doch jedes Verhältniss, sei es in sich rational oder irrational, durch Wiederholung zum Rhythmus, es kommt nur darauf an, dass der Maler fleissig der Umstände und Bedingungen achte, unter denen es als solcher passend und angenehm oder das Gegentheil davon wirkt. Dass aber demjenigen, der darauf ausgeht, hier Erfahrungsregeln und feste Anhaltspunkte für neue oder Wiederholungs-Fälle der Anwendung zu gewinnen, hiezu durch Zahl oder Construction möglichst leicht festzuhaltende Beispiele am dienlichsten sind, kann keinem Zweifel unterliegen. Wo nur ein Künstler beim Aufsuchen der Proportionalität seiner Composition von derartigen festen Anfängen ausging, wird er den Werth solcher gesicherten Grundlage und die Beruhigung, die aus dieser für sein hin- und herschwankendes Gefühl entstand, schätzen gelernt haben.

Somit werden uns jedenfalls die diesbezüglichen geometrischen Uebungen, die Bildner der Renaissance, wie della Francesca und Andere, hinterlassen haben, sowie die Arbeiten von Mathematikern von Fach, die gleich Pacioli und Barbaro an diesen Bestrebungen nächsten Antheil nahmen, zum Erkennen des Angestrebten sowohl, als des Modus der Anfertigung sehr behilflich sein können. Ganz abgesehen davon, dass wir hier einen neuen, anregenden Blick in die sorgsame Erziehung des Auges und in die Exactheit des Verfahrens thun, werden wir in diesen Arbeiten sicherlich geradezu die Schlüssel für die Analyse der Rhythmik gar mancher Composition finden, und jedenfalls auf näherem Weg, als der des Suchens nach letzten Grundursachen des menschlichen Rhythmengefühls sein möchte. — Welchen Werth Bildner den erwähnten Uebungen beimaassen, davon kann wohl nichts eine ausdrücklichere Bestätigung geben, als Vasari's Zornausbruch über Pacioli, weil dieser seines Lehrers della Francesca Arbeit über die fünf regelmässigen Solidkörper unter seinem Namen abgedruckt hatte. Denn in rein wissenschaftlicher Beziehung ist diese Arbeit della Francesca's ja in der That selbst nichts als eine Application Euklid'scher Lehrsätze, eigene Zuthat des Meisters sind eigentlich nur die mühsamen, praktisch werthlosen Wurzelberechnungen, bei denen ihm Pacioli vielleicht sogar geholfen hatte. Auch geht Pacioli's Arbeit bedeutsam über den Libellus de quinque corporibus regularibus della Francesca's hinaus, aber Vasari erzürnte sich darob, dass ein Mathematiker von Fach die für bildnerische Zwecke geleistete geometrische Arbeit eines Malers sich zueignete. Er vergass darüber, dass diesem Mathematiker von Fach bei seiner vollständigeren Arbeit auf dem gleichen Felde ein bildnerischer Genius, Lionardo, zur Seite stand, und somit die gemeinsame Arbeit wissenschaftlichen Verstandes und künstlerischer Anschauung für bildnerische Bedürfnisse vielleicht in weit vollkommenerer Weise gewährleistet war, als in der Person Piero's della Francesca. Für unsere heutige Untersuchungsweise aber möchte dieses Zusammenarbeiten des gelehrten und künstlerischen Geistes unzweifelhaft

zum Muster zu wählen sein, dies wäre für des Künstlers, wie für
des Gelehrten Forschungsinteresse von gleich grossem Vortheil.
Strebt ein forschender Geist der Auffindung eines sogenannten Naturgesetzes zu, so muss er erst mannigfaltige, drastische Symptome
dieses vermutheten Gesetzes beobachtend sammeln, ehe er zum inductiven Versuch schreiten kann, und so muss auch der Aesthetiker
auf dem hier in Frage stehenden Gebiet die drastischen Kraft-
äusserungen der Höchst-Begabten und -Geübten als die Symptome des
vermutheten Naturgesetzes ehrerbietig betrachten und aufsammeln,
ehe er sich getrauen mag, das zweckentsprechende Experiment selbst
auszusinnen. Begibt man sich aber ernstlich an die Arbeit des Auf-
sammelns dieser Symptome, so wird man an gar mancher Stelle
Lückenhaftigkeit und Dürftigkeit der heutigen Vorstellungen und
Voraussetzungen ausbessern und ganz sicherlich finden, dass man an
dieser Quelle weit besseres und präciser vorbereitetes Material zum
Ausgang des Forschens nach letzten einfachsten Grundursachen
schöpft, als wenn man bei zufälligen Opinionen einer uncultivirten
Menge umhertastet. Es müssen also zunächst an Werken, die in der
fraglichen Beziehung besonders drastische Wirkung üben, genaue
Messungen der Grössen- und Richtungsverhältnisse vorgenommen
werden, und zwar selbstverständlicherweise an den Werken, selbst,
da Reproductionen nicht einmal in der Formenzeichnung an und
für sich zuverlässig sind und, sofern sie in Kupferstich oder Photographie bestehen, der Elemente der Localfarbenwerthe, der verschiedenen Lichtstärke der Farben, der Auftragscharaktere des
Pigments u. s. w. gänzlich ermangeln.

Innerer Zusammenhang der Entwicklung der Wissenschaft des Machens in der Malerei.

Ueberblickt man den Weg, den die italienische Renaissancebildnerei, von ihren ersten eigenthümlichen Regungen an bis zur
Höhe, im Ringen um die Vollendung des sinnlichen Darstellens
durchmessen hat, so muss man bekennen, dass auf Seiten der Malerei,
wie die schwierigeren und reichhaltigeren Probleme, so auch die
grösseren Talente standen. Alle grossen Maler dieser Zeit haben mit
Recht Giotto als den Erneuerer der Kunst verehrt. Die moderne, von
Laien geschriebene Kunstgeschichte hat für diesen Begründer kaum
ein anderes Anrecht auf seinen Ehrennamen ausfindig zu machen

gewusst, als seinen hohen seelischen Ernst, und dass er die Darstellung menschlicher Empfindungsäusserungen in's Gebiet des Natürlichen und der lebendigen Action versetzt habe; als wenn dies nicht
ebenso gut im Beharren bei der älteren, teppich- und reliefartigen
Behandlungsweise der malerischen Bildnerei hätte geleistet werden
können, oder nicht in der That längst vor Giotto mannigfach geleistet
gewesen wäre! Die Grösse und Tragweite der Neuerung liegt aber
vornehmlich auf der erscheinungsmässigen Seite der Kunst, Giotto
hat die Malerei durch die Energie seiner veränderten Anordnungsweise ein für allemal von der Sculptur getrennt, sie der Architektur
gegenüber selbstständig, und zur vornehmsten unter den bildnerischen Künsten gemacht, dem malerischen Genius aber bisher
kaum betretene Wege und ungeahnte Ziele des bildnerischen Er-
findens eröffnet, die fortan der Malerei eigenthümlich angehören, und
auf oder zu denen ihr die Schwesterkünste nicht zu folgen vermögen.

Denn bisher hatte das gemalte Bild die Mauer oder die architektonische Gliederung, auf der es angebracht war, nicht verleugnet,
sondern nur verziert. Wie eine Sculptur in ihre architektonische
Nische oder an das von ihr incrustirte Architekturglied mehr als
schmückende Dienerin gefesselt ist, als dass sie zu eigener Bedeutung
kommt, so verhielt es sich auch für die fries-, band- und teppich-
artige, wenig Raumvertiefung zur Darstellung bringende Malerei.
Seit Giotto hingegen verleugnete sie die Wand und durchbrach
dieselbe, sie ward gleichsam die freie Aussicht durch ein geöffnetes
Fenster, und ihr, die weit mehr Interesse bot, als die Architektur,
ward jetzt diese zur dienenden Umrahmung. So ward Giotto der erste
Urheber oder Anstossgeber zur bedeutendsten bildnerischen That der
Renaissance, zur Erfindung der einheitlichen malerischen Perspective,
denn er hatte Vorgang und Scene der Bildcomposition aus dem für
sie nur zufällig gegebenen Raum der Architekturwand in ihren
eigenen, idealen, unbegrenzt freien Raum hinaus versetzt, für dessen
Besichtigung der Architekturraum nur der Standort war. Die italienische Perspectivelehre aber hat der Bildfläche bei ihrem Constructionsverfahren den Namen der „Veduta" oder der „Aussicht"
bewahrt.

Dass diese Idee der eigenen, freien Räumlichkeit der Bildcomposition, oder der Aussicht in's Freie, die leitende bei Giotto
gewesen sei, geht aus der ganzen Anordnung der handelnden

Figurengruppen und vor Allem aus der Scenerie der örtlichen Umgebung (sito) und der Hintergründe hervor. Wohl müssen uns diese ersten Versuche in einheitlicher Perspective des Raums zuweilen höchst naiv und unvollkommen erscheinen; aber aus Unkenntniss begangene Versehen sind nicht gleichbedeutend mit mangelnder Absicht. Keines von allen auf uns gekommenen antiken oder mittelalterlichen Malerwerken zeigt die Absicht auf richtige Darstellung räumlicher Umgebung der Figur mit solcher Entschiedenheit; in den antiken Decorationsmalereien, die wir kennen, kommen Versuche einheitlich perspectivischer Raumwirkung höchstens wie Spielereien einer Mode und an gegenständlich ganz unbedeutenden, rein decorativen Objecten der Darstellung vor. Betrachtet man aber die Bilder der Giottesken eindringlich, so glaubt man es mitzuerleben, wie diese auf dem fraglichen Gebiet noch ganz auf Empirie gestellten Meister um den richtigen Ausdruck der Einheit der Raumperspective rangen, und, jenachdem sie Gebäude und Landschaft bald von der Höhe der Hügelumgebung, bald aus dem Thal her beobachtet hatten, mit sich darüber stritten, wie die Fluchtlinien zu steigen und zu fallen hätten. Es hat sich hievon sogar noch bis tief in die vervollkommnete Perspectivelehre des 16. Jahrhunderts hinein Tradition erhalten, noch Lomazzo erwähnt einer Eintheilung der Linearperspective in „Perspective von oben her, Perspective von unten und Perspective in gleicher Ebene". Alle malerischen Talente Italiens ergriffen die neue Raumidee mit Begeisterung, und als die einheitliche Perspective begründet war und ihre mannigfachen Früchte für die malerische Darstellung trug, übernahm endlich die Malerei in gänzlich schmucklosen und architektonisch ungegliederten Localitäten das Amt der Architektur und Sculptur zugleich mit; Säulen, Gesims, Tafelwerk der Decken, Fenster- und Loggienöffnung wurden, sammt der Aussicht in den idealen Raum des Bildvorgangs, malerisch vorgetäuscht, gemalte Statuen in gemalte Nischen und Relief an gemalten Sockeln aufgestellt und zwischen nachgeahmten Pilastern überdem auch noch scheinbare Teppiche von ihr aufgehangen. Welche Folgen aber für die malerische Formengebung das Studium der Perspective hatte, ward schon genügend bezeichnet.

Der zweite und noch augenfälligere Beweis dafür, dass die Raumidee das leitende Motiv bei Giotto's Neuerung gewesen sei, ist die Veränderung des Colorits und die Begründung einer malerischen

Lehre von Licht und Schatten. Der von der architektonischen Localität unabhängig gewordene Raum der „freien Aussicht" bedurfte nun auch seiner eigenen Beleuchtung. Tageshelle verbreitete sich über die Farben der Bilder, die Schatten und Lichter konnten von allen Seiten her kommen und sich rundum an alle Formen der Figur anheften, wie im offenen Felde. Wenn die Licht- und Schattengebung der Giottesken vorläufig hievon noch keinen vollen Gebrauch zu machen scheint, so hat das wohl andere Gründe, als den des mangelnden Gefühls von der Sache. In der bisherigen Malerei war überhaupt von einer consequenten Behandlung der Lichter und Schatten noch keine Rede gewesen, und noch viel weniger existirte für die zutreffende und genaue Darstellung dieser Erscheinungen eine ausgebildete Technik. Dass die Giottesken vor allen Dingen nicht geruht haben, bis sie diese Technik des malerischen Materials, der Zeichnungs- und Malmaterialien, bis in's Feinste zweckmässig, ausgefunden hatten, ist unbedingt der allergrösste Beweis für die eminente Berufenheit dieser Schule zur Bildnerei. Man kann noch heute an dem Grad von Interesse, den der Anfänger für sein sogenanntes Handwerksmaterial, und an dem Grad von Einsicht, den er in dessen Bewältigung an den Tag legt, unfehlbar den Grad und die Hoffnungen seines Talents bemessen, ja, es ist dies vielleicht die einzige Stelle, wo solches ganz untrüglich geschehen kann. Der Anfänger, der sich hier nicht aufmerksam und strebsam zeigt, hat, ohne Bedenken darf es gesagt werden, kein bildnerisches Talent. Die, welche die Redensart im Munde zu führen pflegen, das Wenige, dessen ein Bildner hier benöthige, habe er bald ausgelernt, oder die gar in der Aufmerksamkeit auf Material und Technik Beschränktheit des Geistes erblicken, müssen, insofern sie selbst unglücklicherweise die Bildnerei zum Beruf wählten, ohne Ausnahme und selbstverständlicherweise Stümper bleiben, ein jedes wirkliche Talent hingegen muss die Vernachlässigung dieser Grundlagen, zu der es etwa durch Missleitung seiner Jugend verführt ward, bald als elementares Hinderniss empfinden und den begangenen Irrthum aus eigener Energie gut zu machen suchen.

Licht- und Schattengebung.

Liest man den Tractat des Cenno Cennini, der von der Farbentechnik der Giottesken handelt, mit Aufmerksamkeit, d. h.
indem man nach den dort gegebenen Anweisungen selbst experimentirt, so
begegnet man auch hier jener wissenschaftlichen Gründlichkeit, welche
das ganze bildnerische Treiben der Renaissance auszeichnet. Vor allen
Dingen wird der Maler durch die Zubereitung seiner wichtigsten
Pigmente mit deren Natur und Eigenschaften vertraut. In der planmässigen und allmähligen Führung der zeichnerischen Modellirungsweise aus Mitteltönen hervor nach dem Lichte auf- und nach den
Schattentiefen abwärts erschliesst sich ihm sodann die beste und
handlichste Art der Ausbeutung von dieses Materiales Stofflichkeit,
und der sauberen, mit Leichtigkeit vor sich gehenden Verbreitung
und Dislocirung der verschiedenen Charaktere von Licht, Halbschatten
und Schatten über den Malgrund der Bildtafel, zugleich aber liegt
in dieser technisch sauberen und planmässigen Führungsweise die
beste und sicherste Anleitung des Auges zum Abschätzen der ebengenannten Nüancen und zur Bestimmung des Orts derselben an der
runden Form der Wirklichkeit. Die festen Mischungsverhältnisse der
eigentlichen Farbenpigmente, die Cennini zum Behuf der Herstellung
der Hauptabstufungen von Licht und Schatten angibt, und die
Reihenfolge, in der diese Mischungen aufgetragen werden, stellen,
an das Vorerwähnte anschliessend, die ersten Versuche dar, zu
gesicherten Ausgangspunkten der Anschauung von farbiger Formen-
modellirung zu gelangen, wobei der Sinn wiederum vor allem Andern
auf die präcise Ausführbarkeit des in der Natur Angeschauten in
den technischen Mitteln gerichtet ist, und denn auch in der That
auch hier das Einfachste und Beste der Manipulation gefunden
wird. Was aber die Behandlung der verschiedenen Localfarben und
deren Licht-Steigerung oder -Abminderung anlangt, so sind hier
Vorsichtsmaassregeln und Erfahrungen entwickelt, die auch einen
Physiker unserer Tage in Erstaunen versetzen müssen, umsomehr,
als dergleichen vernünftige, zweckmässige und feine Dinge von
unseren heutigen sogenannten Coloristen nicht einmal nachempfunden
werden. Wir rechnen hieher die Behütung delicater Pigmentsorten
vor Beschmutzung und Corruption ihrer Nüance, wie solche durch
mechanische Zumischung feindlicher Pigmentsorten, als z. B. von

Schwarz zu den Abschattirungstönen, eintreten muss, und die Unterlegung und Ueberlasirung halb deckender und ganz deckender
Schichten mit nicht beschmutzenden, sondern ihre Leucht- und
Farbenkraft, ohne Veränderung des Localtons, nur zu milderem
Schattengrau abschwächenden Farbenstrahlen, als z. B. die Unterlegung der Fleischtöne und ihrer verschiedenen Nüancen von Gelblich,
Bräunlich und Rosenroth mit geeigneten, gegenwirkenden Sorten
von Blassgrün, die Unterlegung des Azurblaues mit sattem Braun,
ferner die Ueberlasirung mit Pigmenten, die das graue Oberflächen-
licht der Deckfarben dämpfen; sodann, entsprechend, die Berechnung
der Steigerung von Licht und Farbensattheit, die Helligkeit und die
zweckmässige Farbe von Lichtunterlagen unter Transparentfarben,
die Unterlegung des landschaftlichen Grüns mit Grau und Schwarz,
kurz, alle die sonstigen Feinheiten der Führung des Colorits, die
bei Cennini geschildert sind, und auf die Natürlichkeit der Licht-
und Schattengebung, das genügende Deutlichbleiben der Localfarben
in Licht und Schatten, sowie ferner auf die treffende Darstellung
gewisser unterschiedener Beleuchtungscharaktere hin abzielen, die
theils von der Natur und Stellung der Beleuchtungsursachen, theils
von der substanziellen Beschaffenheit der beleuchteten Objecte abhängen, und sich vermöge verschiedentlicher Auftragsweise und
Uebereinanderschichtung der Pigmente nachahmen lassen. Man muss
sich hiebei erinnern, dass alle diese Probleme zu einer Zeit gelöst
wurden, in der noch Niemand auch nur eine Ahnung davon hatte,
wie Farben gewisse Erscheinungsformen der Lichtstrahlung selbst
seien, und dass die erreichten, vollgiltigen und gewiss auch physikalisch merkwürdigen Resultate einzig und allein einer eigenen,
heute nicht mehr existirenden und in Vergessenheit gerathenen, bildnerischen Wissenschaftlichkeit, einer Kunstwissenschaft im eigentlichen Sinne des Worts, verdankt sind.

Als diese Grundlagen gesichert waren, überraschte Masaccio
die Zeitgenossen mit Randlichtern seiner Gestalten, die von der
im Hintergrund des Bildes gedachten Beleuchtungsursache herkommen, und von jetzt an ward die Frage der Natürlichkeit der im
freien Raum der Bildcomposition frei zu wählenden Beleuchtungsart von einer anderen Seite her in's Auge gefasst. Bei Alberti
kommen die ersten Andeutungen von Untersuchungen über den Gang
der Lichtstrahlen und die Reflexion vor. Lionardo aber schuf, aus

bildnerischen Zwecken physikalisch experimentirend, eine für die
Malerei höchst brauchbare Lehre von der Beleuchtung, in der die
natürlichen Unterschiede der Beleuchtungslichter (selbstleuchtende
Flammen, Reflexe), die Grösse, Intensität, Nähe und Ferne, sowie
die Färbung derselben, die durchsichtigen Medien, durch die der
Lichtstrahl zum dunkeln Körper hinwandert, die Richtung und der
Einfallswinkel des Lichts zu dieses Körpers Flächen, des Körpers
Substanz, Glanz und Spiegelung, die Luftschicht, die zwischen dem
sehenden Auge und der gesehenen Körperbeleuchtung lagert, des
Auges Stellung zur Beleuchtung und vieles Andere, in's Gebiet der
Optik Fallende ausführlich in Betracht gezogen wird. Während
aber diese so sehr vervollkommnete und in ihrer Brauchbarkeit für
die Malerei unübertroffene Lehre gegen jene ersten Anfänge der
Giottesken einen eminenten Fortschritt bedeutet, verleugnet sie doch
ihre Herkunft von diesen nicht. Lionardo's technische Praxis wendet
noch unverändert die Mischungs- und Schichtungsmethode des
Cennini an, sowie, in derselben Reihenfolge der Töne, die Führung
der Modellirung vom Mittelton her. Zur Bestimmung neuer und
brauchbarer Mischungen durch Uebereinanderschichtung der Pigmente erfindet er eine höchst einfache Art des Weiterexperimen-
tirens mit gefärbten Gläsern hinzu, und behufs der Sicherstellung des
Erfolgs von Mengungsmischungen dringt er auf die Anstellung von
Proben der Pigmentmischung im ausgedehntesten Sinne. Und was
die Herstellung und Vervollkommnung des Pigmentmaterials anlangt, so zeigt er sich noch ganz ebenso fleissig interessirt, als
Cennini, auch steht nirgendwo bei ihm geschrieben, dass er sich
deshalb für einen handwerksmässigen Maler gehalten habe; nur die
schilt er so, die dies Material nicht mit dem Verstand der Natur
zu gebrauchen wussten, sondern Licht und Schatten gedankenlos
dem Naturmodell, wie sie es gerade vor sich hatten, nachcopirten,
oder eine hergebrachte Manier nachahmten, bei welcher der kunstlos
anstreichermässige Auftrag an sich prächtiger Pigmente das ganze
Meistergeheimniss war. In Folge seiner Lehre konnte Lionardo
wirklich sagen, dass die Malerei ihre eigene Beleuchtung mit sich
führe. Mit Hilfe von Grundrisszeichnungen des in der Darstellung
beabsichtigten Thatbestandes wurden Lichtstärke, Menge und Grade
der Schatten, Reflexe und ihre Wirkungskraft genau bestimmt, so
die Mischungsverhältnisse der Abschattirung — in ihrer Grundlage

wenigstens — nach den in's Bild eingesetzten Beleuchtungsbedingungen
abgemessen, und dann dies Resultat mit Hilfe der Perspective in
„die Aussicht" übertragen. Dabei ward überall in der Natur fleissig
aufgemerkt, welche Beleuchtungsbedingungen der malerischen Hervorbringung gerundeten Formenanscheins und harmonischer coloristi-
scher Wirkung zugleich am günstigsten sein möchten, und diese
Dinge wurden mit jener exacten Methode und mittelst der über-
kommenen, vortrefflichen Farbentechnik in's Werk gesetzt. Die nach
Italien eingeführte Technik der Oelfarben ward in Folge der grossen
Dehnbarkeit des Lichtumfangs ihres Materials zu einer neuen Hilfe
für diese Bestrebungen. Lionardo nützte sie für jene Farben-
anschauung aus, die wir unter dem Namen des Helldunkels kennen,
und in den Clairobscuren dieses Meisters und seiner Nachfolger
sehen wir auf's Neue eine beweisbare und auf strenger innerer
Richtigkeit beruhende bildnerische Harmonie dargestellt.*)

------

*) Die Unmöglichkeit der Herstellung dieser innern Harmonie der
Richtigkeit in der Schatten- und Lichtwirkung führt Lionardo als einen der
entscheidendsten Gründe gegen die perspectivische Behandlung des bildhauerischen Reliefs an, und mit Recht, denn je richtiger man in dem so behandelten Relief nebst der Grössenverkleinerung auch die Prominenzgrade
der verschiedenen Pläne bestimmt, desto disharmonischer muss in sich die
Beleuchtung werden, da die flacher und immer flacher gehaltenen Gegenstände der Ferne das Licht weit voller auffangen, als die hervortretenden
und gerundeteren des Vordergrunds. Wollte man im bildhauerischen Material
malerische Wirkungen hervorbringen, so müsste man dieserhalb vor allen
Dingen der Subjectivität dieses Materials vernichtend entgegenarbeiten, welche
darin besteht, dass wirkliche Körperlichkeit die reale, natürliche Beleuchtung
auffängt. Man müsste also, statt neben der Höhen- und Breitenverjüngung
der Figuren auch die entsprechende perspectivische Abnahme der Prominenzen
zu suchen, das perspectivische Relief vielmehr an die Weise anknüpfend
behandeln, in der die Griechen das Relief überhaupt behandelten, indem sie
nämlich, ohne Rücksicht auf die Richtigkeit der Formenprominenz, auf Licht-
und Schattenwirkung allein hinarbeiteten, dieserhalb nach Bedarf in den
Grund eingruben, und die beruhigende architektonische Fläche nicht in den
Grund, sondern über die vordersten Prominenzen hinlegten, die die höchsten
Lichter enthielten. Doch haben die Griechen bekanntlich kein perspectivisches
Relief angestrebt, auch würde diese Behandlungsweise, welche die Vorstellung
einer Durchbrechung der Wand in sich schliesst, an den Architekturgliedern,
wo sie Relief anbrachten, sinnwidrig sein. Im Allgemeinen warnt aber auch
der Umstand vor der perspectivischen Behandlung des Reliefs, dass sich das
bildhauerische Material nur unvollkommen von der Augenfälligkeit der Ver-

Farbenharmonie.

Bezüglich der Schönheitsempfindung,, die durch Farben hervorgerufen wird, tritt in der Malerei etwas Aehnliches ein, wie bei den
Richtungs- und Grössenverhältnissen. Es gibt eine der Natur nach-
zuahmende oder abzulauschende charakteristische Schönheit, gegen
die nicht gefehlt werden darf, und eine vom Künstler eingeführte
Steigerung und selbstständige Wahl der Zusammenstellungen. In
beiden Fällen entsteht jedoch für den Maler eine Einschränkung seiner
Absichten aus dem technischen Pigmentmaterial, mit dessen Hilfe
er schliesslich diese Absichten zur Geltung bringen muss, da nämlich nicht alle Pigmente, die schöne und für die Anwendung sehr
wünschenswerthe Farbentöne besitzen, haltbar sind, so muss der
Maler diesen entsagen und mit den haltbaren auszukommen suchen.

Bei Untersuchung und Beurtheilung des Farbengefühls der
italienischen Renaissancemalerei wird dieser Factor also genau mit
in Rechnung zu ziehen sein. Die Einführung neuer, brauchbarer
Pigmentsorten und das Verschwinden anderer, die früher in Gebrauch standen, muss auch Veränderungen des coloristischen Gefühls
im Gefolge gehabt haben. Dazu beeinflusst das den Pigmenten zu-
geriebene Bindemittel die Farbenbrillanz in sehr bedeutender Weise.
Die Frescotechnik bewirkt schon eine andere Art von Problemen
der Farbenbrillanz und Farbenzusammenstellung, als die Tempera-
malerei, und die öligen, glänzenden Bindemittel verleihen den nämlichen Pigmenten nochmals hievon ganz verschiedene Eigenschaften
des Aussehens, abgesehen davon, dass in diesen verschiedenen Arten
der Technik auch die Brauchbarkeit und Haltbarkeit der Sorten
eine verschiedene ist. Hiezu kommt, dass in der Farbenharmonie
nicht nur die Farbengattungen an sich, wie also z. B. die Gattung
Roth, die Gattung Blau, Grün u. s. w. in Anschlag kommen, sondern innerhalb einer jeden von diesen Gattungen auch die verschiedenen Sättigungsgrade, die, um uns so auszudrücken, die Farbe
in ihrem Gewicht oder Werth verändern, so dass z. B. der Fall
eintreten kann, dass zwei oder drei harmonische Töne dies nicht
mehr, oder in ganz anderer Weise sind, wenn einer von ihnen durch

wandtschaft seiner Substanz mit dem architektonischen Material befreien lässt,
während sich von diesem die Farben des Malers schon ganz von selbst als
Leichteres, weniger Solidkörperliches unterscheiden.

verstärkten oder geminderten Sättigungsgrad ein anderes Gewicht
bekommt. Die verschiedenen Grade des Gewichts und der Sättigung
werden aber in der Malerei vorzüglich durch die verschiedene Art
des Auftrages und der Uebereinanderschichtung von Pigmentlagen
bewirkt, und diese Kunst ist gerade diejenige, in der die italienische
Renaissancemalerei, von der Frescotechnik an bis zur Höhe der in
dieser Beziehung weit reichere Möglichkeiten bietenden Oelfarben-
technik hin, einen ausserordentlichen und in stetiger Steigerung be-
griffenen Scharfsinn entwickelte, sei es um die Beschränktheit der
tauglichen Pigmente nach Kräften zu beseitigen und Schönheit und
Ausgiebigkeit an Wertharten zu steigern, oder sei es um dem Material grösseren Reichthum von Nüancen zum Ausdruck natürlicher
Charaktere, wie Nah und Fern, Fest, Locker oder Durchsichtig,
Schwer und Leicht, abzugewinnen.

Wir wollen den Einfluss, den diese in der Farbentechnik von
der Renaissance vollbrachte Arbeit auf die Farbenharmonie äusserte,
nur beispielsweise in ganz allgemeinen Zügen etwas näher verdeut-
lichen. In den älteren Malereien auf Goldgrund, in denen der Farben-
auftrag fast anstrichsmässig geführt ist, findet sich z. B. helles, fast
blasses, deckfarbiges Blau und Grün als gleichwerthig mit intensivem
Roth zu Accorden geordnet. Als an Stelle des Goldgrunds die licht-
blauen Folien des Himmels und die leichten, blass-gebrochenen
Farben der landschaftlichen Hintergründe treten, erweist sich dies
bald als unthunlich, und nur sehr sattes und schwerwichtiges Blau
oder Grün wird in die Vordergründe mit Roth zu Accord gestellt.
Später jedoch, in dem dunklen Clairobscur mit grauen und neutral-
farbig eintönigen Hintergründen, tritt in den Lichtern des Vordergrundes Hellblau oder Blassblau als Lasur wieder in das Recht der
Gleichgewichtigkeit mit vollem Roth ein.

Den grössten Farbenreichthum zur mannigfaltigsten Fülle von
Harmonie vereinigt zeigen uns die noch ganz in der schönfarbigen
Manier gehaltenen Werke der ersten Oelmalerei, deren Technik denn
auch die interessanteste und vielseitigste von allen Arten malerischer
Farbentechnik ist. Eine Abnahme der Mannigfaltigkeit, obwohl nicht
der Accordreinheit, bewirkt das dunkle Clairobscur, das denn auch
bei den besten Malern nur als eine Durchgangsperiode vorkommt.
Verarmung und Disharmonie zugleich, sowohl in der natürlichen
Charakteristik als in den subjectiv gewählten Farbenzusammen-

stellungen, tritt erst bei fremdländischen Abkömmlingen der italienischen Renaissance ein, bei den Spaniern des 17. Jahrhunderts, die
mit ihrer plumpen und verlotternden Technik nicht einmal mehr
Schatten und Lichter der Localtöne harmonisch zu führen verstanden, und die Ersten waren, denen das Verständniss der von
den Giottesken gelegten Fundamente vollkommen abhanden kam,
oder von Anfang an gar nicht aufging.*)

Ohne den Besitz der hier angedeuteten Vorkenntnisse ist das
Studium der Farbenharmonik bei der italienischen Renaissancemalerei
nicht wohl zu betreiben, so wenig, wie desjenige der Grössen- und
Richtungsrhythmen ohne die hiezu nöthige Vorbereitung des Auges
betrieben werden kann. Ueber subjective Wahl und Geschmacks-
richtungen finden sich bei den alten Fachschriftstellern nur vage
Andeutungen. Lionardo und Andere sprechen ganz im Allgemeinen
von Steigerung der Farben durch Gegensätze und von Anmuth der
Zusammenstellungen, für welche letztere bald das Beispiel der Regen-
bogenfarben, bald andere Combinationen, ohne Angabe von Gründen
empfohlen werden. Noch weniger Anhalt oder Stoff für die Untersuchung bieten natürlich Dinge wie die Symbolisirung der Elemente
und Temperamente durch die sogenannten Grundfarben, die öfters
aufgeführt sind, so bei Alberti, Lionardo, Lomazzo u. A. Wir sind
also hauptsächlich auf die Untersuchung der Werke selbst angewiesen.

Harmonie zwischen seelischem Inhalt und Erscheinungsform des Kunstwerks.

Die Kunstliteratur der Renaissance zeichnet sich aber überhaupt
durch einen sehr bemerkenswerthen Zug aus. Sie verbreitet sich
eingehend nur über dasjenige, was der positiven, tüchtigen Arbeit
des Bildners greifbaren und beweisbaren Stoff bietet, überall, wo dies
nicht der Fall ist, und an die Stelle des Positiven und Beweisbaren der sogenannte Geschmack und das nur vermuthungs- und
stimmungsmässig zu Erörternde tritt, wird sie sehr wortkarg. Sie

---

*) Die sogenannten Tonmalereien späterer nordischer Schulen leiden
zwar nicht an Disharmonie, doch können sie für das Studium der Farbenharmonie kaum in Betracht kommen, da ihr Princip Monochromie ist. Sie
eignen sich in Folge ihrer grossen Einfachheit nur recht gut zur Instruction
des Anfängerauges über die ersten und simpelsten Elemente der Auftrags-
und Schichtungscharaktere der Pigmente.

hält hier das fachmässig bildnerische Theoretisiren offenbar für
überflüssig und ziellos, und es ist wohl als eine der Segnungen
redlichen bildnerischen Bemühens zu betrachten, dass dasselbe den
menschlichen Geist vor der Liebhaberei des Umherschweifens in
gestalt- und hoffnungslosen Nebelgebieten der reinen Begriffsspecu-
lation bewahrt.

Ganz vergeblich würde man diese Schriftsteller auf weit-
schweifigen Wegen der Erörterung über Harmonie zwischen dem
seelischen Inhalt und der sinnlichen Erscheinungsform des Kunstwerks
aufsuchen. Was von Ideen über dies Thema in den Schriften vorliegt,
ist höchst einfacher, fast materieller Natur und nimmt geringen
Raum ein.

„Lerne erst Gliedmaassen und deren Bewegungen von allen
Seiten her gut machen, und dann sieh dir die Leute im lebendigen
Verkehr miteinander auf ihre Geberden hin an." — Oder, „lerne
von den Stummen die Absicht der Seele durch Gesten ausdrücken".
„Achte des Decorums, der Situation." — Das ist so ziemlich Alles,
was wir von Alberti bis zu Lomazzo vernehmen. Dazu kommen dann
noch Schilderungen dieses oder jenes Zustandes, Vorgangs, oder
Rathschläge für die Wahl dieses oder jenes Gegenstandes, behufs der
zweckentsprechenden Ausschmückung von Localitäteu je nach deren
Bedeutung und Bestimmung, allein alles dies ist so selbstverständlicher Natur, dass es kaum der Mühe des Sagens werth erscheinen
möchte. Von jenen tiefsinnigen Grübeleien über das, was überhaupt darstellungsfähig oder nicht darstellbar sei, findet sich, wie
gesagt, keine Spur; man hielt offenbar ganz ohne Arg Alles für darstellbar, denn man huldigte noch nicht der cruden und beschränkten
Ansicht, dass die Erscheinung im Bildwerk nichts sei, als eine andere
Form oder ein Surrogat des sprachlichen Ausdrucks für Ideen und
Gefühle, und dass sie diesen Ideeninhalt vollkommen, nichts darunter
noch darüber, decken müsse. Das war, so wusste man recht gut,
nur bei wirklich rein anschaulichen und darum meist nur unter-
geordneten Aufgaben möglich. Dagegen suchte man durch Vollendung
der bildnerischen Erscheinung der Idee eine gute, an sich gediegene
und reizvolle Erscheinungsform mitzugeben, und protestirte nur,
wenn diese Erscheinung so gewesen wäre, dass sie dem Gedanken,
dem sie zugestellt war, aller und jeder Vernunft nach widersprochen
hätte. „Ist ein Maler toll", sagt Lionardo, „so werden seine Historien

auch toll aussehen." War dies aber nicht der Fall, und es ging
selbst zuweilen ein wenig „capriciös" bei der Formverleihung zu,
so hatte man auch hieran seine Freude, ausgenommen, es wäre
bildnerische Stümperei der Form im Spiele gewesen. Wäre solche
Freiheit nicht das Richtige, oder gäbe es etwas Positiveres als diese
weitesten Grenzen allgemeiner Vernünftigkeit aufzustellen, an das
der Bildner sich halten und binden müsste, wie könnte es denn
kommen, dass heute noch z. B. neben einer antiken Liebesgöttin auch
eine von Rubens erdachte sich Geltung verschafft? Verschiedeneres
des Erscheinungsausdrucks für denselben Gedanken lässt sich doch
gewiss nicht denken. — Besonderer Reiz und besondere Gediegenheit, die an der Erscheinung des Kunstwerks über das Gebiet und die
Deckung des Gedankens gleichsam noch hinausragen, oder aber eine
variirte und individuelle Auffassung in Gestaltung des Gedankens
zeigen, sind stets willkommen, wer möchte der Künstlerphantasie
hier Grenzen ziehen? Nur die Grenze gibt es dort, die zwischen
natürlicher Gesundheit des Geistes und Narrheit desselben liegt,
und wehe dem Künstler, dem man da Regeln der Vorsicht geben
müsste, oder der glaubte, an dieser Stelle durch fremde Lehre mehr
als ein gewisses allgemeines Bestreben der Maasshaltung gewinnen
zu können. Dagegen ist, wer sich hier allsosehr in Bedenken verliert, dass er darüber Reiz und Gediegenheit der Erscheinung an
sich vergisst und vernachlässigt, kein Bildner mehr, oder hat als
Laie keine Gabe zum Kunstgenuss. Raphaël's Poësie stellt einen
Gegenstand dar, der sich im Grunde in Erscheinung gar nicht per-
sonificiren lässt. Und dennoch, weil die Erscheinung so ist, dass
sie als Verbindung mit diesem Gedanken dem vernünftigen Gefühl
nicht widerspricht, und weil sie zudem nun so ganz vortrefflich,
präcis und individuell reizvoll als Erscheinungswesen vor Augen
steht, so glaubt ein Jeder, der das Bild sieht, gern, dass die Poësie
so aussehe, und es verbindet sich in seinem Geist diese lieblich
ernste Gestalt so sehr mit Begriff und Vorstellung von edler Dich-
tung, dass, wenn er später an Poësie im würdigsten Sinne denkt,
ihm auch die Gestalt dabei in den Sinn kommt. Nicht, weil sie
höchste Gedanken dargestellt und dies etwa in einer Weise ver-
mocht hätten, dass man dieselben sofort genau und nicht anders
verstehen müsste, behaupten sich Raphaël, Buonarotti und Lionardo
als die grössten Meister, sondern weil sie hohe Gedanken mit so

äusserst gediegener und reizvoller Form associirten, und zwar nicht nur mit Natur- sondern auch mit Kunstform, bis in die letzten Züge der Pinselführung hinab. An Dürer's Ausspruch, „ein Maler sei inwendig ganz voller Figur, in die er, auch wenn er ewig lebte, allezeit von den inneren Ideen auszugiessen hätte, von denen Plato schreibt", ist vornehmlich der zweite Theil das Wichtigere, denn die Ideen, von denen Plato schreibt, sind die innern Vorstellungen von höchster Vollendung.

Das aber ist gewiss, je höher die nicht rein anschaulichen Probleme gegriffen werden, desto höher steigern sich auch die Ansprüche an die Kraft des bildnerisch sinnlichen Vollendens; und ebenso umgekehrt: je höher die Intelligenz eines Künstlergeistes dies Vollenden zu steigern wusste, desto höherer allgemeiner Bildung wird auch die des Umgangs mit so vornehmer Intelligenz geniessende Phantasie bedürftig und theilhaftig geworden sein und desto grössere und feinere Ansprüche also auch an den Gedankeninhalt erheben. Allein das sind alles Voraussetzungen und Folgerungen, deren das Individuum sich nicht mit Hilfe von Lehrsätzen und Regeln bemächtigen wird, und so haben die Alten in ihrer Theorie kein Wort darüber verloren.

Zusammenfassung und Schluss der Einschaltung.

Wir wollen nun noch einmal das in dieser Einschaltung Gesagte zusammenfassen. Bedenkt man, dass die italienische Renaissancebildnerei nur erst nach langem, in consequenter Richtung fortgesetztem Ringen einer erstaunlich zahlreichen Folge von grossen Talenten, die Alle ihre Kraft und ihr Nachdenken der Vollendung des sinnlichen Leistens widmeten, zu der eigenthümlichen künstlerischen Pracht gelangte, auf der sie zur Zeit Lionardo's, Michel-Angelo's und Raphaël's stand, so wird man gestehen, wie wenig die glückliche Ausübung bildender Kunst eine excentrische Thätigkeit, und dass sie vielmehr eine im ausgedehntesten Maasse concentrisch wirkende sei, in der gar viele und von einander entlegene Dinge mit Scharfblick aufgesucht, mit Ueberlegung zweckdienlich gemacht, mit Auswahl zum Endziel zusammengetragen und in Harmonie zusammengefügt werden müssen. Wohl ist es wahr und wird wahr bleiben, dass die den Bildner umgebende Naturerscheinung und die

seine Zeit beherrschenden Gedanken auf seine Kunst sehr grossen
Einfluss üben, nicht etwa nur ihr den Anlass und allgemein
menschlich verständlichen und begeisternden Inhalt geben. Denn aus
der allgemeinen Stimmung und Absicht der ideenerfüllten Phantasie
hervor wird ja die bildnerische Erscheinungsform zunächst geprägt,
wird die Naturerscheinung, insofern sie dem künstlichen Bildwerk
Vorbild ist, aufgefasst, und durch die mehr oder weniger günstigen
Eigenschaften der natürlichen Umgebung wird des Bildners Geist
mehr oder weniger zu Mannigfaltigkeit und Intensität anschaulich
ästhetischen Empfindens geweckt. Allein hinsichtlich des unmittel-
baren Werthes, den diese Elemente für sie haben, lässt sich die Bildnerei nicht im Entferntesten mit der Dichtkunst vergleichen. Denn
der Dichter fasst Eindrücke und Gedanken in eine Ausdrucksweise,
deren Erlernung sich bei ihm wie von selbst versteht, und die ihm
gleichsam von der Natur mit in die Wiege gegeben ward, wer würde
die Technik dichterischer Sprache mit der Procedur bildnerischen
Erscheinungbildens an Gehalt, Eigenthümlichkeit, Schwierigkeit
und Vielseitigkeit auch nur entfernt messen wollen. Dem Bildner
ward von der Natur Nichts in die Wiege mitgegeben, als nur sein
sinnlicher Gestaltungstrieb und ein glücklich veranlagtes Auge, aber
alle seine Ausdrucksmittel, gleichsam jedes Wort seiner Sprache,
muss er sich erst ausdenken und erfindend erwerben. Wie lange
dauert es doch, bis auch ein grosses bildnerisches Naturtalent
zu der Einsicht kommt, dass die glänzendsten inneren Vorstellungen oder Absichten und die herrlichste Naturumgebung noch
nicht zum glücklichen bildnerischen Ausdruck befähigen! Die
italienische Renaissance hatte schon ein gut Stück Arbeit unter
fleissigen Versuchen vollbracht, als Alberti endlich meinte, es müsse
wohl noththun, die Antike in ihrem bildnerischen Wissen wieder
aufzusuchen, ehe man hoffen könne, es ihr an eigenthümlicher
Pracht und Gediegenheit des Erscheinungbildens gleichzuthun, oder
aber man müsse hiezu sich selbst auf ähnlichen Weg des
Wissenserwerbs begeben. Man hatte erst nach so langer Zeit des
Bemühens deutlich empfunden, wie die Mittel des künstlichen
Gestaltbildens so ganz andere sind, als die der vorschwebenden
Naturgestaltung. Je mehr aber diese Einsicht wuchs, desto mehr
ward die Absicht auf Naturbeobachtung mit den Möglichkeiten der
auszudenkenden Kunstmittel in Uebereinstimmung gebracht, desto

mehr gelang es wahrzunehmen, dass neben der Eigenschaft und Schönheit des Naturvorbilds in der Bildnerei auch eine Eigenschaft und Schönheit des künstlichen Ausdrucksmittels in's Gewicht fällt, und dass schliesslich im Kunstwerk das Naturbild nicht nur aus der seelischen Stimmung der Phantasie hervor aufgefasst und umgemodelt wird, sondern eben so sehr nach Vermögen, Eigenschaft und Schönheit dieses äusseren, künstlich geschaffenen Ausdrucksmittels.

So ist also die gemachte Erscheinung in der Bildnerei ein drittes, mit Naturvorbild und Ideeninhalt gleichgewichtiges Element, wie es in der Poesie gar keines gibt, und die Bildnerei einer Nation oder Epoche erhält ihren charakteristischen Stempel erst durch die eigenthümliche Form der Entwicklung, zu der die Fähigkeit oder der Trieb des künstlichen Erscheinungbildens durch erfinderische Ausbildung der zu erwerbenden Kunstmittel mit Bewusstsein gebracht wurde. Ja es ist dies in um so höherem Grade der Fall, als ein volles Drittel der bildnerisch-ästhetischen Wirkung, die Verleihung der Richtungs- und Massrhythmen wie auch der Farbenharmonie, zum wichtigsten und entscheidenden Theil dem vom Bildner erfundenen Kunstmittel allein anvertraut werden muss. Wo man dieser Nothwendigkeit mit voller Klarheit Rechnung trägt, nur da wird Bildnerei zur eigenthümlichen Kunst, die neben den Wirkungen anderer menschlicher Künste auch ihre specifischen Wirkungen übt, und wo sie nicht so aufgefasst wird, bleibt sie eine an sich reizlose und nothdürftig anschauliche Illustration von Gedanken und Empfindungen, die auch anderweitig ausdrückbar wären, und besitzt weder Selbstständigkeit noch Nothwendigkeit. Wer aber gar diese künstlich sinnliche Eigenthümlichkeit, zu der eine Kunstepoche es gebracht hat, nicht sieht oder sie für nebensächlich hält, und nur die dem Bildwerk innewohnenden Gedanken oder deren passlichen Ausdruck geniesst, ist des specifisch bildnerisch - künstlerischen Werths noch gar nicht gewahr geworden. Ihn beschäftigt nur erst das dichterische Element in der Kunst. Der Bildner, der nur hier Genüge leistet, hat den leichteren Theil erwählt, denn ihm kommt unter allen Umständen die unwillkürliche Gewohnheit des Beschauers entgegen, das Bildwerk in dieser Beziehung gleich jedem Gedankenausdruck als eine Association sich gegenseitig ergänzender Factoren zu betrachten, und aus Vorhandenem der Ausdrucksform auf Nichtvorhandenes zu schliessen, oder neugierig danach zu fragen. Bei seinem diesbezüglichen Erfinden aber in die entsprechenden, d. h. entgegengesetzten, Missgriffe und Missabsichten zu verfallen, vor denen Lessing im Laokoon die Dichtkunst warnte, davor behütet ihn wohl schon die absolute Unmöglichkeit, seiner Kunst an und für sich solchen Dienst zu leisten. Kein Wort der Belehrung braucht verloren zu werden über die Wahl und Zurechtlegung der Gedankenstoffe zum Kunstwerk, sowie über die Verbindung der geeigneten Erscheinungsform mit dem Gedankeninhalt, diese Dinge liegen im Gebiet des allgemein menschlichen Vermögens Vorstellungen zu bilden, und wie keine wissenschaftliche Definition je in dies Geheimniss unseres Wesens eindringen wird, so lässt sich auch keine concrete oder präcise Lehre für die Ausübung dieser Fähigkeit aufstellen. Fruchtbarkeit auf diesem Felde ist überhaupt noch kein Argument bildnerischer Befähigung, sondern wird es nur im Verein mit der Fähigkeit sinnlich künstlichen Gestaltens.

Die Aufmerksamkeit auf dies künstliche Gestalten nun haben die Bildner der italienischen Renaissance so weit getrieben, dass sie dafür eine Art von Grammatik, oder die Anfänge einer solchen schriftlich zusammentrugen, und so unvollkommen und unzulänglich sich in solchen Dingen auch der schriftliche Ausdruck erweist, so ist doch durch dies verstandesmässige Formuliren die Ausübung nicht wenig in Klarheit und Bewusstsein gesteigert worden. Liest man diese grammatikalischen Rudimente, so hat man des Verständnisses halber an die lebendigen Leistungen mit zu denken und überhaupt das Gesagte mehr noch als anregende Beispiele des bildnerischen Denkens aufzufassen, denn als strict auszuführende Vorschriftsformeln, Recepte für Geistesfaule sind diese Dinge nicht. Unter solchem Vorbehalt zerfällt jene Grammatik in drei Theile. Der erste handelt von dem künstlichen Material und dessen Technik (Zeichen- und Farbenmaterial) sowie von den Kunstweisen der bildnerischen Scheinerregung (Perspective, Lehre von Licht und Schatten). Der zweite Theil beschäftigt sich mit der Ergründung der Naturerscheinung, insofern dieselbe sich für die künstliche, möglichst vollkommene Nachbildung eignet. Der dritte Theil endlich bezieht sich auf die anschaulich ästhetischen Wirkungsmittel der Grössen-, Richtungs- und Farbenverhältnisse im

Bildwerk. Dieser letzte Theil ist, soweit wir bis jetzt sehen können, in den schriftlichen Aufzeichnungen der wenigst reichhaltig bedachte; die beiden erstgenannten aber sind zu grosser Fülle entwickelt, so zwar, dass man sagen kann, für die bildnerische Richtigkeit sei die sichere und unumstössliche Grundlage gefunden.

Dies verständige Bemühen gereichte einer ganz mit Idealen erfüllten Kunst zu Vortheil und befähigte sie zur Lösung immer feinerer geistiger Probleme. Zum Beweis, wie viel mehr Antheil am Gedeihen der Bildnerei diese specielle Pflege des Erscheinungsbildes zukommt als den inhaltlichen Ideen, war eine ideal gestimmte Künstlerschaft diejenige, welche Erscheinungsformen mit solcher Vielseitigkeit und Gediegenheit der Naturvollendung hervorbrachte, dass dieselben wahrhaft und im besten Sinne realistisch genannt werden dürfen. Was hat der spätere Naturalismus und Realismus der Idee und geistigen Auffassung hiegegen aufzuweisen? Kein einziges neues Mittel zur naturähnlichen Vollendung der Bilderscheinung hat er hinzugetragen. Mit Leidenschaftlichkeit bloss auf Realistik der Idee sein Augenmerk richtend verschmähte er jede feinere Erziehung des Geistes zur Kunst, er that sich in Rohheit gütlich und vergass immer mehr, dass echter Realismus der Bildnerei sich vor Allem in feinfühligster Vollendung der Erscheinung zu documentiren habe. Gerade hier stellte er sich aber mit immer Unfertigerem zufrieden, und büsste noch mehr, als der von ihm bekämpfte Manierismus, das Bedürfniss des Vollbesitzes überlieferter Mittel zum Vollenden ein, ja, die Energie, auch nur den Rest mit lebendiger Intelligenz auszubeuten.

So sanken Auge und Anschauungskraft von der erstaunlichen Urtheilsschärfe und Leistungsfähigkeit, zu der sie vordem erzogen worden waren, allmählig zu Stumpfheit und kläglicher Bedürfnisslosigkeit Bildwerken gegenüber hernieder. Endlich gibt es eine zahlreiche Partei, die „den altmodischen Schulpedanten" belächelt, der vom Bildwerk noch Richtigkeit und Erscheinungsvollendung verlangt, die besonders erhabene Schönheit, ja, Realistik nicht mitzuempfinden vermag, die sich gerade in genialer Hinwegsetzung über jene „akademische Schrulle" bethätigt. O wenn doch diese wüssten, welch' ein Armuthszeugniss sie ihren eigenen Augen ausstellen! So arg ist es, dass es wohl vergeblich wäre, es ihnen an der Sache selbst zu heller Einsicht bringen zu wollen, man müsste dies mit einem Analogon aus anderem Gebiet bei ihnen versuchen: Ein Musikenthusiast drängte sich an einen Violinspieler mit dem Anliegen heran, mit ihm zusammen zu musiciren, und als dieser ihn beim ersten Versuch auf sein Falschgreifen aufmerksam machte, erwiederte er mit mitleidigem Achselzucken: „Ihr seid, mein Freund, ein pedantischer Purist, wer wird denn bei diesem göttlichen Musikstück von einem halben Zoll höher oder tiefer auf dem Violinenhals so viel Aufhebens machen!"

Fortsetzung von § 4.

Wissenschaftlichkeit bildnerischen Sehens und Machens ist nicht etwa für eine blosse Application von Resultaten anderer Wissenschaften anzusehen, sondern sie verfolgt auf eigenthümliche Weise Absichten, die anderen Wissenschaften fernliegen. Sie berührt sich aber mit mancherlei anderer Wissenschaft und nimmt, was ihr hier brauchbar werden kann, auf ihre Weise als Hilfswissenschaft an, verschliesst sich überhaupt nicht gegen Anregungen. Doch kam wohl auch zu jener Zeit die Wissenschaft selbst der Kunst auf halbem Weg entgegen und zeigte sich brauchbarer als die unsrige, denn wiewohl man oft genug das Wort hört, einzige Triebfeder wissenschaftlichen Forschens sei die Begierde des Wissens selbst, so kann doch nicht in Abrede gestellt werden, dass der Wissenstrieb zu verschiedenen Zeiten verschiedene Färbungen erhält, indem auch ihm die Zeit beherrschenden Richtungen des Denkens und Wünschens zum Leitstern dienen; in den eminent künstlerischen Gewohnheiten aber der Antike und Renaissance hatten die Wissenschaften zum Theil eine gewisse künstlerische Färbung, sie bezogen sich zuweilen geradezu auf Kunst, oder Künstlerisches mischte sich nicht selten mit ihnen, was heute seltener der Fall ist. Und ausserdem hatte ja die Antike geradezu Schriften producirt, welche Künstlerisches wissenschaftlich lehrten, die italienische Renaissance knüpfte also, indem sie die Antike um Rath anging, an eine Geistesverwandte an.

Freilich werden wir nun bei der Umschau nach denjenigen antiken wissenschaftlichen und artistischen Schriften, aus denen dem bildnerischen Gestalten Nutzen entspringen konnte, gewahren, dass die Gewässer des „allbefruchtenden Stromes" nicht allzureichlich flossen, sondern nur in vereinzelten Bächlein und tropfenweise durch das versiegte Flussbett daherrannen. Wohl fand man Kunde, dass es einst weit mehr gewesen sei, aber gar Vieles blieb ganz von Grund aus neu zu schaffen. So Alberti's Klage.

Die Trümmer waren jedoch höchst anregender Art, und zum Glück enthielt sogar eine dieser Schriften, das Werk Vitruv's, eine zusammenhängende Reihe deutlicher Anweisungen, mit deren Hilfe man, vorläufig zwar nur im Fache der Architektur und ohne andere Gründe als solche des Autoritätsglaubens, Positives leisten konnte.

Es verhielt sich aber hier ähnlich, wie es sich für heutige Maler etwa mit den Anweisungen des Cennini für Malerei verhält. Der Intelligente, der sich an den praktischen Versuch solcher Dinge begibt, bemerkt bald, dass die scheinbar zusammenhangslos und ohne innere Begründung ausgesprochenen Sätze Glieder eines erfahrungsmässig aufgebauten Systems sind, nicht willkürliche Behauptungen, sondern Schlusserfolge eines langen Suchens. Einen angenehmen Erfolg sichert die getreue Nachachtung in jedem Falle, und bis diese Nachachtung in der Praxis gelingt, ist auch meist schon aus eigener, nun zu Theil gewordener Erfahrung Einblick in die Gründe gewonnen. Ein Künstler, der so festen Fuss fasste, wirkt nun als Lebender auf seine Umgebung anregend weiter, sollte sich dieselbe auch nicht ganz genau mit dem Nämlichen beschäftigen, wie er.

So wird z. B. ein Architekt, wenn er vorerst die Verhältnisslehre des Vitruv nur gehorsam befolgt, sehr bald einsehen, welche Beruhigung es seinem Gefühl verleiht, beim Componiren genau bestimmte Verhältnisse überhaupt anzuwenden. Denn kommt dies Gefühl mit sich in Streit und möchte dies oder jenes anders haben, so tappt es bei seinem Aendern nicht mehr im Ungewissen und kann nöthigenfalls, wenn ihm auch die Abänderung nicht zusagt, den vorigen Bestand mit voller Sicherheit wieder herstellen. Gefällt ihm aber die Aenderung, so weiss es nun ganz genau, in welcher Massneuerung dieser neue, bessere Eindruck begründet ist.

Ferner: Er lernt den allgemeinen Sinn von Verhältnissen deutlich kennen, d. h. die verschiedenen Charaktere von monoton, abwechselnd, schwer, leicht, emporstrebend u. s. w. in ganz präcisen Vorstellungen erfassen und erfährt, wie Vielfältiges man hier mit verwandten Mitteln zu erreichen vermag.

Drittens: Er lernt, wie man Verhältnisse, damit sie dem Auge sofort sichtbar werden, sehr bestimmt zu markiren hat, und in wie verschiedenerlei Weise man dies bewerkstelligen kann; wie der Eindruck sowohl durch Wiederholung, als durch Isolirung und Gegensatz zu stärken sei, abzuschwächen aber durch Vermittlung ebensowohl als durch Vergleichstellung zu noch Entschiedenerem; was Verweilen bei einem Verhältniss bedeutet, und was Abspringen von demselben, oder aber Anwachsen und Ausklingen zu grösseren oder kleineren Dimensionen des gleichen Verhältnisses.

So lernt er auch, dass es bei Maassrhythmen viel mehr auf feste Proportionalität gleichgerichteter Dinge ankommt, als ungleichgerichteter, und wie man durch Wiederkehr oder gemeinsame Beziehung von Richtungen dem Auge das Wiedererkennen solcher Rhythmen erleichtert. Es wird ihm klar, dass Dinge besser auf ihre Proportionalitätsbeziehungen hin beurtheilt werden, wenn sie sachlich und stofflich Gleiches bedeuten, gleich lichtstark und gleichfarbig sind, (Säule zu Säule, Intervall zu Intervall), als wenn dies nicht der Fall ist.

Und endlich hat er überhaupt einmal mit Bewusstsein, wenn auch noch nicht aus eigener Erfindung fühlbare Rhythmen dargestellt, und wird sich nun auch fernerhin nicht mehr der Unsicherheit des glücklichen Zufalls anvertrauen wollen.

Dies sind, wie man sieht, bereits lauter allgemeine Erfahrungen, nicht blosse Recepte, die er auch dem Maler mittheilen, und welche dieser mit Leichtigkeit in seiner Kunst verwerthen kann. Doch wird, wohlgemerkt, eine derartige Grundlage von Erfahrungen nur aus solchen scheinbar ganz trocken und nackt gegebenen Anweisungen hervorgehen, die ihr Dasein, nicht hirngespinnstigen Hypothesen abstracter Theoretiker, sondern dem reiflichen und erprobten Nachdenken von Ausübenden verdanken, wie dies denn in der That z. B. bei Vitruv's, oder auch Cennini's, Angaben der Fall ist.

Vitruv's Schrift enthält überdies aber auch Dinge, die den Maler ganz direct interessiren, z. B. die Anregung zum Ermessen der menschlichen Proportionen, nicht nur in Zahlen, sondern in anschaulich geometrischer Weise. Diese Ausmessung ist zugleich auch auf den Raum ausgedehnt, den der menschliche Körper bei Bewegungen einnehmen kann. Ausserdem sind die Verhältnisszahlen

der musikalischen Harmonie auseinandergesetzt, die man in der
Renaissance bekanntlich auch in der Bildnerei mit Glück zur Anwendung
zog; und endlich muss dies Buch schon deshalb jeden Bildner erfreuen
und anziehen, weil hier neben dem Vornehmsten auch dem scheinbar
Minderen seine Stelle gegönnt, d. h. neben der Schönheit der Verhältnissharmonie auch der Behandlung und Herstellung des technischen
Materials die einsichtigste und liebevollste Sorgfalt gewidmet ist.

Wenn auch nicht so vielseitiger, so doch in seiner Art gleichfalls ganz directer Nutzen konnte auch aus Euklid's Elementen
der Geometrie gezogen werden, für die geläufige Herstellung der
Flächenproportionalität der Bildtafeln nämlich. Die Theorieen des
Aristoteles, Plato, Euklid, Demokrit und Anderer über das Sehen
und die damit zusammenhängenden Dinge, die ptolomäische Vorstellung vom Weltall, kurz, alle Ueberreste antiker Naturwissenschaft haben gewiss gar manchem Verfahren in der Bildnerei als
Stützen und Wegweiser gedient, und endlich werden auch die allgemein philosophischen Dogmen, sowie in mancherlei sonstigen
Schriften eingestreuten Berichte, Sentenzen und Detailanweisungen
als Anregungsmittel gewirkt haben. Im Ganzen und Grossen hatte
überdem dies Studium den nicht zu unterschätzenden Erfolg, dass
es jeden seiner Jünger zum Nachdenken über die Gründe und das
Wesen der Dinge anhielt, auf deren Beobachtung, Nachahmung
oder Gebrauch die Bildnerei angewiesen ist. Der Geist des Künstlers ward durch diese Lectüre in eine vornehme und menschen-
würdige Gesellschaft versetzt, deren genossener Umgang ihn kräftig
vor Gefahr der Rückkehr zu Dumpfheit und Bewusstlosigkeit, oder
gar des Anheimfalls an Flachheit und Materialismus der Gesinnung
schützen musste, und in der Hand der Edelsten wurden diese Studien
bei dem allgemeinen Ansehen, in dem sie standen, eine gefürchtete
Waffe gegen alle Gemeinheit, eine Geissel der Unwissenheit, der
an Wirksamkeit vergleichbar wir heute leider gar keine besitzen.

Sagen wir, dass dieser Art von Studium der antiken (und wohl
auch mittelalterlichen) Wissenschaft aus Anlass und im Dienst der
Bildnerei bis jetzt noch nicht von der rechten Seite her und nicht
genügende Aufmerksamkeit gewidmet ward, so wird das von Niemand übel genommen werden. Die Sache hat sehr grosse äussere
und innere Schwierigkeiten. Dem Künstler, den sie zunächst angeht,
und der auch am ehesten Weg und Verständniss finden würde,

ist die hier in Frage kommende trümmerhafte, verschollene, weit-
zerstreute und polyglotte Literatur, die ja zum Theil noch nicht
einmal der Verborgenheit der Bibliotheken und der Schwerzugänglich-
keit des Manuscripts entrückt ist, fast nur ein Name, und der
Gelehrte, dem sie besser zugänglich und bekannt ist, weiss für die
Bildnerei nichts mit ihr anzufangen. So müsste sich also eine Anzahl
gelehrter Männer dazu entschliessen, gute Ausgaben und Ueber-
setzungen in möglichster Vollständigkeit herzustellen, standen doch
auch zur Zeit der Renaissance in dieser Hinsicht Gelehrte dem
suchenden Künstler bereitwillig und selbst wissbegierig zur Seite.
Es müsste bei diesem Unternehmen berücksichtigt werden, dass in
den fraglichen Relicten das Brauchbare nicht selten in eine unver-
hältnissmässig voluminöse Hülle von durchaus Gleichgültigem ein-
gewickelt ist, an der die Kraft eines in solchem Lesen Unbewanderten
erlahmt, ehe sie zum Kern gelangt. Solches müsste dann unter
Beseitigung des Ballastes in einem guten Hand- und Nachschlage-
buch übersichtlich vereinigt werden. Das wäre ein für das Verständniss der Renaissance wahrhaft fundamentales Hilfswerk, dem
sich dann selbstverständlich eine ebensolche Herausgabe der ein-
schlägigen wissenschaftlichen Hauptschriften der Renaissance selbst
anschliessen müsste. Die Namen der antiken Autoren, auf die es
zumeist ankommt, wird man leicht aus Alberti's, della Francesca's,
Pacioli's, Lionardo's, Lomazzo's und Späterer Notizen auslesen können.
Doch müssten auch bei diesem Unternehmen von allem Anfang her
die Philologen, welche sich ihm widmen, den Beirath einsichtiger
Künstler nicht verschmähen, damit nicht vielleicht bei minder
Wichtigem Zeit und Mühe verschwenderisch, bei Inhaltreichem dagegen allzuspärlich gespendet würden. Mit wie so ganz anderem
und rascherem Erfolg als bisher würde dann auch die Analyse der
Kunstwerke, die der schriftlichen Theorie immer zur Seite wird
treten müssen, eingeleitet und geführt werden können, wie manchen
Wink würde der Untersuchende, der heute bei ihrem Versuch an
in sich geschlossene Räthsel führerlos herantritt, aus solchem Werk
empfangen.*)

*) Wir haben die Freude mittheilen zu können, dass, seitdem dies
niedergeschrieben ward, ein Mathematiker sich in diesem Sinne bereits der
Lesbarmachung von Della Francesca's Schriften und Pacioli's „De diuina
Proportione" unterzog.

Danach erst wird man endlich auch in Stand gesetzt werden,
Lionardo's Schriften genau zu würdigen und sie in des Autors Sinne
wiederherzustellen, man wird bestimmen können, was in seinen
Manuscripten blosse Notiz aus Nichteigenem, was beginnende freie
Combination aus älterem und zeitgenössischem Fremden, und was
durchaus Neues und Lionardo selbst Zugehöriges sei. Dies Alles ist
in den Heften wahrscheinlich häufig in bunter Mengung und ohne
äussere Unterscheidung aneinander gereiht. Da Lionardo wohl kaum
eine regelmässige wissenschaftliche Jugenderziehung erhielt, nicht,
gleich Alberti, eine Universität bezog und in den classischen Studien
wahrscheinlich grösstentheils Autodidakt war, so wird sich bei ihm
auch finden, was bei allen Autodidakten, und sonderlich bei sehr
Begabten und zu eigener Beobachtung Befähigten der Fall zu sein
pflegt, sein angelerntes Wissen wird sehr ungleich, bruchstück-
artig sein, und wird vielfach eine individuelle Färbung durch Einmischung des eigenen Weiterdenkens angenommen haben; dies
kann uns jedoch über die eigentliche Herkunft und also auch über
die eigentliche Richtung und das Ziel der Gedanken und Notizen oft
irre führen.

Hielte man nun diese Vorbereitungen für zu weitschichtig, so
bedenke man, dass, um eines Riesen und sogenannten Universal-
genies Dimensionen auszumessen, die ehrgeizigen oder selbst be-
geisterten Anläufe und Purzelbäumchen einzelner Zwerglein nicht
hinreichen, sondern dass zu diesem Behuf Viele von uns mit
vereinten Kräften ein ordentliches Gerüst um den Koloss her bauen
müssen.

§ 5.

Nachdem die vorliegende Ausgabe des Tractats als eine der
Vorarbeiten zur endgiltigen Wiederherstellung des Lionardo'schen
Originals bezeichnet ward, bleibt noch übrig von dem bei diesem
Unternehmen befolgten Verfahren einige Rechenschaft abzulegen.
Dieselbe betrifft erstens die Vorstellung von Correctheit der Edition
relativ zum Cod. Vat., zweitens die Rücksichten, die bei der sich
anschliessenden Bearbeitung, Umstellung und Interpretation für
maassgebend erachtet wurden.

Der Cod. Vat. Nr. 1270 ist, im grellen Gegensatz zu den
Originalen, aus denen er geschöpft ist, durchaus in so schöner

Handschrift geschrieben, dass er von dieser Seite keine Schwierigkeiten bietet, und man ihn liest wie ein gedrucktes Buch. Dennoch
kann die ausserordentliche Gewissenhaftigkeit und Geduld nicht genug
gerühmt werden, mit der sich mein geehrter Mitarbeiter, Herr Dr.
phil. Knapp aus Tübingen, der langwierigen Arbeit des Abschreibens
unterzog. Um die Arbeit gleich zu Anfang gegen Mangel an
Genauigkeit möglichst sicher zu stellen, ward während der Dauer
des Copierens jedes einzelne Stück mit der Manzi'schen Ausgabe
collationirt. So wurden nicht nur sofort die Abweichungen dieser
Ausgabe auf's Genaueste constatirt, es ward auch bei jeder solchen
Abweichung der Lesart deren mögliche Berechtigung in Ueberlegung
gezogen, und traten in der That, so weit Manzi die Dufrèsne'sche
Ausgabe der verkürzten Fassung nachgedruckt hat, einige von den
Fehlern, an denen der Cod. Vat. und ebenso der gleichfalls von
uns verglichene Cod. Barberinus leidet, jetzt schon hervor; das
Geschäft des Abschreibens aber blieb vor der Gefahr der Abstum-
pfung und des Mechanischwerdens behütet, der solche Arbeiten
nothwendig ausgesetzt sind, die Ungenauigkeiten, die sich etwa in
die Copie einschlichen, wurden leichter bemerkt, und unter als-
baldiger genauer Nachvergleichung eines jeden einzelnen Stücks mit
dem Original sofort beseitigt. Die Abschrift stimmt nicht nur in
der Seiten-, sondern auch in der Zeilenzahl genau mit dem Cod.
überein. Die Eigenthümlichkeit der Orthographie, desgleichen alle
Fehler, alle Selbstcorrecturen des Schreibers, Löschungen schon
geschriebener Stellen etc. wurden ebenso, wie sie im Original vorkommen, mit aufgenommen, sämmtliche Merkmale, die den Philologen und Bibliographen interessiren können, als Correcturen und
Noten der verschiedenen Theilhaber an der Compilation und deren
verschiedene Handschrift, die abweichende Farbe der Tinte nach-
getragener Stellen und Glossen etc. sorgfältig untersucht und in
der Copie angemerkt. — Danach ward unsere Abschrift nochmals
im Ganzen genau mit dem Original nachverglichen, bei welcher
Gelegenheit auch alle Zeichnungen revidirt wurden; und endlich
confrontirte ich während des Uebersetzens noch mehrfach zweifelhaft erscheinende Texte mit dem Original. Wo sich bei einer
etwaigen Nachvergleichung unseres Drucks mit dem Cod. Vat.
Differenzen herausstellen, bitte ich dieselben, auch soweit sie nicht
erklärtermaassen absichtliche Aenderungen und Correcturvorschläge

darstellen, ausschliesslich auf meine Rechnung zu schreiben, als Versehen und Ungenauigkeiten, die ich mir bei Correctur der Druck-bogen zu Schulden kommen liess.

Wie bereits eben erwähnt, ist der Cod. Vat. gleich den von ihm abstammenden verkürzten Abschriften selbst nicht fehlerfrei. Erstens ist er mit den Schreibfehlern, kleinen Auslassungen, Wort-verstümmelungen und Wort- wie Phrasenversetzungen behaftet, die bei derartigen Arbeiten von solchem Umfang und solchen Schwierig-keiten nur gar zu erklärlich sind. Im Druck wurden kleine Proben hievon mehrfach stehen gelassen, wo der Leser sie sich ohne alle Schwierigkeit selbst berichtigt, ausgemerzt aber, wo sie das Verständniss erschweren; wo die Ausbesserung nicht ganz sicher geht, und ein Doppelsinn möglich ist, ward die Correctur als Vorschlag unterm Strich gegeben, ebenso ward bei auszufüllen-den Textlücken verfahren, und der Fall jedesmal im Commentar besprochen.

Ausser besagten geringfügigeren Abschreiberversehen kommen im Codex aber auch zweitens mannigfache Fehler vor, die aus des Schreibers ungenügender Kenntniss des sachlichen Inhalts oder aber wegen vollkommener Unleserlichkeit des Lionardo'schen Originals entstanden sind. Dahin gehören vornehmlich die Entstellungen der in geometrischer Beweisform geführten Lehrsätze, namentlich, was die in Ziffern ausgedrückten Zahlenverhältnisse anlangt, da die linkshändig geschriebenen Ziffern Lionardo's besonders leicht irr-thümlich gelesen werden können. Da nun zum Glück bei diesen Dingen speciell angenommen werden darf, dass die sachlichen Fehler nicht Lionardo zuzurechnen sind, es auch nach dieses Autors eigenem Ausspruch dabei nur eine Wahrheit geben kann, überdem noch Fälle vorkommen, in denen Varianten das, was einmal fehlerhaft war, ein anderes Mal vollkommen richtig geben, so ward die unerlässliche Correctur solcher Irrthümer in unserem Druck jedesmal sofort im Text geführt, der Fehler des Abschreibers unter den Strich gesetzt. Es handelt sich hier in der Regel um Dinge so elementarer Natur, dass sich Jeder leicht von der Richtig-keit oder Unrichtigkeit der Correctur überzeugen kann. Wo aber dennoch Zweifel übrig blieben, und in Folge hinzukommender arger Verstümmelungen auch der Textworte eine durchaus überzeugende Lösung nicht gelingen konnte, ward im Text der Fall auf sich beruhen gelassen, mit Fragezeichen (?) versehen und im Commentar besprochen.

Unter die Rubrik der wirklich sachlichen Fehler fallen auch die vielfachen Ungenauigkeiten in den Buchstabenbezeichnungen bei figürlichen Veranschaulichungen (proue), wo es oft vorkommt, dass die im Text genannten Lettern mit denen der beigefügten Hilfsfigur nicht übereinstimmen. Und da hiedurch ein Leser, der es ernsthaft nimmt, lange im Verständniss aufgehalten werden kann, um endlich, wenn ihm die Lösung nach vielem Kopfzerbrechen gelang, einzusehen, dass es sich um höchst simple Vorstellungen handelt, so ward auch hier die Correctur sofort im Text geführt, und die abweichenden Lettern des Codex unterm Strich genannt. Aber diese Dinge gereichen schwerlich alle dem Schreiber des Codex und dem Figurenzeichner sonderlich zum Vorwurf. Denn es geht aus mehreren Stellen hervor, dass sich in der Urschrift wohl nicht überall Figuren vorgefunden hatten, sondern dass vielmehr Lionardo zuweilen, vielleicht in Eile schreibend, auf eine anderswo bereits gegebene Hilfsfigur hinwies, die für den Fall brauchbar war, und an deren Buchstabenbezeichnung er sich im Augenblick nicht genau erinnerte. Dazu haben Schreiber und Zeichner des Codex offenbar zu verschiedener Zeit gearbeitet, und das Ganze ist nur ein Concept, das erst noch überarbeitet werden sollte. Einer Druckausgabe müsste jedoch die Nichtbereinigung solcher Ungenauigkeiten mit Recht zum Tadel gereichen.

Indess können bei dieser Gelegenheit doch Bedenken entstehen. Solche Ungenauigkeiten, die das Verständniss erschweren, kommen nämlich auch bei Dingen vor, bei denen wir nicht genau wissen können, wie weit Lionardo's eigene Vorstellungen von ihnen entwickelt, und ob dieselben nicht zuweilen irrthümlich, oder im Verhältniss zu unseren heutigen Begriffen ganz sonderbar und eigenthümlich waren. So verhält es sich bei physikalischen Auseinandersetzungen, als: bei Fällen der Lichtstrahlung und Lichtrefraction, der Statik und Gravitationslehre. Doch dies kann zusammen mit der Correctur der Hilfsfiguren selbst besprochen werden.

Die Hilfsfiguren des Codex sind mit so freier, fester Hand gezeichnet, dass kein Zweifel darüber entstehen kann, sie seien von einem sehr geschickten Maler oder Zeichner nach des Lionardo Originalskizzen angefertigt worden. Was wir von ähnlichen Original-

skizzen und Hilfszeichnungen Lionardo's kennen, ist, auch wenn
es Geometrisches und regelmässige Linearfiguren darstellt, meist
aus freier Hand und ohne Zuhilfenahme von Zirkel und Winkelmaass leicht hingeworfen, und es entstehen hieraus eine Menge
von Ungenauigkeiten, die oft geeignet sind, den Sinn, der immer
wenigstens zum Theil, zuweilen aber auch ganz in die Figur niedergelegt ist, zu verdunkeln. Hier muss eine bereinigte Druckausgabe
also jedenfalls eingreifen, und es ist das auch bei rein geometrischen
Figuren mit derselben Sicherheit und Sachgemässheit ausführbar,
wie bei ebensolchen Texten. Solche Figuren wurden also in der
Ausgabe mit Zirkel, Winkelmaass und Gradmesser exact gemacht.

Anders verhält es sich bei den ebenerwähnten Beispielen aus
dem Gebiete der Optik. Hier kann eine Figur, die uns offenbar
fehlerhaft erscheint, nicht nach dem Gesetz, wie wir dasselbe heute
in seiner Vollständigkeit kennen, umgezeichnet werden, denn sie
ist vielleicht, oder mit Wahrscheinlichkeit, gerade das Element, das
uns mit ·sprechendster Deutlichkeit die eigenthümliche, noch fehlerhafte oder unentwickelte Anschauungsweise Lionardo's vor Augen
stellt. Sie muss also getreu beibehalten, und es kann nur als Zu-
gabe unterm Strich die Figur, wie sie der heutigen Wissenschaft
nach zu sein hätte, beigefügt werden, aber ganz mit denselben
figürlichen Elementen, die auch die Lionardo'sche Figur enthält.
So geschah z. B. bei einer Figur, die von Lichtrefraction handelt.

Um eine Kleinigkeit anders verhält es sich bei den von Statik
oder von Hebelkraft der Gliedbewegung handelnden Figuren. Hier
pflegt Lionardo in seinen flüchtigen Skizzen das auszudrückende
Gesetz in etwas chargirter Weise zu markiren, woraus dann wiederum
zuweilen Missverständniss entstehen kann. Und endlich hat sich
Lionardo, wie alsdann aus der Uebereinstimmung von Text und
Figur hervorgeht, hier auch in Einzelnem manchmal übereilt und
versehen. In solchen Fällen muss aber beim Druck unbedingt mässi-
gend und berichtigend eingegriffen werden. Jedesmal die Figur
des Codex mitzugeben, würde jedoch die Kosten sehr vergrössert
haben. Es geschah also nur in ganz zweifelhaften Fällen, und wurde
im Uebrigen auf die Figuren Manzi's verwiesen, die, wenn sie auch
keine getreuen Nachbilder der Codexfiguren sind, doch von der Art
der Fehlerhaftigkeit oder Ungenauigkeit und Uebertriebenheit dieser
eine genügende Vorstellung geben. Meist geht ja aber, was hier zu

geschehen · hat, aus dem Wortlaut der Texte selbst hervor, der bezeichnet, welche Theile des Gliederbaues übereinander zu stehen haben, da sie von denselben statischen Senkellinien durchschnitten werden. Wo unleugbare Fehler Lionardo's vorliegen, wurden dieselben unter strenger Anwendung des Gesetzes und mit Zuhilfenahme des Naturmodells an's Licht gezogen, aber gleichfalls nur als Beigabe zu den unberührt belassenen Fehlern des Originals selbst. Und in den erläuternden Noten ward von allen diesen Dingen Bericht erstattet und wurden die Zweifel besprochen. *)

Zum Ueberfluss sei hier noch bemerkt, dass in zweifelhaften Fällen auch die in Rom befindlichen Codices verkürzter Fassung, ausser dem Cod. Barberini, um Rath befragt wurden. Dieselben geben aber an keiner Stelle Aufschluss, ihre meist sehr geringen und gewiss nicht von Malern herrührenden Zeichnungen sind im Grundentwurf, auch bei den Fehlern, den weit überlegenen Figuren des Cod. Vat. so ähnlich, dass sie diesem ohne Ausnahme nach-

---

*) Der vielgetadelte Maler Errard (und jedenfalls auch der diesem vorarbeitende Poussin) hat in den Hilfszeichnungen zur Dufrèsne'schen Ausgabe in dieser Beziehung vollkommene Intelligenz gezeigt. Man sieht, dass er das Gesetz, auf das es ankam, überall inne hatte und sprechend auszudrücken wusste, auch bei offenbaren Irrthümern der Handschrift das Naturmodell berichtigend zu Rathe zog, denn wo er corrigirt hat, ist es in dem Naturbestand vollkommen entsprechender Weise geschehen. Es kann uns mangelhaft erscheinen, dass er die in den Handschriften überall sich vorfindenden Senkellinien in menschlichen Figuren nicht mitgab. Doch wird ihm das leicht verziehen können, wer bedenkt, wie geläufig diese Dinge allen Künstlern und selbst Kunstfreunden zur Zeit Poussin's waren. So ist es Dufrèsne und dessen zweitem Zeichner Gil Alberti auch gar nicht übel zu nehmen, wenn sie bei Correctzeichnung geometrischer Figuren nicht ihre Gründe und ihr Verfahren darlegen. Dies überall zu verlangen, könnte nur Solchen einfallen, die das Wenige von Geometrie, was hier Bedarf ist, erst bei dieser Gelegenheit lernen müssten. Es wird auch uns genügen, bei solchen Verbesserungen die Gründe einige wenige Male darzuthun, und nicht bei Wiederholungen gleicher Fälle. Gil Alberti und Errard fällt nichts zur Last, als die unnöthige, aber nicht falsche Abänderung des Entwurfs einiger geometrischer Figuren und das Beiwerk im Geschmacke des siebenzehnten Jahrhunderts zu den menschlichen. — Sehr schlecht sind dagegen die Figuren in der Fontani'schen Ausgabe des Codex Riccardianus. Dieselben sind in (etwa der flotten Preissler'schen) Rabenfedermanier mit saftigen Haar- und Grundstrichen höchst barock gezeichnet, betonen das Gesetz niemals, stellen es aber dafür meist falsch dar.

geahmt sein könnten, wie sie denn in der That wahrscheinlich vom
Barberinus herstammen. (Das Gleiche, so sei sofort hier mitbemerkt,
gilt auch von den Fehlern in den Texten.)

Im oben Gesagten sind auch schon zum Theil die Gründe angegeben, aus denen die so sehr im Modegeschmack unserer Zeit liegende
Facsimilirung der Figürchen geflissentlich vermieden ward. Es würde
dies indess auch geschehen sein, wenn jene Gründe nicht vorgelegen
hätten, denn das bei diesem Facsimiliren übliche Verfahren des
Durchzeichnens veranlasst, wo man das aufgelegte Papier und das
durchzuzeichnende Blatt nicht ganz festspannen kann, schon an
sich mit Nothwendigkeit fortgesetzte und gar nicht wieder gut zu
machende Ungenauigkeiten, die als um so grössere Abweichungen
und Fehler zu Tage treten müssen, je kleiner das Format der Zeichnungen ist.*) Wo man wirklich Facsimile machen will, muss man
es durch die Photographiemaschine besorgen lassen, sonst weiss
jeder Sachverständige, wie viel er vom sogenannten Facsimile zu
halten hat. Hier aber kam es vor Allem auf den richtigen oder
berichtigten Ausdruck von Gesetzen an, doch ward selbstverständlich Entwurf und Format der Codexfiguren beibehalten.

Die Interpunction fehlt im Codex fast ganz. (Auch die heutige
italienische Literatur kennt zum grossen Theil nur eine spärliche
Interpunction, die mehr den Tonfall, die Declamation, und den
Sinn betont, als der Satzbildung folgt.) Und da, ausser bei ganz
neuen Absätzen, der Anfang neuer Satzperioden nicht durch Majuskeln bezeichnet ist, so wird die Herstellung einer Interpunction,
der Bequemlichkeit des Lesens und der Sinndeutlichkeit halber,
doppelt nöthig. Weil aber durch Interpunction der Sinn sehr beeinflusst und ganz verändert werden kann, so wurden im Druck
gleichfalls keine Majuskeln bei neuen Satzperioden gesetzt, um das
Auge des Lesers vor Beeinflussung durch die Interpunction in
zweifelhaften Fällen möglichst sicherzustellen. Die häufigen Ab-
sätzchen im italienischen Text des Drucks sind nur aus leidigem
Nothbehelf des Zusammenbleibens der italienischen Texte mit der
zugehörigen Uebersetzung entstanden. Nur, wo ein solcher Absatz
mit Majuskel beginnt, ist auch im Codex ein Zeilen-Absatz vorhanden.

---

*) Zum Beleg hiefür können die durchgezeichneten Figuren der Manzi-
schen Ausgabe dienen.

Die Orthographie des Codex ward selbstverständlicherweise beibehalten, da sie einestheils für die Ermittlung der Entstehungszeit des Codex von Bedeutung sein kann, anderntheils aber, insofern sie der Orthographie Leonardo's angeschlossen bleibt, es thöricht wäre, Sinn und Wortausdruck ihrer naiven Schreibform zu entkleiden. Nur Eines würde die Edition für Pedanterie gehalten haben, die Unbehilflichkeit und Inconsequenz der Accentsetzung und Apostrophirung nämlich gleichfalls mit durchzuführen, die der Schreibweise des Codex anhaften. So sind z. B. Worte, wie è = ist und e = und, manchmal beide ohne Accent geschrieben, zuweilen ist das eine oder andere von ihnen durch vor- und nachgesetzten Punkt unterschieden, oder è durch einen Circumflex, eines von ihnen oder beide sind e' geschrieben, wie das abgekürzte ei = egli, er, und die Wirrung wird noch grösser dadurch, dass auch Buchstabe e bei geometrischen Figuren alle diese Abzeichen abwechselnd bekommt. Aehnlich verhält es sich mit à = Dativartikel und a = hat; oder mit nè = weder und ne = davon, etc. Hier ward also für jedes solche Wort Eines der im Codex irgendwo einmal angewandten Unterscheidungszeichen überall consequent durchgeführt. So lässt sich auch die italienische Schreibweise jener Zeit ebenso, wie immer noch die heutige des gemeinen Manns, durch das weiche Ineinanderfliessen des Idioms zur Zusammenziehung mancher rasch einander folgenden Worte zu Einem verleiten. Wo dies Undeutlichkeiten für Ungeübte ergab, ward es beseitigt. Die italienischen Philologen verfahren in eben solchem Sinne mit der alten Schreibart, und wir Nordländer wollen neben ihnen nicht grillenfängerisch sein.

Alle Noten, die von den Anfertigern, Bearbeitern oder nur Lesern des Codex beigeschrieben wurden, sind mitgedruckt worden. Die Seitenzahlen des Codex stehen am Rand vermerkt.

Zuthaten der Ausgabe sind: die Capitelnummern; die Wiederholung am Rand, in Klammern, der Namen und Nummern der Bücher und Thesen der Selbstcitate Lionardo's; die Versetzung aller Libretticitate an den Rand, wo sie im Codex in der Regel nicht stehen; dies geschah der leichtern Uebersicht wegen. Alle sonstigen Zuthaten der Edition sind durch kleine Cursivlettern bemerklich gemacht.

In der Uebersetzung ward zumeist auf Worttreue gesehen. Der Leser wird auf Vieles stossen, was sehr schwerfällig und undeutsch klingt. Er wird aber auch berücksichtigen, dass Lionardo's ganz eminent und bis in's Kleinste penibel scharfe Ausdrucksweise nicht gut glatter und weniger weitläufig wiedergegeben werden kann, ohne Gefahr, den Sinn zugleich mit dem Ausdruck abzuglätten. Zudem fehlen uns im Deutschen fast alle eigenen Ausdrücke der bildnerischen Terminologie und die aus der italienischen Sprache zu uns herübergewanderten ermangeln in unserm gewöhnlichen Gebrauch der begrifflichen Präcision, die sie im Italienischen besitzen. Hier ward im Commentar das Nöthige mehrmals angemerkt, und der Leser ist gebeten, beim Lesen der Texte sich desselben immer zu erinnern, und sich in die präcise Vorstellung des Autors hineinzuleben, so wird der erste Eindruck der Schwerfälligkeit sich vielleicht mildern. Bei Texten, die sehr der Ergänzung bedürfen, ward es in der Verdeutschung so gehalten, dass diese Sinnergänzung in Klammern eingefügt ward, wobei jedoch die nicht eingeklammerten Textworte unberührt bleiben und man sie mit Uebergehung des Eingeklammerten als wortgetreue Uebertragung des italienischen Textes lesen kann.

Aber der Uebersetzer gesteht, dass ihm das nun schon seit so manchem Jahr liebgewordene Buch im italienischen Idiom heller verständlich und beziehungsreicher erscheint, als in seinem Uebertragungsversuch.

§ 6.

Da die Anordnung des Stoffs im Codex Vaticanus, sowie in den verkürzten Fassungen bekanntlich sehr viel zu wünschen übrig lässt und uns das Verständniss durch die in ihr herrschende Uebersichtslosigkeit sehr erschwert, so ward in einer Nebenausgabe der Versuch einer übersichtlicheren Umordnung angestellt. Dieselbe konnte aber leider um so weniger durch Hoffnung einer Annäherung an die Anordnung der ursprünglichen Fassung angeregt sein, als die in den Texten sich vorfindenden Stellen, die allgemeine Pläne des Autors selbst zu einer solchen Fassung zu enthalten scheinen, von einander abweichen, sich widersprechen, theils auch für die Unterbringung des ganzen Stoffs nicht ausreichen, theils zu weitschichtig sind. Ueberdem finden sich ganze Capitelreihen vor, die offenbar im Zusammenhang gearbeitet sind, sich aber absolut unter gar keine jener Angaben unterordnen lassen, sondern selbstständige

Gruppen bilden, und auch so beibehalten werden müssen, weil die erste Nummer von ihnen die Voraussetzung enthält, auf die sich der Inhalt der nachfolgenden mit ausdrücklichem Rückverweis gründet. Es sind also mit anderen Worten in den Texten selbst die Beweise vorhanden, dass der volle Inhalt dieser im Codex vorliegenden Stoffsammlung niemals in der Weise zum Ganzen geordnet gewesen sein könne, wie jene Pläne oder Anweisungen zur Anordnung es verlangen. Auch erweisen sich diese Pläne an sich selbst sehr sonderbar, und würde ihre Befolgung, d. h. die Anordnung des Buchs nach ihnen, noch weit mehr Verwirrung und Schwerfälligkeit mit Zwang herbeiführen, als jetzt schon vorhanden ist. Wir wollen zunächst hievon reden und fragen, welche von diesen Angaben in Betracht kommen können.

In Nr. 133 des Codex (89 der Umstellung) wird die Malerei eingetheilt in: Zeichnung und Schatten und Licht. Dies ist offenbar an sich schon unvollständig, es fehlt die Farbe.

In Nr. 111 (86) wird die Malerei eingetheilt in: Figur und Farbe. Dies wäre aber für eine Anordnung des vorhandenen Stoffs zu einem übersichtlichen Buch so gut wie nichts gesagt.

Nr. 112 (87) betrifft nur Eintheilung der Figur.

Nr. 113 (88) Unterabtheilung der Figuren-Proportionalität.

Nr. 136 (91) Eintheilung der Perspective, diese drei Nummern fallen also gleichfalls für die Anordnung des Buchs zum Ganzen hinweg.

Es bleiben:

Nr. 132 (85), wo die Malerei zerfällt in: 1. Fläche, 2. Figur, 3. Farbe, 4. Schatten, Licht, 5. Nähe, Ferne.

Nr. 133 (84), wo sie zerfällt in: 1. Licht, 2. Finsterniss, 3. Farbe, 4. Körper, 5. Figur, 6. Oertlichkeit oder Raum und Lage, 7. Entfernung, 8. Nähe, 9. Bewegung, 10. Ruhe.

In Nr. 20 (24) des I. Theils kommen bereits die gleichen Eintheilungsgesichtspunkte als Aemter oder Obliegenheiten des Auges vor.

In Nr. 438 (410) und 511 (409) des III. Theils ebenso, und hier sagt Autor ausdrücklich, dass er sein Buch in diese zehn Theile eintheilen wolle, d. h. in 438 (410) erklärt er hiebei, dass „Körper, Bewegung und Ruhe eigentlich wegfielen", und „Schatten Licht" ein Buch bilden sollten. Und in Nr. 511 (409) sagt er

9*

nicht sowohl, dass er sein Buch nach diesen zehn Aemtern
des Auges eintheilen, als dass er es daraus „zusammenweben"
wolle.

Ziehen wir jetzt zunächst das Project der Zehntheilung (Nr. 20,
Nr. 133, Nr. 438, Nr. 511 des Cod.) in Betracht. Was würde dabei
herauskommen, wenn man den Stoff des gesammten Tractats unter
diesen Gesichtspunkten in zehn Bücher theilen wollte? Theil 1 und 2
des Codex wollten wir, da ersterer nur die Einleitung, der andere
zum Theil allgemeine Lebens- und Arbeitsregeln für den Maler enthält, und was er sonst noch birgt, Bruchstück ist — es fehlen in
Theil 2 nämlich die von Melzi erwarteten Capitel — ganz aus dem
Spiele lassen, so auch VIII, der eine Specialabhandlung aus der
Perspective enthält. Theil V wäre das Buch von Schatten und Licht,
also Einer der zehn Buchtheile. Was sollte aber aus Theil III, IV,
VI und VII werden, wenn man einen jeden aus seinem Zusammenhang in sich herausreissen und aus ihren Capiteln zusammenstoppeln
wollte: 1 Theil vom Körper, 1 Theil von der Farbe, 1 von der
Oertlichkeit etc. Offenbar der gräulichste Mischmasch. Will man
nicht annehmen, dass Alles, was im Codex vorkommt, gar nicht
zum Malerbuche gehöre, oder dass es nur concrete Beispiele
darstelle, so muss man den Gedanken fallen lassen. Denn dieser
wäre nur etwa in der Weise ausführbar, dass die genannten zehn
Themate nacheinander begrifflich und reinwissenschaftlich abgehandelt und dann an Beispielen aus dem Gebiet der Darstellung der
Menschen- oder Thiergestalt, zugleich aus dem des Faltenwurfs,
endlich aus dem des Pflanzenreichs und schliesslich der Wolken-
bildung etc. — denn es kommen in der That noch viel mehr Bei-
spielsformen vor, wie z. B. „die Berge" — erörtert würde. Das
Thema Farbe z. B. würde in buntem Nacheinander abgehandelt sein
an menschlichen Figuren, Gewändern, Bäumen, Wolken, Bergen etc.
Wäre das nicht ein noch weit unbehilflicheres Unternehmen, als
die jetzige Eintheilung des Buchs, ganz abgesehen davon, dass man
kleinere Gruppen, die offenbar als zusammengehörig und mit Beziehung auf vorangestellte Thesen gearbeitet sind, wie: vom
Nebel, von Staub und Rauch etc., ohne sie der Verständlichkeit
zu berauben, gar nicht auseinanderreissen könnte? Fürwahr, wenn
es denkbar wäre, dass Lionardo sein Buch so eingerichtet hätte, so
hätten die Compilatoren des Codex, indem sie diese Anordnung

beseitigten, mehr Intelligenz bewiesen, als der Autor selbst. Es geht aber aus Allem hervor, dass diese Anordnung, oder wilde Unordnung niemals in der That vorhanden war, wenigstens bei dem Stoffbestand nicht, der hier vorliegt. Vielmehr haben alle Diejenigen, die auch noch den wahrscheinlich rein zufälligen Umstand als Stütze für die Annahme der Zehntheilung anführten, dass in den Selbstcitaten Lionardo's gleichfalls zehn Bücher vorkommen, wohl kaum verstanden, was sie lasen. Denn ausser den numerirten Büchern kommen hier wohl noch ebensoviele mit Inhaltsnamen betitelte vor, die sich den Citaten nach nicht etwa mit den numerirten decken, und von denen sogar einige erst Project sind. Auch sind diese citirten Bücher ihrem Inhalt nach gar nicht alle dem Malerbuch und jenen zehn Gesichtspunkten zuzurechnen, sondern zum Theil, wie z. B. „De ponderibus, degli Elementi" rein physikalische, geometrische oder sonstige Abhandlungen, deren Thesen aber gleichfalls für einzelne Fälle des Malerbuchs zu Beweis und Erörterung herangezogen sind, wie wir dies ja heute auch noch in ähnlichen Fällen thun würden und thun. Diese Citate weisen demnach vielmehr darauf hin, dass Lionardo noch weit Grösseres mit seinen Schriften plante, nämlich, eine ganze Encyklopädie seines gesammten Wissens zusammenzustellen. Wie unvollkommen dies aber zur Ausführung kam, erhellt aus der Zusammenstellung dieser Selbstcitate, (siehe Bibliographische Beilage, Bd. II,) allwo man sich leicht überzeugen kann, dass die nämlichen Citate mehreren ganz verschiedenen Buchnummern zugewiesen sind, wobei in vielen Fällen nicht leicht angenommen werden darf, dass der Irrthum dem Abschreiber zur Last falle, weil die Buch- und Thesenzahlen nicht etwa in Ziffern, sondern in Worten oder Abbreviaturen, wie P^{mo} = primo, Sec^{do} = secondo etc., ausgedrückt sind.

Wollten wir uns aber dennoch auf die Zehntheilung mit Gewalt steifen, dieselbe wäre ja gleich von vornherein nach Lionardo's eigenem Ausspruch nur eine Neuntheilung, da zwei Theile, Licht und Finsterniss ausdrücklicherweise nur Ein Buch ausmachen sollen. Und wenn diese das sollen, warum sollten denn da nicht ebensogut Nähe — Ferne in Eins zusammenfallen, nämlich in das Buch von der Perspective? Verhielte es sich nicht wiederum so mit Ruhe — Bewegung? Was sollte man sich unter „Sito = Oertlichkeit, Raum Lage oder etwa auch Landschaft" für einen Buchtheil vorstellen?

Der fiele doch wohl in den meisten dieser Bedeutungen wieder in's Gebiet der Perspective? Es bildeten sich also nicht zehn Theile, sondern factisch höchstens nur sieben, nämlich: 1. Körper (worunter man sich für die Malerei etwa Organismus und allenfalls reales Maass der Dinge zu denken hätte); 2. Figur (was nach Lionardo den Umriss oder die Linearzeichnung bedeutet); 3. Licht — Schatten. 4. Farbe (die nach Lionardo nicht zum Licht gehört, sondern den Körpern als natürliche, nicht zufällige (accidentale) Eigenschaft zukommt); 5. Bewegung — Ruhe; 6. Nähe — Ferne, oder Perspective und 7. Sito, Oertlichkeit, wenn man hierunter die Beeinflussung der Körper in Stellung, Beleuchtung, Farbe durch die Localität versteht. Und endlich geht das Schwanken Lionardo's aus dem Inhalt von Nr. 132 (85) deutlich hervor, wo nur eine Fünftheilung vorgeschlagen ist, deren Ausführung sich aber wieder alle die eben betonten Hindernisse entgegensetzen würden, obgleich die als nothwendig hervorgehobene Vereinfathung schon vorgenommen ist, und ausserdem Körper, wie Oertlichkeit aus ihr beseitigt sind.

In ganz anderem und plausiblerem Lichte stellt sich hingegen die Frage der Zehntheilung dar, wenn man den Ausdruck beachtet, den Lionardo in Nr. 511 (409) gebraucht, „er wolle sein Büchlein aus diesen 10 Themen (predicamenti) des Auges (oder malerischen Sehens) zusammenweben". Dies braucht nicht zu heissen, er wolle ihnen gemäss sein Buch in 10 Abschnitte zerfallen lassen und anordnen, sondern nur: er wolle, wie das von selbst sich ergebe, Alles, was in seinem Buch vorkommt, so weit als möglich, unter diesen 10 Gesichtspunkten betrachten und erörtern, also z. B. den Thierkörper und dessen malerische Darstellung, die Pflanzen und Bäume, die Wolken, die Gewänder etc. Denn alle diese kommen in Betracht: bezüglich ihres Organismus oder Wesens (Körper), bezüglich ihrer Färbung und deren Darstellung, bezüglich ihrer malerischen Zeichnung (Figurenumriss), ihrer Schatten und Lichter, ihrer Perspective, ihrer Bewegung, und der sie in alle diesem beeinflussenden Oertlichkeit (sito), an der sie sich befinden. — Ebenso kann man aber auch bis zu gewissen Graden die Gegenstände der Eintheilungsgesichtspunkte selbst in abstracto abwandeln, z. B.: den Körper als Rundes und den Raum nach allen Dimensionen hin Erfüllendes, oder die Figur als die Körper darstellende

Umrissform, die Farbe als allgemeine Körper- und Flächeneigenschaft, Schatten und Licht als Naturerscheinung und als malerische Theorie, die Perspective als Ebensolches u. s. w. Ja es ergibt sich diese ineinanderwirkende Behandlungsart bei den in der Malerei fortwährend sich einstellenden Wechselbeziehungen aller dieser Dinge ganz von selbst und eignet sich wegen ihrer Promptheit, Fasslichkeit und directen Verwendbarkeit für den Maler ganz besonders in einem Buch, das ein praktischer Wegweiser sein soll. Wir sehen denn auch in der That im Tractat dies alles fortwährend so durchgeführt, und wo es nicht ausdrücklich betont wäre, könnte, oder wird sogar der Leser von selbst es sich mit Leichtigkeit hinzudenken. — Und endlich: Nun sind auch mit einem Schlage, wenn nicht alle, doch sehr viele der Wiederholungen nicht nur vollkommen erklärt und an ihren Platz gestellt, sondern sie sind wirklich am Platz und zur inneren Belebung des Ganzen nothwendig.

Aber nicht nur, dass sich für ein praktisches Malerbuch diese Behandlungsart ganz besonders eignete. Wenn wir sie erst verstehen oder uns an sie gewöhnt haben, gibt sie uns im Einzelnen auch ganz besondere Aufschlüsse über Lionardo's wissenschaftliche Anschauungsweisen. So brauchen wir z. B. die Bedeutung von „Körper" durchaus nicht etwa nur bildlich zu fassen, wenn der Schatten oder das Licht in Bezug auf ihren „Körper" abgehandelt werden und im Unterschied davon in ihrer „Figur". Denn in diesem Fall bedeutet Körper nicht etwa nur bildlich soviel, wie „physikalisches und ursächliches Wesen" von Licht oder Schatten, sondern ganz im eigentlichen Wortsinne die körperliche Ausdehnung des Schattens oder des Lichts im Luftraum, d. h. also, die Ausdehnung nach allen Dimensionen des Luftraums, den ein Schlagschatten oder ein Reflexlicht auf dem Weg zu ihrer Percussionsstelle erfüllen. Unter der Figur dieses Körpers sind dann entweder im Profil die, sei es pyramidal oder parallel, geradlinig dahinstreichenden Randstrahlen zu verstehen, oder in Vorderansicht die Ränder des Bildes, das der Schatten oder das Reflexlicht bei ihrem Anprall auf einen ihnen entgegenstehenden Solidkörper werfen. — Und ebenso bedeutet Körper der Farbe nicht etwa nur materiell den Pigmentkörper, oder im umgekehrten Falle das physikalische Wesen der Farbe, sondern wieder, analog dem vorigen

Beispiel, den cubischen Rauminhalt, den eine Farbe erfüllt, wenn
sie, wie Lionardo sich den Reflex vorstellt, von einem hellbeleuch-
teten oder auch von einem dunklen Gegenstand sich mit ihrem
Scheinbild loslöst, um, durch die Luft hingehend und diese überall
auf dem genommenen Weg erfüllend, sich auf die Oberfläche einer
anderen, gegenüberstehenden Farbe anzuschmiegen. — Das Gleiche
gilt auch ebenso bei der Perspective vom cubischen Raum, den die
auf ihrem Weg zum Auge, zwischen den einschliessenden Sehstrahlen
immer mehr sich zuspitzenden Scheinbilder entfernter Gegenstände
durchwandern müssen und erfüllen. — Und so liesse sich dies durch
jedes einzelne aller übrigen Themata hin mit allen Themen durchführen.

Ist einmal die Sache soweit im Reinen, dass uns in dieser
Weise nun auch viele Wiederholungen nicht mehr auffallen können,
so lassen sich ebensogut diejenigen besonderen Textgruppen für sich
aussondern, an denen die fraglichen Gesichtspunkte nur lückenhaft durchgeführt sind, die sich aber durch ihren concreten Gegenstand von der Umgebung, mit der sie im Codex zusammengemischt
sind, als besondere Fascikel ausheben. — Hievon legen wir besser
im Einzelnen, bei specieller Umordnung der verschiedenen Bücher
Rechenschaft ab. Nur soviel sei hier gesagt, es würde ein ganz
nutzloses, ja thörichtes Unternehmen gewesen sein, diese zusammengehörigen Fascikel auseinander zu reissen, oder gar die ganze
Bucheintheilung nicht ruhig bestehen zu lassen. Die Kritiker, die
hier ohneweiters von der unförmlichsten Unordnung redeten, haben
sich wohl gar nicht eingehend genug mit der Sache beschäftigt und
Mangel an Einsicht und gutem Willen den rechtschaffenen alten
Compilatoren allzu schnurstracks in die Schuhe geschoben, dabei
auch nicht einen einzigen bündigen Beweis beigebracht, dass Lionardo's Buch besser geordnet gewesen sei.

Die Berechtigung zu einem Umstellungsversuch ist also aus
ganz anderen Gründen zu schöpfen als aus jenen Anklagen. Die
Compilation ward nämlich nachweisbar von ihren Veranstaltern
nicht als vollendet, sondern nur als ein erster Entwurf angesehen,
der noch mannigfach bearbeitet werden sollte, und zu dessen Anordnung sich bereits manche einzelne Vorschläge der Mitarbeiter,
zwischen die Texte hingeschrieben, vorfinden. Diese Vorschläge sind,

soweit sie von Manus 1 und Manus 3 herrühren, ganz deutlich, zum Theil auch vollkommen vernünftig und wurden in solchem Fall in unserem Umstellungsversuch befolgt. In einigen anderen Punkten sind sie unsicher gehalten, und es schien dann gegenüber der ganz unmaassgeblichen Form, in der sie hier auftreten, doppelt erlaubt, sie auf sich beruhen zu lassen, wenn kein grosser Vortheil bei ihrer Befolgung in die Augen sprang. Weitaus zum grössten Theil aber sind die Orientirungsvorschläge in, den Capiteln vorgesetzten Buchstaben und kleinen Zeichen angedeutet, die von sehr verschiedenen Händen herrühren, deren Individualität sich aber bei der Natur dieser Zeichen kaum nachweisen und verfolgen lässt; und überdem war es uns, ausser in ganz wenigen aber auch sehr befolgenswerthen Fällen, nicht möglich, einen Schlüssel für das Einzelverständniss dieser sich oft wiederholenden Zeichen ausfindig zu machen, oder gar ihre Bedeutung für eine Umstellung im Ganzen und Grossen zu errathen. Wir geben darum alle diese Zeichen selbst in der Ausgabe wieder, vielleicht sind Andere glücklicher als wir.

An einigen Stellen des Codex, wo schon dem veränderten Sinn und Inhalt der Capitel nach ein neuer Abschnitt beginnt, — wiewohl ein solcher im Einzelnen dann nicht ganz rein gehalten, und noch Verschiedenes sporadisch eingestreut ist, was offenbar besser beim Vorhergehenden stünde — wird die Absicht, einen neuen Abschnitt aus den Originalen auszulesen, auch durch, äussere Abzeichen klar, indem nämlich eine Generalüberschrift oder auch eine Capitelüberschrift mit Lapidarbuchstaben ausgezeichnet wurde. So verhält es sich nicht nur bei grösseren Hauptabschnitten der Bücher, sondern auch bei kleinen Sondergruppen.

Doch wird diese Auszeichnung durch den Umstand zuweilen wieder trügerisch, dass noch andere Capitel mit ganz allgemeinen Titeln, wie: Pittura, Precetto, gleichfalls mit Lapidarschrift geschrieben sind. Solche Titel rühren dann wahrscheinlich trotz ihrer vom speciellen Inhalt nichts verrathenden Allgemeinheit von Lionardo selbst her und mögen sich zum Theil so erklären, dass der Autor die Capitel oder Notizen mitten zwischen ganz Fremdartiges in seine Skizzenbücher hineingeschrieben hatte, und ihnen diese Ueberschrift gab, um sie leicht wieder als zur Malerei Gehöriges aufzufinden. Oft enthalten die mit ihnen versehenen Nummern aber auch

nur erste Entwürfe, oder aber Schlusszusammenfassungen und An-
einanderreihungen mehrerer, anderswo im Detail bewiesener oder
behandelter Lehrsätze. Der Copist mag solche Dinge, über deren
näheren Inhalt er durch die Ueberschrift ja keinen Aufschluss erhalten konnte, beim Geschäft des Auslesens zuweilen nicht sofort
sicher beurtheilt, übersehen, und dann später erst eigentlich gefunden haben, und hat deshalb vielleicht manchen von ihnen gleichfalls
die Auszeichnung grosser Buchstaben verliehen, um sie dann auch
seinerseits beim Umordnen wieder leicht aus der Masse herauszu-
finden.

Im Allgemeinen kann man sagen, dass jeder einzelne Theil
oder jedes Buch des Tractats mit ziemlicher Deutlichkeit nicht nur
dem Inhalt, sondern auch der allgemeinen Massenfolge nach in
mehrere Abschnitte zerfällt. Zuweilen ist dabei, wie im zweiten
und dritten Theil, der Titel des ersten Abschnitts statt Titels
des ganzen Theiles hingestellt. Am deutlichsten ist das sechste
Buch geordnet, und in dem ganz kleinen achten springt der in
vorgezeichneten Buchstaben ausgedrückte Vorschlag zur Umstellung
am besten und auch zugleich als vernünftig in die Augen. Zuweilen
muss Einem wohl auch der Gedanke kommen, ob an der sonderbaren Folge der Capitel selbst, innerhalb kleinerer, sonst wohl unterschiedener Abschnitte nicht die linkshändige Schrift des Autors mit
schuld sei, der statt links oben, rechts unten auf der Seite zu
schreiben anfing. Es könnte also vielleicht hie und da der Fall eingetreten sein, dass ihm der Copist bei ganz kleinen Nummern,
deren mehrere auf einer Seite standen, nicht in derselben Reihe
gefolgt sei. Manchmal steht in der That ein Capitel einem anderen
voran, das blos zu zweit gestellt zu werden braucht, um beide
sofort in fliessender Gedankenfolge erscheinen zu lassen.

Doch es fragt sich, ob bei einem Versuch der Umordnung
nicht vielmehr eine andere, höhere Rücksicht massgebend zu sein
habe, als diejenige auf alle die erwähnten kleinen Umstände. Würde
doch diese Rücksichtnahme auch im günstigsten Fall ihr Ziel nicht
vollständig erreichen, nämlich das, die Absichten des Autors und
der Compilatoren vollkommen zu errathen und zu constatiren. Zudem ist es noch gar nicht ausgemacht, dass wir, selbst bei diesem
Ziele angelangt, nicht immer noch vor einer Anordnung des Buchs
stehen würden, die uns nur zum Theil befriedigte. Ist es also, wie

die Sache heute steht, und in Anbetracht, dass dieser Umstellungsversuch nicht an Lionardo's Originalwerk selbst, sondern nur an
einer lückenhaften, unvollendet gebliebenen Stoffsammlung hiezu
vorgenommen wird, nicht viel wichtiger für uns, dass die Umstellung
überhaupt so ausfalle, dass sie den Einblick in den Sinn des
Buchs, wenigstens vorläufig im Ganzen und Grossen, bedeutend erleichtert, wenn auch nicht gleich Alles und Jedes bis in's letzte
Detail seine ganz vollkommen richtige Stellung bekommen sollte?
Mit einem Wort, ist es nicht endlich an der Zeit, dass die Nimbus-
Kruste, die das Werk ganz unnützerweise umgibt, und an der
die in den Codices mangelnde Uebersichtlichkeit so grossen Antheil
hat, einmal energisch durchbrochen werde?

Dies scheint doch wirklich das Wichtigere an der Sache zu
sein, und so haben wir uns nicht gescheut, die Verantwortlichkeit
auf uns zu nehmen, so viel an unsern geringen Kräften ist, hiezu
beizutragen, auch auf die Gefahr hin, von Andern, Einsichtigern oder
gar durch den Fund des Originalwerks selbst des Irrthums baldigst
überführt zu werden. Dabei wurde aber, wie oben schon gesagt,
Allem, was in den Texten selbst einen Anhalt für Erkennung der
Absichten des Autors und der Compilatoren bieten kann, Rechnung
zu tragen gesucht, und vor allen Dingen vermieden, uns geläufige,
moderne Anschauungen gewaltsam einzumischen, oder auch nur
Wiederholungen, die uns lästig erscheinen, zu unterdrücken. Dies
Letztere wird später gewiss auch noch geschehen können, aber jetzt
schien es noch nicht an der Zeit, schon aus dem Grunde, weil
diese vorläufige Klärung der Aussicht auf den Stoff vornehmlich
dazu beitragen soll, das Originalwerk selbst möglichst vollständig
und richtig zu erheben.

Auch werden diese Wiederholungen ja an sich schon weit er-
träglicher, wenn man nicht mehr nach längeren Unterbrechungen
unmotivirterweise auf sie stösst, sondern sie vielmehr in ganz er-
warteter und absichtlicher Manier in Bündel zusammengebunden
sieht. Man vergleicht sie dann bequem als Varianten desselben Gedankens in mehrerlei Verknüpfung mit andern Gedanken, ersieht
klar aus ihnen, welche Dinge Lionardo besonders lebhaft beschäftigten
oder aber ihm Schwierigkeiten machten, so dass er oft und immer
wieder von Neuem sie aussprach oder Anlauf nahm, sie sich vollkommen klar zu machen. Denn diesen letztern Eindruck immer

erneuter Anläufe zu einem stets wieder sich entziehenden weiteren
Ziel machen sie oft; oder sie zeigen auch deutlich das vergebliche
Ringen, das ungeheure Gewebe des ganzen Stoffs der malerischen
Theorie, dessen Fäden alle zu einem Mittelpunkt gehen und sich
hier alle gegenseitig berühren, mit Klarheit und System sich ab-
spinnen zu lassen.

Wo sie aber auch nur Ausfeilungen im Ausdruck darstellen,
schien es doch immer noch der Mühe werth, sie auch so beizu-
behalten und den merkwürdigen Geist, dem sie entstammen, auch
bei dieser mehr äusserlichen Arbeit zu beobachten.

Wie jedoch schon vorher gesagt, erklären sie sich vielfach aus
dem Zweck des Malerbuchs und aus den wissenschaftlichen Anschauungen Lionardo's von selbst, und wo dies der Fall, wäre es
denn geradezu tölpelhaft, sie ohneweiters auszumerzen. Denn bei
Lionardo's in so vielen Dingen nur erst ganz primitiv empirisch
gestaltetem Wissen kann, nach Lionardo's eigenem Sinn, gar Manches nicht als eigentliche Wiederholung aufgefasst werden, was bei
uns und im vervollkommneten Stande unserer verallgemeinernden
naturwissenschaftlichen Anschauungen einem jeden Schüler und
Anfänger wie eine solche vorkommt. So verhält es sich z. B. ganz
sicherlich im Gebiete der Optik. Lionardo ist zwar hier auf Alles
so aufmerksam, dass er sogar Subjectivempfindungen des Auges und
Täuschungen desselben über den wirklichen Natursachverhalt der
Erscheinungen gar wohl wahrnimmt und sich zu erklären sucht,
allein er ist z. B. noch ganz in der Theorie befangen, dass die
Farben den Körpern von Natur und durch und durch angehörige
Eigenschaften sind, die durch das Licht, das ihre Oberfläche trifft,
dem Auge nur erhellt und wahrnehmbar gemacht werden müssen,
so gut wie die Form. Nun bemerkt er aber, dass auch das, für ihn
an und für sich farblose, Licht Farben annehmen und mit sich fort-
tragen kann, er sieht z. B. farbige Reflexe anderen im Schatten befindlichen Localfarben mitgetheilt. Er unterscheidet also erstens
zwischen Naturfarbe der Körper und vom Licht hinzugetragener
fremder Farbe, die sich auf die Oberfläche der Naturfarbe nur zufällig und zeitweise auflegt. Und untersucht er dies Phänomen, so
trennt er mit wissenschaftlicher Peinlichkeit: 1. dauernde Natur-Körper-
farben, die unter dem zufälligen (accidentale) Einfluss von farbigen
Reflexlicht-Scheinbildern stehen, und 2. angenommene, oder mit.

geführte, nur zufällige (accidentali) Farben des Lichts, in Wirkung auf und unter Gegenwirkung von Körper-Naturfarben (colori naturali). Man sieht, es kostet uns sogar einige Mühe, uns diesen Standpunkt nur deutlich vorzustellen, Lionardo aber wagt es nicht, solche und andere derartige Dinge unter einen Hut zu bringen, obgleich auch er der Natur der Sache nach, bei seiner Betrachtungs- und Behandlungsweise von den ihm ganz verschieden erscheinenden Seiten her fortwährend zu Resultaten kommen muss, die einander sehr ähnlich sehen, und uns für wörtliche Wiederholungen gelten müssen. Würde eine Edition solche Dinge nun als lästig über Bord werfen, so würde sie ja vielleicht unserem Verständniss des sachlich wissenschaftlichen Inhalts an sich gerade keinen grossen Schaden zugefügt haben. Sie hätte aber doch die Leichtfertigkeit begangen, das getreue, intime Bild von Lionardo's wissenschaftlichem Vermögen, welches Bild zu bewahren doch auch ihre Pflicht war, um einen Zug zu schmälern. Und was das Künstlerische an der Sache betrifft, hätte sie, und dies aus offenbarer eigener Unwissenheit, noch viel mehr und Wichtigeres versäumt. Gerade der specielle, eben angeführte Fall z. B. hat für die malerische Technik sehr wichtige Folgen. Die Alten malen den Körperschatten zuerst in seiner verdunkelten Naturfarbe hin, und schummern, oder aber lasiren den farbigen Reflex dann darauf. Dies Verfahren gibt bei derartigen Problemen ihren Werken die grosse Wahrheit und Feinheit, durch die sie sich vor Malereien mit Reflexfarben aus mechanischer Pigmentmengung auszeichnen, und hängt, wie man sieht, ganz genau mit ihrer wissenschaftlichen Naturanschauung zusammen.

In ähnlicher Weise sind bei Lionardo auch ferner die subjectiven Farbenempfindungen und das Heller- und Dunklererscheinen der Gegenstände durch Gegensatz (, obwohl Lionardo deutlich sagt, „das sehe nur so aus, und sei eigentlich anders,") doch nicht ohne Weiteres ganz so aufzufassen, wie uns nach dem heutigen Stande der Optik geläufig wäre. Das sind bei Lionardo nur noch ganz zaghafte, erste Versuche, denn was weiss er von der inneren Einrichtung und Function des Sehorgans, oder wie fern steht er gar noch Vorstellungen von der Art der Young'schen Theorie des Farbenempfindens. Wir müssen also überall bemüht sein, wenn wir ihn verstehen wollen, ihm auf seinen Standpunkt zurück zu

folgen und ein paar anscheinende Wiederholungen bei diesem loh-
nenden und interessanten Unternehmen gern mit in Kauf nehmen.

Noch ganz anders verhält sich die Sache aber dann, wenn
man das Buch als das auffasst, was es doch seiner Herkunft und
Bestimmung nach ist, als die Schrift eines Mannes nämlich, der
bei all' seiner vielseitigen Verstandesbildung doch in erster Reihe
bildender Künstler war und sein Werk für Maler schrieb. Es interessirt sich ein Künstler zwar allerdings auch für Naturgesetze um
deren selbst willen, weit interessanter wird es ihm aber sein, wenn
ihm aus deren Kenntniss ein Vortheil für seine Kunstübung entspringt. Dann erfreut er sich mit Unermüdlichkeit an jedem Falle
der Wiederholung, bei dem er aus Zwecken der bildenden Darstellung in der Naturerscheinung oder innerhalb des technischen
Materials auf das Naturphänomen oder -Gesetz stösst. So wiederholt also auch Lionardo das Eintreten seiner, irgend welchen
natürlichen Vorgängen abgemerkten Regeln an allen möglichen Objecten der Darstellung, an menschlichen Figuren, Bäumen, Bergen,
Gebäuden und so fort, und wird nicht müde den Vorgang, wie
derselbe im besonderen Falle die malerische Erscheinung und Darstellung des Objects bedingt, stets auf's Neue zu definiren oder
auch nur zu bestätigen. Hierin zeigt sich der Hauptunterschied
zwischen Geist und Zweck des wissenschaftlichen Forschers und des
Künstlers. Der erstere strebt aus der Mannigfaltigkeit der Vorstellungen der möglichsten Einfachheit des Begriffs zu und beruhigt
sich, sobald er hiebei anlangte. Der Künstler hingegen ist, wenn
er bezüglich des stets sehr einfach gestalteten wissenschaftlichen
Fonds, dessen er bedarf, so weit kam, nur erst auf der Hälfte
seines Wegs und bei der wissenschaftlichen Voraussetzung seiner
Theorie angelangt, denn sein eigentliches Ziel, die Bildnerei, ist
bethätigte Wissenschaft, und ihn erfreut die begriffsmässig formulirte Wahrheit erst dann, wenn er, im tausendfältig Concreten sich
ergehend, sie überall wiederfindet und verwerthen kann.

Wer möchte denn überhaupt im Stande sein, eine Theorie
der Malerei zu schreiben, die ein Künstler bei seiner Arbeit
soll verwenden können, ohne sich oft wiederholen zu müssen.
Knappheit und Straffheit der Darlegung, wie sie im Stile anderer
Literaturfächer Forderung sein mag, würde hier für den rechten
Leser ganz einfach höchst unbequem werden und unausgesetzt Un-

verständlichkeit zur Folge haben. Zuerst ist das Gesetz aus der Naturerscheinung und dem Naturvorgang, oder aus diesem und des Materiales Eigenschaft zu schöpfen. Dann ist des Gesetzes Brauchbarkeit für bildnerische Verwendung genau zu erweisen und zu limitiren. Das constituirt den ersten Fall von Nothwendigkeit der Wiederholung. Und endlich muss das Thema an concreten Beispielen der Darstellung auf's Neue in seiner Anwendbarkeit veranschaulicht werden. Sobald nun diese Beispiele, wie oft genug der Fall, nur halbwegs complicirte sind, bei denen ohnedies schon Zusammennahme der Einbildungskraft erforderlich ist, so wäre es geradezu eine Unbilligkeit von Seiten des Autors, den Leser auch noch zum Nachschlagen in vorausgegangenen Capiteln zu zwingen, er wird seiner Aufgabe nur gerecht und erwirbt sich Dank, indem er das früher im Allgemeinen Formulirte der Leichtverständlichkeit halber specialisirend wiederholt; nur so vermag er, sich im einzelnen Fall präciser auszusprechen und die Vielverwendbarkeit wie Variabilität einer Regel dem Schüler fasslich, wenn auch unmöglicherweise erschöpfend, zu zeigen. Die Abfassung eines Buchs für Maler unterliegt also ganz anderen Bedingungen, als die eines rein wissenschaftlichen, und noch weit weniger als in wissenschaftlichen Werken kann bei ihr auf den Geschmack schöngeistiger Lectüre Rücksicht genommen werden. Also auch deshalb ist vorläufig, und bevor wir nicht weit klarer über Lionardo's Absichten sind, als wir bis jetzt sein können, keine einzige Wiederholung auszumerzen.

Das Gesagte gilt, wie sich von selbst versteht, für die angebliche Unordnung in der Stoffdarlegung zum Theil mit. Wo für einen anderen Leser Verwirrung und Schwerfälligkeit des Gedankengangs zu herrschen scheint, sieht der Bildner, der Anwendung gedenkend, oft gerade mit Wohlgefallen Klarheit und Promptheit der Darstellung. Und endlich ist er ja durch seines gesammten Lebens Thätigkeit an eine ganz andere Art der Logik gewöhnt, als der Gelehrte. Recht liest er ja ein theoretisches Werk erst in praktischer Erprobung und in nächster Beziehung zum sinnlichen Machen seines eigenen Bildwerks. Und bei den so verschiedenartigen Entstehungsstadien eines solchen ist er fortwährend darauf hingewiesen, den einen oder anderen Gedankengang eine Zeit lang zu unterbrechen, ja den Endzweck des Machens, das innere Phantasiebild, bei Seite zu legen, um nach einander ganz verschiedene Gänge des Denkens und Thuns bis zu einem gewissen Grade zu führen. Das kann ihn auch gar nicht verwirren, er benöthigt, um hievor bewahrt zu bleiben, gar nicht der straffen Einheit des Begriffsganges, deren stets mit Leichtigkeit wieder aufzufindende Logik sich der nur innerlich arbeitende Verstand des Gelehrten mit Sorgfalt herstellen muss. Sein entstehendes Werk steht ja mit sinnlicher Deutlichkeit vor seinem A u g e und wird ihm immer auf's Neue unfehlbar genau und ohne alle Schwierigkeit sagen, wo seine, das Mannigfaltigste zur Schaffung herbeitragenden Gedanken jedesmal das Herbeigetragene anzubringen und neben Anderem, oder mit Anderem in Vermischung anzuknüpfen, zeitweilig Liegengelassenes wieder aufzunehmen haben. Er wird z. B. nie fürchten müssen, dass er die Weiterführung des Colorits darum verliere, weil er, sich unterbrechend, zuvor einen entdeckten Fehler der Linearperspective gründlich berichtigt, und dabei Tage und Wochen lang verweilt. Sein Kunstwerk und dessen vielseitige Vollendung sind der greifbare Leitfaden und Schlussstein all seines Thuns, Brennpunkt der Logik seiner sämmtlichen theoretischen Gedanken, und können ihm gar niemals abhanden kommen.

So erklärt es sich denn auch vollauf, dass ehedem, als der Tractat in Gestalt der Dufrèsne'schen Ausgabe oder in deren nahezu hundertfältigen Nachbildungen im häufigsten Gebrauche war, die Klage über Unordnung nicht sowohl auf Seiten derjenigen Künstler vernommen ward, die trotz all der gerügten Mängel ruhig fortfuhren das Buch zu studiren und den grössten Nutzen daraus zu ziehen, es also in der Praxis recht im eigentlichen Sinne von innen heraus und lebendig verstanden, als auf Seite der Nichtkünstler, die es nur in abstracto sich klar zu machen suchten. Und es ist Zehn gegen Eins zu wetten, dass, wenn es mit Beihilfe auch des sublimsten „philologischen Rüstzeugs" dereinst gelungen sein wird, das Buch in seiner richtigsten und concisesten Originalgestalt nach Kräften wiederherzustellen, gerade die Männer, die dies Rüstzeug im Wappen führen, diejenigen sein werden, die auf's Neue wie vor einem Buch mit sieben Siegeln dastehen werden.

Aus allen diesen Gründen geht unser Umstellungsversuch auı weiter Nichts aus, als die Uebersicht über den Inhalt und somit auch das Verständniss der Theorie Künstlern und Nichtkünstlern zu erleichtern und des Buches Gebrauch bequemer zu machen, indem sie, innerhalb der von den Compilatoren angeordneten Haupttheile alles nur erst conceptmässig und provisorisch Eingetragene deutlicher zusammengruppirt und hiebei zugleich jene Gesichtspunkte berücksichtigt, nach denen Lionardo sein „Büchlein zusammenweben" wollte. Alle Kürzungen wird sie hiebei vermeiden. Wie des Malerbuchs von Lionardo selbst verliehene Schlussfassung möglicherweise beschaffen gewesen sei, damit hat unser Versuch selbstverständlicherweise nichts zu schaffen. Nur Eines darf gesagt werden: Zeigt es sich, dass wir auf die Auffindung dieses Originals verzichten und uns nur mit Ergänzungen des Stoffs aus den Notizbüchern begnügen müssen, so wird auch wahrscheinlich dann das Klügste sein, die neuen Erhebungen in den Plan der Compilatoren einzuordnen.

§ 7.

Die Textumstellung gehört bereits in's Gebiet der Interpretation. Die Commentirung des Specielleren betrifft Wissenschaftliches und Künstlerisches.

In der erklärenden Beigabe zum Mailänder sog. Saggio hat Herr Professor Govi mit viel Geist und Belesenheit den Versuch gemacht, aus allen bekannt gewordenen Notizen Lionardo's, die von allgemein naturwissenschaftlichen, physikalischen und mathematischen Dingen handeln oder mechanische Erfindungen betreffen, ein Gesammtbild vom wissenschaftlichen Geist und Standpunkt des Autors zusammenzustellen, und hat alledem eine gewisse Pointe verliehen, indem er Ausblicke auf die spätere Entwicklung der exacten Wissenschaften in diese Betrachtung verwob und das Verhältniss der wissenschaftlichen Einzelfunde Lionardo's zu dieser Geschichte der Wissenschaften beleuchtete. Für uns liegt aber die Frage der wissenschaftlichen Standpunkte Lionardo's anders, denn im Tractat spielen dieselben nicht die Hauptrolle. Es wurde also nicht der Beistand eines Fachmannes angerufen, sondern, was Wissenschaftliches vorkommt, soll, soweit dies nöthig erscheint, ganz objectiv und ohne weitere Erörterung, weder seiner Herkunft, noch seiner wissenschaftlichen Bedeutung für die Folgezeit, zusammengestellt und nur insofern in Betracht gezogen werden, als es am Fundament der malerischen Theorie des Autors Theil hat.

Jedem Schmuck von Citaten aus Werken der classischen und Renaissancephilosophie und Wissenschaft wird die Interpretation aus Gefühl des Ungenügens der diesbezüglichen Kenntnisse des Verfassers und aus den übrigen in § 4 dargelegten allgemeineren Gründen entsagen müssen.

Was aber gar den Commentar von Lionardo's künstlerischer Lehre anlangt, so kann er nur das Stammeln eines Schülers und Anfängers sein. Den rechten Commentar dieses Buches empfängt nur, wer durch das Lesen zum praktischen Versuch aufgeregt wird, und hiebei durch vergleichendes Studium vorzüglicher Werke der Renaissance seinem sich schärfenden Auge stets vorhält, bei welcher Genauigkeit es anlangen müsse.

Findet das Buch solche rechte Leser, so muss der Nutzen, den es stiftet, ein ganz ausserordentlicher sein. Es wird eine feste Burg gegen den Dilettantismus werden, dessen Schwall unsere lebendige Kunst mit immer grösserer Zudringlichkeit überschwemmt. Man könnte das Buch nennen: „Die Erziehung des bildnerischen Talents und Charakters zur Ausübung der Malerei, oder die exacte Erziehung des Auges und inneren Sinnes zum malerischen Sehen und Vollenden." Es ist die glorreiche Verkündigung des Sieges der höheren Kunstlehre über die Meisterschule, der Katechismus jener Akademie, welche bei uns durch die Ausartung ihrer letzten Repräsentanten so sehr in Misscredit kam, bei ihren Begründern sich aber als eine höchste Potenz von Einsicht und Geistesfrische darstellte.

Solchen Geistes Wiedererweckung wird die Frucht dieses Buches sein. Diese neue Akademie wird sich weit über die Mauern der officiellen Anstalt hinaus erstrecken und, wie einst, eine freie, nur durch die innere Gesinnung eng verknüpfte Genossenschaft von Lernenden werden. Bei den Fundamenten muss anfangen, wer hier mitbauen will, und die ersten Schritte werden sich auf sehr Bescheidenes und der Verborgenheit Geweihtes beziehen. Aber nicht todte Regeln, sondern lebendige Weisen des Erlernens werden geschaffen werden und auf solcher Grundlage mögen Spätere, Glücklichere und von einer günstigeren Zeit dann auch besser Getragene den Bau fröhlich und kraftvoll zu Licht und Sonne führen.

II. SACHLICHE ERÖRTERUNGEN UND NOTEN

des Uebersetzers

zum Buch von der Malerei des Lionardo da Vinci.

———

Erster Theil.

Wohl kein Theil des Lionardo'schen Tractats klingt fremd-
artiger in unsere Zeit herüber, als der erste. Unterzieht man heute
das bildnerische Talent und seine Thätigkeit allgemeinen Betrachtungen, so geschieht dies fast ausschliesslich bezüglich solcher Dinge,
an welchen die Untersuchung zu hellen und praktisch verwendbaren
Resultaten kaum gelangen kann. Man sucht die Fähigkeiten zu
definiren, deren Zusammentreffen das Talent ausmacht; man er-
geht sich in Erörterungen über den sogenannten geistigen Process
des Heranbildens künstlerischer Vorstellungen; man stellt Hypothesen
auf über die geeignetsten Aufgaben und die Zurechtlegung des gegen-
ständlichen Inhaltes der Kunstwerke. Seit mehr als hundert Jahren
hat diese Betrachtungsweise in immer weiteren Kreisen Raum gewonnen, und innerhalb derselben haben sich die mannigfachsten
Meinungsabstufungen zeitweilige Geltung verschafft, die, da eine jede
von ihnen die Reformation der Kunst zum Ziel zu haben vorgab,
zuweilen heftig aufeinanderplatzten. Allein bei Lichte besehen, sind
sie sammt und sonders nur Wellenbewegungen der nämlichen
Strömung gewesen, vom vornehmen Dogma höchster Idealität des
Kunstinhaltes an, durch alle Degradationen der Beanspruchung
populärer Allgemeinverständlichkeit hin, bis hinab zur Documen-
tation des Talents aus der blossen Fähigkeit des Träumens. Wo
sie sich Gehör verschafften, haben diese Doctrinen auch stets und
ohne Ausnahme die ähnliche Wirkung auf Ausübung und Beurthei-

10*

lung geäussert. Sie haben die Aufmerksamkeit von vorurtheilsloser
und gerechter Wahrnehmung des specifisch bildnerischen Werthes
und vom Vollenden der Erscheinung auf wandelbare Phantome des
Modegeschmacks, im allergünstigsten Falle höchstens auf das An-
fänglichste und Allgemeinste der Conception abgelenkt. Somit
legten sie der Bildnerei, statt dieselbe zu fördern, Hemmniss gesunder
und rascher Entwicklung in den Weg und schlugen der darstellen-
den Kraft zum Theil schwer heilbare Wunden.

Bei Lesung des Lionardo'schen Tractats leistet Bekanntschaft mit allen diesen Dingen nur einen Dienst, sie verhilft auch
heute noch zu genügend lebhafter Vorstellung vom Wesen jener
scholastischen „im Geist verharrenden Wissenschaften", über die
Lionardo so oft die Schalen seines Zorns und Spottes ergoss; wer
dagegen bei solcherlei Discussionen etwa wissbegierig in die Schule
ging, sehe zu, dass er sich der Verschwommenheit dort eingesogener
Begriffe erledige, sonst wird er schwerlich zu Genuss und Verständniss
des ersten Theils von Lionardo's Buch gelangen, denn es müssen
sich ihm die Unterschiede zwischen den Künsten der Malerei und
Bildhauerei, ja selbst die Grenzen zwischen Bildnerei und Poesie
fast bis zur Unkenntlichkeit verwischt haben.

Schlicht und kernhaft spricht Lionardo die Gesinnung aus,
welche die Renaissancebildnerei zu Gedeihen und höchstem Ansehen
vor allen anderen Künsten der Zeit geführt hatte: „Die Erfindung
ist frei und das Leichteste an der Kunst. Das Schwierigste und
Vornehmste ist die vollendete sinnliche Bethätigung. Diesem Vollenden zu Liebe gibt es eine vielfältige Wissenschaft der Malerei."

Mit gerechtem Stolz durfte Lionardo auf diese Wissenschaft
hinweisen. Ihr hatte seit mehr als einem Jahrhundert eine Reihe
von Männern obgelegen, welche die Kunst sinnlichen Gestaltens
bis in die anscheinend letzte Fertigkeit des Händewerks hinab zu
durchgeistigen gewusst, aus Gelegenheit des bildnerischen Machens
den Blick weit über die spiessbürgerliche Enge der Meisterstube
hinaus erhoben hatten und in die vordersten Reihen der Bildung
ihrer Zeit getreten waren. Wohl ist das kunstvoll verschlungene
Zeichen, das Lionardo für seine Mailänder Akademie ersann, ein
treffliches Symbol der vielfältigen Geistesthätigkeit, in der alle Wege
zum Mittelpunkt des Bestrebens, zur Vollendung des Kunstwerks
hinführten.

Ueberdem hat man sich zu vergegenwärtigen, dass nicht nur dies Ziel der Vollendung in glänzender Weise erreicht worden war. Auf denselben Wegen hatten Künstler aus bildnerischen Zwecken einem Studium der Natur und der Vorgänge des Sehens obgelegen, in Folge dessen sie ausserdem auch noch im Stande waren, das von den Wissenschaften Empfangene mit Wucherzinsen zurückzuerstatten, indem der Maler bei der Vielfachheit seiner Beobachtungsprobleme die Aufmerksamkeit des Forschers auf neue Themen und Experimente lenkte, oder aber, entweder selbstständig oder Hand in Hand mit den ersten Lichtern damaliger Wissenschaft, Neues entdeckte. Und der Umstand, dass eine Persönlichkeit häufig die Künste des Malers, Bildhauers, Architekten und Ingenieurs in sich vereinigte, brachte Individuen hervor, die Bekanntschaft mit verschiedenen Zweigen der Naturwissenschaft und Physik und Einblick in den Zusammenhang von Dingen besassen, die zu sehr verschiedenartigem Gebrauch bestimmt zu sein scheinen.

Noch mehr. Zwar mochten auch noch spätere Akademiker, die diesen Ehrennamen thatsächlich zu tragen bestrebt waren, sagen können, ihre Kunst sei eine Wissenschaft. Indess muss doch ein gewaltiger Unterschied obwalten zwischen dem Selbstgefühl eines Mannes, der die Mittel der Theorie aus Anderer Händen empfing, sein Studium mit Bequemlichkeit und ohne Widerspruch betreiben konnte, und dem Stolze eines Solchen, der aus Leidenschaft zur Kunst gegen das abergläubische Vorurtheil seiner Zeit in gefährlichen Kampf trat, und in Gemeinschaft mit andern kühnen Bahnbrechern der Naturwissenschaft die ersten Blicke in das Geheimniss des menschlichen Organismus zu thun wagte; der dann weiterging und der Universalität in Darstellung aller Thiergestalt zu Liebe noch andere, bis dahin gänzlich ungeahnte Wissenszweige betrieb, wie vergleichende und messende Anatomie, der fernerhin begann, Statik und die Lehre von der Schwerkraft auf des Thierkörpers Beweglichkeit anzuwenden, an allen diesen ganz neuen Dingen nicht nur als Empfänger, sondern als Mitentdecker sich betheiligend. Mit welcher eminenten Geistesfrische wird ein Solcher an's Werk gegangen sein, das Neuentdeckte bei Gestaltung seiner Figuren zu verwerthen. Und wenn er es aller Richtigkeit und Feinheit voll der Mitwelt kunstgerecht vor Augen stellte, durfte er alsdann nicht erwarten, dass ihm der Beifall aller Einsichtigen entgegen käme,

musste er nicht von edler Ungeduld brennen, dass der Widerspruch der Trägen und am Fleck Verharrenden zum Schweigen gebracht würde?

So ist es auch nicht ganz dasselbe, ob Einer die Regeln
der Linearperspective als fertigen Apparat überliefert bekommt
und denselben fast mechanisch verwendet, oder ob er bei Erfindung und Verwendbarmachung dieser Regeln selbst Hand mit
anlegte, und dabei stets im Sinne hatte, dass es die ersten
deutlicheren Vorstellungen von den bis dahin für durchaus räthsel-
haft erachteten Vorgängen des Sehens waren, die er hier
gewann. Schon die alten Namen für die Elemente des Constructionsverfahrens: „das Auge, das sieht, die Sehstrahlenpyramide, die Aussicht", zeigen uns an, wie lebhaft dieser Gedanke zur Seite stand,
wenn man die perspectivisch richtigen Bilder der Dinge aus den
realen Maassen und Linienrichtungen der Proportionstafel entwickelte. Man war stets von dem Bewusstsein mitgetragen, dass
man in seinen Kunstwerken dem Beschauer die Vorgänge des Sehens
auf's Ueberzeugendste und Ueberraschendste vordemonstrirte. Und
mit derselben liebenswürdigen Frische ward dies von den Beschauern
auch wirklich so aufgefasst. Aus der Kunstliteratur der Renaissance
liesse sich eine ganze Reihe von Apparaten zusammenstellen, die
von Künstlern und Laien ausgedacht wurden, um den Vorgang des
perspectivischen Sehens objectiv zu versinnlichen. Die Gebildeteren
aus allen Ständen interessirten sich auf's Lebhafteste für diese
Errungenschaft der Kunst und Wissenschaft.*)

*) Es sei gestattet, hier einen höchst liebenswürdigen Zug aus der „Per-
spective" des Patriarchen von Aquileja, Daniel Barbaro mitzutheilen. Barbaro
erzählt (pag. 191 der Venetianischen Ausgabe von 1568), Albrecht Dürer
habe ein Instrumentlein erfunden, durch das man sehr schwierige perspectivische Aufgaben auf's Genaueste könne lösen lassen. Dies Instrument
bestand in einem viereckigen Blendrahmen, in dessen Innerm man viele verticale und horizontale Fäden anbringen konnte. An dem Rahmen bewegte sich ein
Thürlein, das, wenn man es zuklappte, dicht an den Rahmen und die Fäden
anschloss. Man stellte den Rahmen, recht gut befestigt, senkrecht auf einen
Tisch. Dahinter legte man z. B. eine Laute. An der Wand vor dem Rahmen
sitzt in einem Ring ein feiner, starker Bindfaden mit dem einen Ende fest.
Dessen freies Ende lenkt man straff durch den offenen Rahmen nach einem
Punkt des Umrisses der Laute, und wo der Bindfaden den Rahmen durch-
schneidet, lässt man einen senkrechten Faden auf ihn herabfallen. An den
Berührungspunkt beider Fäden lenkt man nun auch einen Horizontalfaden im

Grosse Künstler fertigten mit Lust Theaterscenerien von erstaunlicher perspectivischer Wirkung an, und selbst hochgestellte Geistliche, wie z. B. Barbaro, wetteiferten hierin mit ihnen. Das unterhaltende Spiel „der Augentäuschung" durfte in keinem Palaste fehlen. Selbst Portraits wurden mit reichen perspectivischen Hintergründen verziert, und der späte Accolti rechnet es den Portraitmalern seiner Zeit als ein Zeichen der Geringheit ihrer Vorstellungen von Malerei an, dass sie sich auf diesen feinen Kunstgriff nicht mehr verständen und ihre Hintergründe mit, für die Raumidee durchaus gleichgiltigen Farbentönen ohne Form ausfüllten. Nur wachsen konnte aber das Ansehen der „Lehre vom Sehen" dadurch, dass man der Constructionstafeln halber genöthigt war, sich von der darzustellenden Dinge Maass und Gestalt in der That die allergenauesten Vorstellungen zu verschaffen. In dieser Beziehung betrieb der Maler das Sehen wirklich in einer Weise und gewann Vorstellungen, die wohl mit dem Namen exacter Wissenschaft belegt zu werden verdienten. „Das Wissen der Maasse und Figuren der Gestalt ist dem Maler, wie dem Bildhauer, allezeit gegenwärtig" sagt Lionardo.

So ging es in allen Dingen weiter, die mit dem Studium der Natur in Zusammenhang standen, in der Lehre von den Farben, von der Farbenperspective, von Schatten und Licht, nirgendwo that sich die Liebe zur grossen Meisterin mit blos sentimentalem, unzusammenhängendem und zufälligem Nachahmen genug, sondern sie trieb den hellen, jugendfrischen und energischen Sinn bis zur wissenschaftlichen Ergründung der Ursachen.

Auch beim Studium der Antike tritt dies hervor. Was will es im Vergleich zu Alberti's, della Francesca's, Lionardo's, Rafaël's Antikenstudium bedeuten, wenn ein moderner Bildner oder Ge-

Rahmen und färbt die Durchkreuzungsstelle der beiden Fäden im Rahmen mit einem leicht abgebenden Pigment. Dann zieht man den straffgespannten Bindfaden hinweg und klappt das Thürlein zu; der gefärbte Kreuzungspunkt der Fäden im Rahmen wird sich selbst auf der Innenseite des Thürleins abdrucken. So verfährt man der Reihe nach mit vielen Punkten des Lautenumrisses, und endlich wird auf dem Thürlein das Lautenbild genau so gezeichnet sein, als ob man es vom Ring an der Wand aus sähe. Mit diesem Instrument, so schliesst Barbaro, habe er vor Sr. Eminenz dem Cardinal Turrone viele Gegenstände in dessen Zimmer aufgenommen, zu grossem Ergötzen dieses Herrn.

lehrter sich in stimmungsvoller Weise in das Allgemeine des Ausdrucks oder des oberflächlichen Reizes antiker Bildwerke vertieft?
Gewiss weit feinfühliger und energischer empfanden dies auch
Jene, doch schien ihnen das sehr wenig. Sie maassen die verschiedenen Typen aus und verglichen dieselben messend mit hundertfältigen Charakteren der lebendigen Natur. Sie schärften ihre
natürliche Anlage zum Erkennen räumlicher Maasse und Richtungen
durch geometrische Uebungen der erstaunlichsten Art. Die Viel-
flächner, welche Lionardo für Pacioli gezeichnet hat, und die complicirten und künstlichen Verzierungsfiguren, denen man so häufig
im alten Bücherdruck begegnet, sind Meisterwerke stereometrischer
Exactheit. Nicht ein dunkles Ahnen und Sehnen blieb ihr Gefühl
für Proportion und Harmonie der Grössen und Richtungen. Sie
bewiesen im Streben nach Präcisirung und Verfeinerung ihrer Naturanlage, wie ernsthaft mächtig in ihnen das Philosophenwort lebte,
Harmonie sei der höchste Wunsch der Seele, und sollte ihre Bildnerei
allezeit von den innern Ideen, von denen Plato schreibt, in Figuren
etwas ausgiessen können, so glaubten sie nicht im Entferntesten, dass
hiezu bereits der blosse uncultivirte Instinct genüge, sondern wussten
gar wohl, dass der Geist sich um Philosophie beworben haben müsse.
   Im Hinblick auf diese Leistungen und diese Gesinnung wird
Lionardo's Wort, die Malerei sei eine Wissenschaft, auch heute
noch ganz im eigentlichsten Sinne genommen werden dürfen. Gäbe
es Künstler, die ihr Sehen und Machen so zur eignen Wissenschaft
zu gestalten und es mit Wissenschaft im allgemeineren Sinne in
so nahe Beziehung zu setzen wüssten, auch ihnen würde man dies
Zugeständniss willig machen. Dagegen sind die Eindrillung von ein
paar Handwerksgriffen der dürftigsten Technik, eine oberflächliche
und beschränkte Manier der Modellmalerei — wenn es hoch kommt,
Nachzeichnen der Muskelanatomie einer Gypsfigur — einige Belesenheit in populärhistorischer und poetischer Literatur und pro-
funde Kenntnisse im Fache der Schneiderarchäologie leider keine
Wissenschaften, und wer hofft, dass mit ihrer Hilfe die Bildnerei
es dem Können der Renaissance wieder gleichthun werde, dürfte
den Ansatz einer Rechnung zu niedrig gegriffen haben.
   Wie man sich beim Vergleich der Malerei mit den Wissenschaften die Umstände zu vergegenwärtigen suchen muss, unter
denen Lionardo schrieb, so hat man dies auch zum Verständniss

des Wettstreits mit der Dichtkunst zu thun. Einem Jeden wird
sich bei diesem Fascikel des ersten Theils der Gedanke an Lessing's
Laokoon nahe legen. Wer aber aus der letzteren Schrift Conse-
quenzen für die Malerei und deren Verfahren ableiten wollte —
was ja doch Lessing's eigene Absicht nicht war, da dieser nur
die Reformation des zeitgenössischen Geschmacks in der Poesie
im Auge hatte — der müsste offenbar Lionardo's Gedanken
hiebei zum Correctiv nehmen. Er muss unter der Kunst der
deutlichsten Illusionen sich nicht etwa eine Bildnerei vorstellen,
die sich daran genügen lässt, durch eine nur nothdürftige Erscheinung die innere Phantasie wie durch ein Symbol oder durch
Worte zum Verstehen der Absicht angeregt zu haben, sondern
eine solche, die gleich der antiken oder der Renaissancekunst
eine Erscheinung zu Wege bringt, welche vermöge der höchsten
Präcision ihrer Gediegenheit und ihres Reizes nicht mehr den Eindruck des nur Gedachten und der Ergänzung Benöthigten macht,
sondern den des Persönlichen, mit eignem, selbstständigem Leben
Ausgestatteten. Denn diesen Eindruck empfangen wir in der That
von guten Werken der Renaissance und Antike. Wenn Lionardo
sagt, die Malerei sei im Stande, so lebhafte Illusionen hervorzubringen, dass dem Bild nur die Worte zu fehlen schienen, so ist
das bei diesen Werken zutreffende Wahrheit. Nicht, dass hiermit
die materielle Täuschung des Auges durch den Anschein des Solid-
körperlichen gemeint wäre; weit entfernt, vielmehr ist das Bild mit
seinen eignen Bedingungen gänzlich aus den Bedingungen der realen
Umgebung hinaus versetzt in eine ihm eigne Sphäre. Und innerhalb dieser herrscht eine solche Harmonie und innere Richtigkeit,
dass der Beschauer gleichfalls der Wirklichkeit entrückt wird, und,
mit dem Bild allein gelassen, wie in einem Zauber befangen, Rede
und Gegenrede mit des Bildwerks Persönlichkeit glaubt wechseln
zu können, indem er sich ahnungsvoll in die feierliche Stimmung
einer gesteigerten geistigen Existenz versetzt fühlt. — Doch sind
dies allerdings Empfindungen, die sich dem, der sie nie hegte oder
ihrer nicht fähig ist, durch Worte schwer werden begreiflich machen
lassen, und es wird gut sein, dass man sich dem Verständniss
der Lionardo'schen Worte zu Liebe auch die Empfänglichkeit des
Publicums als eine weit feinere und edlere vorstelle, als unsere
Zeit sie gemeiniglich anerzieht.

Unter diesen Voraussetzungen ist die Malerei aber wirklich die Kunst einer helleren und präciseren Illusionswirkung, und es ist kein leerer Klang, dass sie im Besitz einer höheren Potenz der Harmoniewirkung aller ihrer Theile sei, als das Dichterwerk, dessen Harmonie sich erst nach Zeitverlauf und folglich weniger klar und vollständig in des Geistes Erinnerung herstellen muss, nachdem das Ganze bruchstückweise vernommen ward. Dabei fehlt dieser nur in der Einbildung empfundenen Harmonie nicht nur der Zauber der grösseren Lebendigkeit und Geschlossenheit an sich, sondern auch gänzlich das Element der thatsächlichen Erscheinung und der specifisch sinnlichen Harmoniewirkung aller Theile derselben. Nur muss, wohlverstanden, auch zum Empfinden dieser letzteren Elemente, immer wieder ein Auge des Beschauers vorausgesetzt werden, dessen Fähigkeit bis zu hohen Graden des Bedürfnisses und Bewusstseins durch sorgfältige Erziehung gesteigert ward. Wohl nur Wenige möchte es in unsern Tagen geben, die im Stande sind, das Wort: Harmonie sei nur Augenblicken und der Gleichzeitigkeit der Wirkung verschiedener Elemente eingeboren, in der ganzen, entzückenden Wahrheitsfülle seines Sinnes vor Bildwerken zu erfassen. Wir stehen auch in diesen edelsten Dingen, einer grösseren und mit machtvollerer Empfindung ausgestatteten Vorfahrenschaft matt gegenüber.

Andererseits ist es sehr bezeichnend und verdient unsere Aneignung, dass sich Lionardo nicht im mindesten den Kopf über die Fähigkeit der bildnerischen Erscheinungsform zerbricht, ausseranschauliche Gedanken und Empfindungen verständlich werden zu lassen. Er kennt gar keine absolute Erscheinung. In seiner gesunden und ungetrübten Vernunft weiss er sehr wohl, oder setzt vielmehr als vollkommen natürlich und selbstverständlich, der Erörterungen gar nicht bedürftig, voraus, dass bei allem Verstehen überhaupt ein bekannter oder bestimmt vorschwebender Zweck des zu verstehenden Gedankens dem Verstehenden die Richtung zu zeigen hat. Kann uns doch die gleiche Sache, der nämliche Ausdruck, unter verschiedenen Umständen und zu veränderten Zwecken angewandt, sehr vielerlei bedeuten, und es müssen jedesmal alle die Fähigkeiten unseres Organismus, deren Mithilfe und Mitempfinden nothtut, sammt ihrer Erfahrung lebendig werden, wenn durch Wort, Erscheinung, oder durch welche Anregung es auch immer

sei, bestimmte und sachgemässe Vorstellungen in uns hervorgerufen
werden sollen. Sich über das verbreiten wollen, dessen die Bildnerei
hier fähig ist, oder was sie hier zu thun habe, heisst genau so viel,
als sich überhaupt in Definition der Fähigkeit unserer Seele ver-
tiefen, verständlich, zweckentsprechend und unter Einhaltung in sich
logischer Richtungen zu denken. Lionardo stellt also der Behauptung
von der einseitig und absolut anschaulichen Erscheinung mit drastischer
Schärfe und Ironie die eben so unzulängliche Behauptung der Wort-
form, des reinen Wortklangs entgegen, und ruft den Gegnern in's
Gedächtniss, dass beim Vernehmen von Wortklängen das Erwachen
der associativen Thätigkeit der in Betracht kommenden Phantasie-
gebiete erst recht nothwendig wird, wenn für den vorliegenden
Fall durchaus zutreffende Vorstellungen zu Stande kommen sollen.
Zum treffenden Beweis, wie grossen Schwankungen das Verständniss
von Worten ausgesetzt sein könne, führt er die Verschiedenheit der
Sinnescommentirung an, die Dichterwerke erfahren.

Doch hebt er auch die Specialität des Bezeichnens hervor, das
die Erscheinung leistet. „Was ist näher beim Mann, dessen leibhaftige Erscheinung mit allen Besonderheiten der Individualität, oder
der Name Mann? Die erstere ist allen Nationen und Generationen aller
Zungen sofort verständlich, und es wäre eine langwierige Sache,
mit Worten alle ihre Besonderheiten schildern zu wollen. Nur
Worte der Menschen stellt ihr mit entsprechender Vollkommenheit
und sinnlicher Wahrheit dem Gesammtsinn vor, da sie ihrer Natur
nach durch's Ohr eingehen; hierin übertrefft ihr die Malerei, die
Solches gar nicht kann anstreben wollen. Doch bedarf es zum
Verständniss dessen, was Worte vorstellen, nebst vielem Anderm
auch der Erfahrung und Erinnerung der Anschauungskraft und
unter dem entsprechenden Vorbedingungen genügt es zum Verstehen
des geistigen Sinnes von Erscheinungsformen und der Meinung
gemalter Sprechender und Handelnder, dass Umstände und Ge-
sticulation in ihrer Erscheinung erfahrungsmässig passlich seien,
wie man sie der Natur ablauschen kann. Mehr müsste man nur
Unvernünftigen oder Narren über das sagen, was sie hier thun
und lassen sollen. Geschah aber das Vernünftige im Bildwerk,
so ist die Wirkung weit unmittelbarer und eindringlicher, als
die von Worten oder gar nur Geschriebenem, und höchst vielseitig ist sie kraft der vielfältigen und energischen Theilhaber-

schaft des Gesichtssinnes an der Bildung des Gesammtbewusstseins."

Dann nennt er zur grösseren Verdeutlichung des Gesagten die
Bildnerei eine Kunst für Taubstumme, die Poesie eine Kunst für
Blinde, und weist an diesen drastischen Beispielen eines krüppel-
haften Gesammtbewusstseins der Seele nach, wie viel mehr die
Malerei durch ihre erscheinungsmässige Ausdrucksform für das
associative Gesammtverstehen zu leisten vermöge, als die Rede, und
um wie viel grösser und deutlicher das vom Auge ernährte Gebiet
der Phantasie sei, als das vom Ohr ernährte.

Gegen dies Alles ist bei reiflicher Ueberlegung nichts einzuwenden. Sophistischer Sylbenstecherei wird man den Autor nirgendwo
zeihen können, vielmehr wäre vielleicht wünschenswerth, dass in
unsere heutige Gewohnheit des Denkens über diese Dinge ein Theil
von des Meisters Einfalt und sinnlicher Schärfe wieder Eingang
fände. So müssen auch die sinnliche Kraft seines Ausdrucks
und der Humor seiner Ironie als wahrhaft klassisch bezeichnet
werden.

Lionardo war selbst ein gewandter und zierlicher Improvisator.
Es wird von ihm berichtet, dass er die gewählteste Zuhörerschaft
durch seine aus dem Stegreif vorgetragenen poetischen Ergüsse
trefflich zu ergötzen verstand.*)

Die Musik erfasst Lionardo vor allen Dingen bei dem ihr
eigenthümlichen Vorzug der gleichzeitigen Harmoniewirkung durch
Klänge. Wegen dieser Eigenthümlichkeit würde er sie mit der
Malerei auf gleiche Stufe stellen, wenn die musikalische Harmonie nicht flüchtiger wäre, als die der Erscheinung, und das
selbstständige Gebiet des Gehörsinnes, der Klang, nicht weniger
deutliche und mannigfaltige Vorstellungen beherrschte und berührte,
als das Gebiet des Auges. Lionardo muss also, um so klar und
verständig zu denken, trotz seiner notorischen Liebe zur Musik
sehr weit von der Belästigung dieser edlen Kunst mit Gedanken-
und Empfindungsmalerei und von der unklaren Musikschwärmerei

---

*) Man hat ihn bis auf die neueste Zeit für den Verfasser des schönen
Sonetts gehalten: „Chi non può quel che vol, quel che può voglia!" Allein
Uzielli hat nachgewiesen, dass Lionardo sich dies Gedicht nur in eines seiner
Notizbücher aufgezeichnet hat, und dass ein Herold der Stadt Florenz der
Dichter ist. .

späterer Tage entfernt gewesen sein. Ein Urtheil aus Erfahrung
stand ihm sicherlich zu. Er verstand nach dem Zeugniss der Zeitgenossen nicht nur mehrere musikalische Instrumente meisterhaft
zu spielen, sondern hat deren sogar Einige ersonnen und mit eigener
Hand vortrefflich gebaut. So lässt er sich denn auch bei diesem
Vergleichspunkt ohne allen Beigeschmack unpräcisen Träumens vernehmen, seine Worte sind so einfach und drastisch, dass ein Kind
sie verstehen möchte, aber auch so, dass der Vielerfahrene schwerlich bei einem zutreffenderen Schluss würde anlangen können.

Was endlich den Rangstreit der Malerei mit der Bildhauerei
anlangt, so tritt hier am allerdeutlichsten die Auffassung der Kunst
als Können hervor. Ein Laie, der von den Hervorbringungen dieser
Schwesterkünste nur allgemeinste ästhetische Wirkungen an sich
zu verspüren vermag, wird Anstoss daran nehmen, dass man sie
so scharf zu Vergleich stellen und die eine so hoch über die andere
erheben könne. Anders ein Bildner, dem die Verschiedenheit der
Wege, die das Talent in ihnen zu gehen hat, nicht durch üppiges
Unkraut der Kunstphrase zur Unkenntlichkeit überwuchert ward,
und der vielmehr die Unterschiede ihrer speciellen Mittel und Probleme,
ihren Umfang, ihre Schwierigkeiten und Möglichkeiten, die Grund-
verschiedenheit ihres Materials, ihre Wirkungskraft und relative
Selbstständigkeit nicht nur mit dem Verstand klar einzusehen vermag, sondern aus eigener praktischer Erprobung von Grund aus
kennt.

Wir vernehmen also in diesem Fascikel des ersten Theils
Ansichten der beherzigenswerthesten Natur über die Bildhauerei.
Unsere heutige Sculptur kann aus denselben die trefflichsten Nutz-
anwendungen ziehen für das, was sie ihrer Natur nach anzustreben
hat und zu leisten vermag, sowie auch für die Art und Weise, in
der sie es zu leisten hat. Es werden bei dieser Gelegenheit Dinge
zu Betrachtung gezogen und mit den schärfsten und natürlichsten
Gründen erörtert, die heute in gar manchen Köpfen nicht in reifliche
Erwägung kommen möchten, z. B. die Frage des perspectivischen Reliefs. Und eine besondere Würze bekommen die Capitel
dieses Abschnittes durch die gerechte Geisselung der Prätensio-
nen, welche die Anhängerschaft Michel-Angelo's im Schatten dieses
grossen Namens erhob. Lionardo's Erwiederung belehrt auch heute
noch den Kunstjünger hinsichtlich einiger berühmt gewordener

Aussprüche Buonarotti's darüber, aus welchem Munde sich solche
Aussprüche bedingungsweise hinnehmen lassen, und was ein anderer
Genius ihrer momentanen Leidenschaftlichkeit vernunftgemäss gegen-
über zu stellen hat.*)

———————

Dass der erste Theil dem Malerbuch zugehöre und nicht
etwa eine besondere, aus sonstigem, äusserem Anlass zufällig ent-
standene Streitschrift sei, kann wohl keinem Zweifel unterliegen.
Es geben nämlich verschiedene seiner Capitel die geradezu unerlässliche Aufklärung der Grundlage ganzer Gebiete von Lionardo's
Kunsttheorie, und zwar zum einzigen Mal im ganzen Tractat.
So vornehmlich Capitel 3, 4 (2), 5 (4). Ebenso würde eine Reihe
von späteren, sehr wichtigen Capiteln ohne den Eingang von Nr. 31
(34) nicht verstanden werden. Diese Einleitung beweist überdem
sonderlich, in welch intensiver Weise Lionardo die Antike studirte
und zum Muster nahm, indem er dies Studium gewissen Fächern
seiner Naturbetrachtung geradezu zu Grund legte, und auf solchem
Wege dazu gelangte, das Zutreffen des Pythagoräischen Harmonie-
gesetzes in der perspectivischen Verjüngung als Naturgesetz beim
Sehen nachzuweisen.

Man hat im ersten Theil eine ästhetische Einleitung zum
Tractat erblicken wollen. Das könnte aber nur den Sinn haben,
dass hier ein selbst Schaffender und Vollendender die Triebfedern,
die Gesinnung, aus der er schafft, von innen heraus in grossen

———————

*) Unter solchen Aussprüchen Michel-Angelo's ist einer der zumeist
beliebt gewordenen der, „ein Künstler müsse die Maasse im Auge haben".
Nach einer Version, die Lomazzo gibt, hätte dies indess eine ganz andere,
weit feinere und künstlerischere Bedeutung gehabt, als man ihm gemeinhin
beilegt. Michel-Angelo soll es nämlich gesagt haben, als man bei Ausmessung der Dioskuren auf dem Quirinal fand, dass die Köpfe dieser beiden
Figuren in Wirklichkeit unproportionirt gross sind, wie sie doch nicht erscheinen, und also schloss, dass der Künstler an den oberen Körpertheilen,
aus Rücksicht auf die heftige perspectivische Verjüngung der Kolosse bei
nahem Abstand des Beschauers und auf die Lichtüberstrahlung der Luft,
dies Anwachsen der realen Verhältnisse mit Bewusstsein so eingerichtet habe.
Beruht Lomazzo's Erzählung auf Wahrheit, so wollte Michel-Angelo also
sagen, dass das Auswendigwissen von Proportionszahlen nichts helfe, wenn
man nicht verstünde, das Gewusste dem Auge treffend zur Wahrnehmung
zu bringen, nöthigenfalls durch Täuschung.

Zügen darlegt. Begeistert spricht er aus, was Alles seine geliebte, herrliche Kunst umfasst und erheischt.

Wohl ist es ein seltener Glücksfall, dass sich so viele und hohe Gaben des Geistes in solcher Harmonie zum bildnerischen Talent vereinigen, wie in Lionardo, und die Natur bedenkt nur wenige Auserlesene mit solcher Fülle. Doch mag aus der Betrachtung solchen Schauspiels für den minder Beglückten die beherzigenswerthe Mahnung hervorgehen, dass auch er Alles, was er an Geistesgaben besitzt, zu pflegen und zu harmonischer Entwicklung zu führen trachte, nicht aber das Ueberwuchern eines Einzeltalents so sehr begünstige, dass seine anderen Fähigkeiten hierunter leiden. Denn, wenn ihm dies Letztere gelänge, so würde er nur seine gesammte Vernunft geschädigt und ärmer gemacht, ihre Befähigung zu Erziehung seines vermeintlich begünstigten Einzeltalents geschmälert haben. Die bildende Kunst ist keine excentrische Träumerei, sie ist vor allen anderen Künsten ein helles und verständiges Wesen, das überall, wo es mit Einsicht gepflegt ward, mannigfachen Segen der Civilisation, Licht und solides Wollen in weite Kreise der Bevölkerung verbreitete, und wo es verkümmerte und ausstarb, eine durch nichts Anderes auszufüllende Lücke hinterliess.

In der Fassung abgerundet ist auch der erste Theil nicht; es ist dies so wenig der Fall, dass manche der leitenden Hauptgedanken unter verschiedenen Rubriken der Betitelung mit gleicher Ausführlichkeit bedacht und wiederholt sind. Unter diesem Vorbehalt lassen sich folgende fünf Hauptabschnitte von einander aussondern:

Umstellungstabelle für die Nummern des ersten Theils.

Nr. der Um-stellung	Fascikel 1: Wettstreit der Malerei mit den Wissenschaften.	Nr. des Co-dex
1	Ob die Malerei Wissenschaft ist, oder nicht. — Was Wissenschaft sei.	1
2	Grundlage (oder Princip) der Wissenschaft der Malerei.	4
3	Vom ersten Anfang der Wissenschaft der Malerei.	3
4	Vom zweiten Princip der Malerei.	5
5	Auf was sich die Wissenschaft der Malerei erstreckt.	6

Nr. der Um-stellung		Nr. des Co-dex
6	Welche Wissenschaft ist mechanisch, und welche ist nicht mechanisch?	33
7	Welches Wissen ist nützlicher, und worin besteht seine Nutzbarkeit?	7
7a	— Alle Wissenschaften, die auf Worte hinauslaufen etc.	9, 4
8	Von den nachahmbaren Wissenschaften.	8
9	Wie die Malerei alle Körperflächen umfasst und sich in ihnen ausbreitet.	9, 1
9a	— Dass die Malerei Philosophie sei etc.	9, 3
10	Wie die Malerei die Oberflächen, Figuren und Farben der Naturkörper in sich einschliesst, und die Philosophie sich nur auf dieser letzteren natürliche Kräfte ausdehnt.	10
11	Wie die Wissenschaft der Astronomie vom Auge herstammt, denn vermöge dessen ward sie in's Leben gerufen.	17
12	Warum die Malerei nicht den Wissenschaften zugezählt wird.	34
13	Wie, wer die Malerei missachtet, weder die Philosophie, noch die Natur liebt.	12
13a	— Wer die Malerei schmäht etc.	9, 2

———

Fascikel 2: Lob des Auges.

14	Wie sich das Auge bei seinen Uebungen weniger täuscht, als irgend ein anderer Sinn, — bei nicht beleuchteten, oder durchsichtigen, und gleichmässigen Medien (nämlich.)	11
15	Was ist ein grösserer Schaden für menschliche Art, der Verlust des Auges, oder des Ohrs?	16
15a	— Wer ist derjenige etc.	15a
16	Vom Auge.	24

Aehnliches zum Lob des Auges findet sich in den Nummern:

Umstellung:	Codex:
27	23
30	27
31	28

———

Fascikel 3: Wettstreit zwischen Malerei und Poesie.

17	Beispiel (oder Gleichniss) und (zwar für den) Unterschied zwischen Malerei und Dichtkunst.	2
18	Gleichniss zwischen der Poesie und der Malerei.	15
19	Wie der Maler Herr ist über Leute aller Art und über alle Dinge.	13
20	Von Malerei und Dichtkunst.	46
21	Maler, der mit dem Dichter disputirt.	18
22	Vom Dichter und vom Maler.	14

Sachliche Erörterungen und Noten
des Uebersetzers
zu den einzelnen Nummern des ersten Theils.

(Anmerkung. Die eingeklammerten Zahlen bedeuten durchgehends, wo sie nicht etwa ausdrücklich mit der Beischrift: Cod. versehen, die Nummern der Umstellung.)

1. (Umstellung 1.) — [1] Nè tutti li punti de l'uniuerso sono in potentia — — comporrebbono. Die sonderbare Satzbildung macht ein, etwa in der unterm Strich vorgeschlagenen Weise zu verbesserndes, Schreibversehen nicht unwahrscheinlich. Potentia, Terminus der antiken Philosophie und Mathematik, drückt den vollkommnen, mathematischen Begriff, oder die Sache in ihrer reinen begrifflichen Kraft und Eigenschaft aus, welche durch die sinnliche Darstellung in der geometrischen Figur nicht wiederzugeben sind. Z. B. punto in potentia, potenzieller Punkt, ist der mathematische, körperlose Punkt, im Gegensatz zu punto in atto, d. h. dem in Wirklichkeit mit dem Stift gemachten Punkt, der als nur unvollkommenes sinnliches Zeichen für den potentiellen Punkt angenommen ist. So auch potentielle Linie — potentiell bis in's Unendliche theilbar u. s. w.

Lionardo geht in Beanspruchung der geometrischen Grundlage für die Richtigkeit der Malerei weiter, als Alberti. Dieser sagt, gleichsam noch schüchtern, in den ersten Capiteln seines Malerbuchs, er gebrauche hier mathematische Dinge in der Malerei, rede daher nicht in exact mathematischem Sinne von denselben, sondern spreche als Maler von Zeichen, die in der Malerei die mathematischen Begriffe ausdrücken müssen. So definirt er z. B. die Fläche unmathematischer Weise als ein dichtes Gewebe von Linien. — In Anwendung auf die Malerei bedeutet bei Lionardo der geometrische Punkt sowohl den Augenpunkt, als die Punkte der Gegenstände, von denen die Lichtstrahlen ausgehen, und die Punkte, bei denen diese letzteren die Durchschnittsfläche der Sehpyramide durchschneiden etc.

3. (Umstellung 3.) — [1] Die Malerei geht nicht weiter als bis zur Fläche (oder Oberfläche, superfitie), bei und vermöge deren der Körper dargestellt wird etc. — Hier ist also unter superfitie Beides verstanden, die ebene Fläche des Bildes und die aus Flächen zusammengesetzte, ganze Oberfläche des Körpers, bei der der Körper auf die Bildebene übertragen wird. — Zur Figur oder äusseren

Gestalt des Körpers verhält sich alsdann die Figur der Malerei, wie die Bildfläche zur Körperoberfläche. Man muss sich an diese scharfen, begrifflichen Trennungen gewöhnen. Wir Deutschen haben für Lionardo's „malerische Figur" kein vollkommen deckendes Wort. Es bedeutet dieser Ausdruck die äusserste Grenze des Umrisses. Dieser Umriss ist selbst unkörperlich, und insofern er sich bei jeder Veränderung der Stellung des Körpers zum Auge ändert, ist er in's Unendliche wandelbar. Lionardo spricht daher meist von „den Figuren" eines Körpers, was auch so in der Uebersetzung beibehalten werden muss.

4. (Umstellung 2.) — [1] Wörtlich: „Die ebene Fläche hat ihr ganzes Abbild (simulacro) in der ganzen gegenüberstehenden ebenen Fläche". Die zweite, mit Verbesserungsvorschlag versehene Figur soll jedenfalls veranschaulichen, dass dies bei gekrümmten Flächen nicht ganz so der Fall sein kann, da die geraden Strahlen der Abbilder oder Scheinbilder der einzelnen Punkte nicht alle Punkte der gegenüberstehenden Rundung erreichen können. In der verbesserten Figur bezeichnen die kleinen Radien des zweiten Kreises, wie dies bei Lionardo's ähnlichen Figürchen oft angewandt ist, durch ihren rechtwinkeligen Einfall auf die Tangenten die Stellen genauer, an denen diese letzteren den zweiten Kreis streifen. Vielleicht lässt die zweite Figur darauf schliessen, dass die Nummer weiter ausgeführt werden sollte.

An anderen Stellen des Tractats ist für die Bezeichnung des gleichen Lehrsatzes der Ausdruck gewählt: „Die ebene Fläche wird in allen ihren Punkten von der ganzen gegenüberstehenden Ebene aus gesehen und sieht ebenso überall jeden Punkt dieser." Die Figur macht den Sinn vollkommen deutlich, alle drei Winkel o, p und q schliessen zwischen ihre Schenkel die ganze Fläche r s ein, — Am besten, oder am wenigsten verkürzt wird jedoch die Fläche r s im Punkt p gesehen, und so alle einzelnen Punkte in r s von Punkten der Erstreckung o q aus, die ihnen rechtwinkelig gegenüberstehen, oder, wie Lionardo sich ausdrückt, „von deren Sehstrahlen sie als zwischen zwei gleichen Winkeln liegende getroffen werden". Solches Gesehenwerden geht in vollkommen gerader und perspectivisch nicht verkürzter (schräger) Ansicht vor sich.

Die Nummer ist eine der wichtigsten des ersten Theils. Text und Figur veranschaulichen in einfachster Form die Grundvorstel-

lung von der Lichtstrahlung, auf der Lionardo seine ganze Lehre
vom Sehen, von der Beleuchtung und den Reflexen auferbaut, daher es unpassend erschien, sie nach Anweisung von m. 3 von hier
weg zu verlegen.

Die Vorstellungen vom Sehen schlossen sich an zwei verschiedene antike Hypothesen an, über die von den Perspectivikern
viel hin- und hergestritten ward. Nach der Einen sandte das Auge
seine Sehstrahlen pyramidalisch zu den Dingen aus und liess von
ihnen die Bilder der Dinge herbeiholen. Bei dieser Vorstellung
spielte schon die Bemerkung eine Rolle, dass man nur mit einem
gewissen Punkt des Auges am deutlichsten sieht, denn es wurde
der Centralstrahl des Auges der „König der Sehstrahlen" genannt,
mit dem man Alles am gewissesten erfasse. — Die zweite Hypothese liess die Scheinbilder der Dinge und die Lichtstrahlen in
umgekehrten Pyramiden von allen Punkten der Oberflächen zum
Augenmittelpunkt zusammenlaufen. Sie hatte ihrerseits, als Betrachtung des objectiven Vorganges der Lichtstrahlung den Vorzug, dass
sich an ihr auch die Wirkungen von Licht und Reflex auf andere
Dinge ausser dem Auge erklären liessen. Diese beiden Hypothesen
werden noch von Accolti 1625 als einander bekämpfende erwähnt,
und als Quellen derselben angeführt: Heliodor von Larissa, Aristoteles, de anima und de sensu; Galen, precept. Hippocr., und der
Renaissance-Perspectiviker Vitellione. Da aber für die Anwendung
in beiden Theorien die gleiche Sehpyramide zu Stande kommt, so
entscheidet sich Accolti in seiner Perspective weder für die eine
noch für die andere und lässt beide bestehen.*) — Auch Plato,
Euklid und Demokrit werden von anderen Schriftstellern, z. B.
Lionardo's Freund Pacioli, als Autoren für die Lehre vom Sehen
aufgeführt.

Lionardo nennt keine Autorität für seine Theorie, schliesst
sich aber mit seiner Betrachtungsweise in der Regel an die zweit-
genannte Hypothese an, ohne jedoch die subjective Thätigkeit des
Auges ausser Acht zu lassen. Seine Theorie geht, aus dem Tractat
zusammengefasst, etwa in folgender Weise hervor.

Das Licht, luce, oder das ursprüngliche Leuchten ist eine
geistige, d. h. nicht grobkörperliche oder palpable Kraft der selbst-

---

*) Lo inganno degl' Occhi. Prospettiva Prattica di Pietro Accolti. Firenze
1625, Capitel 1.

leuchtenden Flammenkörper. „Lume" ist zum Unterschied davon das empfangene Licht der an sich dunklen Körper, das aber die Fähigkeit, seinerseits weiter und im Reflex zurückzuleuchten, nicht eingebüsst hat. Beide Bezeichnungen sind indess nicht immer streng von einander geschieden, auch die Sonne wird zuweilen lume genannt. Von dem wiedergestrahlten Licht, seltener vom ursprünglichen, sagt Lionardo auch zuweilen, dass es nicht selbst von den Körpern fortgehe, sondern nur seine Scheinbilder in den Raum sende, und dieses Ausdrucks bedient er sich sonderlich, wenn von farbigem Licht die Rede ist. Durch das Licht werden alle Dinge sichtbar, sowohl deren Formen als Farben ; während also luce eine Natureigenschaft der Flammen, ist lume eine zufällige der dunklen Körper.

Des Lichtes mächtiger und ihm obsiegender Feind ist die Finsterniss, tenebre; das eindringende Licht verliert sich allmählig in Finsterniss, und wo seine geraden Strahlen nicht hineindringen können, stellt sich sofort der Feind ein und bildet Schatten, direct oder durch Reflex, und Schatten ist von der Natur der Finsterniss, wie mitgetheiltes Licht von der des Leuchtlichts. In den Halbschatten mischen sich Licht und Finsterniss.

Sieht man Licht durch vorlagernde Finsterniss hin, oder umgekehrt, so wird das vom Auge Entferntere geschwächt. So scheint das Sternenlicht durch die davor gebreitete Finsterniss nur schwach zum Auge her, und dies würde auch dem starken Sonnenlicht begegnen, wenn es sich nicht in den niederen, feuchten Dünsten der Atmosphäre wiedergestrahlt ansammeln und ausbreiten könnte, so dass dieser Lichtnebel nun seinerseits so kräftig wird, dass er die dahinterlagernde Finsterniss des Weltraumes abgeschwächt herscheinen lässt. In dieser letzteren Weise disponirt, mischen Licht und Finsterniss die Farbe Blau, in umgekehrter Weise die Farben Roth und Gelb. Es sind dies die einzigen Farben, die Lionardo aus der Natur des Lichts selbst herleitet, und bei den beiden letztgenannten ist dies im Tractat mit weniger Sicherheit der Fall, als beim Blau, wo er es oft und ausdrücklich sagt.

Beide, Licht und Finsterniss, sind von der Natur der universalen Dinge, d. h. sie breiten sich von einem und jedem einzelnen Punkt in geraden Linien nach allen Richtungen des offen vor ihnen liegenden Raums aus, und die so gebildeten Linienbüschel können sich mannigfach kreuzen, ohne sich in der Fortsetzung ihres Wegs gegenseitig zu schädigen.

Der Wirkung von Licht und Finsterniss sind die dunklen Körper (corpi ombrosi) ausgesetzt. Ob diese Körper mehr Licht oder mehr Schatten zeigen, hängt davon ab, ob ihre Flächen mehr der Ursache des einen oder des anderen zugewandt sind, und wie die Massen (summa), Mengen oder Ausdehnungen der Ursachen von Lichtern oder Schatten sich zu einander verhalten. So gibt das allgemeine Licht des verschleierten Himmelsgewölbes grössere Lichter, als das kleine oder particulare Licht der Sonnenscheibe, ein grosser beleuchteter Körper breitere Reflexe, als ein kleiner, etc. Ist der das Licht auf seinem Wege hemmende Körper grösser, als das Licht, so verläuft der vom Körper verursachte Schlagschatten in immer breiter werdender Pyramide und umgekehrt. — Diese Verhältnisse nennt Lionardo die quantitativen Verhältnisse von Licht und Schatten.

Unter Qualität von Licht und Finsterniss versteht er erstens die Intensität sowohl der leuchtenden oder verfinsternden Ursache, als auch der Licht- oder Schattenstelle am beleuchteten Körper, zweitens aber auch die Farben von Licht und Schatten. Sehr helles Leuchtlicht verursacht starke Lichter, sehr tiefe Finsterniss heftige Schatten. Von dem Winkel, in dem ein Licht- oder Schattenstrahl den Körper trifft, hängen die Helligkeits- und Dunkelheitsgrade der Wirkung ab. Unter einfachen Verhältnissen, d. h. wenn kein Reflex vorhanden ist, sitzt der tiefste Schatten am sphärischen Körper stets dem hellsten Licht geradlinig entgegen. Wenn ein Licht- oder Schattenstrahl, oder ein convergirendes Bündel von Strahlen mit seiner Spitze eine Fläche, wie sie auch gestaltet sei, zwischen zwei gleiche Winkel hinein trifft, d. h. so, dass die Fläche hüben und drüben vom einfallenden Strahle mit diesem selbst gleiche Winkel bildet, so ist hier die stärkste Wirkung. Diese Winkel brauchen nicht rechte, sondern müssen nur gleiche sein, wie z. B. an der Figur zu Nr. 4 die Winkel *o p r* und *s p q* es darstellen würden, wenn *r p s* ein convergirendes Lichtbündel wäre. Sind aber diese Winkel nicht gleich, wie für den Strahl *s o* bei *o* der Fall wäre, wenn man sich die Fläche *q o* fortgesetzt denkt, so streift der Licht- oder Schattenstrahl die Körperfläche, und sein Stoss wird um so schwächer, je obliquer er

fällt, je ungleicher also die beidseitigen Winkel werden. Hienach
misst Lionardo die Intensität von Licht und Schatten ab. Bemerkenswerth ist dabei, dass er nicht das sog. Einfallsloth zu Hilfe
nimmt. Er sagt einmal: Dasjenige convergierende Lichtbündel
eines Reflexes wirkt am hellsten, das sowohl an seiner Basis gleiche
Winkel hat, als auch an der Percussion zwischen solchen eintrifft.
Er bringt dabei auch Nähe und Ferne der Ursache mit in Anschlag
und sagt: „Je mehr sich der leuchtende Körper entfernt, und je
weiter sich sein Licht ausbreitet, desto schwächer wird die Lichtwirkung", allein von einer näheren Kenntniss der Progression der
Wirkungsabnahme im sog. Lichtkegel ist nirgendwo die Rede.
Manche seiner Untersuchungen werden nur als der Malerei geltend
gedeutet werden können, so werden z. B. von ihm zwei gleich-
intensive und gleichgrosse Lichter so neben den dunklen Körper
gestellt, dass sie diesen in die Mitte nehmen, dann das eine von
ihnen allmählig weiter weggerückt. Es entsteht nach der Seite des
entfernteren Lichtes hin ein Schlagschatten des Körpers, dessen
verschiedene Dunkelheitsgrade Lionardo beobachtet.

Original- und Primitiv-Licht oder -Schatten sind Ausdrücke
für die Qualität, die bald als Bezeichnung der Beleuchtungsquelle
gebraucht werden, sei unter dieser nun ein selbstleuchtender,
oder ein beleuchteter und reflectirender Körper, oder eine ursprüngliche oder aber mitgetheilte Dunkelheit verstanden, bald für die
höchsten, direct empfangenen (incidenti) Lichter und Schatten
an den Körpern selbst. Ausfliessendes Licht (derivativo) heisst
bald der sich abmindernde Halblichtton, den der seitwärts streifende
Strahl erzeugt, bald der Strahl des Reflexlichtes, bald auch das
ausgeflossene Licht (luce) des leuchtenden Körpers, das sich durch
die Luft ergiesst.

Ausfliessender, oder sich ableitender Schatten wird meist der
Schlagschatten benamt, aber auch die Halbschatten heissen so, die
von nur streifendem dunklem Reflex gegenüberstehender Dunkelheiten herrühren, und endlich bekommen denselben Namen auch
die allmählig heller werdenden Ränder des Kernschattens am Körper.

Einfaches Licht und einfacher Schatten heissen alle Lichter
oder Schatten, seien sie nun directe oder durch Reflex erzeugte,
bei denen entweder nur Licht ohne Mischung mit irgendwelchem
Schatten oder das Umgekehrte im Spiele ist. Zusammengesetzte

Lichter und Schatten sind die aus diesen beiden Elementen sich mischenden Halbtöne, wiederum als Beleuchtung am Körper, oder im Reflex an demselben, oder auch im Schlagschatten und dem umgebenden Lichtfeld. So ungewiss sind aber alle diese Bezeichnungen, dass zuweilen auch die dunkelste Stelle des Schlagschattens dicht beim schattenwerfenden Körper Primitivschatten genannt wird, was gewöhnlich nur für den tiefsten und ohne Reflex erzeugten Schatten am Körper selbst gilt, der also durch die Lichtabsperrung verursacht wird, die der Körper an sich und seinen Theilen bewirkt.

Das für uns Ungewohnte an dieser Licht- und Schattentheorie ist, dass Lionardo den Schatten in seinen Abstufungen nicht nur durch die verschiedenen Grade der Lichtabsperrung entstehen lässt, sondern auch durch Reflex von Dunkelheiten her, woran also wahrscheinlich die poetische Vorstellung der Feindschaft zwischen Licht und Finsterniss ihren Antheil hat. Für die Gesetzlichkeit der technischen Mischung von Licht- und Schattentönen im gemalten Bild, die er aus den im Bild angenommenen Umgebungsbedingungen der Körper ableitet, wird diese Vorstellung aber von überraschendem Nutzen, wie wir später sehen werden.

Die zweite Art von Qualität der Lichter und Schatten besteht in der Farbigkeit. Lionardo bespricht dies Capitel doppelt, bei den Farben selbst und bei der Lehre von Schatten und Licht. Die Zerlegung des Lichts in die prismatischen Farben hat er, so weit ersichtlich, nicht beobachtet. Ueber die Farben des Regenbogens sagt er nichts, als es spiele bei ihrer Erzeugung der Fall der Wassertropfen, die sich nacheinander in alle Farben verwandelten, die Sonne und die Stellung des Auges zu beiden eine Rolle; das Medienroth und -Gelb der Abendsonne aber werde zum Unterschied hievon von der Sonne und den vor dieser stehenden Wasserdünsten allein erzeugt. Denselben, die Phänomene mehr beschreibenden als erklärenden Standpunkt nimmt er auch bei Erwähnung des Luftblaues ein, ja, wiewohl er es nirgendwo ausdrücklich sagt, kann man wohl annehmen, dass er des Erscheinens der blauen Medienfarbe beim Malen durch Ueberschummern tiefsten Lasurschwarzes mittelst dünner, reiner Weissschicht gewahr geworden sei, und dann seine hier gemachte Beobachtung weiterschliessend auf die Erklä-

rung des Luftblaus übertragen habe, daher der von ihm gebrauchte
Ausdruck „Mischung von Licht und Finsterniss".

Alle Farben sind ihm Natureigenschaften der Körper, so gut,
wie die Formen; Weiss und Schwarz sind keine Farben, sondern
die Repräsentanten von Licht und Finsterniss. Durch Licht oder
Finsterniss werden alle Farben entweder sichtbar oder unsichtbar,
wo das höchste Licht ist, kommt auch in der Regel die Farbe
am schönsten zum Vorschein, jedoch gibt es auch solche Farben,
die sich mehr der Natur der Finsterniss anzunähern scheinen,
denn sie erscheinen am schönsten im Halblicht oder Halbschatten.
Wohl kann aber die Lichtflamme oder der leuchtende Körper
selbst eine Farbe haben, wie z. B. das Feuer rothe, und diese
theilt sich dann den Naturfarben der beleuchteten Körper als
zufällige (accidentale) mit, oder schmiegt sich an deren Oberfläche an (s'aggionge). Auch kann das Licht die Farbe eines
Mediums annehmen, durch das es hindurchscheint, hier bleibt
aber fraglich, ob diese Beleuchtungsfarben nicht vielmehr die durch
das Licht sichtbarwerdenden wandernden Scheinbilder der Farbe
des Medienkörpers selbst seien, denn von derartiger Beleuchtung
wird, wie beim farbigen Reflex, von Mittheilung der Gegenüber-
farbe an die ihr zugewandten Körperflächen geredet. Wenn nun
Lionardo das Licht durch ein solches durchsichtiges Medium daher-
scheinen sieht, so hat er von der sogenannten Refraction offenbar nur sehr unvollkommene Vorstellungen. Er unterscheidet
durchscheinende Medien mit festbegrenzten eigenen, d. h. der innern
Masse homogenen Oberflächen, und solche mit nichthomogenen.
Zu den letztern gehört die Luft, deren Abschluss einerseits durch
die Feuersphäre, andererseits durch die Erdkörper gebildet wird.
Solche Medien mit nicht homogenen Oberflächen lassen den Licht-
strahl ungebeugt durch ihre Schicht hingehen, von der sogenannten
Parallaxe der Luft weiss Lionardo also nicht. Zu der ersteren
Medienart gehören Krystalle und das Wasser. Von stillstehendem
Wasser aber sagt er, es lasse die Scheinbilder der Kiesel auf dem
Grund richtig zum Auge hingelangen; beim Krystall bemerkt er die
Refraction des hindurchfallenden Bildes, aber offenbar nur als ein-
fache. Er sagt dann bei diesem Beispiel im Allgemeinen, durch
Medien homogener Oberflächen würden die Scheinbilder der Dinge
vom geraden Wege abgelenkt.

Wir müssen jetzt von diesen Scheinbildern reden. Lionardo nennt sie bald „simulacri" bald „spetie", Abbilder oder Eigenschaftsscheine, womit also gesagt ist, dass das Auge nicht die Dinge selbst, sondern nur den Schein von deren ihm, dem Auge, wahrnehmbaren Eigenschaften gewahr wird. Analoger Weise ist auch von spetié dell'orechio, Eigenschaftsscheinen für das Ohr die Rede, welche die Dinge in den Raum entsenden. Diese Eigenschaftsscheine besitzen ein eigenthümliches Leben und gehören gleichfalls zu den universalen, oder von einem Anlass aus sich überallhin verbreitenden Dingen, als welche sie auch in der Nähe ihrer Ursache, gleich dem Licht und der Finsterniss am stärksten sind, und nach und nach, sich entfernend, immer schwächer an Wirkungskraft werden. Alle Dinge zugleich versenden ihren Schein in den offenstehenden Raum, nach allen Richtungen zugleich, und von jedem Punkt aus in geradliniger Fortpflanzung, gerade so, wie auch die Strahlen von Licht und Finsterniss wandern. Wir übersetzen die diesbezügliche, von Jordan (Malerbuch S. 88) aus dem Codex Atlanticus mitgetheilte Manuscriptstelle Lionardo's, die zu Nr. 4 unseres Codex in nächster Beziehung steht.

Cod. Atlant. Fol. 176. „Sämmtliche Körper ergiessen alle ihre Abbilder und Eigenschaftsscheine durch den gesammten vor ihnen befindlichen Luftraum hin und mischen sie in denselben.

Das Scheinbild eines jeden Punktes der Körperoberflächen ist in jedem Punkt der Luft.

Sämmtliche Scheinbilder des (oder eines jeglichen) Körpers sind in allen Punkten der Luft.

Das Scheinbild der ganzen Luft und jeden Theils derselben ist in jedem Punkt der vor der Luft stehenden Körper.

Daher wir offenbar sagen können, „jeder Körper sei gänzlich und mit seinen Theilen in jedem Theil und im Ganzen der gegenüberstehenden Körper und umgekehrt, wie man dies an einander gegenüber gestellten Spiegeln ersieht".

Hiebei sperrt ein naher und grosser Körper einem anderen, vor ihm stehenden mit seinen Scheinbildern die Scheinbilder der hinter ihm und weiter zurückstehenden kleineren, oder der durch perspectivische Verjüngung verkleinerten Gegenstände ab, sonst aber, wo nur der Raum für die geradlinig wandernden Eigenschaftsscheine offen wird, gelangen sie, sich millionenfältig durchkreuzend,

ohne sich hiedurch gegenseitig zu stören, hin. Ihre Feinde, von
denen sie aufgehalten und belagert (occupati) werden, sind: die
Finsterniss, der vorlagernde Lichtnebel der Luftschichten, Medien
mit homogenen Oberflächen, die weite Entfernung der wandernden
Scheinbilder von ihrer Ursache, und die perspectivischen Ver-
kleinerungswinkel der Ferne.

Am besten werden diese Schwierigkeiten von den Scheinbildfiguren grosser Gegenstände und grosser und heller, durch Gegensatz zu Dunklem noch gehobener Farbenflächen überwunden. Die
Umrisse kleiner Scheinbildfiguren aber stumpfen sich in ihren Ausladungen nach der Reihenfolge ihrer Grössen ab, und so bilden
die hellen und dunklen Scheinbildflächen eines Körpers, immer
mehr in einander verschwimmend, zuletzt nur noch ein Gemisch
von mittlerer Helligkeit.

Mittelst dieser Scheinbildwanderung bilden sich also auch die
farbigen, aufhellenden oder verdunkelnden, die Färbung entweder
erhöhenden oder ummischenden Reflexe von einem Körper zum
anderen. Ganz denselben Gesetzen wie die Licht- oder Schatten-
stärke, folgt auch die Farbe des Reflexes, indem sie sich, je nach
der Art ihres Percussionswinkels, stärker oder schwächer wirksam an
die Oberfläche der gegenüberstehenden Naturfarbe einer Schattenstelle anschmiegt (s'aggionge).

Eine sehr merkwürdige Stelle kommt im fünften Buch des
Tractats vor, wonach die Lichtstrahlen, welche die Ränder eines
mit verschiedenen Farbenbändern gefärbten Kugelkörpers streifen,
alle diese Farben mit sich fortführen und in den verschiedenen
Abstufungen des kegelförmig auseinanderlaufenden Schlagschattens
eine nach der anderen deponiren sollen. Demzufolge wollte also
Lionardo sagen, dass das Licht selbst die Farben der Flächen, die
es trifft, annehmen und mit sich führen könne.

Ueber die Vorstellung Lionardo's vom Sehen selbst gibt
Folgendes Aufschluss. Zunächst: wie dringen die Scheinbilder der
Dinge in's kleine Auge ein?

In seiner Licht- und Schattenlehre beobachtet er auch diejenigen sich kreuzenden Lichtstrahlen, die bewirken, dass ein
schmaler Körper vor breiterer Lichtöffnung einen doppelten Schatten
wirft. Wenn man z. B. einen Stab im Zimmer bei geöffnetem
Fenster aufrecht hinstellt, so wirft derselbe zuerst einen kurzen,

spitzzulaufenden dunklen Schlagschatten auf den Boden, und an dessen Spitze sitzt alsdann mit ihrer Spitze eine zweite Schatten-pyramide an, die immer breiter auseinanderläuft, wie Lionardo sich ausdrückt, „in Potenz bis in's Unendliche". Im Berührungs-punkt der beiden Pyramiden kreuzen sich also die von der rechten und linken Seite des Fensters herkommenden Lichtstrahlen, oder Scheinbilder der Helligkeit und setzen, ein jeder für sich, ihren geradlinigen Weg fort.

Im Tractat ist nun auch des Camera-obscura-Bildes Erwähnung gethan, und der Saggio gibt hiezu folgende ausführliche Parallel-stelle (Saggio 13, 14. Jordan's Malerbuch, S. 96.) Cod. Atll. ohne Blattangabe:

„Ich sage: es sei die Façade eines Gebäudes, oder sonst ein freier Platz, oder eine Gegend von der Sonne beschienen, und davor stehe ein Haus, in dessen Façade, die nicht die Sonne sieht, ein kleines rundes Guckloch gemacht ist, so werden alle beleuchteten Gegenstände ihre Scheinbilder durch das besagte Guckloch hinsenden und werden innerhalb des Wohnhauses auf der gegenüberliegenden Wand, die weiss zu sein hat, zum Vor-schein kommen; dort werden sie ganz genau stehen, aber umge-kehrt. Und machte man an vielen Stellen derselben Façade ähnliche Löcher, so wäre der Effect bei jedem der nämliche. Der Grund davon ist folgender: Wir wissen genau, dass dieses Guckloch etwas Licht in den Wohnraum führen muss, und das von ihm verliehene Licht wird von einem oder vielen hellen Körpern verursacht. Sind diese Körper nun von verschiedenerlei Farbe und Formenumriss, so werden die Strahlen ihrer Eigenschaftsscheine auch von ver-schiedenerlei Farben und Umrissen sein, und ebenso verschieden von Farbe und Abdruck ihre Darstellungen auf der Wand. Der Rest soll im Buch von der Malerei gesagt werden."

An anderen im Saggio mitgetheilten Stellen spricht Lionardo aus, dass das Gleiche im Auge vor sich gehen, und dass deshalb das Auge innen dunkel sein müsse. Auch stellt er Versuche mit wassergefüllten Glaskugeln an, die das Bild der durch sie hin-gesehen Gegenstände gleichfalls umkehren; er postirt vor die erste Kugel eine zweite, die das von der ersten umgekehrte Bild dann wieder aufrecht stellt. Und auf diese Versuche bezieht sich wahr-scheinlich auch eine andere, gleichfalls im Saggio mitgetheilte

Stelle (Saggio, pag, 11): „Schreibe in deiner Anatomie auf, welche
Verhältnisse zu einander die Durchmesser aller Kugelwände des
Auges haben, und welchen Abstand von diesen die Krystall-
·sphäre hat".

Dennoch muss man annehmen, dass diese Vorstellungen von
ihm nicht sehr weit entwickelt worden sind. Denn an mehreren
Stellen des fünften Buchs im Tractat, die von der Sehkraft der
Pupille handeln, lässt er die Scheinbilder verschiedener Punkte
runder Körper sich nicht in der Pupille kreuzen, sondern führt
deren Strahlen an verschiedene Punkte der vorderen Pupillenperipherie
hin, von der er sagt, sie besitze überall gleichmässige Sehkraft, und
erklärt aus dem Zugleichgewahrwerden verschiedener nahe bei einander
liegender Punkte des Körperumrisses durch verschiedene ebensolche
Punkte der Pupille das flimmernde Undeutlichsehen naher Körper-
umrisse. Ebensowenig kommen die Kreuzung der in die Pupille einfallenden Strahlen und das innere umgekehrte Bild zur Sprache, wenn
er den perspectivischen Verkleinerungssehwinkel entfernter und
entfernterer Gegenstände definirt. Er veranschaulicht dann gerade
so, wie er dies auch beim ebenerwähnten Falle des Flimmerns
der Umrisse thut, den Vorgang in der Weise der malerischen
Perspective an einer vor dem Auge befindlichen Durchschnittslinie
der äusseren Sehstrahlenpyramide (pariete).

Er sagt: „Eine grosse, erweiterte Pupille sieht die Dinge gross,
eine kleine, zusammengezogene klein, denn sie büsste durch die
Zusammenziehung an der überall durch sie hin ergossenen Kraft
ein". Im Dunkeln, sagt er, erweitere sich die Pupille, um durch
räumlich grössere Sehkraft die mangelnde Lichtkraft der Gegenstände
zu ersetzen. Wenn man aber bei Tag von der Strasse aus die
geöffneten Fenster der Häuser sehe, so könne man das innerhalb
derselben Befindliche nicht erkennen, weil die Kraft der durch
Blendung des Sonnenscheins zusammengezogenen Pupille dazu nicht
ausreiche.

Ob er sich die Irradiation und das Grössererscheinen heller
Gegenstände vor dunklen, oder das Kleinererscheinen dunkler Körper
in glänzendem Nebel aus Subjectivempfindung des Auges oder aus
objectiven Eigenschaften der Lichtstrahlung selbst erklärt, bleibt
ungewiss. Dagegen bringt er im dritten Theil bei Beobachtung
eines Wasserspiegels und des Hellererscheinens der Schatten auf

dem Wassergrund liegender Steine, inmitten der hellen Luftspiege-
lung, die Subjectivempfindung des Auges als Blendung mit in
Anschlag und betont dieselbe ausdrücklich. Auch wenn er von der
Steigerung einer Helligkeit neben grosser Dunkelheit spricht, sagt
er, diese hellen Stellen sähen heller aus, als sie in der That wären,
wie er an den Rändern eines Schlagschattenfeldes neben dem umgebenden Lichtfeld und im Vergleich hiezu an der Mittelstelle des
Schlagschattens nachweist.

Nachbilder heller Dinge im Auge kennt er, sagt aber nichts
darüber, als dass das Auge das eingedrungene Licht eine Weile
festhalte.

Die gegenseitige Steigerung der complementären Farben constatirt er einfach als Contrasterscheinung neben anderen solchen
Contrastwirkungen, z. B. neben denen von hell und dunkel, blass
und feurig, etc. Eine Erwähnung der im Auge selbst sich einstellenden Complementarfarben kommt bei ihm nicht vor. „Der
Maler folge bei seiner Farbenzusammenstellung dem Vorbild, das
ihm die Natur bei Zusammenfügung des Regenbogens gibt", räth er.
Sehr merkwürdig ist eine Stelle, wo er für das Dunklererscheinen
in einiger Entfernung befindlicher Gesichter auch die Dunkelheit des
Wegs mit in Anschlag bringt, den diese kleinen Scheinbilder durch
die Augenöffnung hin zurücklegen müssen.

Die eigentlich klare und vornehmste Rolle spielt bei seiner
Sehtheorie die geometrische Vorstellung vom geradlinigen Gang
der Licht-, Schatten- und farbigen wie formalen Scheinbildstrahlen,
ganz wie dies in der älteren malerischen Perspective auch der
Fall ist. Und an dieser geometrischen Form beweist er auch seine
merkwürdigste Entdeckung in diesem Gebiete, das sogenannte
stereoskopische Sehen im offenen Raum stehender Körper, vollkommen schlagend. Er thut dies aus Rücksicht und zur Erklärung
der Unmöglichkeit, auf flacher und fester Bildwand den gleich
drastischen Effect des Reliefs und Losgehens hervorzubringen,
nicht zu einer Hypothese über die schliessliche Vereinigung der
beiden verschiedenen Bilder, die in beiden Augen vorhanden
sein müssen, führt er seinen Fund hin, sondern zu der Nothwendigkeit, die aus jener Unmöglichkeit für die malerische Darstellung entspringt, die perspectivischen Verhältnisse des Raums
durch klarste Anordnung doppelt wirksam und deutlich zu ge-

stalten, und die Grössenverjüngung durch eine genau entsprechende perspectivische Abnahme der Farbendeutlichkeit nach Kräften zu unterstützen. Er bleibt also bei allen diesen wissenschaftlich gefärbten Untersuchungen in erster Linie stets Maler. Und der grosse Vortheil, den auch seine Lehre vom Gang der Lichter und Schatten für die spätere Weiterentwicklung dieser Dinge hat, besteht darin, dass diese einfach gestaltete Lehre mehr dazu geeignet ist, den Maler bei seiner diesbezüglichen Betrachtung und Nachahmung der Dinge zur deutlichen Beobachtung der obwaltenden Vorgänge und Gründe anzuregen, als ihm ein mechanisches Hilfsmittel in die Hand zu geben, das er fast gedankenlos verwenden kann. Zwar misst auch Lionardo die geometrisch gefundenen Proportionen der Licht- und Schattenwirkung bei Oelfarben mit einem kleinen Löffelchen ab, allein diese Abwägung wird bei der verschiedenen Deck- und Färbekraft der einzelnen Pigmente im vielfältigen Detail der Praxis meist vollkommen illusorisch und wäre auch nur bei directer Mengungsmischung der Pigmentkörper anwendbar, nicht aber bei Abwandlung der Schattenmodellirung durch überschummerndes Lichthöhen oder transparentes Lasiren.*) Es kann daher diese technische Anweisung nur als eine Methode zur Correctur des Auges angesehen werden, die für den Anfänger bei seinen ersten Uebungen in ganz einfachen Fällen der Mischung ihren Nutzen haben wird. Dem Heranreifenden hingegen räth Lionardo: „Ziehe überall und bei Allem in Gedanken deine Licht- und Schattenlinien, und definire dir so die Naturerscheinung, im Bilde danach handelnd". Also auch hier ist das Hauptziel der theoretischen Wissenschaftlichkeit, die Unterstützung und sorgsam einsichtige Erziehung des Auges zum malerisch richtigen Sehen, nicht aber die Naturwissenschaft an sich.

Das in dieser Note Enthaltene gilt für die Nummern 3 (Umstellung 3), 5 (Umstellung 4) und 6 (Umstellung 5) als Allgemeines mit. Liest man die Nummern in der Reihenfolge dieser Umstellung, so sieht man, dass in Nr. 3 (Umstellung 3) der Punkt

---

*) Die von heutigen Architekten bei Aufrisszeichnungen angewandte Methode des Berechnens der Modellirungstöne nach der Progression der Lichtabnahme im Lichtkegel ist nur in einfarbigen Tuschwassern ungefähr zutreffend ausführbar und muss auch hier durch die sich erziehende Empfindung des Auges stets regulirt und ergänzt werden.

durchaus nicht nur den Augenpunkt bedeutet, sondern alles am Ende von Note 1 Bezeichnete. So bedeutet auch Linie nicht nur den Umriss, sondern zugleich die perspectivischen Sehlinien und die Linien der Licht-, Schatten- und Scheinbildstrahlung. Ueber Fläche, Körper, Figur ward des Nöthige in Note 3 (Umstellung 3) schon hervorgehoben.

Nr. 4 (Umstellung 2) gibt also die allgemeine Grundlage, auf der die Malerei möglich wird. Nr. 3 (Umstellung 3) spricht das in der allgemeinen Inhaltsrepetition Nr. 6 (Umstellung 5) erwähnte erste Princip der Malerei, die Zeichnung, aus, Nr. 5 (Umstellung 4) das zweite Princip der Darstellungsweise, nämlich Licht und Schatten. Nr. 6 (Umstellung 5) enthält als weiteres Princip auch noch die Farbe und recapitulirt das in den beiden vorhergehenden Nummern Gesagte zur allgemeinen Inhaltsangabe.

6. (Umstellung 2) [1]) La scientia della pittura si estende in tutti li colori delle superfitie e figure etc. Die Uebersetzung hat vor „figure" nelle wiederholt gedacht, was im Codex auch die Meinung gewesen sein wird. Liest man: „die Wissenschaft der Malerei erstreckt sich auf alle Farben der Flächen und Figuren der mit Flächen bekleideten Körper", so ist offenbar nicht genug gesagt, denn die Malerei erstreckt sich nicht nur auf Farben. Man könnte auch „delle" hinter „colori" fortlassen und lesen: „Die Malerei erstreckt sich auf alle Farben, Oberflächen und Figuren der etc. Körper". Aber von den Oberflächen gibt die Malerei nur die Figur und die Farben.

[2]) Lionardo nennt hier und an mehreren andern Stellen die Malerei geradezu die Mutter der Lehre von den Sehlinien, d. h. der Perspective. Es müssen ihm jedenfalls Gründe hiefür vorgelegen haben, und man kann sich auch sehr wohl denken, dass die confusen wissenschaftlichen Ideen vom Sehen durch die Erfindung der malerischen Linearperspective in wesentlicher Weise Richtung bekommen haben. Da, so viel wir wissen, sich diese Erfindung an keinen festen Namen knüpft, so mag sie wohl durch die empirischen Versuche Vieler zu Stande gekommen und unter fortwährendem Suchen nach vereinfachter Handhabung in ihren Regeln verallgemeinert worden sein, und es wird dabei auch der neuerdings etwas bei Seite gestellte Name Paolo Uccelli's wieder zu

Ehren kommen können. Trotz Alberti's Schilderung der allgemeinen Grundsätze ward, auch noch lange nach Lionardo, die Perspective von den Malern als eine Art von empirischer Praktik betrieben, bei der die Uebung und der Scharfsinn des Individuums sehr in's Gewicht fielen. Dies geht noch aus den Schilderungen Lomazzo's hervor, der verschiedene Namen geübter Perspectiviker nennt und auch verschiedene Arten von Perspective aufführt, unter welchen sich das reinanschauliche Verfahren mit dem Alberti'schen Netz noch immer unter dem Namen der Durchzeichnungsperspective behauptete. Unter den von Lomazzo erwähnten oberitalienischen Künstlern scheint eine Hauptrolle ein älterer Zeitgenosse Lionardo's, Foppa († 1492 in hohem Alter), gespielt zu haben, der hauptsächlich für die Parallelperspective oder die geometrische Projection der menschlichen Figur aus Grund- und Aufriss gute Zeichnungen geliefert hat, deren einige Dürer in seine Symmetria aufnahm. Dass Alberti sich selbst die Erfindung der Perspective zuschreibe, ist wohl ein Irrthum, er schreibt sich ausdrücklich nur die richtige und zugleich nach einem für das Figurenbild passlichen Modul eingerichtete Herstellung eines Fluchtmaassstabes auf der Bildgrundfläche zu, sagt sogar hiebei, dass man nach einer solchen Hilfe und Vereinfachung des Constructionsverfahrens schon vor ihm gesucht habe.

Was die linearperspectivische Constructionsweise anlangt, so ist sie bei Lionardo noch ganz dieselbe, wie bei Alberti. Da aber Alberti das Verfahren nicht ausdrücklich schildert, sondern in seinen kurzen Andeutungen die Bekanntschaft mit demselben offenbar bei seinen Lesern voraussetzt, so kann hier nicht durchaus auf ihn verwiesen werden, und wir müssen das Nöthige ergänzen. Die Voraussetzungen sind bei Alberti im ersten Buch von der Malerei (Quellenschriften S. 57—76) nachzulesen.

Die älteste Constructionsweise ist nichts, als eine ganz directe Veranschaulichung der bis zu diesem Punkt von Alberti dargelegten Grundbegriffe des Sehens der Gegenstände durch die durchsichtig gedachte, senkrecht gestellte Bildfläche hin. Diese Constructionsweise wird noch von Accolti als die eigentlich legitime (costruzione legittima) erwähnt, und im achtzehnten Jahrhundert bediente sich ihrer Pozzi bei den Deckengemälden in St. Ignazio in Rom. Wir veranschaulichen sie sofort figürlich.

Figur I. — O ist das Auge, in der alten ital. Perspective

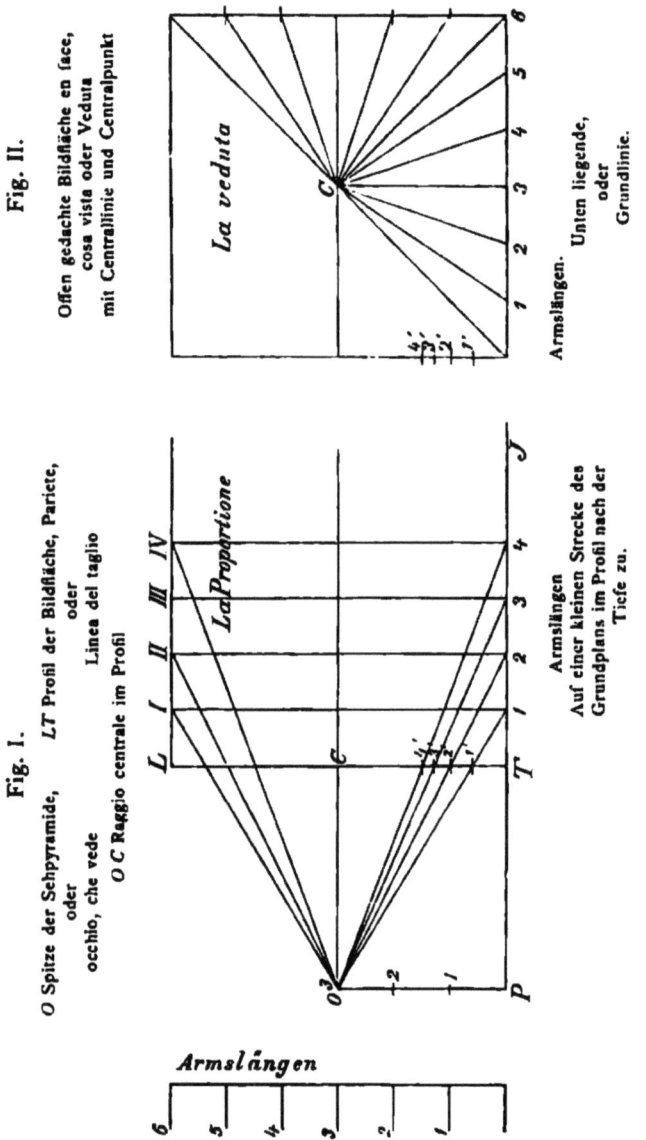

„das Auge, das sieht, occhio, che vede" genannt, gleichbedeutend

mit dem, was wir den Distanzpunkt nennen. Die von ihm aus-
gehenden Strahlen bilden die Sehpyramide, O C ist der Centralstrahl.
P T J ist die Fuss- oder Grundebene des Beschauers und der gesehenen Gegenstände. I_1, II_2, III_3, IV_4 sind Gegenstände, die vor
dem Auge stehen. — L T ist der senkrechte Durchschnitt der
Sehpyramide oder die Bildfläche im Profil. Auf ihr verzeichnen
die zum Auge gehenden Sehstrahlen die perspectivischen Höhen
der hinter ihr stehenden Körper und deren Abstände von einander, oder was das Gleiche bedeutet, ihre horizontalen Tiefenmaasse, wie dieselben auf der Bildfläche zum Vorschein kommen
werden. Diese Linie heisst in der alten italienischen Perspective
die Schnittlinie, linea del taglio, oder auch die Aburtheilungs-
linie, linea giuditiale, oder aber kurzweg pariete, d. i. die Wand
oder Bildwand.

Soweit gilt die Construction der perspectivischen Verjüngung
der Höhen- und Tiefenmaasse der Körper. Will man einen Körper
im Bild von vorn, oder in Rückenansicht darstellen, so muss er auf
der Constructionstafel in Profilansicht gezeichnet werden, und umgekehrt, will man ihn in Profilansicht in's Bild bringen, so ist er
auf der Constructionstafel in Front- oder aber in Rückenansicht
zu zeichnen. Für die Verjüngung der horizontalen Breitenmaasse
wird die linea del taglio wagrecht gelegt. Ohne eine besondere
Figur hiefür zu zeichnen, geben wir Fig. I eine Viertelswendung,
so dass L T wagrecht zu liegen kommt, und nehmen die Maasse
I_1, II_2 etc. nun für hintereinanderliegende Breitenmaasse. — Je
näher dem Auge man die Bildfläche annimmt, desto kleiner müssen
auf dieser die Bilder alle Maasse, der Verengerung des Augen-
winkels halber, ausfallen.

Diese Constructionen konnten nicht auf der Bildtafel selbst
vorgenommen werden, man musste, um sie auszuführen, genaue
geometrische Aufrisse und Grundrisse der Figuren und Gegenstände herstellen, und dieselben durch geometrische Projection
oder die sogenannte Parallelperspective in Verbindung bringen.
Seite 180, Fig. III, IV geben wir Beispiele von Foppa's Mustertafeln
für Projection der menschlichen Figur. In diesen von Dürer benützten Tafeln sind Grundrisse des menschlichen Hauptes und
aller Hauptausladungen und Einziehungen des Körpers, als: Hals,
Schultern, Brust, Gürtel, Hüften etc. bis hinab zur Fusssohle in

Fig. III.

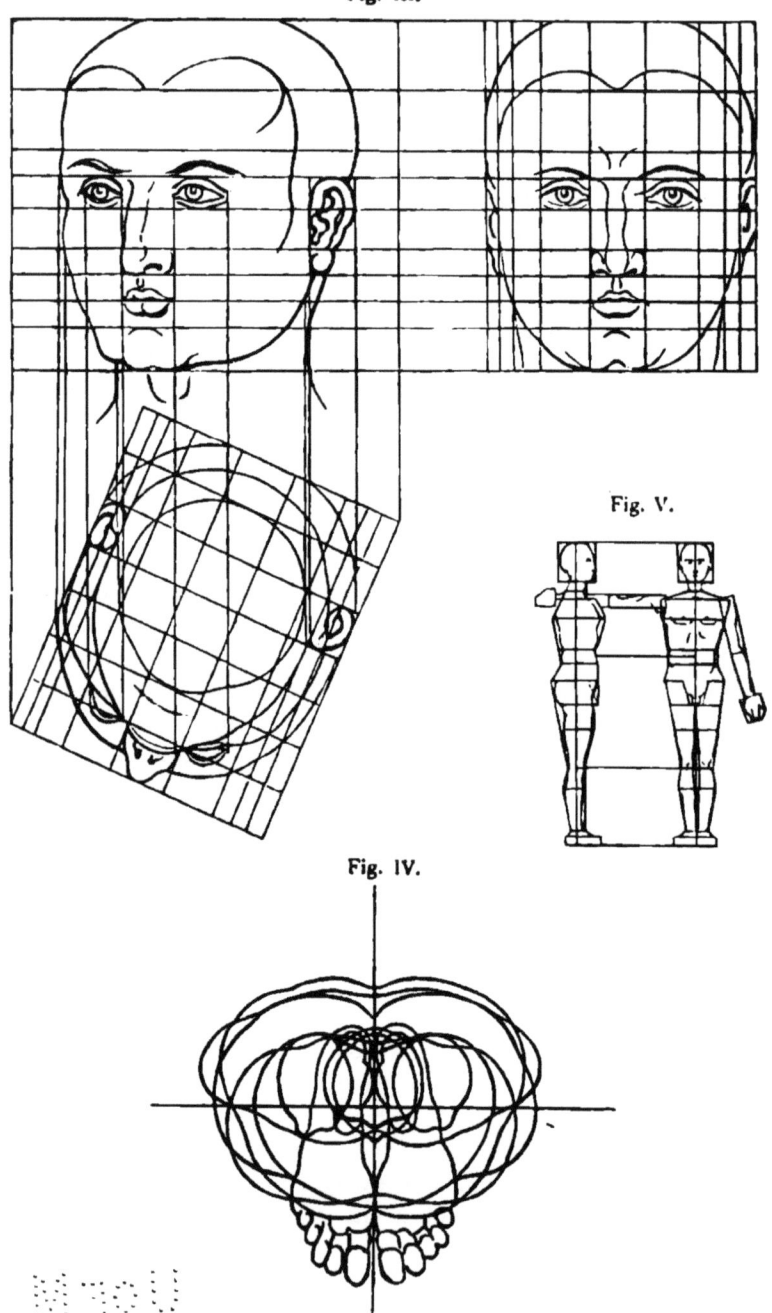

Fig. V.

Fig. IV.

regelmässige geometrische Figuren eingezeichnet, und hierauf die
Aufrisse entwickelt.*) Und da bei solcher Vorarbeit nur reale
Maasse der Dinge dargestellt wurden, so nannte man auf der Constructionstafel den Raum hinter der linea del taglio „die Proportion"; auch die Bewegung und Neigung der Körper nach vorn, nach
rückwärts und zur Seite ward hier in ihren wahren geometrischen
Proportionen dargestellt, in Profil-, Vorder- und Rückenansichten.
Wie sich dann diese realen Maasse mittelst der zu ihnen hingehenden Sehstrahlen auf der linea del taglio als perspectivisch
gesehene verzeichneten, wurden sie mit dem Zirkel entnommen
und auf die eigentliche Bildtafel übertragen. Diese eigentliche
Bildtafel nannte man „il vedere, la veduta" oder „die Aussicht".

Die erste Vervollkommnung und Vereinfachung dieser Constructionsweise war zu Alberti's Zeit schon eingetreten. Man hatte
die Bestimmung der perspectivischen Höhen- und Breitenverjüngung
gleich auf einer der veduta ähnlichen Constructionstafel vorgenommen
(siehe Fig. II), hier setzte man in derselben Höhe über der Grundlinie, in der „das Auge, das sieht", über der Grundebene im Profil
stand, den Centralpunkt an, d. h. das perspectivische Bild des
Central-Augenstrahls, dann stach man die realen Breitenmaasse auf
der Grundlinie und die realen Höhenmaasse auf einer der senkrechten
Seitenlinien der Bildfläche ab und verband diese Punkte durch gerade
Linien mit dem Central- oder Augenpunkt. So hatte man, wie
Alberti sich ausdrückt, die Verjüngungsstadien dieser Maasse „bis
in's Unendliche" dargestellt, d. h., „um mit Mathematikern zu reden",
bis zu dem im Unendlichen liegenden Punkt hin, in dem nach der
Tiefe gehende wagrechte Parallelen sich zu vereinigen scheinen,
oder auch zugleich eine unendliche Anzahl von Stadien der Verjüngung. (Es erscheint hiebei charakteristisch, dass Alberti die
Horizontallinie erst dann durch den Augenpunkt querüber zieht,
wenn die Construction der Fluchtlinien schon gemacht ist, und
dabei sagt, über diese Horizontlinie dürfe sich keine auf der
Grundebene gedachte Menschenfigur erheben, deren Augenhöhe

---

*) Foppa dreht auch für verschiedene Ansichten des Aufrisses den
Grundriss um seine Achse. Bei Dürer finden sich ausser den Foppa'schen
Tafeln ganz vortrefflich gezeichnete geometrische Ueberführungen bewegter
Figuren aus Profilansichten in Frontansichten und umgekehrt.

gleich mit derjenigen des Beschauers sei. [Alberti, Von der Malerei, Quellenschriften 83.] Zur Ansetzung anderer Fluchtpunkte als des Centralpunktes benützt Alberti die Horizontlinie nicht.) So brauchte man also nur die Verjüngung der Tiefenmaasse auf der sogenannten Proportionstafel zu suchen, um sie dann mit dem Zirkel zu den auf der „Aussicht" selbst gesuchten Grössen- und Breitenverjüngungen hinzufügen. Allein auch diese Construction fiel insofern immer noch sehr unbequem, als man bei Darstellung stark vertiefter Räumlichkeiten auf der Proportionstafel für die Profilansicht der Grundebene (siehe Fig. I), auch bei Bildern sehr kleinen Maassstabes unmässig viel Platz brauchte. Man suchte daher bereits zu Alberti's Zeit auf der perspectivisch verkürzten Grundebene der „Aussicht" einen Tiefenmaassstab herzustellen, zu dessen Maasseinheit man die menschliche Körperlänge oder dieser entnommene Einzelmaasse wählte, da es sich in den Bildern ja hauptsächlich um die Verjüngung menschlicher Figuren handelte, und man nach den damaligen kerngesunden Begriffen von Proportionalität alles Beiwerk der Umgebung in feste, deutliche Verhältnisse zu den Maassen der menschlichen Figur brachte. (Vergl. Alberti, Quellenschriften S. 77 und 78 über Proportionen und deren Sinn.) Die regelrechte Ausführung eines solchen Fluchtmaassstabes in Gestalt eines perspectivischen Quadratnetzes und die Anweisung zu dessen Gebrauch, das macht die Neuerung und Erfindung aus, die Alberti sich in der Perspectivelehre zuschreibt. Alberti beginnt (Quellenschriften S. 79 Mitte) folgendermaassen:

„Ich beschreibe ein rechtwinkeliges Viereck *), so gross ich (gerade) will, und sehe dieses für ein offenes Fenster an, durch das hin ich betrachte, was daselbst gemalt werden soll. Und hier, (d. h. auf den Rändern) gebe ich mir an, wie gross in meinem Bilde die Menschen zu machen mir beliebt. Selbige Menschenlänge theile ich in drei (gleiche) Theile, von denen mir ein jeder

---

*) Janitschek: „Vorerst beschreibe ich auf der Bildfläche ein rechtwinkeliges Viereck". Das Viereck ist vielmehr der Umriss der Bildfläche selbst, oder das auf der Constructionstafel für die Bildfläche stehende „Vedere oder die Aussicht". Rechtwinkelig und ein Viereck braucht das Vedere nur zum Zweck der Construction zu sein, nach Angabe und Construction der Maasse kann man den Bildumfang formiren, wie beliebt.

das Grössenverhältniss desjenigen Maasses vorstellt, das man Armslänge nennt, indem man findet, dass ein Mann von gewöhnlichem
Wuchs ausgemessen fast drei Armslängen misst.*) Und solcher
Armslängen trage ich so viele auf der unteren, horizontal liegenden
Linie des Vierecks ab, als diese deren aufzunehmen vermag. Selbige
Linie ist aber für mich der äussersten (ihr) parallelen Dimension
proportional **), die sich vor mir, als die erste der durch das
offene Viereck hin am Fussboden gesehenen, querüber erstreckt"
(für mein Auge also von des Vierecks Grundlinie vollkommen
gedeckt).

„Danach setze ich innerhalb dieses Vierecks einen Punkt
fest, wo es mir gut dünkt, der nimmt den Fleck ein, den der
Centralstrahl (des Auges) ***) durchbohrt (siehe Fig. I und II), und
darum nenne ich ihn Centralpunkt. Selbiger Punkt wird gut
postirt sein, wenn er über der unten im Viereck liegenden Linie
nicht höher sitzt, als die Höhe eines Mannes beträgt, den ich dort
zu malen habe, denn so werden sich der Beschauer und die gemalten Dinge anscheinend auf ein und demselben Plan befinden.
Ist der Centralpunkt, so wie ich gesagt, festgesetzt, so ziehe ich
von ihm aus zu jedem Theilpunkt, der in der (unten) liegenden
Linie des Vierecks angegeben ward, gerade Linien. Diese so gezogenen Linien sollen mir anzeigen, in welcher Weise, als ginge

---

*) Nämlich nach der Alberti'schen Proportion des menschlichen Körpers,
wo die ganze Mannslänge 60 Zoll beträgt, und die Armslänge von der Schulter-
höhe bis zum Handgelenk 21 Zoll. Lionardo gibt den Namen Braccio meist
einem andern Maass, nämlich dem von Handgelenk bis zum Ellenbogen,
das er nach der divina Proportione fünfmal in die Mannslänge aufgehen lässt
Aus Unterlassung dieser Bemerkung von Seiten Janitschek's entstand in dem
Citate aus Lionardo's Tractat, das Janitschek pag. XIII seiner Interpretation,
um Alberti's vermeintliche Unklarheit zu entschuldigen, aufführt, der Anschein sinnverwirrender Fehlerhaftigkeit, welche aber in Wirklichkeit nicht
vorliegt.

**) Text pag. 79 proportionale a quella ultima quantità, quale prima,
mi si trauersa inanti; im lateinischen Original, s. Janitschek's Note 19: est
proximiori transversae et aequidistanti in pavimento visae quantitati propor-
tionalis. — Janitschek's Uebersetzung: und diese Linie ist dann jeder nächsten
dazu parallel gezogenen Querdimension proportionirt. Vergl. Alberti, die vor-
ausgegangene Definition des Sehwinkels und der proportionalen Dreiecke in
der Sehpyramide.

***) Razzo centrico: Janitschek: die Gesichtslinie.

es in's Unendliche, die Veränderung der (Grössenabnahme) aller aufeinanderfolgenden Querdimensionen vor sich geht."*)

Hierauf folgt, Seite 81, von Zeile 4 bis unten, die Beschreibung eines zu Alberti's Zeit in Gebrauch stehenden fehlerhaften Verfahrens, die Verkürzung der nach der Tiefe zu fliehenden Quadratseiten nach der Proportio sesquialtera einzurichten. S. 83 fährt Alberti fort:

„Was aber die Querdimensionen anlangt, und wie (d. h. in welcher Verjüngung und in welcher scheinbaren Entfernung von einander) sie eine auf die andere folgen, so verfahre ich folgenderweise weiter. Ich nehme eine kleine Strecke **), auf der beschreibe ich eine gerade Linie und theile dieselbe in ebensolche Theile ***), wie die untenliegende im Viereck. Dann setze ich über selbiger Linie den Punkt an, so hoch, wie ich den Centralpunkt über die Liegende im Viereck (oder in der „Aussicht") setzte, und von diesem Punkt aus ziehe ich Sehlinien nach jedem auf der zuvor genannten Linie verzeichneten Theilpunkt." (Siehe Fig. I, die Sehlinien nach den im Profil gegebenen Tiefenmaassen.)

---

*) Quasi in infinito. — Nach der mathematischen Ausdrucksweise liegt der scheinbare Vereinigungspunkt verkürzt gesehener Parallelen „im Unendlichen". Hiegegen Lionardo's Deduction im achten Buch des Tractats. Auch Alberti leitet bereits (pag. 59 unten) die scheinbare Vereinigung aus der unzureichenden Sehkraft des Auges ab.

**) S. Figur I. Nämlich eine kleine Strecke der bis zum Horizont oder in's Unendliche verlaufenden Horizontal-Grundfläche in Profil. Alberti wusste augenscheinlich noch nicht, dass man auch auf der „Aussicht" allein die Diagonalen der Quadrate finden kann, indem man die Augendistanz rechts oder links vom Centralpunkt auf der fortgesetzten Horizontlinie abträgt und somit hier den gemeinsamen Fluchtpunkt aller Diagonalen von solchen Quadraten bestimmt hat, die mit zwei ihrer Seiten rechtwinkelig zur verticalen Bildfläche in Horizontalebenen liegen. Er bedient sich also zur Auffindung der Stelle der hinteren Quadratseite der Proportionstafel. Vergl. Janitschek's Interpretation, Note 20 und 21.

***) Janitschek: „ebensoviele Theile", was die Meinung Alberti's unmöglich sein kann. Dieser nimmt von der in's Unendliche gehenden Grundfläche nur „ein kleines Stück", d. h. gerade so viel, als ihm für die Auffindung der just gewollten Reihen verjüngter Quadrate genügt, und braucht nur ein einziges solches Quadrat zu construiren, wenn die Diagonale des verkürzten Quadrats, das in der vordersten Grundebene ganz an der Seite liegt, in ihrer Verlängerung noch genügend viele Fluchtlinien anderer, nach der Tiefe zu befindlicher Quadrate in der „Aussicht" schneiden kann.

„Hierauf stelle ich fest, welche Entfernung vom Auge zum
Bild*) (d. i. zur Bildfläche oder linea del taglio) ich haben will,
und hier zeichne ich eine, wie die Mathematiker sich ausdrücken,
„perpendiculare Linie" (d. i. eben die linea del taglio) ein, die alle
(ebengenannten Seh-) Linien, die sie (auf ihrem Weg) vorfindet, durch-
schneidet". (S. Fig. I.)

Folgt die Erklärung des Ausdruckes: „perpendiculare Linie";
danach:

„Wo diese dergestalt perpendiculare Linie von den anderen
(d. h. von den nach den Theilpunkten zum Auge hingeführten
Sehstrahlen) geschnitten wird, da wird sie mir (ebenso, wie diese
Schneidungen nach der Reihe vor sich gehen) die Aufeinanderfolge
der (nach der Tiefe sich verjüngenden Zwischenräume der) gesammten Querdimensionen angeben; und mit dieser Methode (modo)
finde ich mir die (Stellen der) gesammten Parallelen bezeichnet,
d. h. (ich finde oder suchte so) die (im Fliehen verkürzten)
Quadratarmslängen der Fussbodentäfelung im Bilde (oder im sogenannten Vedere)".

„Wie richtig dieselben beschrieben seien, dafür wird mir ein
Anzeichen sein, wenn sich ein und dieselbe gerade Linie durch
mehrere der im Bild beschriebenen (und reihenweise hintereinander
liegenden) Vierecke als (gemeinsamer) Durchmesser fortsetzt." **)

---

*) Janitschek: „zum gemalten Gegenstand", — welche Entfernung vorher
schon fest stand. — Alberti's Verfahren unterscheidet sich von dem vorher
von uns geschilderten „legitimen Verfahren" nur insofern, als Alberti in umgekehrter Weise zuerst den Centralpunkt in die „Aussicht" einsetzt, und
dann erst den Bildabstand vom Auge, das sieht, feststellt, was aber in der
Praxis ganz auf das Gleiche hinausläuft.

**) Alberti nimmt also das, was was wir heute zur Grundlage der Con-
struction perspectivischer Quadrate machen, nur zum Beweis der Richtigkeit
der bereits auf anderm, „legitimem" Weg ausgeführten Construction. Noch
Accolti hält es in seiner Perspective (1624) für nothwendig, durch Augenschein nachzuweisen, dass das Verfahren mit der seitwärts vom Augenpunkt
angesetzten Distanz im Resultat mit der maniera legittima ganz auf dasselbe
hinauslaufe. S. Accolti's „Inganno degli Occhi" Capitel XIII. Er nennt hier
den Perspectiviker Gio. Battista Benedetti als beharrlichen Vertheidiger der
maniera legittima, die bei Accolti auch den Namen: Prospettiua per diluci-
dazione, d. i. Perspective auf dem Wege des Durchzeichnens bekommt, da
die vor sich geht, wie die Operation mit dem Alberti'schen Netz, oder der
Glastafel. — Uebrigens ist Alberti's Beweisführung mittelst der gemeinsamen

Folgt Erklärung des Ausdrucks: „Durchmesser im Viereck"; alsdann:

„Dies gethan, ziehe ich im Bildviereck querüber eine Parallele mit der Grundlinie, die von einer zur anderen (Vertical-) Seite (der Bildfläche) hin, mitten durch den Centralpunkt gehend, das Viereck (der Bildöffnung in zwei Theile) abtheilt. Dieselbe bezeichnet für mich die Grenze, die keine gesehene Grösse*), die nicht über das Auge, das sieht, erhoben steht, überschreiten kann; und da sie durch den Centralpunkt geht, so nennt man sie „die Centrallinie" (zum Unterschied vom Centralaugenstrahl)."**)

Später, im zweiten Buch seines Tractats kommt Alberti (S. 105) auf sein perspectivisches Quadratnetz zurück und beweist dessen Verwendbarkeit für die Verjüngung auch von Verticalmassen, sowie von allen beliebigen auch nicht quadratischen Körperflächen. Deshalb empfiehlt er es ausdrücklich als ein sehr erleichterndes Hilfsmittel oder als Grundlage für grössere Compositionen, und erwähnt hiebei, welche ganz besondere Erleichterung es gewähre, wenn man ausser dem quadratisch eingetheilten Fussboden (pavimento) auch noch die Hilfe gebrauche, die menschliche Figur mit der Augenhöhe gerade bis zum Bildhorizont heranrücken zu lassen, dann ist nämlich diese Figur zugleich in allen Entfernungen ein besonders deutlicher Maassstab für aller anderen Dinge Proportionalität. Diese Hilfe sehen wir denn auch auf den meisten italienischen Bildern älterer Schule angewandt.

Im Sinne solcher praktischen Erleichterungen ging nun die Fortbildung der Linearperspective weiterhin vor sich. Die Ein-

---

Diagonale nicht ganz richtig, da man auch gar wohl ungleiche Vierecke, die gar nicht einmal Quadrate, sondern nur proportional zu sein brauchen, an eine gemeinsame Diagonalrichtung anreihen kann. Hat also Alberti vielleicht ein dunkles Gefühl davon bekommen, dass man behufs der Construction den Distanzpunkt seitwärts vom Vedere anordnen kann, so sind doch jedenfalls die erläuternden Figuren, welche die gewöhnlichen Druckausgaben zu der Stelle hinsetzen, späteren Ursprungs.

*) „Gesehene Grösse", die in der cosa vista, oder der Aussicht steht.

**) Die Centrallinie ward erst später kurzweg Horizont genannt, da sie in der Ebene des mathematischen Horizonts liegt. Und erst weit später benützte man sie zur Ansetzung von Fluchtpunkten für alle möglichen Richtungen von Parallelen, die in Horizontalebenen verlaufen. Noch der ausgezeichnete Perspectiviker N. Poussin weiss die sogenannte zufällige Ansicht nicht correct zu handhaben.

zeichnung der menschlichen Körperproportionen in bestimmte,* mit
Quadrat und Dreieck leicht auszumessende geometrische Figuren
war z. B. ein wichtiger Schritt zur Anwendbarkeit des Alberti'schen
Fluchtmaassstabs auf das Detail der menschlichen Gestalt. Lionardo
soll auch alle Ausdehnungen im Raum, die der Körper durch Bewegungen bekommen kann, in geometrischen Figurentafeln dargestellt haben. Vielleicht haben wir uns hierunter etwas Aehnliches,
oder vielmehr eine weitere Ausbildung der Absicht jener Tafeln
vorzustellen, die Dürer zum Schluss seiner Symmetria giebt, wo
gleichfalls der ganze Mensch in verschiedenerlei Proportionalität,
wie aus Bauhölzern zusammengezimmert, in Grund- und Aufriss
dargestellt wird. (S. 180, Fig. V.)

Die wichtigsten Schritte geschahen aber, als durch Ghirlandajo's,
Mantegna's und Lionardo's Bestrebungen die Nothwendigkeit drastischer Hervorhebung der einheitlich perspectivischen Idee im gemalten Bilde Allen zur Ueberzeugung wurde. Man suchte nun
nach einer Anordnung der Hauptgegenstände, bei der sich auch
die perspectivische Verjüngung in leicht verständlichen Zahlenverhältnissen bewegte. So erfand zuletzt Lionardo seine perspectivische Anordnungsweise in gleichen Abständen, deren gemein-
sames Realmaass der Augenabstand von der linea del taglio selbst
war. Er konnte nun ohne weitere Linearconstruction das Schema
seiner Figurenverjüngung und somit auch der Verjüngung der zu
diesen Figuren in bestimmte Proportionen gebrachten übrigen Bild-
gegenstände und Planhöhen in gegebenen Zahlenfolgen hersagen
und mit dem Zirkel in die veduta eintragen. Diese Vereinfachung
war der Schlussstein zu dem Gebäude, dessen Grund Alberti mit
der Anfertigung und Empfehlung seines quadratischen Fluchtmaassstabes gelegt hatte.

Die nicht mehr von Malern theoretisch dargestellte Methode
unserer Tage hat gegen die alte, scheinbar so viel unbehilflichere
Lehre einen bedenklichen Nachtheil, der alle ihre mechanischen
Vortheile mehr als aufwiegt. Die eigentliche Lehre von den Sehstrahlen kommt zwar in den neueren Lehrbüchern, wie dies ja nicht
wohl anders sein kann, zur Einleitung vor, den Hauptstock des Constructionsverfahrens bilden aber eine Menge entlehnter, geometrischer
Hilfssätze, die das Auge des Schülers von der eigentlichen Sache und
deren Sinn ganz ablenken, so zwar, dass er nicht im gewöhnlichen

Leben und allezeit beim Sehen vor der Natur, sondern nur, wenn er vor
dem Constructionsbrett sitzt, an Perspective denkt, und zwar wie an
einen beschwerlichen und äusserlichen Mechanismus, dessen Formeln
ihm als eine leidige Nothwendigkeit gepredigt werden. Den einfachen Apparat der alten eigentlichen Lehre von den Sehstrahlen
aber kann man ohne Mühe auf Schritt und Tritt im Gedächtniss
bei sich tragen, vor jeder Fensterscheibe sich ihn vergegenwärtigen
und in der freien Natur, wo nur immer das Gefühl durch drastische
perspectivische Vertiefung der Räumlichkeit angeregt wird, ihn sofort in Gedanken an die Elemente und Factoren des Naturphäno-
mens anlegen. Es ist auch hier so: „Ziehe in Gedanken stets
deine Linien und handle danach im Bilde", dieser lebendige Gebrauch ist die Hauptsache. Und auch vor ihren Bildern kam es
den alten Malern allezeit so vor, als sähen sie durch die Rahmen-
öffnung in die freie Aussicht hinein, und sie zogen auch hier in
Gedanken ihre Linien. Dann aber hat das alte, legitime Verfahren
den ganz speciellen Vortheil, dass es nicht nur die stetige Vorstellung eines bestimmt eingetheilten allgemeinen Raums wach erhält, sondern durch die Umständlichkeit der Constructionsmethode
die Betrachtung und Ermessung der Körper in ihrem realen Aussehen von allen Seiten her sogar durchaus als Grundlage der Construction zur Nothwendigkeit macht. Bei der neueren, nicht so
anschaulichen Methode aber spielt das reale Aussehen der darzustellenden Körper selbst nur eine untergeordnete Rolle. Von
einer bei ihm schon vorhandenen, sehr vagen Vorstellung dieser
Körper und ihrer Stellung geht der Maler aus und berichtigt
dieselbe ungefähr mit Hilfe der mechanischen Construction. Die
Aufmerksamkeit und der Scharfsinn werden vielmehr auf die
Auswahl des für den Fall verwendbarsten geometrischen Hilfs-
satzes gelenkt, als auf die gründliche Erforschung und Vorstellung des darzustellenden Gegenstandes selbst. Es ist daher
zu wünschen, dass an unseren Lehranstalten auf die alte Methode zurückgegriffen werde, dann wird dem Malerzögling, der
vor Allem nach Befriedigung seiner Anschauung dürstet, die Perspective bald nicht mehr wie ein fremdes, Unbehagen erregendes
Greuelgespenst vor den Sinnen stehen, sondern als die ergötzliche
und in der Anwendung unerschöpfliche, lebendige Lehre vom
malerischen Sehen, die er ganz von selbst bei seiner weiteren

Thätigkeit mit Lust zur Wissenschaft von der Berichtigung und
Selbstklärung seines Auges ausbilden wird. Hat dann sein Auge
die gröbsten Irrthümer des unmalerisch und oberflächlich Sehens
überwunden, so wird die Verwendung der Perspective auf's Neue
seine Neugierde erregen. Vor seinen Compositionen wird er auf
möglichst drastische Darstellung des gewollten Raums denken, und
indem er die mannigfachen ästhetischen Wirkungen gewahrt, die
mittelst geschickter und phantasievoller Ausbeutung der Raumidee
hervorzubringen sind, wird er sich zu den alten, grossen Lehr-
meistern hingezogen fühlen, aus deren Werken er hier so manche
Anregung und so manches klug ausgedachte Auskunftsmittel empfangen kann.

3) Der zweite Theil der Perspective handelt von der Abnahme der Farben. Unter Farbenperspective versteht Lionardo
nicht nur das, was wir Luftperspective nennen, dies ist nur ein
Theil seiner Farbenperspective, insofern sich die Dünste der Luft
den wandernden Scheinbildern hindernd in den Weg stellen, oder
mit ihrer zwischenlagernden Schicht die Naturfarbe ferner Gegenstände verderben und blass machen. Die Luft spielt also hiebei
die Rolle, die auch andere durchsichtige aber gefärbte Medien, wie
z. B. das Wasser, spielen. Lionardo sucht auch hier feste Proportionen der Dichtigkeit oder des Dunstgehaltes verschiedener Luftschichten aufzustellen und in's Bild als Bedingung der Farbenabnahme
einzusetzen, um hienach seine Beimischung von Luftton zur Localfarbe einzurichten. Die räumlichen Dickegrade der zwischenlagernden Luft und deren progressive Einwirkung ergeben sich hiebei
aus den Entfernungsgraden der Gegenstände der Composition, und
Lionardo hält es in der Malerei für klug, zur Unterstützung der
regelmässigen linearperspectivischen Raumidee eines Bildes eine
ebenso regelmässig sich abwandelnde Luftperspective herbeizuziehen,
Unregelmässigkeiten in der Vertheilung des Dunstgehalts der Luftschicht, wo möglich, zu meiden. — Ausser den durchsichtigen
Medien kommt bei der Farbenperspective auch die linearperspectivische Verkleinerung in Betracht. Die Scheinbilder verschiedener
ferner Farben erscheinen allmählig so klein, dass sie sich für das
Auge zu einem gemeinsamen Mischton vermengen. Ebenso wichtig
sind Licht und Schatten. Helle Farben schicken kräftigere Scheinbilder aus, als dunkle. Lionardo hält die Perspective der Lichter

und Schatten, d. h. die Abnahme von deren Kraft in der Ferne
von der eigentlichen Farbenperspective getrennt, denn die Lichtstärke ist nur ein einzelner Factor bei dieser. — Den Licht- oder
Dunkelheitsgehalt der durchsichtigen Medien zieht Lionardo gleichfalls zur Lehre von der Farbenabnahme heran. Ein dunkles Medium,
wie die Nachtluft, löscht die Farben in Dunkelheit aus, glänzender
Nebel erzeugt blassmachende und die Ränder wegschneidende Lichtüberstrahlung. Ferner gehören dem Autor noch die Steigerung
heller und dunkler Farben im Gegensatz und die Blendungszustände
der Pupille zur Farbenperspective.

Der dritte Theil der malerischen Perspective endlich handelt
vom Verlorengehen der Deutlichkeit der Körper, sowohl in Figur
der Form als der Farben. Der Codex hat hier bei[1]) congiontione =
Fügung, was indess wohl ein Schreibfehler für cognitione = Wahr-
nehmbarkeit, Deutlichkeit ist; man müsste denn annehmen wollen,
Lionardo verstehe unter 'congiontione das Gleiche, was Alberti
Buch II mit compositione de' corpi bezeichnet. Es wäre aber
sonderbar, dass er das einzigemal, dass er im Tractat hievon
redete, dies gerade beim Verlorengehen der Sache thäte. Hingegen
spricht er sehr oft vom Verlorengehen der Deutlichkeit (cognitione)
der Figur und erläutert dasselbe so: Zuerst gehen die kleinsten
Dinge verloren, wozu die feinen Ausladungen der Umrisse gehören,
ebenso auch die kleinen Glanzlichter und tiefsten Schatten in
schmalen, dem Licht vollkommen unzugänglichen Zwischenräumen
und Vertiefungen der Körper. So verliert ein viereckiger Körper
zuerst für's Auge die Ecken, und erscheint bei grösserer Ferne
zuletzt ganz rund. Dabei bekommt er eine allgemeine, mittlere
Dunkelheit ohne helle Lichter und starke Schatten. Ein ausgezackter
und mit vielen kleinen Helligkeiten und Dunkelheiten durchwirkter
Baum erscheint von Weitem, wie eine compacte, rundliche Masse
von gemeinsamer, mitteldunkler Farbe, weil die Figuren der Umrisse und der Farben ihre Scheinbilder nicht mehr in der gehörigen
Grösse zum Auge schicken; über dieses trübe Gemisch von kleinen
Farbenfiguren, bei abgestumpfter Hauptumrissform, bekommen dann
die hemmenden Luftdünste und sogar die Dunkelheit des Wegs
durch die Pupille leicht die Oberhand, so dass zuletzt ein ganzer
Waldrand nicht mehr wie eine Reihe von einzelnen Bäumen, sondern wie eine gemeinsame confuse Masse aussieht.

Diese Vorstellung ist also nur eine Verbindung der äussersten Wirkungen von Farben- und Verkleinerungsperspective.

7 (Umstellung 7). [1] Più utile: nützlicher, nutzbarer für den Empfangenden sowohl, als für den Mittheilenden. [2] Senso Commune: der Gesammtsinn, dem die Wahrnehmungen aller Einzelsinne zugeführt werden, und der dieselben sämmtlich versteht. Bei [3] und [4] einfach: senso = Empfindung, Verständniss. Bei Lionardo sind die Stadien der Wahrnehmung und Empfindungserregung durch das Auge folgende: Zuerst gelangt das Scheinbild zur „Virtù visiva", welche die rein sinnliche, das Auge von anderen Sinnesorganen unterscheidende Sehkraft vorstellt. Diese Sehkraft übermittelt das Bild der „impressiva", dem „Eindrucksvermögen" und von hier gelangt der Eindruck zum „senso commune", wo er beurtheilt wird. Auch der „intelletto" wird zuweilen genannt. — Der spätere und ausführlichere Lomazzo schiebt zwischen die „impressiva" und den „senso commune" noch die „fantasia" ein und nennt den senso commune zuweilen intelletto, Verstand, da dieser sich ja in der That auf alle Sinneswahrnehmungen bezieht.

9 (Umstellung 9). [1] Moto aumentativo e diminutivo: mehrende und mindernde Bewegung. Das, was durch die Bewegung des Körpers vermehrt und vermindert wird, ist erstens der Raum zwischen Auge und Körper; dieser Raum gehört aber als unzertrennliche Voraussetzung mit zur Bewegung, und wird bei Lionardo sonst auch wohl mit „lunghezza del moto": „Längenerstreckung der Bewegung" bezeichnet, zum Unterschied von „velocità del moto": „Bewegungsgeschwindigkeit". Auch heisst moto oft kurzweg Erstreckung. — Zweitens mehrt oder mindert, vergrössert oder verkleinert sich auch der Sehwinkel, in dem die Lichtstrahlen bei ihrer Bewegung durch den Raum hin zum Auge zusammenlaufen.

9,3 (9, a) [2] Raschheit und lebendige Unmittelbarkeit = prontitudine. Stellungen und Gesten = actioni. — Die Bewegung der Körper in der Unmittelbarkeit ihrer Gesten und Stellungen rechnet Lionardo an anderen Stellen zur „Bewegung am Ort", zum Unterschied von der „Fortbewegung des Körpers im Raum". Er nennt sie „Actionsbewegung" und sagt von ihr, sie gehe in's Unendliche, da sie sich, wie jede Bewegung, über einen Raum erstrecke, der als stetige Quantität theilbar bis in's Unendliche sei. Folglich steht der

Malerei diese stetige Quantität zur Verfügung. — Endlich ist mittelst „prontitudine" auch der Impuls der Bewegungen und Stellungen bezeichnet, das unmittelbare Hervorgehen derselben aus Willen und Gemüthsaffect des sich Bewegenden.

Von vorstehenden beiden Arten der Bewegung, der Fortbewegung und der Actionsbewegung, sowie von deren Raum und Impuls handelt also die Malerei ebensowohl als die Philosophie. Die Fortbewegung des Körpers an sich kann sie dabei natürlicherweise nicht darstellen, dagegen aber Solches, was durch die Fortbewegung gemehrt und gemindert wird.

Absatz 3 dieser Nummer ward in der Umstellung nach Anweisung von M. 2 nach Nr. 9 gesetzt; Absatz 2 und 4 wurden, als nicht hierher gehörig, anderwärts postirt, 4 nämlich an den Schluss von Nr. 7, und 2 ebenso nach Nr. 13 der Umstellung.

10 (Umstellung 10). Che abbraccia in se la prima veritá; doppelsinnig: Der Maler nimmt mit dem Auge die erste Wahrheit in sich auf, und nimmt diese Wahrheit in ihrem eigensten Wesen auf. Erste Wahrheit ist die Erscheinung sowohl, weil sie am frühesten, als auch, weil sie am untrüglichsten erkannt wird; sie liegt dem Experiment des Auges direct vor, was bei der philosophischen Wahrheit nicht der Fall, denn die inneren Kräfte der Dinge werden nicht an sich selbst erfasst, sondern durch Verstandesschluss aus ihren Wirkungen.

11 (Umstellung 14). [1]) Codex corrumpirt: Illuminosi, o' trasparenti et uniformi et mezzi. — Die mezzi oder durchsichtigen Medien wirken störend für das Sehen, wenn ihre Substanz Lichtschein auffängt, denn alsdann sind sie nicht vollkommen transparent. Sind sie in ihrer Substanz nicht gleichmässig, uniformi, so ist auch die Transparenz keine durchaus gleichmässige. Dieser Unterschied tritt zwischen niederen, daher dichteren, und höheren, dünneren Luftschichten ein, daher hier die Grössenverkleinerung durch Linearperspective und die Farbenabnahme durch Luftperspective nicht in Einklang stehen, das Auge bei seiner Grössen- und Entfernungsabschätzung also getäuscht wird. Eine hohe ferne Bergspitze z. B. sieht der Farbe nach näher aus, als der in Dunst gehüllte Bergfuss, so wird das Auge also an ihrer perspectivischen Grössenverkleinerung irre und schätzt sie kleiner ab, als sie ist. Dasselbe kann auch durch wechselnde Schichten und Streifen

sonnenbeschienener und wolkenbeschatteter Luft entstehen. Daher
müssen, soll das Auge nicht irren, [2]) die Dinge in den „debiti
distantie e debiti mezzi" gesehen werden, wo die Luftperspective einer
überall gleichmässig dunsthaltigen Luftschicht sich regelmässig nach
den räumlichen Entfernungsgraden und mit diesen im Einklang
abwandelt. Dieses Verhältniss empfiehlt Lionordo auch als das
drastischere für die ohnedies relativ schwachen Mittel der Malerei. [3]) La piramide, che si fa bassa dell' obbietto: „Die
Sehpyramide, die sich aus dem Object ihre Basis macht"; Lionardo'sche Bestimmtheit in Vorstellung und Ausdruck. Alberti
sagt: „Der Gegenstand ist die Basis der Sehpyramide". Aber
der Körper ist rund, dick und vielflächig, die Basis der Sehpyramide nur eine senkrechte Fläche oder Scheibe. So giebt also
der Körper mit seinen dem Auge zugewandten Ausladungen, la-
mellenartig zerschnitten, eigentlich eine unzählige Menge von Basen
her, deren letzte sichtbare erst die Gesammtbasis der allgemeinen
Figur ist, die der Körper liefert. — Man kann die Stelle auch
übersetzen: „Die Pyramide, die sich, d. h. ihre Basis, zur Basis
des Objects macht". Dann ist die Basis der Pyramide auf der
durchsichtigen Bildfläche, pariete, gedacht, auf der die Sehstrahlen
die Körperfigur abtragen. [4]) Spetie dell' obietti dell' orecchio:
„Die Eigenschaftsscheine der Objecte des Ohrs", also der Schall,
oder die Töne, die sich von Körpern loslösen, welche die Eigenschaft des Tönens besitzen.

16 (Umstellung 15). [1]) Scientie divine kann auch bedeuten:
die Wissenschaften, die von göttlichen Dingen handeln.

[2]) Discorsi, unübersetzliches Wortspiel. Discorso heisst ebensowohl „wissenschaftliche Abhandlung oder Besprechung", als wie
„ein Fehllaufen, eine Zielverfehlung", von discorrere, auseinander-
laufen, zerfliessen.

19 (Umstellung 23). Die ganze Nummer ist wohl, nach der
Buntheit und lockeren Fügung ihres Inhalts zu schliessen, ein erster
Entwurf. So passt auch die Ueberschrift nicht recht, von deren
Angabe im Text eigentlich nichts vorkommt. Dies würde nicht minder
der Fall sein, wenn man die Ueberschrift läse: per sottile speculatione
appartenente à quella: durch feinsinnige Schau, die zu ihr gehört.

20 (Umstellung 24). [1]) Der Relativsatz: „che operano in
qualunque caso" kann sich auch auf „accidenti mentali" beziehen:

Die Gemüthszustände, die in jedem einzelnen Falle bei den Figuren
zur Wirksamkeit kommen.

22 (Umstellung 26). [1]) „In diesem Falle" der Schilderung des
nämlichen Naturobjects, oder Objects überhaupt; oder: im Fall,
dass der Poet gleichfalls auf die Anschauung wirken will; oder
aber: wenn auch er unmittelbare Lebhaftigkeit des Eindruckes
anstrebt.

23 (Umstellung 27). [1]) oder: dessen Befriedigung nicht hindert,
dass Grund zur Schau vorhanden sei. — [2]) Cod: discretione: die
Art der Darstellung, oder die Art von Darstellungsfeinheit, die im
Fach des Dichters liegt. Vielleicht aber nur Schreibfehler für descritione, Beschreibung. [3]) Prospettivi: Die Optiker.

24 (Umstellung 16). [1]) corpi accidentali et naturali; zufällig
sind die vergänglichen, nicht durch Naturnothwendigkeit bestehenden
Menschenwerke oder auch Körper überhaupt unter dem Einfluss
vorübergehender Wirkungen, die dann auch natürliche Wirkungen
sein können, wie Schatten und Licht, den Körpern aber auf einige
Zeit hin veränderliche Eigenschaften verleihen, während andere
Eigenschaften, als in der Natur der Körper selbst wurzelnd, beständig sind.

25 (Umstellung 28). [1]) tali tre scientie: Arithmetik, Geometrie,
Astronomie (astrologia.) [2]) scientia giuditiale: absolute und abstracte
Verstandeswissenschaft, die im Verstand anhebt und endigt, ohne
durch die Probe des sinnlichen Experimentes hindurchzugehen. —
Sterndeuterei und Sternkunde wurden damals in der Regel zusammen
betrieben, unter dem Namen Astrologie. Zur Unterscheidung hiess
die erstere: Astrologia giuditiale.

26 (Umstellung 29). [1]) „La qual natura è terminante dentro
alle figure delle lor (d. i. delle opere) superfitie." Mit der ungewöhn-
lichen Ausführlichkeit dieses Ausdruckes soll wohl Mehreres zugleich bezeichnet werden. Erstens: Der Maler ahmt die Natur als
Schöpferin insofern nach, als er, wie sie, die Dinge in Umrisse
kleidet. Die Natur ist also Zeichnerin gleich dem Maler, und bei
den Umrissen, die sie schafft, kann dieser sie und ihre Werke nachahmen. Denn die Natur ist eigentlich, zweitens, unendlich, ihre Gestaltung eine einzige, ungetrennt zusammenhängende Masse. Dabei
schliesst sie sich aber, sich selbst eingrenzend, in die Einzelumrisse
ihrer verschiedenen Einzelwerke ein. Und insofern der Maler die

Umrisse aller Einzelwerke wiedergibt, ist er im Stande, auch die Endlosigkeit der Natur nachzuahmen. Und drittens liegt in dem Ausdruck noch der scharf mathematische Sinn, dass die Umrisse an sich nichts Körperliches sind, sondern nur die Grenzen, das Aufhören der Körper oder Werke, in dessen Inneres der Körper, oder dessen Oberfläche sich einschmiegt.

27 (Umstellung 30). Das Beispiel des Mathias Corvinus wird hier aufgeführt, weil dieser Fürst wegen seiner grossen Bücherliebe berühmt war. In der Anlage von Bibliotheken sollen ihn sich mehrere italienische Fürsten zum Muster genommen haben, so namentlich Friedrich von Montefeltre bei Anlage der Bibliothek von Urbino. Vielleicht war Aehnliches beim Mailänder Hof der Fall.

28 (Umstellung 31). [1]. Cod.: per la quale la sua via specula. Dies würde heissen: Das Fenster, durch das der Körper seinen Weg erspäht. Nach dem Zusammenhang liegt jedoch wohl ein Schreibfehler vor, der entweder in der vorgeschlagenen Weise zu berichtigen wäre, oder indem man liest: per della quale etc., welche vulgäre Diction im Codex auch an anderen Stellen vorkommt. Dann hiesse die Stelle: Das Fenster, durch dessen seinen Weg hin die Seele die Schönheit der Welt erspäht und geniesst.

31 (Umstellung 34). [1] Der Eingang dieser Nummer bezieht sich auf das von Lionardo gefundene und im dritten Theil des Tractats Nr. 461. (Umstellung 471) im Experiment dargelegte harmonische Gesetz der Grössenabnahme in denjenigen perspectivischen Fluchtmaassstäben, bei denen die volle Augendistanz als die perspectivisch abzuwandelnde Maasseinheit angenommen ist. Aus der antiken Philosophie hatte die Renaissance die Ansicht geschöpft, dass das Maassgefühl des Auges von ähnlichen Gesetzen beherrscht werde, wie das Harmoniegefühl des Ohrs. Anschauliche Form gewann diese Ansicht im Anblick des aristotelischen Monochords, wo man die einfachen und deutlich fassbaren Zahlenverhältnisse, die zwischen den Seitenlängen der harmonisch zusammenklingenden Töne obwalten, ablesen konnte; und insofern das Auge in der That klarfassliche Proportionen für die Erweckung seiner Schönheitsempfindung verlangt, ist die Ansicht auch wohl richtig und beruht nicht auf blossem Wahnglauben.

Wir fassen die Erscheinung auf dem Monochord, wie sie sich für die Bildnerei darstellt. Die ganze Saite einfach angeschlagen,

13*

gibt den Grundton her. Setzt man den Finger, oder Steg gerade
in die Mitte der Saite, so klingen die beiden Hälften in der hohen
Octav des Grundtones, so dass sich also eine jede zum Grundton in ihrer Saitenlänge verhält wie $1/2$ zu 1. Zugleich sieht
man zwischen den klingenden Hälften das Verhältniss von 1 zu 1
hergestellt. — $2/3$ der ganzen Saitenlänge klingen die Quinte zum
Grundton, 2 zu 3 ist also das Verhältniss dieser Beiden, während
man auf der mit dem Steg belasteten Saite auch noch das Verhältniss von 2 zu 1 erblickt, also für die Musik das der Octav. —
$3/4$ der Saite klingen die Quart zu 1, somit erzeugt sich das Verhältniss von 3 zu 4, und auf der Saite steht die Eintheilung von
1 zu 3. — $4/5$ klingen zu 1 die Terz, und die Saite ist eingetheilt
in 1 zu 4, oder in das Verhältniss der doppelten musikalischen Octav.
— $5/6$, auf der Saite 1 zu 5 darstellend, klingen zu 1, oder dem
Grundton, die kleine Terz, und $5/8$ die kleine Sext, wobei die
Saite in 5 zu 3, oder im goldenen Schnitt eingetheilt ist. Somit
stellen die Verhältnisse der kleinen Sext 3 zu 5 — 5 zu 8 sogar
eine Progression dieses letztgenannten Rhythmus dar.

Diese Verhältnisszahlen waren in Architektur, Sculptur und
Malerei schon mannigfach mit Glück und in künstlichen Weisen
ausgebeutet worden, und es musste nicht wenig überraschen und
erfreuen, als Lionardo das Eintreten aller, ausgenommen der zuletzt Genannten wie ein dem perspectivischen Grössensehen bei-
wohnendes Naturgesetz nachwies, indem er den Raum der Bildfläche zwischen Grundlinie und Horizont in fünf untereinander
gleiche Distanzen perspectivisch eintheilte, deren jede dem Abstand
des Auges von der Bildfläche, oder von dem in der vordersten
Grenze dieser Fläche gedachten Gegenstand gleich war. Auch sieht
man ein, dass die Auffindung dieses merkwürdigen Zusammen-
treffens unter Anwendung des sogenannten legitimen Verfahrens der
perspectivischen Constructionsweise verhältnissmässig leicht war
oder sogar sehr nahelag, und dass ferner die Sache hier auch sofort auf Jeden überzeugend wirken musste; gerade so wie auf dem
Monochord oder auf jeder Laute verhielt es sich auch auf der linea
del taglio. Man kann sich denken, wie das pythagoräische Gesetz
jetzt auf's Neue bei Allen, denen die Sache bekannt ward, in Ansehen stieg, und dass es vielleicht nicht nur um der Charakterisirung der Pythagoräer willen geschah, wenn Rafael auf seiner Schule

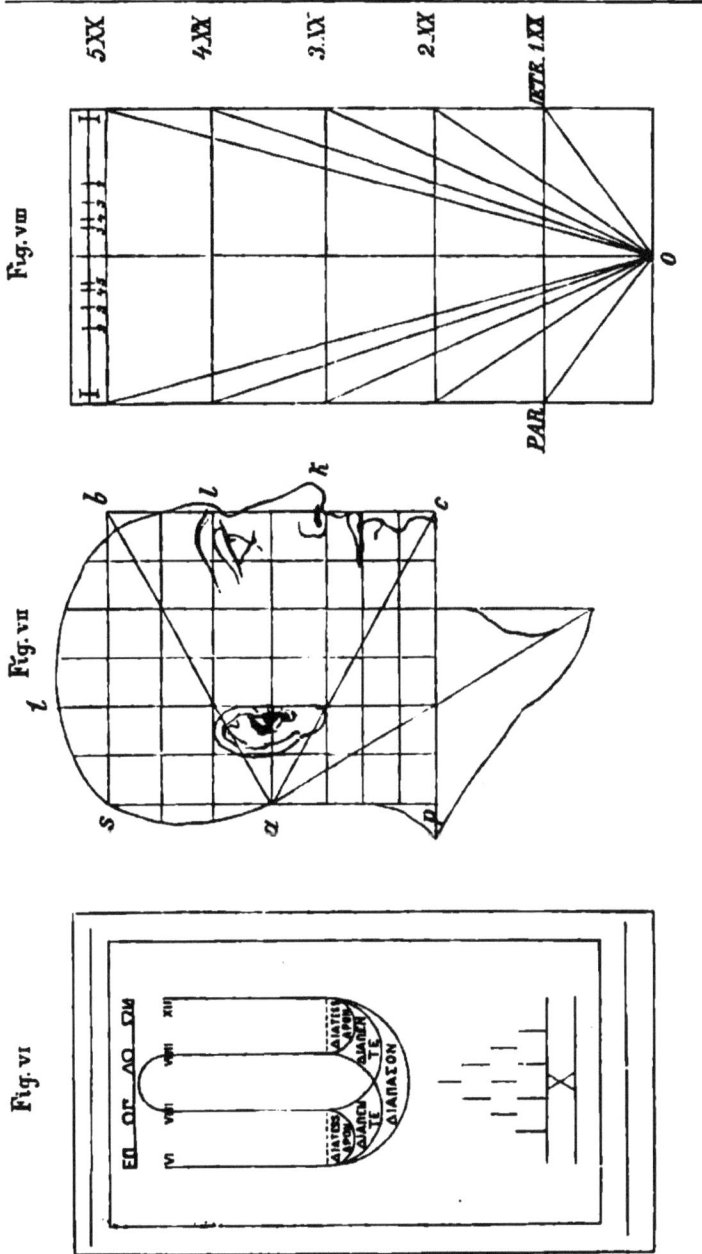

Fig. VIII

Fig. VII

Fig. VI

von Athen ganz im Vordergrund die architektonisch so schön erfundene Formel dieses Gesetzes anbrachte.

Zu Lomazzo's Zeit aber wurden Verhältnisse von Gebäuden
und menschlichen Körpern häufig mit den griechischen Namen der
Accorde bezeichnet.

Vergleicht man im Allgemeinen Lionardo's Ansicht über schöne
Proportionalität mit derjenigen Alberti's, so sieht man, dass Beide
nach einer Begründung dieses Gefühls oder Bedürfnisses ihres Geistes
in der Natur suchten. Alberti that dies jedoch in sehr äusserlicher
Art. Er sagt: „Wir maassen viele Körper aus, die uns einen
schönen Eindruck machten, und fanden so eine gewisse mittlere
Uebereinstimmung wohlgebauter Menschen in ihren Maassverhältnissen". Dann gibt er aber eine Proportionalgestalt, in der, ausser
drei grossen Gleichheiten, kein klarer Rhythmus erkennbar ist. In
dieser letzteren Beziehung sind ihm die Giottesken weit überlegen.
Lionardo geht bei der Begründung seines Gefühls aus der Natur
anders zu Werke. Er weist die Richtigkeit seiner Empfindung nicht
an äusseren Naturkörpern nach, bei deren Darstellung er sogar,
von Schönheit absehend, wenn es sein muss, ausdrücklich auf Charakteristik der Verhältnisse dringt. Er sagt, wie Dürer: „Das Schöne
findet meine Seele nach ihr eingeborenen Normen." Ungleich Dürer
forscht er diesen Normen nach. Indem er in das Naturexemplar
der Raumvertiefung, das er als Künstler studirt, oder zur Darstellung bringt, nach Gutdünken eine feste Ordnung gleicher Abstände
einsetzt, findet er an seinem Experiment die sich hier aus den Vorgängen des Sehens selbst ergebende Bestätigung einer alten, schon
von den bewunderten Griechen aufgestellten Schönheitsregel. — Dies
ist gewiss bezeichnend für einen in Verehrung der antiken Philosophie herangewachsenen Geist, der zugleich mit vollem Feuer das
lebendige Studium der Natur ergreift.

Leider sind wir nicht im Stande, eine authentische Figur für
Schönheitsproportion des menschlichen Körpers von Lionardo's Hand
zu geben, und entnehmen die Maasse der beifolgenden Fig. IX einem
Proportionsschema aus Lionardo's Schule. — Zum Vgleich stellen
wir diese Maasse mit den Verhältnisszahlen Cennini's und Alberti's
zusammen. Die Zahlenverhältnisse, die Pacioli in der Divina Proportione dem Vitruv entnimmt, sind so sehr verstümmelt, dass
sich mit ihrer Hilfe keine menschliche Figur darstellen lässt.

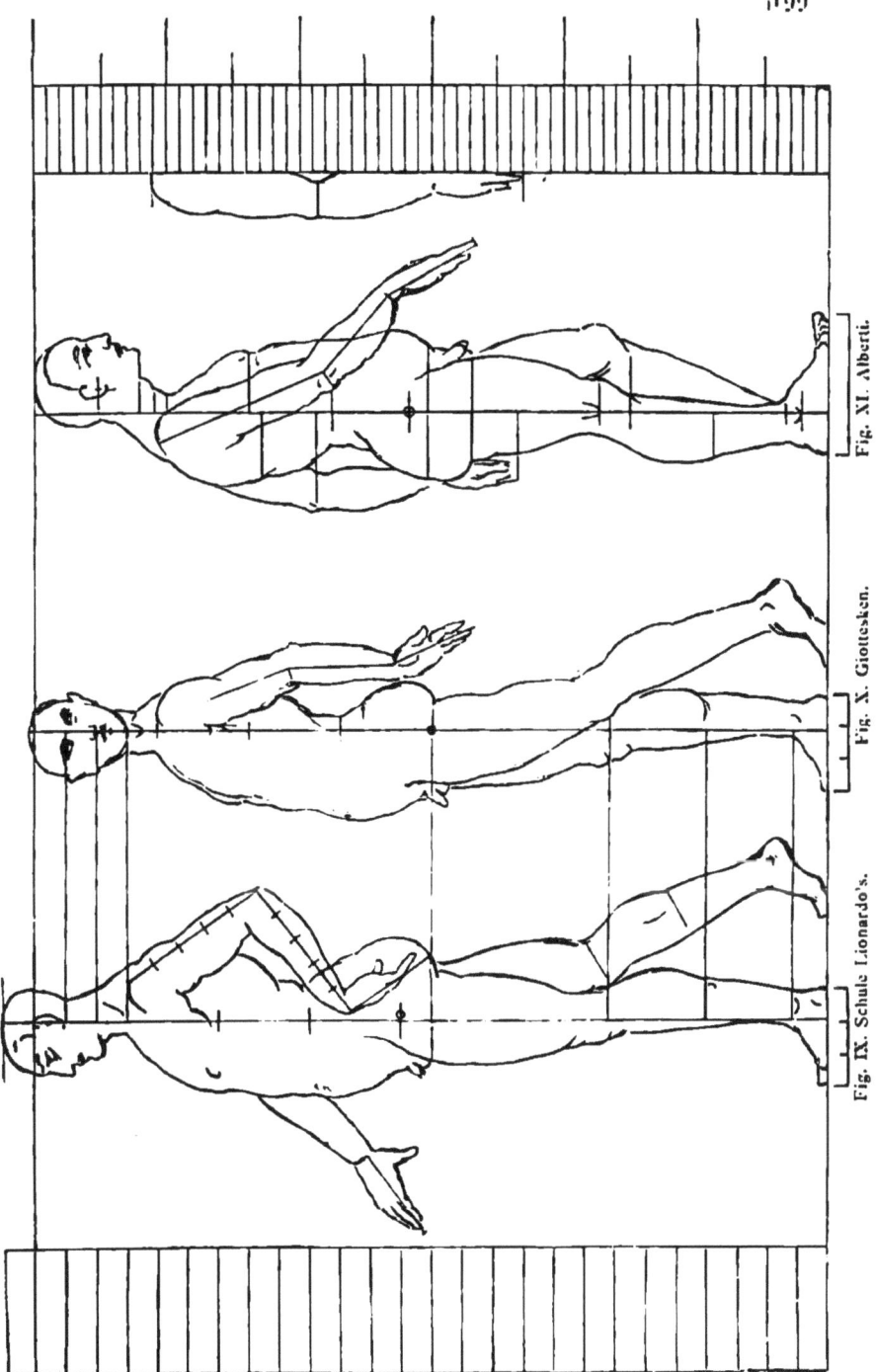

Fig. IX. Schule Lionardo's.

Fig. X. Giottesken.

Fig. XI. Alberti.

Gewiss wurde nun bei Lionardo niemals irgend ein Schematismus alleinherrschend. Im Tractat wiederholt er aber zu verschiedenen Malen, dass er in Compositionen seine Regel von den gleichen Abständen anwende, und wo er dies auch nicht ausdrücklich sagt, wie z. B. bei Untersuchungen über Farbenperspective in verschiedenen Luftschichten, kommen in den Hilfszeichnungen fünf gleiche Distanzzonen vor. Namentliche Erwähnungen finden sich in Nr. 261 (Umstellung 215), 262 (216) und 857 (892). Es wäre immerhin interessant, Werke von ihm und seiner Schule auf die Sache hin zu untersuchen. Das Verfahren schloss, wie vorhin (Note zu Nr. 6, Umstellung 5) schon erwähnt, zugleich den Vortheil in sich, dass man die festnormirte Abnahme der Hauptgrössen ohne Linienconstruction gleich mit dem Zirkel eintragen konnte. Auch gewähren die fünf Distanzen Spielraum genug für das Deutliche in einer bereits sehr grossen Composition, kaum wird je die Nöthigung einer noch weiter ausgedehnten Disposition der Pläne vorliegen, und nachdem in der fünften Distanz die Grenze der Deutlichkeit für das Portionengefühl erreicht ist, kann der Rest des Hintergrundes als an sich gleichgiltige Folie behandelt werden.

Was übrigens die Idee anlangt, die perspectivische Grössenverjüngung für die proportionale Anordnung der Bildfläche auszubeuten, so erwähnt derselben bereits Alberti. Man ging, gerade so, wie Alberti, darauf aus, einen quadratischen Fluchtmaassstab auf der perspectivischen Grundebene der Composition herzustellen, und theilte ebenso, wie er, die Grundlinie nach dem Maass der Armslänge ein. Die Verjüngung der fliehenden Quadratseiten aber wandelte man willkürlich nach der diminuirenden Proportio sesquialtera, 3 zu 2 ab. Wir geben die Stelle in Uebersetzung.

Nachdem Alberti die Grundlinie eingetheilt, den Centralpunkt angesetzt und die Eintheilungspunkte der Grundlinie durch Sehstrahlen mit diesem Punkt verbunden hat, fährt er fort (vergl. Note zu Nr. 6, Umstellung 5, Fig. II, und Alberti, Quellenschriftenausgabe S. 81, Z. 4):

„Hier wären nun wohl Einige, die möchten (nach Belieben) eine (erste) Querlinie, parallel zur Liegenden im Viereck angeben, und den Abstand, der jetzt zwischen diesen beiden Linien wäre, (in senkrechter Richtung) in drei (gleiche) Theile theilen. Davon nähmen sie zwei, und in soviel Abstand über der ersten (willkür-

lich) gezogenen Querlinie zögen sie eine zweite; der fügten sie
dann wieder eine hinzu, und dann noch eine, die Abstände immer
aufs Neue so messend, wie sie beim ersten und zweiten gethan,
d. h. so, dass jedesmal der vorhergehende Abstand, in drei getheilt,
den nachfolgenden um einen Theil (von sich selbst) überragte,
oder, wie die Mathematiker es ausdrücken, „stolz mit ihm theilte".*)
Obwohl nun Selbige, die vielleicht so verfahren möchten, einen
guten Weg zu malen vorzeichneten, so sage ich dennoch, dass sie
irregehen würden; denn indem sie die erste (Quer-)Linie aufs Ungefähr ansetzen, und obwohl dieser nun die anderen Querlinien
nach einem festen Verhältnissrhythmus **) folgen, so wissen sie doch
nicht, wo für die Spitze der Sehpyramide die sichere Stelle fest-
liege, daher in ihrem Gemälde nicht geringe Fehler entspringen.
Und ich füge dem noch hinzu, wie fehlerhaft ihr Rhythmus ausfallen müsste, wofern der Centralpunkt höher oder niedriger läge,
als die Höhe eines gemalten Mannes. (S. Fig. XII.) Wisse also
ein- für allemal, dass keine gemalte Sache wahren Dingen jemals
gleichsehen wird, wofern kein fester Augenabstand angenommen
ist, aus dem sie gesehen werden."

Dieser kritische Bericht Alberti's ist, wie Fig. XII zeigt, dahin
zu erläutern, dass die erste Querlinie nur relativ zur perspectivischen

Fig. XII.

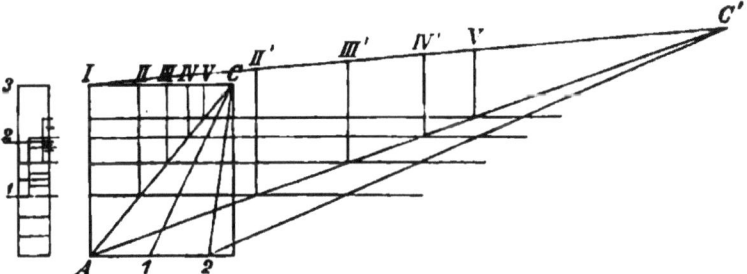

Richtigkeit willkürlich gezogen ward, indem man ihre Stelle über der

---

*) „Superbi partienti". Derartige sonderbare Ausdrücke kommen in der
älteren Geometrie öfters vor. So heisst der goldene Schnitt: Proportio habeus
medium et duo extrema. In Pacioli's Divina Proportione ist extremo maggiore
das Ganze, extremo medio der Major und extremo minore der Minor.

**) Ragione heisst in der italienischen Geometrie noch heute die Art
eines bestimmt verlaufenden Verhältnisses.

Grundlinie nach der Proportio sesqualtera bei einem Drittel der
Höhe der ersten Menschenfigur im Bilde, $A I_1$, annahm. So lange
nun alle Menschenfiguren mit ihrer Höhe den Horizont $I C$ nicht
überschritten oder nicht unter denselben fielen, blieb die Abwandlung der Ellenfelder des pavimento zwar immer eine perspectivisch
sehr unrichtige, aber die Figurengrössen wandelten sich, in dieser
Weise auf die Pläne vertheilt, wirklich nach der progressiv diminuirenden Sesqualtera ab, wie bei I, II, III, IV, V ersichtlich.
— Sowie aber ein Horizont angenommen ward, der höher lag, als
die Häupter der Figuren, so musste die richtige Abwandlung auch
dieses Rhythmus selbst in den Figuren unmöglich werden, da diese
ja mit ihrer Kopfhöhe der oberen Fluchtlinie folgen mussten, wie
z. B. bei II', III', IV', V', wo diese Linie nach dem höherliegenden
Centralpunkt C' geht. Das Entsprechende würde geschehen, wenn
der Centralpunkt, bei einer Mannshöhe, wie $A I$, niedriger gelegt
würde, als C. So wurde also in diesen Fällen der Rhythmus in
sich fehlerhaft (vitioso), und zu welcher Monstruosität überdem
die Zeichnung der Ellenfelder gelangen musste, zeigt Fig. XII mit
grosser Evidenz.

Dem Verfahren lag aber trotz dieser Fehlerhaftigkeit eine gute
Intention zu Grunde, die Alberti auch anerkennt, indem er sagt:
„Diese zeichnen einen guten Weg zu malen vor". Sie wollten
nämlich auf der Bildfläche den Raum zwischen Grundlinie und
Horizont nach einem guten Proportionsrhythmus eintheilen und
hiezu das erst eben neu entdeckte perspectivische Verjüngungs-
gesetz benützen. Gut nannte Alberti den Weg, weil ja schon
längst alle guten Maler ihre Compositionen damit zu beginnen
pflegten, die noch leere Bildfläche in proportionale Felder einzutheilen. Man vergleiche das Verfahren der Giottesken, wie Cennini
es Capitel LXVII schildert.*) Alberti, der in der Malerei und

---

*) In den Ausgaben ist hier ein kleines Versehen des Abschreibers mit-
gedruckt, das sich ohne jegliche Schwierigkeit berichtigen lässt. S. Cennini,
Ausgabe Messina's pag. 44, Zeile 12 von unten, hier steht: poi metti la punta
del sesto in sulla croce del mezzo ¹) dell' un filo e dell' altro e fa ²) l'altro
mezzo tondo dallato di sopra e troverai, che dalla mandritta ³) hai per gli
fili che si scontrano, fatto una crocetta per costante. — Man braucht die Worte
von ¹) bis ²) nur umstellend zu corrigiren in: del mezzo e fa dell' un
filo all' altro ecc. und später bei ³) zu ergänzen: „alla man zanca", so heisst

Sculptur sein Schönheitsgefühl nach der Richtigkeit des Natur-
exempels zu formiren strebte, verfolgte den an sich feinen Gedanken
der Maler, die er kritisirt, nicht weiter. Zwar theilt auch er seine
Grundfläche nach Menschenmaass ein, aber er geht dabei nur der
allgemeinen Gesetzlichkeit der perspectivischen Constructionsregel
nach. Andere haben offenbar in der Richtung der Schönheitsproportion weitergesucht und Lionardo gelang es endlich, gleichfalls
mit Zugrundelegung menschlicher Maasseinheiten, die Uebereinstimmung der Constructionsrichtigkeit mit einer anerkannten Schönheitsregel für Grössen- und Richtungsproportionalität ausfindig zu
machen. Es stellt uns also die Zusammenfügung dieser verschiedenen Versuche ein sehr interessantes Capitel aus der Geschichte des bildnerischen Machens deutlich vor Augen, und wir
sehen hier Lionardo in lebendigen Zusammenhang mit seinen
Vorfahren und Zeitgenossen mitten hineinversetzt, und zwar mit
seiner ebensowohl conservativen als fortbildenden Thätigkeit. [2]) Dem
Autor fällt hier etwas ungelegen der bereits siegreich abgethane
Poet wieder ein. Er fertigt ihn aber sofort mit gutem Humor und
doppelter Ladung ab. Der drollige Eindruck des Originals geht
in der Uebersetzung verloren. [3]) Die Arithmetik der unstätigen
Grössen, die Arithmetik jener Zeit befasste sich nur mit solchen.

32 (Umstellung 35). [1]) Im Codex folgen hier zwei sinnlose,
wieder durchgestrichene Zeilen. [2]) discretione armonica: das feine
Fach oder Kunstfach gleichzeitiger Harmoniewirkung der Laute
und Bestandtheile. [3]) intento del composto, nämlich das, was das
Ganze bedeutet, ob es z. B. einen männlichen, weiblichen, grossen
oder kleinen Körper darstellt, sonderlich aber auch das, was durch
die Gesammtheit der Verhältnisse ausgesprochen werden soll, ob
z. B. das Ganze als ein schlankes, oder als gedrungenes etc.
Charakterverhältniss wirken soll. — Analog — intento de' compo-
nenti. [4]) Beweist, für wie leicht ein echter Bildner das hält, was
heute als Hauptsache angesehen wird.

---

die Stelle vollkommen verständlich: Danach setzest du die Zirkelspitze auf
das Kreuz in der Mitte, und machst von einem Faden zum andern das
zweite Halbrund nach oben zu, so wirst du finden, dass du von der Rechten
zur Linken hinüber auf die beiden (hüben und drüben vom mittleren Faden)
sich gegenüberstehenden Fäden (mittels dieses Zirkelschlags) zwei Kreuzchen
bezeichnet hast, die in gerader Linie liegen,

33 (Umstellung 6). [1] Le prime Matematiche. Die Hauptfächer der Mathematik. Es sind ihrer vier an der Zahl: Arithmetik, Geometrie, Sternkunde (Astrologia), Musik. Die drei subalternen sind: Perspective (die allgemeine Lehre vom Sehen), Architektur, Kosmographie. So die Rangordnung der damaligen weltlichen Wissenschaften nach Plato, Aristoteles u. A. Paccioli schlägt (De Divina Prop. Cap. III), ähnlich wie Lionardo, vor, entweder die Musik gleichfalls unter die subalternen zu stellen, oder aber die Perspective, womit er die Malerei meint, ihr zur Seite unter die Hauptfächer. [2] Das Machen ist also für Lionardo das Vornehmste an der Bildnerei, die vorhergehende Theorie nur der erste Theil der Wissenschaft des Bildners.

36 (Umstellung 37). [1] sito. Lionardo braucht dies Wort in vielerlei Sinn. In anderen Capiteln bedeutet es auch: „Landschaft, einzelner Fleck in der Landschaft", oder „bewohnte und bebaute Gegend", im Gegensatz zu „Einöde".

38 (Umstellung 39). [1] accidentale arte: hinzutretende Kunst, oder auch die zufällige Kunst als Menschenwerk, gegenüber der überall mit Nothwendigkeit und dauernd leistenden Natur; oder endlich: Kunst, die sich, wie hier der Fall, auf zufällige und vorübergehende Eigenschaften bezieht, z. B. auf Licht und Schatten an den Körpern.

34 (Umstellung 40). Codex: con processione, im weiteren Verlauf oder allmähligen Vorwärtsschreiten; — vielleicht Schreibfehler für: precisione, Genauigkeit. — Wer sich indess jemals des Schleiers oder Quadratnetzes beim Zeichnen nach der Natur bedient hat, wird wissen, dass mit Hilfe desselben nur eine rasch vor sich gehende Correctur des Auges und ein schnelles Bestimmen der Hauptpunkte von Grössen und Richtungsverhältnissen vorgenommen werden kann, wobei derjenige den grössten Nutzen ziehen wird, der eine gute Kenntniss des Modells vorher schon hatte. Mehr damit zu leisten, eine genaue Durchzeichnung des Contours z. B., würde auch dem sichersten Auge des Geübtesten, selbst bei möglichster Feststellung des Modells, unausführbar sein. Lomazzo beschreibt spätere exacte Ausbildungen des Apparats, die aber gleichfalls nur zur möglichst raschen Aufnahme von entscheidenden Punkten dienen, er zieht dabei nicht einmal die Hauptrichtungslinien und Axen aus. Eine mechanische Eselsbrücke ist daher das

Instrument keineswegs, es dient dagegen Einsichtigen als vortreff-
liches Mittel zur Erziehung ihres Proportions- und Richtungs-
gefühls. — Demzufolge gäbe „processione", da der Gebrauch des
Netzes nur bei einer ersten Vorarbeit stattfindet, guten Sinn.

40 (Umstellung 41). [1]) Als solches „Mischding" ward das
Relief zu Lionardo's Zeit auch wirklich vielfach behandelt, es ward
sogar bemalt. Beispiele: die getriebenen Arbeiten in Metall, die
halberhabenen Terracotten, die bemalten Reliefaltäre deutscher Schulen. Den von Lionardo aufgeführten kritischen und ästhetischen
Gegengründen kann man das in den Vorbemerkungen (Einschaltung
zu § 4) Gesagte noch hinzufügen. Heutzutage kommt hie und da
das perspectivische Relief mit richtig bestimmten Prominenzen
wieder in Pflege, und eignet sich so für kleine Arbeiten, als Me-
daillen, Deckel für Dosen und sonstige unterhaltende Erzeugnisse
des Kunsthandwerks vortrefflich, da hier strengere Ansprüche weg-
fallen, und wegen des kleinen Maassstabes die gerügten Fehler geringer werden, man das Object auch so vor's Auge bringen kann,
dass man es mit einem Male übersieht.

42 (Umstellung 43). [1]) Ch'è il tutto: der Alles, die Haupt-
sache ist; nämlich das Ganze der Erscheinung mit Zubehör von
Licht und Schatten, wie Verkürzung, wodurch die Sculptur zur
Wahrnehmung des Auges kommt und was ihr Reize verleiht.

44 (Umstellung 45). [1]) obbligho, ch'ha la scoltura col lume,
kann auch heissen: Was die Sculptur der Beleuchtung verdankt.

45 (Umstellung 46). [1]) qui in questo caso, vielleicht: „hier
ist die Sculptur vorkommenden Falles etc. unterstützt" — wofern
sie nämlich je einmal in den Fall käme, in runden Gruppen weit
auseinander Gerücktes vorzustellen. In der Barockzeit kam sie bekanntlich oft in diesen Fall, vornämlich in nur dämmernd beleuchteten Interieurs. Hier suchte man alsdann dem Eindruck lebloser
Starrheit und materieller, nüchterner Kunstlosigkeit, den solche
Gruppirungen machen müssen, durch das Raffinement künstlich
eingerichteter, farbiger und phantastischer Beleuchtungen entgegen-
zuwirken.

An des Malers Wissenschaft und Amt der Schattengebung
unterscheidet Lionardo vielerlei. Zuerst sollen, des Reliefs halber,
die Lichter zu den Schatten stimmen, d. h. sich übereinstimmend
nach der Beleuchtungsursache und Körperform richten. Danach

spricht Lionardo gesondert von Qualitäten und Quantitäten. Hiemit sind die Unterschiede an Grösse und Kraft der nahen und entfernten Schatten oder Lichter gemeint, sowie die Richtigkeit ihrer Farbe. Auch hat er im Sinn, dass man den Gegenstand günstig und ungünstig für die Deutlichkeit von Form wie Farbe beleuchten könne; dann den Geschmack, mit dem man hier zu verfahren hat; und endlich denkt er wohl auch an die Manipulationen beim Erzeugen der verschiedenen Licht- und Schattensorten nach Dunkelheitsgraden, Transparenz oder Stumpfheit der Farbenarten, Stofflichkeit des beleuchteten Körpers etc. — Man sieht also, dass die Wahl des Ausdrucks: „Der Maler hat des Amts der Deutlichkeit und Kenntniss der Lichter und Schatten zu warten" nicht übertrieben ist.

46 (Umstellung 20). [1] come brioso. Brioso: heiter, angeregt, geistvoll, — es ist immer etwas Lärm dabei im Spiele. Doch könnte man auch übersetzen: „mit welchen sie sich selbst das Lob gibt, sie sei ergötzend und geistvoll".

Zweiter Theil.

Der zweite Theil führt im Register des Codex den Titel: „De Precetti del Pittore". Der Ausdruck „precetto — Vorschrift" dient durch das ganze Werk hin in der Regel solchen Capiteln als Ueberschrift, in denen das Thema nicht mehr untersucht oder bewiesen, sondern dem Maler in Form bereits feststehender Lehrsätze zur Nachachtung empfohlen wird. Ein jeder Theil des Tractats enthält eine Anzahl derartiger Precetti, die das vorher theoretisch Abgehandelte kurz und bündig zusammenfassen.

Die Sätze des zweiten Theils sind in der That der Mehrzahl nach, auch wo sie die besagte Ueberschrift nicht führen, mehr als in anderen Theilen des Tractats in Form solcher Vorschriften für die Anwendung gefasst, die eigentlich theoretische Untersuchung tritt häufiger in den Hintergrund. Es ist sehr wohl denkbar, dass jenes Original, von dem Pacioli berichtet, in solcher Form abgefasst gewesen sei, und dass die Compilatoren des Codex der Erinnerung hieran bei Sammlung und Ordnung des Stoffs zu ihrem zweiten Theil Rechnung trugen.

Doch ist wahrscheinlich, dass der Titel „Precetti" nur einem Abschnitt des zweiten Theils gilt, und zwar dem gleich zu Anfang gestellten, wie sich dies ganz ähnlich auch beim dritten Theil wiederholt.

Im vorliegenden zweiten Theil enthält dieser vorausgestellte Abschnitt eine Anzahl von Bemerkungen mehr allgemeiner Natur über Talent, Charakter, Lebensweise und Moral, Urtheil und Studienbetrieb des Malers und berücksichtigt die ersten Schritte des Anfängers. Solcherlei Inhalts — aber an sich in bunter Mischung — sind die Capitel von Nr. 47 (47) an bis etwa zu Nr. 111 (86). Bei 111 des Codex (Umst. 86) hebt eine Reihe nicht allzuweit von

einander getrennter Nummern an — 111 bis 114; 120 bis 125;
129 bis 137 — in denen Gesichtspunkte für Eintheilung der Malerei
als Betriebsfach und Lehre aufgestellt werden. Einige von den hier
bezeichneten Hauptstücken werden wieder in Unterabtheilungen zerlegt und endlich eine vergleichende Werthschätzung unter ihnen
angestellt. Dies macht nun den Eindruck, als solle es den Stoff zur
Einleitung des eigentlichen, fachmässig lehrhaften Malerbuchs darstellen, das hier erst beginne.

Bei dem conceptmässigen Zustand, in dem sich das Ganze
noch befindet, sind nach 137 noch manche vereinzelte Nummern
in das Uebrige eingestreut, die dem Inhalt nach offenbar zum
ersten Abschnitt zu rechnen sind, und ebenso verhält es sich bei
den nachfolgenden, mit mehr oder weniger Deutlichkeit ausgezeichneten Abschriften.

Einige Schwierigkeit für die Gruppirung liegt in der Kärglichkeit begründet, mit der manche Themata behandelt sind, denn nur
die Abschnitte von den Reflexen, von der Farbe und von der Farben-
Perspective sind in reichlicherem Maasse bedacht. Und endlich
stellt der ganze zweite Theil, wie er vorliegt, nur ein Bruchstück
dessen dar, was er werden sollte, es fehlt ihm jener ganze Abschnitt, der von Seiten Melzi's erwartet ward, für welchen nicht
weniger als 24 doppelseitige Blätter freigelassen wurden. Da aber
der zweite Theil 48 beschriebene Blätter zählt, so bilden die danach leergelassenen 24 Blätter ein volles Drittel seines ursprünglich
in Aussicht gestellten Bestandes.

Zusammenfassende Uebersichtstabelle des Bestandes des II. Theils

(im Register: De' Precetti del Pittore).

Codex		Capitel allgemeinen Inhalts:
Carta	Nr.	
31	47	Quello, che debbe prima imparare il giovine, bis
39,2	81	Del imitare li pittori (inclusive).
		Folgen Anweisungen für's Nachbilden der Natur:
39,2	82	Ordine del ritrare, bis
45	110	Difetto de' pittore, che retrano una cosa di rileuo in casa a' um lume ecc. (inclusive). — Doch sind in diesen Abschnitt

Codex	
Carta	**Nr.**

mehrere Nummern eingestreut, die besser beim vorigen stünden, sowie andere, die zur Statik und sonstigen Dingen gehören würden, für die sich aber nach dem kärglichen Bestand, in dem sie bedacht sind, keine besonderen Abschnitte herstellen lassen.

Folgen allgemeine Gesichtspunkte für Eintheilung der malerischen Lehre:

Carta	Nr.	
45	111	De Pittura e sua diuisione, bis
45,2	113	Proportione di membra (inclusive).

Eingestreut:

46	114	Gehört wieder zu den „Precetti" des ersten Abschnitts.
46	115	Entweder hiezu, oder zu den Anweisungen für Historiencomposition.
46	116	Fuggi li profili ecc. kann zu: Del Ritrare gehören.
46,2	117	Come nelle cose piccole, ⎫ Perspectivisches. Die letzte Nummer bis ⎬ davon kann auch zur Historien-
47	119	Perche i capitoli. ⎭ composition gestellt werden.

Vergleichung der wichtigsten Theile der Malerei:

47,2	120	Qual pittura e meglio usare ecc., bis
48	124	Qual' è più difficile ecc. (inclusive).

Eingestreut:

Kenntniss und Benützung der Anatomie:

48,2	125	Precetti del pittore.
48,	126	Memoria, che si fa l'autore.

Lebendigkeit der Bewegung:

49	127	Precetti di pittura.

Perspectivisch:

49	128	Precetti di pittura.

Können zu Del ritrare gestellt werden oder auch zur Historiencomposition.

Definition und Eintheilung der Malerei:

49,2	129	Come fù la prima pittura, bis
50,2	136	Delle parti et qualità della pittura (inclusive).

Wahl schöner Gesichter, schöner Beleuchtung derselben, Steigerung der Schönheit durch Gegensatz:

50,2	137	bis
51,2	141	(inclusive)

Können zur Historiencomposition gestellt werden.

Schilderungen:

51,2	142	bis
53,2	148	Come si debbe figurare una bataglia (inclus.)

Codex		
Carta	**Nr.**	**Gemischt: Perspectivisch, Luftperspective, Relief durch Beleuchtung und durch Gegensätzlichkeit zum Hintergrund:**
53,2	149	bis
55	155	(inclusive).

Als zusammengehörige Abschnitte durch General-überschriften ausdrücklich bezeichnete Capitelreihen.

Reflexion:

55,2	156	De riuerberatione, bis
58,2	172	De termini de' reflessi ecc. (inclusive), hier am Ende: Fine de' reflessi. Doch sind später in den Abschnitt: De colori wieder verschiedene Bemerkungen über Reflexion eingestreut.

Historien:

58,2	173	Del Modo dello imparare bene à comporre ecc. bis
62	189	Precetti del componere le istorie (inclusive) hier: Fine.

Farben:

Commincia de colori:

62	190	Dello accompagnare i colori ecc., bis
78,2	262	Della prospettiva aerea (incl.).

Innerhalb dieses letzten Abschnittes ist nochmals besonders ausgezeichnet:

Von Hintergründen:

71,2	231	Della Natura de' colori de' campi ecc.
71,2	233	De' campi delle Figure.
71,2	234	De' campi delle cose dipinte, und auch ausser diesen Capiteln kommen später noch mehrere eingestreute Capitel über Hintergründe vor. Der ganze Abschnitt von den Farben enthält die verschiedenen ihm zugehörigen Themata, als: Bemerkungen über Wesen der Farbe, Reflexe, Gegensätze, Farbenperspective, Harmonie, technische Mischung etc. in regellosem Durcheinander.

Die Anordnung des zweiten Theils nach den in Nr. 131 (84) aufgestellten Gesichtspunkten wird schon wegen des Defects im Stoff vollkommen unmöglich, auch widersetzen sich dieser Absicht die als zusammengehörig ausgezeichneten Abschnitte, und endlich müsste selbstverständlicherweise vom ersten Abschnitt der allgemeinen Bemerkungen und Lebensregeln ganz abgesehen werden.

Umordnungstabelle des zweiten Theils.

14*

Nr. der Um-stellung		Nr. des Codex
72	Von der Täuschung, die Einem im Urtheil durch die eigenen Gliedmaassen zu Theil wird.	105
73	Vom grössten Gebrechen der Maler.	108
74	Vorschrift, damit sich der Maler nicht bei der Auswahl seiner Normalfigur selbst täusche.	109
75	Wie man der üblen Nachrede der mancherlei Urtheile ent-geht, die der Malerei Beflissene fällen.	114
76	Wie man an kleinen Sachen die Fehler nicht so gut erkennt, als an grossen.	117
	g) Universalsein.	
77	(*m. g: Vorschrift.*)	52
78	Discours von den Malerregeln.	58
79	Vorschrift für den Maler.	60
80	Wie der Maler nicht lobenswerth, wenn er nicht allseitig ist.	73
81	Vom Universalsein in seinen Werken.	61
82	Von der Mannigfaltigkeit der Figuren.	78
83	Vom Allseitigsein.	79

Der Abschnitt „Del Ritrare — vom Abzeichnen und Malen nach dem Runden und dem Naturvorbild" steht im Codex vor den Nummern der Eintheilungsgesichtspunkte für die Malerei, auch sind seine Capitel durchaus in Form von „Precetti — Anweisungen und Vorschriften" gefasst. Allein sein Inhalt ist kein so allgemeiner mehr, wie der des ersten Abschnittes und lässt sich sehr wohl nach den in Nr. 131 (Umstellung 84) aufgestellten Gesichtspunkte „zusammenweben". Wir stellen ihn daher zum specielleren Malerbuch und lassen ihm hier, gleichsam als Einleitung zu diesem, die Capitel der Eintheilungsgesichtspunkte vorausgehen.

Nr. der Um-stellung	Abschnitt 2. Das Buch von der Malerei. A. Einleitung. Eintheilung der Malerei und relative Wichtigkeit ihrer Theile.	Nr. des Codex
	I.	
84	Von den ersten acht Theilen, in die man die Malerei ein-theilt.	131
85	Wie man die Malerei in fünf Theile eintheilt.	132
86	Von der Malerei und ihrer Eintheilung (*m. g: in zwei Haupttheile*).	111
87	Figur und deren Eintheilung.	112
88	Verhältniss der Gliedmaassen.	113
89	(*m. g: In zwei Hauptstücke theilt man die Malerei ein.*)	133
90	Wie war die erste Malerei?	129
91	Von den Theilen der Malerei (Eintheilung der Perspective).	130

Zu einem weiteren Fascikel lassen sich die von den Hintergründen handelnden Capitel zusammenstellen.

Man könnte dieser Gruppe den Titel geben: Von der Situation
(sito) oder Umgebung der Gegenstände, denn ihre Capitel handeln
von der Verschärfung des Reliefs der Licht- und Schattenmodellirung
und von der Beeinflussung des Aussehens der Farbe durch den
Contrast des anstossenden Hintergrundes. Insofern sich das Thema

in diese beiden Theile zerlegt, könnte man die Capitel auch getrennt
bei den Abschnitten von der Beleuchtung und von den Farben oder
der Farbenperspective im weiteren Sinn unterbringen. Bei der Ver-
wandtschaft der beiden Fälle und der Uebersichtlichkeit halber ward
die Zusammenfassung unter den malerischen Gesichtspunkt vorgezogen.

Lionardo erkennt in diesen Contrasterscheinungen eine Subjectivempfindung des Auges, denn er sagt mehrmals, „die Dinge sähen
in solchem Gegensatz anders aus, als sie wären".

Ein Capitel über Grössererscheinen heller Gegenstände vor
dunklem Grund ward hier angeschlossen, Nr. 258a (139a).

Nr. der Um- stellung	C. Situation der Gegenstände von den Hintergründen.	Nr. des Co- dex
	1. Steigerung des der Licht- und Schattengebung verdankten Reliefs durch hellen oder dunklen Gegensatz des Grunds.	
130	Von den Hintergründen, die sich für die Schatten und Lichter schicken.	229
131	Wie man abhelfen muss, wenn Weiss (oder Hell) auf Weiss (oder Hell) ausgeht und Dunkel auf Dunkel.	230
132	Von Hintergründen der gemalten Gegenstände.	233
133	Von den Sachen, die vor hellem Hindergrund stehen, und warum dies anzuwenden brauchbarer für die Malerei ist.	251
134	Vom Hintergrund der Figur gemalter Körper.	246
135	Hintergründe (bildet den Uebergang zur folgenden Gruppe).	252
	2. Steigerung der Farbe durch Gegensätze des Grundes.	
136	Von den Farben, die sich durch das Zusammenstehen mit ihrem Hintergrund in ihrem Wesen verändert zeigen.	204
137	Von Hintergründen der Figuren.	232
138	Von der Natur der Farben der Hintergründe, vor die Weiss zu stehen kommt.	231
138a	Und die Flocken etc.*)	231a
	3. Farben und Perspective des Hintergrunds.	
139	Zu bewirken, dass die Figuren von ihren Hintergründen los- gehen.	151
	4. Grössererscheinen heller Gegenstände vor dunklem Hinter- grund (Malerregel hinsichtlich des Losgehens vom Grund).	
139a	Was vor dunkler und trüber Luft gesehen wird etc.	258a
140	Meide die Profilirung, d. i. die scharfe Umreissung der Dinge.	116

Auch bei den Abschnitten von den Reflexen und von den Farben
finden sich noch einige von den Hintergründen handelnde Capitel.

---

*) 231,a des Cod., im Abschnitt von den Farben zu wiederholen, stellt
ein Beispiel vom Aussehen der Farbe „in Bewegung" dar.

Die Lehre von den Reflexen bildet ihrer Natur nach einen Theil der Lehre vom Licht, und ist im fünften Buche auch so behandelt. Im zweiten Buch aber ist der Abschnitt „Reflexe" deutlich als ein besonderer hervorgehoben, ein allgemeiner Abschnitt von Licht gar nicht vorhanden. Demnach ward also das Wort von den Compilatoren, ja vielleicht vom Autor, in diesem Falle einmal in dem naheliegenden und beschränkten Sinne der „malerischen Reflexlichter, wie sie im Bilde zur Anwendung kommen", gebraucht. Es ist jedoch eine physikalische Theorie der Lichtreflexion beigegeben, nämlich von der Lichtstärke und zweitens von der Farbe des Reflexes.

Nr. der Um- stellung	D. Reflexe.	Nr. des Co- dex
	1. Wesen (corpo).	
141	Von Farben der direct einfallenden und reflectirten Lichter.	249
142	Von Widerstrahlung.	156
143	Wo keine Lichtwiderstrahlung stattfinden kann.	157
	2. Lichtstärke.	
144	Von Farben der Reflexe.	171
145	Von Reflexen der Lichter, die um die Schatten her stehen.	159
146	Welche Stelle des Reflexes wird die hellste sein?	161
147	Von doppelten und dreifachen Reflexen.	164
	3. Umgebung und Hintergrund (sito) und deren Einfluss auf das Aussehen der Reflexstelle.	
148	Wo man den Reflex am meisten sehen wird.	167
149	Wo die Reflexe am fühlbarsten sind.	163
150	Wo die Lichtreflexe grössere oder geringere Helligkeit besitzen.	160
151	Von Angrenzung der Reflexe an den Hintergrund.	172
	4. Farben der Reflexe.	
152	Von Reflexen.	158
153	Wie keine Reflexfarbe einfach ist, sondern sich mit den Scheinbildern der anderen Farben mischt.	165
154	Wie die Reflexe in sehr seltenen Fällen die Farbe des Körpers haben, an den sie sich anschmiegen.	166
155	Von Reflexen.	168
156	Reflexion.	169
	5. Einfluss von Nähe und Ferne im Sinne der Verkleinerungs- perspective.	
157	Welche Stelle der Körper wird sich am meisten mit der Farbe ihres Gegenübers färben?	216
158	Von Reflexfarben des Fleisches.	162
	6. Malerregel für Fleischreflexe.	
159	Von Reflexion.	170

Im Codex folgt auf den Abschnitt von den Reflexen der „von den Historien", den wir an's Ende der Umordnung verlegen, weil er das letzte Endziel der „Malerregeln" behandelt und in ihm auch der letzte der Eintheilungsgesichtspunkte (Nr. 131—84) die Bewegung, respective die Geberde, specieller zur Sprache kommt. Wir reihen also jetzt den im Codex gleichfalls äusserlich ausgezeichneten Abschnitt „von den Farben" an.

Lionardo betrachtet die Farbe als eine Eigenschaft der Dinge, an denen sie sich zeigt, das Licht spielt bei ihrem Erscheinen keine andere Rolle, als dass es sie wahrnehmbar macht, spiegelt ein Körper das Licht, so löscht dieses seine Farbe aus. Vieles in seiner Theorie fusst auf den Wahrnehmungen, die er als Maler an seinen Pigmenten sammelt; einfache Farben nennt er die, welche durch Mischung nicht erzeugt werden können, zusammengesetzte die durch Mischung erzeugbaren. So nennt er also z. B. Grün eine zusammengesetzte Farbe, weil es auf der Palette durch Mischung von Gelb und Blau hervorgebracht werden kann. Dies verhindert ihn jedoch nicht, von Grün auch als einfacher Farbe zu sprechen, dann meint er hiemit, man besitze es als natürliche oder bereits fertige Pigmentfarbe (Grünerde, Grünspan), die man nicht durch Mischung erst herzustellen brauche. Blau nennt er gleichfalls bald einfach, bald zusammengesetzt, dies letztere, wenn er das Luftblau bezeichnen will, auf dessen Entstehung aus Weiss und Schwarz er aus der Wahrnehmung schloss, dass ein leichter Dampf vor der Dunkelheit des Kamins blau gefärbt erscheint, welche Erscheinung sich in den Malerpigmenten durch Ueberschimmerung satten, glänzenden Schwarzes mit dünner Schicht von Weiss gleichfalls nachahmen lässt. Farbige Reflexe werden wie farbenverändernde Lasuren der Oberfläche aufgefasst. — In Nr. 258 (164) werden die Complementärfarben als Contrastfarben aufgezählt. Lionardo constatirt nur, dass, ebenso wie Weiss und Schwarz, Blass und Roth, sich auch Grün und Roth und Blau und Gelb, nebeneinandergestellt, steigern. — In Nr. 202 (176) wird die Theilhaberschaft der Capacität der Pupille, also des Empfindungsvermögens des Auges, am Aussehen der Farben deutlich ausgesprochen.

Lionardo gebraucht den Ausdruck „Farbenperspective" zuweilen im allgemeinen Sinne des Farbensehens, wie z. B. aus dem Schlusse von Nr. 202 (Umstellung 176) hervorgeht. In diesem Sinne würde also fast alles bis jetzt von Farben Gesagte zur Farbenperspective gehören. Er braucht den Ausdruck aber auch im engeren Sinn, der Abnahme der Farben in verschiedenen Entfernungen, wie auch wir ihn brauchen. Im Codex ist diese besondere Art von Farben-perspective mit dem Abschnitt von den Farben im Allgemeinen so durcheinandergewoben, dass auch hier Wiederholungen entstehen, die verschwinden, wenn man die Farbenperspective im engeren Sinn aussondert. Zudem tritt in dieser letzteren bei Lionardo auch die Verkleinerungsperspective in Mitwirkung, und aus diesen Grün-

den ward in der Umstellung alles Perspectivische in einem besonderen Abschnitt vereinigt.

Die Luft bewirkt als Medium nur einen Theil der Farbenperspective, indem ihre weisslichen Dünste die Farben ferner Gegenstände abschwächen, und, sind dieselben dunkel, blau erscheinen
lassen; helle Farben unterliegen dieser zu Blau verändernden Wirkung weniger. An sich dunkle, oder aber beschattete Farben werden durch die vorlagernden Luftdünste an ihrem Dunkelheitsgrad
aufgehellt, an sich helle oder stark beleuchtete getrübt. Aber auch
ohne starke Luftdünste verlieren die entfernten Farben an Kraft
ihrer Unterschiede von Localton und Licht und Schatten. Dies
kommt von der Verkleinerungsperspective her; enthält nämlich ein
Gegenstand viele kleine Schatten- und Lichtstellen neben einander,
wie z. B. ein Baum in seinem von Schatten durchbrochenen Laub,
so werden durch die Verkleinerung der Ferne die Scheinbilder
dieser Partikelchen zu geringfügig, als dass das Auge sie noch
trennen könnte, und mischen sich zu einem Mittelton, dessen Hellig-
keits- oder Dunkelheitsgrad sich nach dem Mengeverhältniss richtet,
in dem die hellen und dunkeln Partikelchen sich vorfinden. Gross-
flächige Gegenstände mit sehr grossen, deutlichen Licht- und Schatten-
flächen unterliegen dieser Art von Farbenverundeutlichung weniger.
Lionardo zieht hiebei auch noch die Stellung zu Gegensatz in
Rechnung, auch dann erhalten sich helle Farben besser auf die
Ferne hin, wenn sie dicht neben sehr dunkeln stehen, weil sie alsdann sowohl heller wie grösser aussehen, als sie sind. — Ueber
die schon durch diese Wirkungen der Verkleinerungsperspective
mehr oder weniger verundeutlichten Farben der Ferne legt sich
nun die Luft mit ihrem weisslichen Nebel hin und verändert sie
nochmals mehr oder weniger, je nachdem sie sie zu grösseren
oder geringeren Graden von Dunkelheit bereits vorbereitet findet.
Es sind also sehr viele Factoren im Spiel. Erstens das durchsichtige Medium mit seinem Helligkeits- oder Dunkelheitsgrad.
Zweitens die Helligkeit oder Dunkelheit der Localfarbe. Drittens
die Helligkeitsgrade der Beleuchtung. Viertens die anscheinende
Steigerung von Helligkeit und Grösse durch Gegensätze. Fünftens
die Verkleinerungsperspective.

In Fascikel F. 1 findet sich der merkwürdige Passus über das
Sehen mit zwei Augen (Nr. 197 [118]) oder, wie wir es nennen, das

stereoskopische Sehen, F. 2 enthält als Entdeckung Lionardo's die Definition des Luftblaues unter der Ueberschrift: „Allgemeine Perspective" (Nr. 226 [205]).

Die Aufstellungen in den Nr. 198 (213), 199 (211), 200 (212) wird man selbstverständlicherweise nicht für Untersuchungen halten, die am Naturphänomen angestellt wurden, sie sind nur zu Zwecken des malerischen Verfahrens da. Lionardo stellt Beispiele für Möglichkeiten auf, die bei Darstellung der Luftperspective eintreten können, und zeigt dem Schüler, wie er aus gewissen Bedingungen, die · er nach Belieben in sein Bild einsetzt, dann die nothwendig hervorgehende Folgerung ziehen und zur Ausführung bringen müsse. Wie man die so gewonnenen Resultate auf's allereinfachste in die Praxis des Pigmentmaterials übersetzt, geht aus den Anweisungen zur Farbenmischung in Nr. 241 (214) und 262 (218) hervor.

Nr. der Umstellung	F. Perspective.	Nr. des Codex
	1. Linearperspective, Unterschied des Sehens im Raum vom Sehen auf der Bildfläche. — Grössenabnahme der Figur, Verlorengehen der Umrisse und der Figurendeutlichkeit.	
197	Warum Malerei nie so freistehend aussehen kann, als die Dinge in Natur.	118
198	Wie man eine Malerei von nur einem Fenster aus betrachten soll.	130
199	Die Grössen der gemalten Gegenstände vorzustellen.	152
200	Von den scharf ausgeführten Sachen und von den unbestimmten	153
201	Regeln der Malerei.	128
	2. Farbenperspective oder die Abnahme der Farben durch das vorlagernde Mittel und die Ferne.	
	1. Abnahme der Farbe vermöge des durchsichtigen Mittels.	
202	Abnahme der Farben vermöge des Mittels, das sich zwischen ihnen und dem Auge befindet.	228
202b	Das Mittel zwischen dem Auge etc.	258b
203	Von der Farbenperspective an dunklen Orten.	240
	1a. Luftperspective insbesondere.	
204	Woher das Blau der Luft entsteht.	243
205	Allgemeine Perspective, und zwar von der Abnahme der Farben in grossem Abstande.	226
206	Wie man die Luft um so stärker aufhellen muss, je weiter man mit ihr nach unten geht.	150
207	Von den Veränderungen der nämlichen Farbe in verschiedenerlei Entfernung vom Auge.	220

Die Capitel des folgenden Fascikels sind entschieden im Ton von „Precetti" gehalten, stehen aber sämmtlich nach den einleitenden Nummern des zweiten Hauptabschnittes.

Nr. der Umstellung	G. Geberde, Bewegung.	Nr. des Codex
227	Wie ein guter Maler zweierlei zu malen hat, den Menschen und dessen Seele.	180
228	Wie man die Bewegungen des Menschen machen lernt.	179
229	Von der Art und Weise die Figuren in Historien zu componiren.	173
230	Von den Bewegungen und verschiedenerlei Meinung darüber.	115
231	Regeln der Malerei.	127
232	Wie man die kleinen Kinder vorstellen soll.	142
233	Wie die Alten dargestellt werden sollen.	143
234	Wie man Frauen darzustellen hat.	144
235	Wie soll man die alten Weiber vorstellen.	145

Die nun folgende letzte Gruppe ist theils vor, theils hinter die Einleitungsnummern des zweiten Abschnitts vertheilt und ihre Capitel sind fast durchwegs im Ton von „Precetti" gehalten. Es wird Jedem die grosse Aehnlichkeit mancher unter diesen Aussprüchen mit den Regeln für Historienmalerei auffallen, die Alberti im dritten und letzten Buch der Malerei gibt.

Nr. der Umstellung	H. Ueber Composition und Ausführung von Historien.	Nr. des Codex
	1. Conception.	
236	Wie sich der Mensch bei Werken von Bedeutung nie so sehr auf sein Gedächtniss verlassen soll, dass er verschmäht nach der Natur zu zeichnen und zu malen.	76
237	Anweisung.	64
238	Vorschrift für's Componiren von Historien.	189
239	Ueber das Componiren von Historien.	181
	2. Perspective und Colorit.	
240	Vom Abzeichnen von Figuren für Historien.	96
241	Warum die Figurenepisoden eine über der anderen anzubringen eine zu vermeidende Darstellungsart ist.	119
242	Wie man zuerst eine Figur in der Historie feststellt.	174
243	Vom Historiencomponiren.	177
244	Weise, Historien zu componiren.	176
245	Von getrennten Figuren, dass sie nicht wie eins aussehen.	154
	3. Charakteristik des Ausdrucks.	
246	Von den Zusammenstellungen der Historien.	188
247	Von der Historie.	184
248	Passende Zusammenstellung der Theile der Historie.	185
	4. Mannigfaltigkeit, Gegensätze.	
249	Von Abwechslung in Historien.	183
250	Mannigfaltigkeit der Leute in Historien.	178

Sachliche Erörterungen und Noten
des Uebersetzers
zu den einzelnen Nummern des zweiten Theils.

47 (Umstellung 47). [1]) Will man diese Forderung Lionardo's recht verstehen, so muss man sich dabei allerdings eine Lehr- und Lernmethode vergegenwärtigen, die von der heute üblichen sehr verschieden war. Der Lehrling, der in der nächsten Umgebung seines Meisters und so zu sagen in dessen Werkstatt aufwuchs, lernte nichts, dessen Warum und Wie ihm nicht zugleich begreiflich geworden wäre. Zweck und Ausführung der Theorie standen in des Meisters heranreifendem Werk stets lebendig vor seinen Augen. So lernte er auch die Regeln der Perspective nicht als ein abstractes Formelwesen auswendig, von dessen Bestimmung er vorläufig gar keine Vorstellung besass, sondern es mussten ihm dieselben, noch ehe er eigentlich in sie eingeweiht wurde, wie ein unerlässliches Zubehör und Hauptmoment der Malerei erscheinen, dessen weder der Meister noch die Gesellen entbehren zu können glaubten. Und

insofern diese Perspective die ganze Lehre vom Sehen in sich
schloss, war sie auch davor gesichert, dem offenen Sinne des Lehr-
lings im Gewande eines trockenen Mechanismus entgegenzutreten.

Sowie der Schüler aber nur die ersten Anfangsgründe begriffen
hatte, wird er bald genug dem Meister beim Construiren der Bildpläne zur Hand gegangen sein, da diese Construction ja in ein
frühes Stadium der Vorarbeit am Bilde fällt. So gesellte sich
zum praktischen Befestigen der erlernten Regeln der Sporn des
Ehrgeizes hinzu, an des Meisters Werk schon thätig Hilfe leisten
zu können, wie gar sehr muss das die Mühe der Erlernung der
nöthigen Hilfssätze und Handvortheile erleichtert haben. Und indem das Bild allmählig immer weiter gedieh, begriff der Schüler
immer deutlicher, welchen Nutzen die möglichste Richtigkeit der
ersten Grundlage gewährt, und wie jede hier begangene Versäumniss sich später empfindlich rächt. Er lernte aber auch, dass
das blosse Wissen der einfachen Regel noch bei weitem das wenigste
sei, und zur drastischen Darstellung einer Bildräumlichkeit erst
dann verhilft, wenn diese einfachen Regeln im Dienste einer deutlichen, einheitlichen perspectivischen Idee stehen, zu deren Conception sie die erste Hilfe hergeben, und die später immer klarer
und mit stets weiter gesteigerten und umfangreicheren Mitteln zum
vollen Ausdruck gebracht wird.

Wir wollen bereits früher Gesagtes durch Anführung einiger
von den hundertfältigen Beispielen näher bezeichnen, welche die
Vorfahren uns hinterliessen.

In Lionardo's Abendmahl liegt der perspectivische Centralpunkt
mitten im Angesicht des Erlösers, also an der Stelle, zu welcher
das Auge gleich von vornherein durch den geistigen Hauptgegenstand der Composition hingezogen werden muss. Auch formal ist
diese Stelle so lebhaft ausgezeichnet, als nur möglich. Von den
drei die Dunkelheit des Saalhintergrundes licht durchbrechenden
Fenstern ist das mittlere, in dessen Mitte das Christushaupt sich
befindet, das grösste, die beiden anderen Oeffnungen sind auch
noch überdem von den seitlichen Apostelgruppen theilweise verdeckt
und überschnitten. Im mittleren Fenster befindet sich somit das
grösste Stück zarten, lichten Blaues, davor das hellst beleuchtete
und lichtfarbigste der Gesichter, umrahmt von sehr erhöht gefärbtem
Haarwuchs und von den brillanten Farben des Christusgewandes.

Ausser den perspectivischen Fluchtlinien weisen auch nicht perspectivische Linienrichtungen das Auge auf diesen Punkt hin, so
die Axenlinien, die von den Händen des Christus, durch dessen
Armbewegung hin in fast regelmässig pyramidaler Form zum Haupt
hinlaufen. Die ganze Figur ist inmitten der seitwärts sich zusam-
mendrängenden Apostelgruppen als ganz vereinzelte hervorgehoben.
Alle Blicke und Gesten der Apostel sind an sie gerichtet. — Die
Täfelung des Fussbodens und des Deckengebälks, die Fluchtlinien
der Felder in den Seitenwänden weisen alle mit strenger Regelmässigkeit auf den Augenpunkt hin. Sie halten zugleich die höchst
einfache Proportionalanordnung des nächsten Vordergrundes mit der
Gliederung des Saalgrundes in deutlichstem Rapport, und auch
die Unterbrechung, die diese Proportionalität durch die Tischfüsse
erleidet, ist von der genauesten proportionalen Regelmässigkeit, und
wiederum gehen von ihren Hauptwendepunkten aus kurze Linien
nach dem Centralpunkt hin. In der perspectivischen Abminderung
der Teppichfelder der Seitenwände sind diese Proportionen wiederholt. — Dies Alles bildet nur die grossen Hauptzüge der perspectivischen Idee, die ebensowohl im Dienst aller Theile des übrigen
Interesses steht, als wechselweise alle sonstigen Theile der Gesammt-
anordnung zu ihrer Hervorhebung benützt und mit herangezogen
sind. Kleinerer Hilfen wird ein aufmerksames Auge noch manche
entdecken.

Aehnliche Mittel zeigen sich in Rafaël's „Schule von Athen",
nur in noch weit reicherer, man möchte sagen, in üppiger Weise
zur Verwendung gezogen. Auch hier liegt der Augenpunkt inmitten
des Bildes zwischen den Häuptern der vornehmsten Figuren, des
Aristoteles und Plato, die auch wieder ähnlich architektonisch umrahmt sind. Ganz wie in Lionardo's „Abendmahl" sind hier auch
die schönsten und lichtesten Localfarben versammelt, weisen alle
Hauptrichtungen der übrigen Figurengruppen und alle architektonischen Fluchtlinien scharf auf den isolirten Mittelpunkt hin.

Ebenso ist es bei Rafaël's „Disputa". Und da hier im oberen
Theil des Raums keine architektonischen Fluchtlinien vorlagen, so
hat Rafaël solche durch die ausserordentlich scharf gehaltene Halb-
rundform des Wolkensaums, auf dem die Patriarchen des Himmels
sitzen, und durch die goldenen Strahlenlinien der Glorie, wie durch
die genau senkrechte Uebereinanderstellung der Figur Gott Vaters,

der Taube, der Bibel und Monstranz, in welch' letzterer der Augenpunkt liegt, künstlich geschaffen. — Nur wenig verschieden hievon
zeigt sich Raphaël in fast allen übrigen Compositionen der Vaticanischen Stanzen. So im „Heliodor", in der „Messe von Bolsena",
im „Parnass", im „Borgobrand", in welch' letzterem der Augenpunkt in der Figur des segnenden Papstes sich befindet, und von
den vorderen Figurengruppen aus die Frau im Mittelgrund mit dem
knieenden Kinde die hinweisende Vermittlung zu ihm bildet. In
einigen von den letztgenannten Bildern, die bereits inmitten der
Epoche der starken Clairobscur-Malerei geschaffen sind, hat man
auch auf die scharfe Betonung zu achten, welche der lichten
Stelle des Augenpunktes durch die zu ihr in Beziehung ge-
brachte perspectivische Abwandlung oder Abtonung der Schatten-
kraft, sowie durch die Gegensätzlichkeit der dunkelsten Massen zu
Theil wird.

In allen diesen Werken sind aber auch starke, quer durch-
schneidende Horizontalmassen, oder gedrängt nebeneinanderstehende
Verticalen als Gegengewichte und Unterbrechungen der sichtbaren
regelmässigen Fluchtlinien angebracht: so in drastisch markirter
Weise im „Abendmahl" Lionardo's, in der „Disputa" und in der
„Schule von Athen" Rafaël's. Diese Massen bezeichnen jedoch, indem
sie gleichsam wie unterbrechende Versatzstücke auf der Theaterbühne
wirken, immer auch wieder durch die deutlich gemachte perspectivische Verjüngung ihrer Höhen- und Breitenmaasse das Zu-
rückgehen des Raums. — Etwas anders verfuhr Perugino im
„Schlüsselamt Petri" in der Capella Sixtina. Er legte die perspectivische Idee hauptsächlich in den architektonischen Raum nieder,
der die Figuren umgibt, und verwendete die Gruppen der letzteren
zur Gegengewichtwirkung, in der Mitte freien Durchblick gestattend.
So hat er auch das von der Regelmässigkeit der Construction ab-
lenkende Element des Anordnungsmotivs durch auffallende Ungleichheit der beidseitigen Figurengruppen noch verstärkt.

Es lassen sich aber ausser diesen und ähnlichen Beispielen
strenger Regelmässigkeit auch unendlich viele ganz andersartige
Auffassungsweisen des Problems verfolgen. Des Gegensatzes halber
reihen wir hier sogleich ein solches aus dem Bereich der späteren
Landschaftsmalerei an, bei der jene strenge Regelmässigkeit störend
und steif wirken würde.

Eines der kunstvollsten Werke ist hinsichtlich der Ueberwindung dieses Missstandes Nicolas Poussin's „Polyphem". Auch hier liegt zwar der Augenpunkt mitten in der Composition, in der Nähe des unter dem Polyphemfelsen seine Heerde weidenden Hirten, dessen Kleinheit die Riesenverhältnisse des Cyclopen auf's schärfste fühlbar macht. Auch hier sind die Busch- und Baumgruppen auf deutliche Fluchtlinien gestellt und — obwohl solche Gegenstände in der Natur ja sehr ungleich an Grösse sein mögen — in ganz bestimmten perspectivisch verjüngten Ausdehnungsverhältnissen gehalten, zudem weisen die Figuren und Linien des Vordergrundes scharf auf den Augenpunkt hin. Aber die Fluchtlinien in den Bodenwellungen des Mittelgrundes sind keine constant verlaufenden, sondern ihren Gang bezeichnen nur einige lichte Punkte, die aber das von ihnen angezogene Auge im Gleiten sich leicht zu Linien verbindet, ohne doch wirkliche Linien als Härten zu empfinden. Und um dies Auge von der dennoch starken Regelmässigkeit der Construction abzulenken, hat Poussin rechts im Bilde ein kleines, lichtes Stück Aussicht in's Freie, auf den Wasserhorizont hin angebracht, dessen Anmuth den Blick auf sich ziehen muss, das aber für die Constructionslinien der Pläne im Uebrigen durchaus bedeutungslos ist.

Zu grosser Ueppigkeit entfaltet sich das Gebiet der perspectivischen Anordnungsidee bei den Venetianern, die, mit ihrer Naturbeobachtung vorwiegend auf rein architektonische Umgebung angewiesen, gar manchen neuen und überraschenden Kunstgriff zur Hervorbringung des Anscheins vertieften Raums ausfindig zu machen lernten. Es ist im Allgemeinen charakteristisch für sie, dass sie, als fielen ihnen sehr regelmässige und einfache Probleme zu leicht, zu complicirten und überreichen greifen, die aber darum mit nicht weniger schlagender Klarheit ihre Wirkung thun. Sie verstehen es meisterlich, mittelst kleiner Durchblicke durch regelmässige Architekturmassen, in denen sie die perspectivische Fluchtrichtung von derjenigen der näher stehenden Gebäude plötzlich abweichen lassen, den Anschein unendlicher Mannigfaltigkeit des vertieften Raums zu erzeugen. Auch wählen sie, im Gegensatze zu den Mittelitalienern älterer Schule, die den perspectivischen Linien meist die ruhige Fläche des unbewölkten Himmels zur Folie geben, für ihre geradlinigen Architekturen schon früh mit Vorliebe reichbewölkte Lüfte, in denen die perspectivischen Richtungen die

Hauptidee entweder vielfach kreuzen, oder sie in weite Ferne noch jenseits des Erdhorizonts fortsetzen. Solche Dinge sind in höchster Vollendung bei Veronese zu studiren, und üben noch in des späten Tiepolo Werken grossen und den hauptsächlichsten Reiz aus. Andere wieder, wie Tizian in seinem Votivbild der Familie Pesaro, bringen in wahrhaft grossartiger Weise mit Hilfe einiger weniger Architekturfragmente das Ansehen eines vollkommen klarverständlichen Totalraums hervor.

Viele ihrer Kunstgriffe hat ihnen der darum hier nochmals zu erwähnende Nicolas Poussin abgelauscht und bringt dieselben in seinen Landschaften in neuer Weise zur Verwendung, so die Lüfte und Durchblicke, und indem er die strengwirkenden Fluchtlinien in Architekturen verlegt, die zwischen Lücken des unregelmässigen Gebüschs hervorlugen.

Sehr entscheidend für die klare Wirkung der perspectivischen Idee ist natürlich auch die sprechende Betonung der verticalen, horizontalen und geneigten Pläne und ihrer räumlichen Erstreckungen, auf denen die Composition sich bewegt. Es ist hier die richtigste Construction vonnöthen, und müssen an den entscheidenden Stellen die Fusspunkte und die Ansätze der Richtungsveränderungen gut gezeigt werden. Meisterliches leistet in dieser Hinsicht vor Allen Rafaël, z. B. in der „Predigt Pauli zu Korinth". In solchen Fällen wird auch die richtige Beleuchtungsstärke der Flächen von grosser Wichtigkeit, und man kann durch gute Auszeichnung der Lichter horizontaler Flächen allein dem Flächenreichthum einer vielfältig bewegten Erdwellung Halt und Klarheit verschaffen. Immer aber müssen auch hier bis in's kleine Detail hinab noch für die Hauptidee mitsprechende, d. h. zum Augenpunkt gerichtete Linien in reichlicher Anzahl und an augenfälliger Stelle vorhanden sein. Aber Rafaël wusste selbst unter den ungünstigsten Bildbedingungen den Anschein drastischer Raumvertiefung hervorzubringen, so in den Zwickelbildern der Farnesina, wo weder Architektur noch grosse Vertiefung der Figurengruppe anwendbar war, ja zuweilen nicht einmal die Fusspunkte der Figur gezeigt werden konnten. Er vertraut hier die perspectivische Raumwirkung der Bewegungsrichtung einzelner Gliedmaassen an, und der drastisch perspectivischen Stellung der correspondirenden Körperhälften, sowie der überaus klaren Beleuchtung ihrer Flächen.

Beleuchtung, die Klarheit ihrer Richtung und die richtige Abnahme ihrer Stärke ist an sich ein wichtiger Factor der perspectivischen Idee, und man wird überall, wo man bei den Alten lebhafte
perspectivische Wirkungen gewahrt, eigenthümlicher und geistvoller
Verwendung der Lichtvertheilung zum Zweck der Perspective auf
die Spur kommen können. Ebenso verhält es sich bei ihrer Anordnung des Colorits. Nicht nur, dass hier das Motiv der natürlichen Luftperspective richtig zum Ausdruck gebracht ist, durch
welches die unsatten, kühlen und blassen Farben in den Hintergrund, die warmen und satten naturgemäss in die Vordergründe
gestellt werden, es ist auch überdies durch linearperspectivische
Richtung von Farben auf die Hauptidee hinverwiesen, sei es
nun durch irgendwelche farbige oder farberhöhende Auszeichnung
des Augenpunkts und seiner Nähe, oder durch luftperspectivische
Abwandlungen von Localfarben, die auf gewisse deutliche Fluchtlinien gestellt sind, oder durch perspectivischen Rapport verwandter
oder aber gegensätzlicher Localfarbencharaktere auf verschiedenen
Plänen. Und seit Erfindung der Oelmalerei wusste man sofort
auch die verschiedenen Auftragscharaktere von leicht und schwer,
von blasser und intensiver Lasur, ganz und halb deckender Pigmentmasse zur Bereicherung der Probleme herbeizuziehen, und ver-
mochte nun selbst kühle Farben des Vordergrunds gegen warme
der Ferne vortrefflich in dem, was sie für die Raumwirkung sein
sollten, zur Geltung zu bringen.

Wer sich nur irgend um diese Dinge bei den Alten bemühte,
der wird eine Ahnung davon haben können, wie anregend, vielseitig
und unterhaltend das Studium der Perspective den Anfängern erscheinen musste, die des Glücks theilhaftig wurden, bei jenen Meistern
direct in Lehre zu stehen, und aus deren Mund und lebendigem
Beispiel zu vernehmen, wie Mannigfaltiges der Verwendung und
Absichten hier möglich sei. Denn nicht nur auf einzelne Bilder
bezog sich die Anwendung der einheitlich-perspectivischen Idee,
sondern auf die Ausschmückung ganzer wirklicher Räume und deren
Umgestaltung zu idealer Räumlichkeit. Zu Lionardo's Zeit ward
es Gegenstand lebhafter Discussion, wie die Horizonthöhe in Bildern
zu setzen sei, wenn es sich um Ausschmückung von architektonischen Räumen handelte, die mit hervorspringenden Gliederungen
versehen waren, deren Perspective also nach dem wirklichen Augen-

standpunkt des Beschauers empfunden ward. Manche, wie Mantegna
und nach ihm Correggio, waren der Ansicht, dass auch die Bild-
perspective sich hiernach zu richten habe, und schufen in diesem
Sinne ihre merkwürdigen, geisterhaft wirkenden Kuppelbilder. Andere wieder gaben den Bildern ihren besonderen Horizont. Bald
aber wurde in vollkommen architekturlosen Räumen auch die architektonische Gliederung selbst, mit Säulen, Sockeln und Gesimsen
nebst Sculpturschmuck, durch Malerei nachgeahmt, und inmitten
dieser Dinge, die Wirkliches und zum realen Raum Gehöriges vorstellten, auch Bilder angebracht. So z. B. in Rafaël's vaticanischen
Zimmern. Dabei musste sich denn die Perspective der Verzierungen
und Architekturglieder nach dem wirklichen Horizont des Beschauers
richten, und wenn man in den Bildern, denen diese Dinge zur
Umrahmung dienten, eigene und höher liegende Horizonte annahm, so fielen die Differenzen in misslicher Weise in's Auge. In
vortrefflicher Weise hat Rafaël in den Stanzen diese Differenzen versteckt und fast unmerklich gemacht. Ebenso haben die Venetianer
das Auge bei solchen Problemen vollkommen über alles Miss-
empfinden hinwegzuführen verstanden. Sie nehmen häufig bei reich-
gegliederten Plafonds für alle in die offen gelassenen Umrahmungen
eingemalten Bilder einen gemeinsamen Hauptaugenpunkt an, wodurch die Einheit des ganzen Architekturraums gewahrt wird. Für
die seitwärts stehenden Bilder fällt dann der Fluchtpunkt ausserhalb des Rahmens. So geben sie diesen Bildern schmales Format
und drängen die Figuren dicht zusammen, oft ganz zu einer Seite,
und diese schmalen Räume erwecken dennoch die Vorstellung weiten
Raumes, da der Augenpunkt, auf den ihre räumlichen Dimensions-
linien hinweisen, weit jenseits des Rahmens liegt. Ebenso wissen
sie sich im entgegengesetzten Falle zu helfen, wo eine an sich enge
Räumlichkeit den Ueberblick über das ganze Bildformat nicht gestattet,
und verstecken hier, ohne dass es dem Auge fühlbar wird, mehrere
nebeneinanderliegende Augenpunkte hinter reichen Architektur-
gründen.

Doch dies wird genügen, um die Blicke derer, die solche Dinge
bis jetzt nicht beachteten, aufmerksam zu machen. Achten sie nun
auf das, was die Meister der italienischen Renaissance in solchen
Dingen geleistet, so mögen sie sich dabei das Gefühl hell halten,
dass dies alles auf freier Erfindung beruht, und dass jeder gegebene

Raum in hundertfältiger Weise benützt und umgeschaffen, insofern
er ganz leer ist, überhaupt zur wohlgegliederten Räumlichkeit erschaffen werden kann.

Dem Anfänger aber musste es zu jener Zeit in der That nicht
mehr wie eine unverständliche und lästige Forderung erscheinen,
dass er Perspective zu erlernen habe, und schon indem er deren
Regeln bei seinen Studien nach dem Leben überall zu Hilfe nahm,
suchte er nur nach Befriedigung seiner stets zunehmenden Neugierde nach dem richtigen Aussehen der Dinge auf der malerischen
Bildfläche.   Auch wird er seine Sehlinien überall, wo er in freier
Natur lebhafte Wirkungen der Raumvertiefung empfand, sofort
prüfend und neugierig angelegt haben, kurz, Perspective zu erlernen,
war ihm keine Mühe, sondern eine Lust.

Das ist im heutigen Unterricht anders geworden.   Der Lehrling weiss kein Warum mehr und erblickt in den trockenen Formeln,
deren äusserliche Kenntniss ihm ein Lehrer beizubringen sucht, der
vielleicht selbst nie gemalt hat, nichts, was im Zusammenhange
mit der Praxis seines sonstigen Studiums steht.   Ja er hat vielleicht
sogar nebenbei einen Lehrer im Malen, der, von Perspective weit
weniger verstehend, als im Augenblicke er selbst, ihm sein ganzes
Bemühen als etwas vollkommen Unnöthiges verleidet, und der, wenn
es einmal sein müsste, weit entfernt davon, Bilder mit Zugrundelegung irgend welcher perspectivischen Idee zu beginnen, sich in
die bereits fertigen das, was ohne Perspective allzukläglich in die
Augen fällt, vom Perspectiveverständigen nachträglich hineinconstrui-
ren lässt, ohne auch nur im Mindesten zu gewahren, wie nun die
räumliche Confusion des Rests, der Figurencomposition an sich,
doppelt lächerlich zu Tage tritt.

58 (Umstellung 78). [1]) Decoro, — Malerausdruck der Zeit, die
stilvolle Mässigung des Affectes bezeichnend; Gegensatz davon: furia,
die äusserste Lebendigkeit des Affects, die von den Späteren sonderlich Michel Angelo nachgerühmt ward. [2]) Di questo non farò
scusa connissuno. — Scusarsi con uno di qualche cosa = sich
bei Jemandem wegen etwas entschuldigen.   Das wäre also hier
wegen der Heftigkeit des Tadels, oder wegen des Spottes. —
Doch könnte der Ausdruck auch heissen sollen: Für so etwas
gibt es für mich keine Entschuldigung, sei es, bei wem es auch
wolle.

65 (Umstellung 67). [1]) la tua materia. Nach der Platonischen Lehre von der Unzulänglichkeit der Materie für die Absichten der Seele. [2]) ricettacolo — jedes zum Aufsammeln bestimmte Gefäss; ricettacolo d'aqua, die Cisterne für das Regenwasser. — Der Codex hat die naive Verstümmelung: ricco cettacolo — der reiche Behälter.

71 (Umstellung 60). [1]) altrui lode; kann hier, wie auch kurz zuvor, ebensowohl das Anderen gespendete, als auch das von ihnen gespendete Lob bedeuten. — Accrescerà la tua virtù — wieder doppelsinnig: bringt deine Kraft zum Wachsen, — oder: lässt deine Kraft grösser, in hellerem Lichte erscheinen.

74 (Umstellung 65). [1]) da sorte; heute noch in Handel und Wandel soviel als: Waare nach Auswahl, Gutes und Geringes gemischt.

85 (Umstellung 114). [1]) Impannata: mit Zeug statt mit Glasscheiben versehene Fensteröffnung; wohl noch heute auf dem Lande in Italien in Gebrauch, in Räumen, die nicht gerade zum Bewohntwerden dienen. Die Beleuchtung, welche diese Einrichtung gewährt, ist eine höchst malerische.

96 (Umstellung 241). Da von Lionardo keine hoch an der Mauer anzubringenden Bildercompositionen bekannt sind, so ist wohl anzunehmen, dass hiemit die Höhe des Platzes im Bilde gemeint sei. — Die Schule Lionardo's folgte in Fällen in der Mauerhöhe anzubringenden Bildschmucks denselben gemässigten Principien, die auch bei Perugino's Schule zu Tage treten. Nur das Decorative, das wirklichen architektonischen oder bildhauerischen Schmuck des gezierten Raums vorstellte, ward nach einem Horizont hin construirt, der in der wirklichen Augenhöhe des Beschauers lag, das eigentliche Bild aber bekam seinen eigenen Horizont, zu dem der Beschauer hinaufsah.

Pariete heisst ebensowohl Bildfläche als Wand, Mauer überhaupt. Occhio del risguardatore kann ebensowohl die Spitze der nach dem Bildhorizont hingerichteten Sehpyramide bedeuten, als die wirkliche Augenhöhe des Beschauers.

97 (Umstellung 103). [1]) kann, anders interpunctirt, auch heissen: Und halte bei den Figuren im Sinn, dass du dir die Regel über das Zusammentreffen (scontrare) der Gliedmaassen etc. bildest, wie das Netz sie dir zeigte. [2]) Unter braccio versteht Lionardo nicht

immer das nämliche Maass. Aus einigen Stellen des Tractats geht
hervor, dass er den braccio fünfmal in die Manneslänge aufgehen
lässt, wie in der Divina Proportione der Fall. Alsdann bedeutet braccio die Elle, vom Ellbogen bis zum Handgelenk. Dies
Maass kann aber hier nicht gemeint sein, denn kurz zuvor, Nr. 83
(101), heisst es, man solle dreimal soweit vom Modell entfernt
stehen, als dessen Höhe beträgt. Da man nun dem Text von Nr. 97
(103) zufolge 8 Ellen weit vom Modell entfernt sein soll, so ist
hier wahrscheinlich die Länge des ganzen Arms sammt der Hand
braccio genannt, wobei die Mannslänge $2^2/_3$ solcher Armslängen
betrüge. Rechnete man aber den Abstand des Zeichners, — gleich
dreimal der Höhe des Modells — vom Quadratnetz aus, das vor
dem Modell steht, so würde die Höhe des Modells alsdann gleich
$2^1/_3$ Braccien sein. — Alberti nennt braccio das Maass von Schulter-
höhe zu Handgelenk und lässt es dreimal in die Mannslänge aufgehen. Dies würde also zu den Angaben in Nr. 83 (101) und 97
(103) nicht passen.

100 (Umstellung 100). [1]) scontro; unsere Malersprache hat
keinen vollkommen deckenden Ausdruck dafür. Die Textstelle bezeichnet: 1. man sieht, welche Punkte der Faden schneidet; 2. wie
sich die Linienrichtungen der Theile zu der Richtung des Fadens,
und 3. zueinander verhalten; 4. wie die Theile zu beiden Seiten
des Fadens einander gegenüberstehen.

101 (Umstellung 105). [1]) Die gleiche Eintheilung der Proportionalität in Duodecimalmaass ist auch in Pacioli's Divina Proportione für das nach der Sesquitertia ($^3/_4$) construirte menschliche Haupt angegeben; ebenso ist sie in der Proportionalfigur
aus Lionardo's Schule (s. Note 28, 31), sowie auch in der
Cennini'schen ausführbar. Sie hat vor einer Decimaltheilung den
Vortheil grösserer Theilbarkeit in ganzen Zahlen voraus, und eignet
sich speciell zur leichten Ausrechnung von Abwandlungen der diminuirenden Sesquialtera ($^2/_3$) und Sesquitertia ($^3/_4$). — Z. B. 1. Sesquialtera, ansteigend: — 144 Punkte = 12 Grad. — 64 zu 96 zu
144 zu 216 zu 324 zu 486 zu 729. — Eine weitergehende Abwandlung wird schwerlich in irgend einer Composition vorkommen. —
2. Sesquitertia, ansteigend: Punkte: 63 zu 84 zu 144 zu $341^1/_2$. —
Und abwärts kann man die Reihe der Sesquialtera von 64 nochmals zu $42^2/_3$ Punkte stellen, die der Sesquitertia zu $38^1/_4$. Diese

Abwandlungen dann mit dem Lionardo'schen Duodecimalmaassstab abzumessen, hat gleichfalls keine Schwierigkeit. Derartige Berechnungen mögen dem Mathematiker von Fach natürlicherweise sehr kindlich vorkommen, dem Maler aber sind sie bei seiner ganz anders beschäftigten Gedankenarbeit eine sehr willkommene Erleichterung. — Man vergleiche die Berechnungen in Pacioli's Divina Proportione und fünf regelmässigen, sowie abgeleiteten Solidkörpern. Hier werden die Sesquialtea und Sesquitertia als fast so gute Proportionsrhythmen aufgeführt, wie der goldene Schnitt, der sich nur noch weit müheloser und bis in's Unendliche der Progression, aufwärts und abwärts ausrechnen lasse.

Das elegante, leichte Wesen dieser progressiven Rhythmen ist sonderlich für Bilder geeignet, da hier Dinge von verschiedenerlei Grösse und Charaktermaass nebeneinander vorkommen. Die Hauptsache im Bilde, die menschliche Figur, wird in der Regel den Modul für die Proportionalität der ganzen Composition liefern. So hält es auch Alberti. Aber er nimmt für die Gesammtproportionalität ein Drittel der Menschenlänge zum Modul und für die Menschenlänge ein Maass, das zehnmal in ihr selbst enthalten ist. Mittelst dieses letzteren Moduls lässt sich nun nicht einmal die von ihm angegebene Gesichtslänge in drei gleiche Theile theilen, oder wenn man sie aus sich selbst so eintheilt, so bilden diese Theile nur Bruchzahlen mit Zehn. Folglich ist Lionardo's und auch Cennini's Verfahren für die Totalität der Bildproportionalität unendlich viel praktischer und an Weitdurchführbarkeit der Proportionenharmonie weit überlegen.

Bei Cennini's und Lionardo's Zwölftheilung liegen wahrscheinlich auch noch Rückgedanken an Vitruv's höchst vollkommene Zahl 16 im Hintergrund. $12 \times 12 = 144$, theilbar durch 16. — Vergleiche Pacioli's Berechnung der Verhältnisse der Quadrate der Seiten eines rechtwinkeligen Dreiecks, das die Hälfte eines gleichseitigen Dreiecks darstellt. Hier ergibt sich für Flächenproportion gleichfalls die Sesquitertia, 12 zu 16.

106 (Umstellung 110). [1]) Lacerti, eigentlich: Vorderarme, auch Muskelbündel überhaupt. (Vergl. Dante, Inferno, C. 22, 72.) Lionardo versteht wahrscheinlich die langen Muskeln darunter, im Gegensatz zu den kurzen „musculi, Mäuschen". Es wäre aber auch nicht unmöglich, dass bei der Bildung des Wortes an „laccio, Band" gedacht

war. [2]) sgorfiandosi, vielleicht Schreibfehler für gonfiandosi: indem
er abschwillt. [3]) nervi; wie auch wohl bei uns: Nerven, statt: Sehnen.

113 (Umstellung 86). Cod.: Moto, Bewegung, oder Stellung —
und weiter unten statt dessen: Modo, Modus, Benehmen. Sinn hat
Beides und zwar für die Stelle so ziemlich den gleichen; vielleicht
ist Modo, als entsprechendere Bezeichnung für den hier gemeinten
Unterschied von ,,Qualität" vorzuziehen. — Lomazzo, della Pittura I
Cap. 2 hat: Moto, Stellung, und unterscheidet die Unterabtheilungen:
decoro, grazia, furia. Und zwar trennt er auch hier wiederum:
grazia, furia, decoro naturale von artifitiale. Erstere, die natürliche
Grazie, Lebhaftigkeit, Anstand, sollen z. B. bei Portraits nachgeahmt
werden. Die ,,künstlichen" Steigerungen oder Milderungen verleiht
der Künstler der Natur in Historiencompositionen. Vergleiche auch
Vitruv, Cap. II, die Eintheilung der Baustile, worauf obige Begriffe
und Redeausdrücke vielleicht zurückzuführen sind.

117 (Umstellung 76). [1]) Beherzigenswerth für Alle, die der
Meinung sind, mit der Conception des Kunstwerkes sei das Entscheidende gethan, das Vollenden eine überflüssige Mühseligkeit.
Ehe das Werk vollendet ist, kann auch von der Conception nicht
mit Sicherheit gesagt werden, ob sie gut oder schlecht sei, und
vielleicht ist gerade das, was ihrer Unvollkommenheit Reiz verleiht, der Grundfehler des Werks, ja der ganzen Anschauung des
Künstlers. So lange noch Alles unbestimmt und schwankend ist,
ist freilich auch eine Art von Harmonie vorhanden, aber im
Zusammenstehen mit Bestimmtem und Vollendetem kommt ihre
Schwäche an den Tag. Erst wer versteht, wie schwierig es ist, in
scharfer Vollendung Harmonie zu bewahren, würdigt die Grösse
der alten Meister vollkommen.

119 (Umstellung 241) [1]) Capitoli delle Figure; die sogenannte
legendenmässige Darstellungsweise theilt das Bild, wie eine Erzählung in Capitel ein. — Vergleiche zu dieser Nummer Note zu
Nr. 47. [2]) à comparatione; möglicherweise Schreibfehler für Com-
paritioni = apparitioni, Erscheinungen, von Engeln etc., die in der
Luft schweben.

126 (Umstellung 112) [1]) Che fanno professione da maestri.
Im Cod. Barberini, so auch bei Dufrèsne und Manzi, ist die Nummer
unvollständig. Die Ueberschrift lautet im Cod. Barberini: ,,Memoria,
che si fa all' autore, Anmerkung, die dem Autor gemacht wird."

Dufrèsne hat: dell' autore, Manzi: „al pittore." — Statt „professione da maestri" hat der Cod. Barb. „professione da mescolare, welche die Profession des Durcheinandermischens (sc. unzusammengehöriger Gliedmaassen) betreiben. Dufrèsne und Manzi haben: professione di muscoli, welche die Muskelprofession treiben, oder: aus dem Vorzeigen von Muskeln eine Profession machen. — Der Text des Cod. Vat. ist wohl vorzuziehen, und die Stelle wirklich eine Privatnotiz, die beweist, wie ernstlich es Lionardo um Hebung des Standes der Maler- und Bildhauermeister zu thun war. — Far professione da maestri kann auch heissen: die als Lehrer (vielleicht an der Akademie) functioniren wollen. — Für die Flüchtigkeit der Notiz spricht übrigens noch, dass bei [2] statt „vecchiaja, Alter", das hier dem Sinn nach folgen müsste, „giouentù, Jugend", nach „adolescentia, Jünglingsalter" wiederholt ist. Indessen kann unter „adolescentia" auch das Knabenalter verstanden sein. Dann ist die Stelle nicht ganz ausgeschrieben.

128 (Umstellung 201). [1] Vergleiche hiemit den Rembrandt in den Mund gelegten Ausspruch, Bilder seien nicht zum Beriechen gemacht, und die confuse Wirkung, welche in diesem Sinne auf Effect von Weitem berechnete Bilder neben Werken machen, die im Sinne Lionardo's gemalt sind und wirklich auf grosse Entfernung hin deutlich bleiben.

147 (Umstellung 260). [1] poni; da du nämlich den Wind selbst nicht darstellen kannst, so setzest du dafür die Erscheinung seiner Wirkungen. — Oder vielleicht ausgelassen „in memoria", präge dir ein.

148 (Umstehend 262). [1] Userai, — du bringst es im Bilde folgendermaassen zur Verwendung; oder auch: du bringst davon Folgendes zur Verwendung, fassest Folgendes davon auf. [2] Cod. verstümmelt: aria ria delli. Liest man nur aria delli, so hat delli keinen Sinn. Dufrèsne: l'aria, egli archibugieri.

152 (Umstellung 199). [1] Um den Text dieser sehr skizzenhaft behandelten Nummer klar werden zu lassen, war die Uebersetzung zu mannigfachen Ergänzungen genöthigt. Sie folgte dabei dem Sinne des im Anfang der Nummer mit Deutlichkeit Gesagten. Von [2] an ist aber der Text so unklar, dass man fast annehmen könnte, er sei aus zwei verschiedenen Capiteln ungeschickt zusammengezogen und die Figur, was recht gut der Fall sein könnte, doppelsinnig. Die Verfolgung dieser Annahme würde jedoch eine noch weitergehende Restauration bedingen. Im Cod. Barb. ist die Nummer noch unklarer.

161 (Umstellung 146). [1] Das Licht fällt an seiner Percussionsstelle zwischen zwei gleiche Winkel hinein; s. Note zu Nr. 4 (Umstellung 2) des ersten Theils. — Es ist bei Lionardo eigenthümlich, dass auch das Zusammentreffen gerader mit krummen Linien mit dem Ausdruck Winkel benannt wird; so in späteren Nummern oftmals. Die Figur ist nicht ganz genau gezogen, und wurde so belassen, weil der Text sagt: „Nehmen wir an, die Winkel bei *e* seien gleich." Damit die Winkel bei *e* zur Seite des Reflexbüschels wirklich gleich gross wären, müsste der Mittelstrahl des convergirenden Lichtdreiecks durch das Centrum für den Kreisbogen der Hohlkehle gehen, dies thut aber nur der Strahl rechts. — Wären auch die Winkel *a b* an der Basis des Dreiecks *a f b* untereinander gleich, so würde dies Dreieck ein gleichschenkeliges sein, und seine Basis von der Spitze aus „unverkürzt, oder in gerader Ansicht" gesehen werden. Man sieht, es ist, obwohl für den Punkt *f* auch noch die grössere Nähe bei *a b* als Grund der grösseren Helligkeit angeführt wird, keine Rede von der Lichtabnahme im sich ausbreitenden Lichtkegel, sondern vielmehr von einem keilförmigen Zusammenlauf von Strahlen nach einem Punkte hin. Für die stärkste Wirkung entscheidet erstens die senkrechte Richtung des Reflexstrahls zur getroffenen Stelle oder Fläche, zweitens die Grösse, in der die Lichtstelle, die den Reflex verursacht, von der Percussionsstelle des Reflexes aus gesehen wird. — Um die Sache ganz zu erschöpfen, nehmen wir an, die Zeichnung hätte in exact ausgeführter Form aussehen sollen, wie Fig. XIII: Dann wäre *a f b* in der That ein gleichschenkeliges Dreieck und bei dieser Anordnung im Halbkreis zugleich auch das grösste von allen auf der Basis *b a* nach der Peripherie hin construirbaren Dreiecken.

. Fig. XIII.

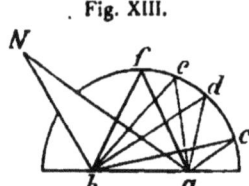

164 (Umstellung 147). [1] Diese Nummer ist im Cod. sehr verstümmelt, ebenso im Cod. Barberini, doch entspricht in letzterem die Figur derjenigen des Cod. Vat. Der Zeichner Dufrèsne's hat für nöthig befunden eine neue Figur zu erfinden, während doch die Herstellung des Textes nach der ursprünglichen nicht die mindesten Schwierigkeiten bietet.

179 (Umstellung 228). [1]) compartitione, kann auch im Sinne von partecipatione, Parteinahme, Antheilnahme, gebraucht sein. Beherzigenswerth ist der Rath, dass man zuerst lernen solle gute Gliedmaassen zu machen, und dann erst den Gestus nach dem Leben studire. Wer dies versäumt, wird trotz alles Studiums der Charaktergeberde keine lebendigen Kunstwerke hervorbringen, sondern der Gefahr der Carricatur verfallen. Die vorwiegende Neigung zur Ausdruckslebendigkeit ist, da die von Lionardo gesetzte Vorbedingung fehlt, den Modernen ein Hauptmotor der Kunstverflachung und die Bildnerei schädigenden Ideen- und Motivjägerei geworden.

181 (Umstellung 239). [1]) descritione. Unter den Aufzeichnungen Lionardo's findet sich eine Beschreibung von Stellungen, die er den Aposteln im Abendmahl geben wollte.

190 (Umstellung 166). [1]) Pallido, Blass, wird noch heute in der italienischen Decorationsmalerei eine stumpfe, der sogenannten Ultramarin-Asche ähnliche, blaugraue Farbe genannt. [2]) Pavonazzo, Pfauenfarbig, eine brillante Nuance des Morello, oder Eisenvioletts unserer Maler. Es hat zum Unterschied vom blaueren Viola einen rothen Stich.

194 (Umstellung 209). [1]) Oder: die Luftschicht wird durch ihre Dicke dem Scheinbild das Hindurchdringen erschweren. [2]) occupare: beschäftigen, belagern.

198 (Umstellung 213). [1]) Als Rechenmeister erscheint Lionardo in dieser Nummer, allen Malern zum Trost, in ergötzlichem Lichte, auch wenn man die unbehilflichen Methoden seiner Zeit in Anschlag bringt.

199 (Umstellung 211). [1]) Occhio, che uede, Auge, das sieht = der Distanzpunkt. — Im fünften Theil des Tractats Nr. 795 (Umstellung 776) kommt die Berechnung der Verhältnisse der Farbenabnahme zu einem anderen Resultat, als hier.

200 (Umstellung 212). Die fehlende Figur von der Uebersetzung hinzugefügt. Auch bedurfte der Text hie und da der Correctur, so bei [2]), wo es dem Codex nach, sowie nach Codex Barberini und Dufrèsne heissen würde: „Dies bewirkt, dass die Farbe um einen Grad an Entfernung zunimmt", was offenbar unrichtig.

205 (Umstellung 162). [1]) Berettino, wörtlich: mützenfarbig; bei Cennini Grau aus Schwarz und Weiss gemischt. — Lionardo spricht hier nicht sehr entschieden vom Hervorkommen der warmen Farben trüber Medien. [2]) Azurro: vornehmlich das Ultramarinblau. [3]) Croco, Saffrangelb, das mit Oel verrieben dunkelbraun aussieht.

206 (Umstellung 171). [1]) Taneto, Lohbraun = Dunkelocker. — Es ist hier von lauter Palettenfarben die Rede, und die Notiz für Maler eine sehr beherzigenswerthe Anregung zu ähnlichen Feststellungen.

212 (Umstellung 196). [1]) Aole camellino; Codex Barberini: Aloë cavallino, Pferde-Aloë. Die Farbe ist wohl jedenfalls ein transparentes Gelb oder Grüngelb, und, da sie ein Pflanzensaft, in Oelmalerei nicht sonderlich haltbar. — Noch eine andere gelbe Saftfarbe wird oft in italienischen Malerbüchern genannt, und noch Pozzi braucht sie zu seinen Fresken, wo sie sich auch gut gehalten hat; sie heisst abwechselnd: spin' cervino oder corvino: Hirsch- oder Raben-Dorn. Die Pflanze, aus deren Früchten sie bereitet wird, ist aber kein Dornstrauch, sondern eine sehr zierliche, in Italien wild wachsende, strauchartige Pflaumenart mit graugrünen Blättern und sehr schöner grosser Blüthe. Je nachdem die Früchte mehr oder weniger reif sind, wird das Pigment grünlich, gelb oder braun von Nuance.

213 (Umstellung 163). [1]) Morello, auch morello di sale: aus Eisenvitriol künstlich bereitet, oder auch natürlich; in unseren Malerfarben das sogenannte Eisenoxyd. [2]) Natürliche Farben; hier: die nicht aus Mischung erzeugten Nuancen; natürliche Grünpigmente sind also die Grünerde und der Grünspan. — Es ist im Interesse des guten, reinen Colorits den heutigen Malern sehr anzuempfehlen, durch Mischungen, wie die in dieser Nummer angeregten, sich die deutlichste Kenntniss von der Natur aller ihrer Pigmente zu verschaffen.

226 (Umstellung 205). Ueberschrift: Allgemeine Perspective, d. i. Allgemeine Lehre vom Sehen und dem, was zum Sehen gehört. [2]) il fuoco elemento, che ueste l'aria: das Feuer-Element oder Elementarfeuer, das unsere Luftkugel umhüllt. Nach antiker Vorstellung ist der Raum jenseits der Erdatmosphäre von der Sonnenflamme zum Glühen erhitzt, und ist also hier die Luft so dünn vertheilt, dass sie das Licht der Sonnenstrahlen nicht auffangen

kann. Man sieht, was die Dünne der Aethersubstanz anlangt, war
der aus der Lichtlosigkeit des Aethers gezogene Schluss richtig. —
Vergl. Vitruv, wo die Hypothese aufgestellt wird, dass der von der
Sonne erhitzte Aetherraum Pyramidenform haben müsse. [2]) gros-
sezza, ebensowohl die räumliche Dicke als die substantielle Dichtigkeit.

Bemerkenswerth ist, dass die aus Lionardo's Beobachtung hervorgehende Schilderung des Phänomens der blauen Medienfarbe
sich mit der neueren physikalischen Erklärungsweise nicht vereinigen
lässt. — Lionardo sagt: „Zwischen Auge und Finsterniss muss sich
eine beleuchtete dünn vertheilte, weisse Schicht befinden, durch
welche her die Finsterniss dem Auge noch wahrnehmbar werden
kann." In welcher Weise alsdann das Licht in die diafane Weissschicht einzufallen hat, lässt Lionardo unerwähnt, und es kann das
Licht ebensowohl von der Seite des Auges herkommen, als von
jenseits der Schicht her. Dies verhält sich auch in der That in
der Natur so. Denn auch ein zwischen Auge und Sonnenlicht auf-
steigender Rauch ist überall blau, wo das Auge eine Dunkelheit
durch seine von rückwärts her beschienene Schicht hin wahrnimmt;
gelb erscheint er erst, wenn ein noch stärkeres Licht, als sein
eigenes, also z. B. das Licht einer weissen Wolke, oder das der
Sonnenscheibe, durch ihn hin vom Auge wahrgenommen wird. —
So ist auch das durchschienene Stück des Mittagshimmels dicht um
das Sonnenbild her immer noch blau und wird nur bei starkem
Dunstgehalt der Luft gelblich. Ja, an sehr klaren Abenden sieht
man in Italien die Sonne, auch wenn sie schon dicht am Horizont
steht, fast ohne umgebenden gelben oder rothen Schein.

237 (Umstellung 194). [1]) d. h. je tiefer und dem Meeresufer
näher man steht, weil der Meereshorizont um so weiter wird, von
je höher herab man ihn sieht.

248 (Umstellung 177). [1]) Kann auch heissen: dass das Feuer
gelb gefärbt sei, wird an den Farben erkannt, die durch den gelben
Feuerschein einander sehr ähnlich werden, von denen man aber
aus Erfahrung weiss, dass sie von einander verschieden sind, z. B.
die eine gelb, die andere weiss.

249 (Umstellung 141). [1]) Die ganze eingeklammerte Stelle im
Codex durchaus verstümmelt, die Lesart der Uebersetzung nur ein
Vorschlag zur Herstellung. — Die Codexe Barberini und Pinelli,
gleichfalls verstümmelt, geben keinen Aufschluss. Dufrèsne lässt die

Stelle ganz aus. Manzi befolgt so ziemlich die verstümmelte Lesart
des Codex Barberini und der Fontani'schen Ausgabe della Bella's.

251 (Umstellung 133). [1]) In der Figur sollte das Auge, das
sieht, vermuthlich näher beim leuchtenden Körper stehen, dann
würde der Sehstrahl zur Linken den beleuchteten Körper jenseits
der höchsten Lichtstelle streifen und die Stellung des Auges nach
der in Nr. 103 (120) empfohlenen Weise gewählt sein. — Diese
Correctur unterblieb, weil die Figur auch wie sie ist, Sinn hat.

254 (Umstellung 160). [1]) Im Widerspruch mit der folgenden
Nr. 255 (161), der sich auch nicht ganz hebt, wenn man annimmt,
Lionardo rede in Nr. 254 (160) nur von der Palette des Malers;
denn gerade hier lässt sich Grün gleichfalls durch Mischung erzeugen. (Vergl. Note [2]) zu Nr. 213 [163] über das natürliche Grün.)
— Wie empfehlenswerth übrigens auch die in dieser Nummer angeregten Uebungen seien, bedarf keiner Erwähnung.

258 a (Umstellung 139 a). [1]) Der Zusammenhang, in dem die
Nummer im Codex sich findet, erlaubt die Annahme, dass Lionardo
die Erscheinung als eine der Ursachen in Betracht zieht, aus denen
sich helle Farben auf grössere Entfernung hin aufrecht halten.
Aehnliches findet sich an anderen Stellen bezüglich der Steigerung
des Lichts ferner Farben durch Gegensatz zu dunkler Nachbar-
schaft.

260 (Umstellung 226). [1]) nella sua gran scima; vielleicht
Schreibfehler für: „summa, da, wo die Luft in ihrer grossen (räumlichen) Masse am dünnkörperlichsten ist." — Alsdann gehört dieser
Satz wohl nicht eigentlich zu Nr. 260 (226), so wenig, wie 260 a
(226 a) ohnedies.

261 (Umstellung 215). [1]) Einsetzen; Codex ursprünglich: „mettere
in pratticha, in Praxis setzen", dann aber „in pratticha" von m. 1
selbst ausdrücklich wieder durchgestrichen. Demnach wohnt diesem
„Einsetzen" wohl ein ähnlicher Sinn bei, wie in Nr. 34 (31) des
ersten Theils: „Der Maler setzt die Abstufung der im Raum stehenden
Dinge ein", d. h. er gibt dem indifferenten Naturexempel eine absichtliche, kunstgemässe Ordnung und vermeidet das Zufällige und
Unklare der Erscheinung, weil dieses für die Malerei und ihre ohnedies schon der Stärkung bedürftigen Mittel das Gefährlichste und
Ungünstigste ist. Mit anderen Worten: Er erzeugt beabsichtigte,
richtige sowohl als ästhetische Wirkungen.

[2]) Das Ende der Nummer ist wohl jedenfalls verstümmelt. Es scheint ganz unmöglich — ausser die Luft wäre sehr neblig — dass Baum 2 in so kurzem Abstande schon vier Fünftel von seiner natürlichen Farbe verlieren soll, vielleicht soll es heissen ein Fünftel. An Aufsuchung einer Regel für die Farbenabnahme mittelst der übrigen Factoren der Farbenperspective kann natürlich nicht gedacht werden.

Auch wenn man annimmt, dass Lionardo plötzlich Thema wechselt und auf die Grössenabnahme zu sprechen komme, wäre die Stelle verstümmelt. Bei 100 Ellen Abstand des Auges von Baum 1 und zwanzig Ellen Abstand des Baumes 2 von Baum 1 muss Baum 2 nicht vier Fünftel, sondern ein Sechstel von seiner Grösse verlieren, vertauscht man aber diese beiden Abstände mit einander, fünf Sechstel; — vier Fünftel könnte er nur verlieren, wenn Baum 1 vom Auge 20 Ellen, und Baum 2 vom Auge 100 Ellen weit entfernt wäre, also 80 Ellen von Baum 1. — Und wollte man es dabei belassen, dass Baum 2 von Baum 1 um 20 Ellen abstünde und um vier Fünftel verkleinert schiene, so müsste das Auge 5 Ellen weit von Baum 1 entfernt sein, was bei Lionardo — ausser man nähme an, die Bäume wären nur strauchartig — ein sehr kurzer Augenabstand wäre, und unzureichend für die Uebersicht von Baum 1. Man wolle die ebengenannten Zahlenverhältnisse auf der linea del taglio ausprobiren. — Auch aus Nr. 262 (Umstellung 216) ist nicht wohl Aufschluss für die Restauration der verdorbenen Stelle zu schöpfen. Beide Nummern hängen aber offenbar mit Nr. 34 (31) und 461 (471) zusammen, und es wird in ihnen für die Farbenabnahme das Entsprechende durchzuführen versucht, wie dort für die Grössenabnahme. Auch kommen die fünf gleichen Abstände vor. Dieselben dienen hier zu doppeltem Zweck. Einmal geben sie dem nach festen Regeln suchenden Naturstudium Lionardo's bestimmte Maassstäbe an die Hand, und ebenso führen sie in das Bild sehr klare, weil äusserst regelmässige Abstufungen der Farbenperspective ein, sowie eine sanfte und allmählige Luftabtönung.

Was das Bestimmen der Mischungsproportionen anlangt, so ist in Nr. 262 (216) das Nöthige gesagt. Man mischt zu der Baum-, Haus-, Fleischfarbe etc., die als 1 angenommen wird, die gewollte Proportion von Luftton. Heutigen Malern klingen solche Ausdrücke

16*

lächerlich. Allein die ganz vortreffliche und höchst einfache Art
dieser Mischungsbestimmung hat nicht den unbedeutendsten Antheil
an dem fehllosen Durchhalten von Ton und Localfarbe durch Licht
und Schatten hin und überhaupt an der grossen Einfachheit und
Solidität der Farbenerscheinung, um welche moderne Praktiker
die Werke alter Schule gar sehr zu beneiden haben möchten.
Die Methode rührt von der Fresco- und Tempera-Malerei her, wo
so verfahren werden muss, und ward als wohlerprobt im Princip
auch in die Oelmalerei mit hinübergenommen, obwohl sie sich hier
nicht überall mit der gleichen Sicherheit durchführen lässt, wie bei
Wasserfarben. Es ist Oelmalern anzuempfehlen, sich für ein ganzes
Bild ihre Hauptlocalfarben und deren Haupt-Luftabtönungen aus-
zuprobiren, und dann diese Mischungen, so dass sie in Quantität
ausreichen werden, in Tuben bereit zu halten. Dann wird nachher
das Mehren und Mindern beim Lasiren, Abtönen und Verfeinern
ein Leichtes sein und auf sicherer, gleichmässiger Unterlage vor
sich gehen.

262 (Umstellung 216). [1]) Es ist nicht gesagt, ob die Sonne
hinter den Bergen steht, oder ihnen gegenüber, allein wohl das
Erstere gemeint. Vielleicht ward gar manche von diesen Beobachtungen bei Morgenspaziergängen auf den Colli bei Florenz angestellt. [2]) Hier sind die fünf Abstände ausdrücklich genannt. Die
Zeichnung war im Original vielleicht colorirt.

In den Eingangsworten: „Es gibt noch eine andere Perspective"
trennt also Lionardo die Luftperspective ausdrücklich als nur einen
Theil von der allgemeinen Farbenperspective ab, zu welcher überhaupt die Beeinflussung der Localfarbe durch jegliches durchsichtige
Mittel, sowie auch durch die Verkleinerung der Scheinbilder gehört.
Möglicherweise schloss auch im Original die Nummer an ein Capitel über Verkleinerungsperspective an.

Dritter Theil.

Der dritte Theil hat im Register keinen weiteren Titel, im Text trägt er die Ueberschrift: „Hier hebt es an von den verschiedenartigen Zuständen und Bewegungen des Menschen." Darauf ist eingeflickt „und von den Proportionen der Gliedmaassen, und erstens:" wonach die Ueberschrift des ersten Capitels folgt, das aber gleich von Veränderung der Maasse durch Bewegung handelt. Drei weitere Capitel 264 (263), 265 (265) und 266 (264) befassen sich dann mit den Maassen nach Lebensaltern. Es scheint also, als ob der Zusatz „und von den Proportionen der Gliedmaassen" in die Ueberschrift erst eingeflickt sei, nachdem diese Capitel schon geschrieben waren, und für die Unschlüssigkeit, die dabei obwaltete, spricht, dass ein Stück des ersten Theils des Titels ausgestrichen, dann aber mit untergesetzten Herstellungspunkten wieder für giltig erklärt wurde.

Der vorgesetzte Titel ist jedoch nur für einen Theil des dritten Buches passend. Bis zu Nr. 403 (411) beschäftigt sich der Inhalt fast ausnahmlos mit Bewegung und Organismus der menschlichen und Thiergestalt, hier heben aber andere Gedankengänge an, die wieder ähnlich, wie dies auch beim zweiten Buch der Fall, durch allgemeine Betrachtungen über die Malerei eingeleitet sind, denen sich zugleich auch noch ein kleiner Nachtrag zu jenen allgemeinen Malerregeln zugesellt, die im zweiten Buch einen ganzen Abschnitt ausmachen. Dann folgen die Anweisungen für die malerische Darstellung der Figur, d. h. für Perspective, Beleuchtung, Färbung, Hintergründe. Man könnte also das ganze dritte Buch benennen: „Von der menschlichen und thierischen Gestalt und deren Darstellung." Eine ziemliche Anzahl von Capiteln, die nicht von dieser Gestalt, sondern von allerhand Erscheinungen der Landschaft handeln,

würde sich als eine Art von Anhang zwanglos anreihen, da das
Figurenbild der Menschengestalt ja doch auch eine anderweitige
Umgebung zu verleihen pflegt. Man hat hier vielleicht das zu erkennen, was Lionardo durch „sito" bezeichnen will. Und unter
diesen beigegebenen Capiteln zeichnen sich einige kleinere Gruppen
als in sich zusammengehörige aus; so die von Erscheinungen im
Nebel und die von Spiegelung handelnden, fernerhin eine Reihe
landschaftlicher Schilderungen, und endlich einige Beobachtungen
über das Auge selbst. — Alles soeben Gesagte ist wiederum mit
den Einschränkungen zu nehmen, wie das Entsprechende im zweiten
Buch. Die Ordnung ist keine feste, sondern nur eine ungefähre,
jeder Abschnitt in sich in Unordnung und dazu sporadisch mit
Capiteln andern Inhalts durchsetzt. Die gross geschriebenen Ueberschriften geben im dritten Buch nur wenig Aufschluss. Es finden
sich deren: Fol. 104: Delle Misure universali di corpi. Nr. 270
(266); Fol. 104,2, Nr. 271 (274): Delle Misure del corpo humano
ecc.; Fol. 111, Nr. 304 (334): Deli Mouimenti del homo ecc.;
Fol. 115,2, Nr. 327 (384): Dell' Attitudini delle figure; Fol. 116,2,
Nr. 333 (307): De' Muscoli; Fol. 122, viermal: Del Moto ecc.;
Fol. 138,2 Nr. 434 (329): De Moto e corso delli animali; Fol. 141,
Nr. 442 (437): Pittura Di Figura e Corpo; Fol. 146,2, Nr. 461
(471): Della Prospettina lineale (dieses Cap. enthält das Experiment
mit den fünf gleichen Abständen); Fol. 153, Nr. 482 (438): De
Pittura; Fol. 154 und 154,2, zweimal: De Pittura; Fol. 160,2,
Nr. 509 (519): De Statua (welches Cap. zur Malerei nicht gehört)
und endlich Fol. 162, Nr. 517 (494): Precetto della Prospettiua
in Pittura.

Wenn der Leser die Stellen, an denen diese gross geschriebenen
Ueberschriften vorkommen, betrachtet, so wird er vielleicht urtheilen,
dass die Grossschreibung meist nur den Zweck gehabt haben könne,
die Nummern später beim Umordnen wieder leicht aufzufinden. Nur
die Ueberschrift: De' Muscoli (Nr. 333) soll vielleicht andeuten,
dass sich hier in der Umgebung eine grössere Anzahl von Capiteln
befinde, die von Musculatur handeln.

Die Umstellung sonderte vor allen Dingen den ersten Abschnitt
von Proportion, Musculatur und Bewegung der Figur rein aus und
zerlegte denselben in seine natürlichen Unterabtheilungen. Bei dieser
Gelegenheit fallen die wissenschaftlichen und künstlerischen Stand-

punkte Lionardo's so klar in's Auge, dass kaum ein besonderes
Wort darüber gesagt zu werden braucht, die Texte selbst belehren
über Lionardo's aufmerksame Naturbeobachtung, sowie über seine
vernünftigen Ansichten beim Verwenden derselben zu charaktervoller
Mannigfaltigkeit und Harmonie der Darstellung, sei diese Harmonie
eine natürlich charakteristische oder künstlerisch hinzugetragene. —
Bei den Abschnitten über Bewegung der Figur treten die Kenntnisse
in Mechanik hervor, die Lionardo als Ingenieur erworben hatte.
Seine Definitionen von Kraft, Gewicht, Ruhe = Gleichgewicht, Bewegung = Aufhebung des Gleichgewichtes, Kraftspannung, etc. sind
fast genau diejenigen der neueren Physik. Govi hat im Saggio eine
grössere Reihe von Lionardo's diesbezüglichen Untersuchungen
kritisch zusammengeordnet.

Nachdem also bei Anordnung dieses ersten Abschnittes versucht ward, alles Zerstreute in zusammengehörige Fascikel so einzufügen, dass die leitenden wissenschaftlichen und künstlerischen
Ideen der Reihe nach an's Licht treten, wurden in einem
Zwischensatz die Capitel allgemeinen Inhalts über Malerei und der
kleine Nachtrag zum ersten Abschnitt des zweiten Buches untergebracht.

Endlich wurde im zweiten Hauptabschnitt alles gruppirt, was
von der malerischen Darstellung des Figurenbildes handelt. In den
einzelnen Gruppen von Beleuchtung, Färbung, Perspective, ward
hier der Einfachheit halber das Landschaftliche jedesmal dem Figürlichen als Anhang beigegeben. Die zuvor erwähnten kleinen, von
Lionardo offenbar als in sich zusammengehörig behandelten Abschnitte wurden — wie derjenige vom perspectivischen Sehen des
Auges und der von den durchsichtigen Medien — theils als Ein-
leitungen zu Fascikeln benützt, theils — wie die von den Nebel-
erscheinungen, von der Spiegelung, der subjectiven Capacität des
Auges — sammt den technischen Anweisungen und landschaftlichen
Schilderungen möglichst an's Ende des ganzen dritten Theiles
versetzt.

Umstellungstabelle für die Nummern des dritten Theils.

Dritter Theil. Von der menschlichen und thierischen Figur.

I. Hauptabschnitt. Maasse, Bildung und Bewegung.

Hier hebt es an: Von den verschiedenartigen Zuständen und Bewegungen des Menschen und von den Proportionen der Gliedmassen und erstens:

Nr. der Um- stellung	Fascikel 1. Von den Proportionen der Figuren.	Nr. des Co- dex
	a) Verschiedenheit der menschlichen Proportionen nach den Lebensaltern.	
263	Von den Veränderungen der Maasse des Menschen von dessen Geburt an bis zum Ende seines Wachsthums.	264
264	Von den Maassverschiedenheiten zwischen Kindern und Männern.	266
265	Wie die kleinen Kinder die Dickenverhältnisse der Gelenke umgekehrt haben, wie die Erwachsenen.	265
	b) Verhältnissmässigkeit oder Harmonie des Gliederbaues nach verschiedenen Charakteren der Leibesconstitution und des Lebensalters.	
266	Von den Maassen der Körper überhaupt.	270
267	Von der Verhältnissmässigkeit der Glieder.	272
268	Von der verschiedenen Begliederung der Thiere.	284
269	Dass jedes Glied für sich dem Ganzen seines Körpers proportionirt sein soll.	375
	c) Von Veränderung der Höhen- und Breitenmaasse durch verschiedene Stellung und Bewegung des Körpers und seiner Glieder und Muskeln.	
270	Von den Veränderungen der Maasse des Menschen durch Bewegung nach verschiedenen Seiten hin, oder auch, in verschiedenen Ansichten.	263
271	Vom Wechselverhältniss, in dem sich die eine Hälfte der Dicke des Menschen zur andern befindet.	400
272	Von der Bewegung der Thiere.	374
273	Von den vierfüssigen Thieren, und wie sie sich bewegen.	399
274	Von den Maassen des menschlichen Körpers und den Biegungen der Glieder.	271
275	Von den Fingergelenken.	267
276	Von den Schultergelenken und deren An- und Abschwellen.	268
277	Von der Gelenkverbindung der Hand mit dem Arm.	273
278	Von den Fussgelenken und deren Breiter- und Schmäler- werden.	274
279	Von den Gelenken, die dünner werden, wenn sie sich biegen, und dicker, wenn sie gestreckt werden.	275

*) Die drei letzten Nummern können auch ebensowohl im anatomischen Anhang beim folgenden Abschnitt Platz finden.

Nr. der Umstellung		Nr. des Codex
481	Warum man einen Menschen, den man in einer gewissen Entfernung sieht, nicht erkennt.	459
482	Welches sind die Theile, die an Körpern, welche sich vom Auge entfernen, der Wahrnehmung zuerst verloren gehen, und welche bleiben ihr am meisten erhalten.	460
483	Vorschriften der Malerei.	473
484	Von Umrissen.	486
485	Wie die kleinen Figuren, der Vernunft gemäss nicht scharf ausgeführt sein sollen.	417
	3. Von verschiedenen durchsichtigen Medien und deren Einwirkung. Medium der Pupille. Vom Verlorengehen der Farbendeutlichkeit. Sonstige hiebei in Betracht kommende Factoren und Umstände.	
486	Von der Natur des Mediums, das sich zwischen Auge und Object schiebt.	524
487	Wirkungen des Mediums, das von homogener Oberfläche umschlossen ist.	525
488 a	Das Scheinbild und die Substanz der Dinge verliert etc.	526 a
488	Von der Schichtung durchsichtiger Körper zwischen Auge und Gegenstand.	528
489	Vom Schaum des Wassers.	508
490	Vom Wasser, das so klar ist, dass der Grund durch seine Oberfläche hervorscheint.	507
491	Von den zufälligen Eigenschaften der Oberflächen, die sich bei Entfernung des schattentragenden Körpers zuerst verlieren.	428
492	Warum die Gesichter von Weitem dunkel aussehen.	458
493	Von den Schattenflecken oder dem unbestimmt geformten allgemeinen Schattenmittelton, der an den Körpern in der Ferne zum Vorschein kommt.	466
494	Regel für Perspective in Gemaltem. Hier anzuschliessen Nr. 484 (446) Schattenperspective. Dann 410b Codex 438b zu wiederholen.	517
495	Von Malerei.	490
496	Vom Blau, in dem sich die ferne Landschaft zeigt.	454
496 a	In der Entfernung gehen zuerst etc.	475 a
497	An entfernten Orten etc.	476 a
	B. Von Harmonie und Disharmonie zwischen linearer Verkleinerungs- und Luftmedienperspective.	
498	Von Abnahme sowohl der Farben als Körper.	527
499 a	Die verdichtete Luft etc.	477 a
499	Warum die nämliche freie Gegend manchmal ausgedehnter und manchmal weniger ausgedehnt aussieht, als sie wirklich ist.	444

Nr. der Um- stellung		Nr. des Co- dex
500	Das Auge, das von hohem Standpunkt aus hohe und niedere Objecte sieht.	518
501	Das Auge, das von tief gelegenem Standpunkt aus niedere und hohe Objecte sieht.	519
	C. Nebelperspective insbesondere, Phänomene der Licht- strahlung, Irradiation, Täuschung des Urtheils durch den Widerspruch zwischen Farben- und Grössenperspective.	
502	Von Städten und sonstigen Ansichten bei dicker Luft.	446
503	Von Gegenständen, die das Auge unter sich sieht, in Nebel und dicke Luft gehüllt.	448
504	Vom Anblick einer Stadt bei dicker Luft.	451
505	Von Gebäuden, die in dicker Luft gesehen werden.	449
506	Vom dunklen Gegenstand, der sich von Weitem als der hellere zeigt.	450
507	Warum hohe oder hochstehende Dinge in der Entfernung dunkler sind, als niedere, oder tiefstehende, auch wenn der Nebel überall gleich dick ist.	465
508	Von den dem Boden nahen Umrissen entfernter Dinge.	452
509	Warum parallelseitige Thürme im Nebel unten schmäler als oben aussehen.	457
510	Vom oberen Theil im Nebel gesehener Gebäude.	463
511	Von Körpern im Nebel gesehen.	462
	D. Spiegelung.	
512	Wie der stehen muss, der eine Malerei betrachtet.	415
513	Von im Wasser gespiegelten Dingen.	521
514	Von in trübem Wasser gespiegelten Dingen.	522
515	Von den in laufendem Wasser gespiegelten Dingen.	523
516	Von den Schatten, welche die Brücken auf's Wasser werfen.	505
	E. Einfluss der Capacität des Auges.	
517	Von den hellen und dunklen Spiegelbildern, die sich auf be- schatteten oder beleuchteten Stellen ausdrücken, die zwi- schen des Wassers Oberfläche und dessen Grund sind.	506
518	Regel.	477
	Fascikel 5. Erster Anhang zum II. Hauptabschnitt. *Einige technische Anweisungen.*	
519	Von der Statue.	512
520	Eine Malerei von ewigdauerndem Firniss zu machen.	513
521	Art und Weise (mit Wasserfarben) auf Leinwand zu colo- riren.	514

Sachliche Erörterungen und Noten

des Uebersetzers

zu den einzelnen Nummern des dritten Theils.

269 (Umstellung 338). [1] Im Codex für die Zahl, die im Original vermuthlich undeutlich geschrieben war, ein unbeschriebener Platz offen gelassen; aus dem Folgenden ergibt sich, dass die Zahl 4 heissen muss; sodann „modi, Arten", für „moti, Bewegungen", geschrieben, was jedoch keine Sinnverstümmelung ergeben würde.

270 (Umstellung 266). [1] universali; dem Capitelinhalt zufolge soviel als: die durschnittlichen Normalmaasse wohlgebildeter Körper.

273 (Umstellung 277). [1] „muscoli dimestici e siluestri"; wörtlich: „die häuslichen oder zahmen, und die wilden oder Waldmuskeln". Aus dem wenigen Anatomischen, das im Tractat vorkommt, ist nicht zu entscheiden, ob hierunter die Beuger und Strecker verstanden sind, oder ob sich beide Benennungen auf die Lage der Muskeln an der dem Körper zu- oder abgewandten Seite der Gliedmaassen beziehen.

274 (Umstellung 278). [1] nell' aspetto della parte siluestre *d e f*; soll wohl so viel heissen als: „in der Richtung von *d e f*", wobei *f*, die Ferse oder Rückseite des Gelenkes, die „parte siluestre" vorstellt. Zwar schwillt allerdings das Fussgelenk beim Vorwärtsbiegen des Beines auch an der Vorderseite an; allein es wäre noch weniger einzusehen, warum die Anschwellung nur an der äusseren Ansichtsseite, der „parte siluestre" des Gelenkes sichtbar sein sollte, die zwischen Ferse und kleiner Zehe liegt. Die Stelle bleibt um so

unklarer, als auch die Buchstabenbezeichnung der Figur verstümmelt ist. Der Umstand, dass der Fuss zweimal von der äusseren
Seite her gezeichnet ist, gibt keinen Aufschluss und ist wohl nur
zufällig.

279 (Umstellung 352). [1]) Der Inhalt dieser Nummer steht nicht
in Einklang mit dem der vorhergehenden, und ebensowenig mit dem
natürlichen Sachverhalt. Poussin hat in den Figuren zur Dufrèsne-
schen Ausgabe durch Verwechslung der Buchstaben und Auszeichnung der Stellung wie des Ausdruckes die im Codex mit *b* bezeichnete Figur als die weiter schleudernde charakterisirt. Veranlassung kann ihm hiezu der Codex Barberini gegeben haben, in dem
die Figuren zwar keine Buchstabenbezeichnung tragen, aber so gezeichnet sind, dass die im Cod. Vat. mit *b* bezeichnete über der
anderen steht, und die Textstelle illustrirt: Den Vorrang an Kraft
der Bewegung hat die Figur *a*; die im Vaticanus mit *a* bezeichnete
Figur folgt dann im Barberinus erst weiter unten, bei: In diesem
Falle hat *b* etc. Man müsste also zuerst die Buchstabenbezeichnungen
der Codexfiguren für vertauscht oder für nicht von Lionardo her-
rührend ansehen, und einige kleine Verstümmelungen des Textes
von Seiten des Abschreibers voraussetzen, wie in Anmerkung **)
des italienischen Wortlautes „et für ei" und bei ***) „esso für
eppoi". Wirklich verschrieben ist im Codex wohl jedenfalls bei *)
b für *a*.

In diesem Falle würde sich die Sache richtig stellen, indem
„tratto" später mit „ausgeholt", statt mit „geschleudert" übersetz-
bar würde. Dann hiesse die Stelle, nach Vertauschung der Buchstabenbezeichnung der Figürchen, wie folgt: „Den Vorrang an Kraft
hat Figur *a*, die zweite ist die Stellung *b*. Figur *a* wird den Speer
weiter von sich wegschleudern als *b*, denn obwohl beide die Absicht
kundgeben, dessen Wucht nach derselben Seite hin zu schleudern
(trare), so dreht und biegt sich doch der *a*, der die Füsse nach
dieser Seite hin wendete, (zuvor) von hier nach der entgegengesetzten
Seite hin um, allwo er seine Kraft spannt und zum Wurf ausholt,
und kehrt nachher (eppoi) rasch und bequem zur Stelle zurück,
wo er seine Last aus der Hand gehen lässt. — [2]) Im gleichen
Falle aber hat *b* die Fussspitzen in der entgegengesetzten Richtung
stehen, als in der er mit seiner Last ausholen (trare) will, und dreht
sich daher mit grosser Unbequemlichkeit zu dieser Stelle um etc. —

Und weiter unten, nach [3]) hiesse es: „Hat also der *b* mit seinem Speer ausgeholt (trato), so findet er sich nach der Seite
zu, nach der er damit ausgeholt (tratto) hat, verdreht und schwach,
er hat (mit seinem Ausholen) nicht mehr Kraft erworben, als ausreicht, zur entgegengesetzten Bewegung (ohne Kraftzuwachs behufs
des Schleuderns, einfach) zurückzukehren". — Trarre kann aber in
der That Beides bedeuten: schleudern sowohl als auch ausholen,
wie sich in Nr. 278 (351) zeigt, wo „tratto" sicher in der Bedeutung von Ausholen, Anziehen, gebraucht ist. — So würde der
Text mit dem natürlichen Sachverhalt übereinstimmen.

Im Codex sind die Figürchen, sowie auch dasjenige der vorhergehenden Nummer mit äusserster Lebhaftigkeit gezeichnet, so
dass nicht die Halsgrube, sondern die Schulter des nichtbelasteten
Arms über die Spitze des zurückgesetzten Standfusses zu stehen
kommt. Ebenso ist es in einer späteren Textstelle ausdrücklich angegeben und wurde deshalb beibehalten, als eine Bewegung, die
nur einen Augenblick dauern kann und durch die Verlegung des
Gewichtes über den Schwerpunkt hinaus den momentanen, höchsten
Schwung der Leidenschaftlichkeit und Kraftspannung bezeichnet. —
Poussin hat dies abgeändert, was aber nicht nöthig erscheint. —
Cod. Barb. gibt über die oben erwähnten bei **) und ***) möglicherweise eingetretenen Schreibversehen keinen Aufschluss und hat, dem
Vat. gleichlautend, et und esso; ebenso bei *) *b* für *a*, was bei seiner
Figurenanordnung als fehlerhaft noch mehr in die Augen fällt,
während im Cod. Vat. dies *b*, den Figuren nach, wie sie jetzt bezeichnet sind, das sachlich Richtige ausdrücken würde, nur dass es
mit den nachfolgenden Textworten im Widerspruch stünde und
also aus diesen als Fehler erkannt wird.

280 (Umstellung 364). [1]) Punta, riuescio, fendente: Spitze,
Rücken, Schneide. Riuescio kann auch soviel bedeuten, wie „Quer-
hieb", fendente, soviel als: „geradaus geführter Hieb", und können
damit etwa unsere „Terzen" und „Quarten" bezeichnet sein.

290 (Umstellung 405). Diese und die beiden vorhergehenden
Nummern beweisen, welchen Werth Lionardo auf die Uebung des
Gedächtnisses legte, und wie wenig sein Zuratheziehen der Natur
mit dem unvorbereiteten und gedankenlosen Nachahmen des Modells
auf gleiche Linie zu stellen ist, das von den sogenannten Natura-
listen empfohlen wird. Man vergleiche die vorliegende Nummer

mit Nr. 3o3 (Umstellung 299), sowie mit den Nummern 53 (56),
55 (55), 56 (57), 67 (58), 72 (59) und anderen des zweiten Theiles,
in denen der Lehrling schon früh zur Gedächtnissübung gewöhnt
wird. Zwar findet die Maxime, dass der Maler einen Vorrath von
präcisen und natürlichen Vorstellungen im Gedächtniss mit sich zu
führen habe, ihre theilweise Erklärung schon darin, dass die Aufgaben der Malerei vorwiegend monumentale waren, wie Fresken und
andere Wandgemälde, bei deren Ausführung das Modell aus äusseren
Gründen nicht mehr zu Rathe gezogen werden konnte. Es liegen
jedoch auch noch weit wichtigere, innere Gründe vor. Der Maler
soll beim Schaffen des Kunstwerkes im höheren Sinne geistig frei
sein, das stets gegenwärtige Modell soll seine innere Vorstellung
nicht verdunkeln und deren eigentliche Absicht auf Zufälliges ablenken. Die Naturerscheinung soll sehr gut gewusst, aber nach der
Seelenabsicht des Künstlers aufgefasst und zurechtgelegt sein, nur
so kann Harmonie zwischen ihr und dem seelischen Inhalt zu Stande
kommen. Das Comödiantenhafte der modernen Genre- und Real-
historienmalerei lässt sich zum guten Theil aus dem Mangel an
Herrschaft über die Naturerscheinung erklären. Da die Maler ihre
Unwissenheit durch die Gegenwart des Modellstehers beim Bildmalen
gut zu machen suchen müssen, so schaut dieser mit seiner arm-
seligen Person dann überall aus der ihm angelegten Maske hervor,
das Realistische des zufälligen Beiwerks und der Oberfläche belebt
den Ausdruck des Seelischen nicht, sondern verdrängt denselben,
und das Formale bleibt nun ohne die rechte Seele allein übrig.
Aber auch das Formale selbst muss durch die zu spät angestellte
und übersichtslose Nothbeobachtung und die zerstückte Mechanik
der Arbeitsführung in sich zusammenhanglos und unharmonisch ausfallen; es trägt die Signatur maschinenmässigen Copistenthums. —
Man bedenke doch, dass selbst die besten Portraits Holbein's,
Rafaël's und Anderer ohne die Gegenwart der dargestellten Person ausgeführt sind. Und es wirkt schliesslich der Manierismus
der Barockzeit noch innerlich natürlicher und überzeugender, als
der zusammengebröckelte, mühselige Naturalismus der modernen
Schule.

315 (Umstellung 320) [1]) „essa parte de piedi posata", und
gleich vorher: „la linea centrale, che si parte dal centro del pie,
che si posa"; höchst genaue Bezeichnung „der Mitte des Stückes

vom Standfuss, das auf der Erde aufsteht", denn ein Theil der Fusssohlenfläche kann, z. B. beim Gehen, ja von der Erde erhoben sein.

316 (Umstellung 342). [1]) Das letzte Sätzchen gehört wohl nicht eigentlich zu dieser Nummer.

319 (Umstellung 362). [1]) Oder auch: „Sie sollen mit Anmuth der Wirkung entsprechen, die du mit der Figur erzielen willst"; oder drittens: „Die Glieder sollen dem Körper mit Anmuth angefügt und anbequemt, sowie sammt ihm anmuthig gestellt sein, der Wirkung, dem Zweck oder der Action entsprechend."

320 (Umstellung 363). [1]) poserà; Dufrèsne und Manzi: „proseguirà, wenn er auf dem rechten Fuss weiterschreitet", was vielleicht besser. Die Figur, von der linken Seite her gesehen, ist in langsamem Schreiten gedacht, die Beine dem Beschauer im Profil zugekehrt, das Gesicht, vom Beschauer weg, nach der rechten Schulter umgewendet. — Ob übrigens beim Umwenden des Kopfes die Schulter, nach welcher hin das Gesicht sich umdreht, höher oder niedriger wird, hängt erstens davon ab, ob das Gesicht beim Umdrehen zugleich nach oben, oder nach abwärts, oder geradaus über die Schulter hinsieht; zweitens ist es auch vom Erhoben- oder Gesenktsein des einen oder anderen Armes abhängig.   .

333 (Umstellung 307). [1]) Das Capitel stellt eine Zusammenfassung des im Abschnitt „von den Muskeln" Gesagten dar. — Wie intensiv die anatomischen Studien Lionardo's waren, beweisen die anatomischen Tafeln, die sich in der Sammlung von Windsor befinden und zum Theil im Verein mit Marcantonio della Torre angefertigt sein sollen, der in Pavia Anatomie lehrte. Lionardo betrieb nicht nur descriptive, sondern auch messende und vergleichende Anatomie und wandte die messende auf die Hebelkraft der Gliedmassen an. — Zugleich geht aus dem Abschnitt „von den Muskeln" hervor, dass dies Wissen dennoch nur auf die mannigfaltige, charakteristische und künstlerisch gemässigte und aufgefasste Darstellung des Naturorganismus ausging, und somit hier eine neue Art der Beobachtung begann, auf die sich die gelehrte Wissenschaft nicht erstreckt. — Das Polemische im Inhalt dieses Abschnitts ist wohl nicht gegen Michel Angelo gerichtet, denn dieser zeigt seine ausserordentlichen anatomischen Kenntnisse stets nur mit grösster künstlerischer Mässigung.

338 (Umstellung 347). [1]) Das Einschnüren des Körpers, und zwar mit Riemen, war bekanntlich schon bei den Fechtern in antiken Kampfspielen gebräuchlich.

345 (Umstellung 353). [1]) Thatsächlich ist die äusserste Verdrehung des Körpers nicht in dieser Weise zu bewerkstelligen, es muss sich vielmehr die andere Schulter herabbiegen, d. h. die, über welche das Gesicht hinsieht. Poussin hat in der Dufrèsne'schen Ausgabe die Figur in diesem Sinne berichtigt. Noch besser aber als die Poussin'sche Figur zeigt, bewerkstelligt man die Umdrehung, wenn man den Arm, über dessen Schulter man hinsieht, nach abwärts und hinten biegt, den andern nach vorn ausstreckt.

346 (Umstellung 354). [1]) Verhält sich nur bei breitschultrigen und musculös gebauten Menschen so; schmächtige, sonderlich Frauen, können den Ellbogen des einen Armes mitten in die Biegung der anderen Hand legen, so dass dieser letzteren ganze Fingerlänge an den eingelegten Oberarm emporgeklappt werden kann.

Die in diesen und noch mehreren anderen Capiteln enthaltenen Bestimmungen gehören vielleicht zu dem Tractat von der geometrischen Ausmessung der Körperbewegungen, dessen in der Fontanischen Ausgabe des Codex Della Bella, S. XVI, Erwähnung gethan wird. Im vorigen Jahrhundert soll in England ein Herr Cooper neun solcher Tafeln veröffentlicht haben. Fontani nennt das Heft: „Von der Mechanik des menschlichen Körpers", „es enthalte Anweisungen, Bewegungen und Figuren nach den Regeln der Geometrie zu zeichnen." Trotz eifriger Nachforschungen gelang es uns nicht, eines Exemplars davon ansichtig zu werden.

Vielleicht ist in den Dürer'schen Figuren, die in geometrische Flächen eingezeichnet sind, etwas Aehnliches zu erblicken, und möglicherweise ist die erste Idee dazu aus dem Satze Vitruv's entsprungen, dass der Körper mit ausgespreizten Armen und Beinen mit einem Kreis umschliessbar sei, dessen Centrum im Nabel der Figur angenommen werde. Bei einer Proportionalfigur aus Lionardo's Schule sind am Rand an einem Skelett ähnliche Versuche mit Zirkelschlägen angestellt. Wahrscheinlich haben die diesbezüglichen Messungen Lionardo's den Zweck, zum Behuf der perspectivischen Anordnung und zur Vereinfachung der Construction genaue Vorstellungen von dem cubischen Raum zu gewinnen, den der Körper für seine verschiedenen Bewegungsausladungen beansprucht. Mit

Hilfe dieser Regeln konnte man dann ohne viele Mühe sich einer Eintheilung der Bildtafel in ein System von perspectivischen Würfeln

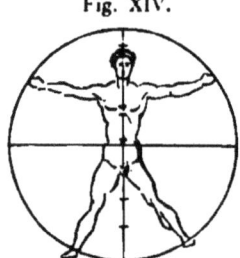

Fig. XIV.

zur Maassbestimmung des von jeder bewegten Figur beanspruchten Raumes und zur Einzeichnung der Gliedmassen bedienen. (S. Alberti's Eintheilung des Bildraumes in ein solches System von Würfeln zum Behuf der Composition.) Vergl. hiezu: Pacioli, De Architectura, C. 1, 2, 3. Die Einzeichnung des ausgespreizten Körpers in Kreis und Quadrat ist jedoch dort offenbar fehlerhaft angegeben.

362 (Umstellung 361). Da der im Text genannten Bewegungsleistungen in der That 18 sind, so ist der Schreibfehler 8 statt 18 in der Ueberschrift, der keinen Sinn ergibt, wahrscheinlich. Die Zahl war wohl auch hier wieder von Lionardo besonders undeutlich geschrieben, auch ist es möglich, dass die Nummer, die jedenfalls ein vorläufig noch sehr sonderbar erscheinender erster Einfall ist, bloss mit Röthel notirt und halb verwischt war. Wäre die Zahl 8 dennoch die richtige, so wüsste sich die Uebersetzung nicht anders zu helfen, als durch die eingeführte Interpunktion, wobei etwa die ersten drei Worte „Beharren, Bewegung, Lauf (oder Eile)", die Zustände bedeuteten, auf die sich die nachfolgenden Actionen vertheilen liessen. Doch ist dies, wie man sieht, eine gezwungene Annahme.

373 (Umstellung 386). [1] De' moti comuni. Die Uebersetzung interpretirt diesen etwas sonderbaren Ausdruck dahin, dass die Allen gemeinsamen Bewegungen gemeint sind, und gesagt werden soll, wie dieselben bei den verschiedenen Individuen, oder nach den Graden ihrer Heftigkeit unterschieden werden müssen. — Vielleicht könnte die Ueberschrift im Original auch heissen: De' moti in commune, „Von allen Bewegungen insgemein", d. h.: was insgemein bei allen Bewegungen zu beobachten ist.

375 (Umstellung 371). [1] Aus allen Capiteln des Abschnitts über Proportionalität geht Lionardo's vernünftige Mittelstellung zwischen der von Donatello eingeleiteten Richtung auf naturalistische Maasse und dem Schönheitsschematismus der Manieristen (hauptsächlich Nachfolge Michel Angelo's) hervor.

377 (371). [1] Man kann die Stelle auch milder auffassen als in diesem Sinne des äussersten Gegensatzes zum Vorhergehenden.

„Vili" kann bedeuten: niederes Volk; — „infinti" könnte als Ver-
neinung von „finti" heissen: unverstellt, d. h. unhöflich, ohne feine
Manieren; „abietti": verwahrlost; „tale componimento" kann sich
fernerhin, statt auf die Composition, auf das Ansehen der geringen
Leute beziehen, das sich aus allen den genannten Elementen zu-
sammensetzt, oder aber könnte in ironischem Sinn so viel heissen,
wie: solches anständige, gemessene Benehmen. Alsdann hiesse die
ganze Stelle, wie folgt: Geringe Leute aber seien ohne Schmuck,
derb und verwahrlost. Die Geberden der Umstehenden seien bäueri-
schen und anmaassenden Geberden gleich, und alle Gliedmaassen
mit einem solchen Anstand im Einklang.

378 (372). [1] Infanti, heute in der gewöhnlichen Sprechweise
fast ausser Gebrauch. Infanzia bezeichnet aber heute noch das
früheste Kindesalter, fanciulezza, fanciullo, Kindheit, Kind in weniger
eingeschränktem Sinn.

384 (397). [1] Im Codex verschiedene Schreibfehler, die aber
auch ebensowohl dahin corrigirt werden könnten, dass die Stelle
hiesse: Nur die Starrheit der Augenbrauen unterscheidet sie, die
man beim Weinenden hinzufügt und beim Lachenden hinwegnimmt.
Einem, der weint, fügt man auch noch die Hände zusammen, lässt
ihn sich die Kleider zerreissen etc.

391 (343). Die „oberste Schulter" ist das Acromium, das sich
mit dem Schlüsselbein verbindet und mit der Gelenkfläche (cavitas
glenoidea) und dem Rabenschnabelfortsatz des Schulterblattes die
Gelenkhöhle, patella des Lionardo, für den Kopf des Oberarms,
huomero della spalla des Lionardo, bildet. In dieser Gegend kommen
zusammen: der Deltoïdes (quello del huomero della spalla), der
grössere Brustmuskel, der die Achselhöhle von vorn her begrenzt,
und vom Schulterblatt her, dell'opposita alla poppa, mehrere andere
Muskeln, die alle zum Vorwärts- und Rückwärtsrollen des Oberarm-
kopfes dienen, und mit den vorhergenannten vereint, den Oberarm
vorwärts und rückwärts bewegen. — Am Acromium also und am
Kopf des Humerus befindet sich die Centralstelle der Zug- und
Stosskraft des Arms. — Manzi hat diese Nummer durch Zuwei-
sung der zu Nr. 392 (349) gehörigen Figur vollkommen unverständlich gemacht.

393 (Umstellung 350). [1] calmone, calamone, das Schilfrohr
am Pfeil. — Dufrèsne und Manzi: cannone, so auch die übrigen

Ausgaben. Es bleibt dahin gestellt, ob dies die Keule (cannone?) oder „das grosse Schilfrohr" heissen soll, an Kanone wird hoffentlich nicht dabei zu denken sein. Das Figürchen, das im Codex neben dem zu Nr. 392 (349) gehörigen steht, wohin es aber offenbar nicht passt, hat keinen Pfeil, sondern eine Keule in der Hand. Trarre heisst jedoch nicht nur „schleudern, schiessen", sondern auch „zum Schlag ausholen" und wird in diesem Sinne auch gebraucht, wie unser „einziehen", d. h. durch Stoss oder Schlag einen spitzen Gegenstand irgendwo einkeilen, eintreiben. Dann würde also das Eisen, von dem die Ueberschrift sagt, in der Erde stecken, und mit der Keule ausgeholt werden, um es festzukeilen. Die Bewegung von oben nach unten, die hiebei ausgeführt werden muss, bleibt natürlich dieselbe, als wenn ein Pfeil von der Hand in die Erde zu Füssen der Figur geschleudert werden sollte. [2]) quella; kann auch heissen: jenes oder das andere Bein, d. i. das Standbein; denn da [3]) bilicarsi ausser „sich abwägen, oder zu Gleichgewicht stellen" auch sehr gut heissen kann „sich auf- und abwiegen", was gleichfalls zu der hier in Betracht kommenden Bewegung passt, so muss für diesen Fall auch das Standbein zuerst in's Knie geknickt, dann gestreckt und endlich bei Ausführung des Schlags wieder geknickt werden. — Die Nummer ist von Lionardo wohl nur beiläufig zur vorigen hingeschrieben, daher auch beide Figürchen zusammenstanden.

394 (Umstellung 313). [1]) per diuersi moti. Herkules bewegt sich, hebend, einmal von unten nach oben; dann, indem er sich mit seiner Last zu Gleichgewicht stellt, nach rückwärts; und drittens gravitirt und strebt die Last, Antäus, in der Bewegung des Herkules entgegengesetzter Richtung.

405 (Umstellung 417). [1]) Codex: molte et bone; wahrscheinlich Schreibfehler für: „poche et bone, wenige und gute". Vergl. Ende von Nr. 406 (419).

408 (Umstellung 406). [1]) Dies gilt natürlich für unsere Spiegel von Krystallglas nicht mehr.

410 (Umstellung 407). [1]) Codex: nō fai: „dass du deine Malerei nicht ebenso machst, wie die im Spiegel"; hiezu müsste man alsdann ergänzen: „sondern eben in Folge des ausgedehnteren Umfangs deiner Farben von Helligkeit zu Dunkelheit wirkungsvoller in Licht- und Schattenmodellirung". Allein dies hätte doch wohl etwas Gezwungenes, und ist die Annahme des Schreibfehlers „no" für „ne" vorzuziehen. Rückgedanken, als hätte Lionardo hier einmal möglicherweise andeuten wollen, dass man das Sehen mit beiden Augen im Bild nachahmen könne, sind der Sache selbst zufolge und bei des Autors klarem Verstand vollkommen ausgeschlossen. Vergl. Nr. 118 (197), 496 (460) und 494 (462).

417 (Umstellung 485). [1] Hier ein Beispiel vom Zusammenwirken der Verkleinerungs- und Medienperspective zur Formendeutlichkeit, wobei die Vorstellung mitspricht, dass die Scheinbilder durch das verdickte Medium nicht hindurchdringen können.

426 (Umstellung 475). [1] „effigie, Antlitz", oder auch das durch den Contur bezeichnete Formenbild der ganzen Figur.

427 (Umstellung 476). Diese Nummer ist defect, und gleich die Ueberschrift nicht recht passend, da von den hier genannten Eigenschaften nur das „Schattige" der Zwischenräume zufällig genannt werden könnte. [1] Hinter „ombrosi, dunkeln" im Codex eine Lücke; so auch im Codex Barberini; Dufrèsne: „ombre, Schatten". [2] Es können auch die Zwischenräume gemeint sein, die dicht bei einanderstehende Körperganze trennen.

428 (Umstellung 491). [1] Beispiel von Farbenabnahme durch Verkleinerungsperspective.

432 (Umstellung 468). Die Figur veranschaulicht die Aufsuchung der perspectivischen Bilder der Breiten auf der linea del taglio, die also hier den Grundriss der Bildfläche darstellt. (S. Note zu Nr. 6 [5]). Man bemerke, wie Lionardo, um das Fehlerhafte der Uebertragung der realen Maasse auf die Bildfläche noch drastischer hervorzuheben, die Nasenspitze sogar noch diesseits der linea del taglio hat hervorragen lassen. [1] Nella distantia o r. Der Ausdruck „distantia" kommt im Tractat des Oefteren in der Bedeutung vor: das verkleinerte Bild des entfernten Gegenstandes, wie es auf der im gewählten Abstand vom Auge feststehenden Durchschnittsfläche der Sehstrahlenpyramide, oder der Bildfläche, erscheint.

433 (Umstellung 448). In der Figur ward der Buchstabe *m* hinzugefügt. — [1] *a—b* ist die dunkle Wand. Nur bis zum Punkt *m* und dem entsprechenden links von *n* können von dieser Wand Reflexstrahlen zwischen zwei gleiche Winkel hineinfallen. *n* bekommt den stärkst wirkenden, weil kürzesten unter allen diesen Strahlen und sieht am besten alle Punkte von *a—b*. Ueber *m* hinaus können

nur noch zwischen zwei ungleiche Winkel hineinfallende Schattenreflexstrahlen gelangen, und bald wird überhaupt nicht mehr die
ganze Strecke *a—b* gesehen, sondern nur noch ein immer kleiner
werdendes Stück davon. Von der lichten Wand *a—d* her beginnt
dagegen die Wirkung des Reflexes immer stärker zu werden, bis
sie in der Mitte, der Wand rechtwinkelig gegenüber, ihren Cul-
minationspunkt ebenso erreicht, wie die Schattenreflexion bei *n*. —
[2]) Codex: *n o*, was die Sache etwas verundeutlicht, daher hier *m o*
gesetzt ward. Die Mischungsproportionen werden also folgende sein:
n bis *m*: Schwarz, 3 Löffelchen voll + Blau, 1 Löffelchen. Von *m*
bis zum nächsten Radius der Lichtseite: Schwarz 2 + Blau 2. Von
diesem Radius bis *o*: Schwarz 1 + Blau 3; und beim Radius links
von *o*: Blau allein. — Es springt auch bei dieser Nummer wieder
die Einsetzung ganz bestimmter, vom Maler selbst für sein Bild
angeordneter Verhältnisse von Ursache und Wirkung in die Augen,
die in die Manipulation mit ebensolcher Schärfe auf's einfachste
übertragbar und bei derselben abmessbar sind. So möge uns denn
fürderhin die ausserordentliche innere Richtigkeit und Klarheit der
Licht- und Schattenmodellirung und Abtönung der Localfarbe in
Bildern jener Zeit nicht mehr wie ein unnachahmbares Räthsel erscheinen. Man vergleiche übrigens mit diesem Princip einfachster
Regelmässigkeit des Tönemischens die entsprechenden Angaben
Cennini's. Das Verfahren der Giottesken enthielt Lionardo's Methode
schon im Keim. Welcher Nutzen der Formgebung aus diesem regelmässigen Verfahren der Giottesken erwuchs, ward schon anderwärts
gesagt. Man glaubte, Cennini mit seinen 189 Capiteln im grossen
Vocabularium der Kunsthistorie bereits sicher und übersichtlich
unter der Rubrik „Handwerker" untergebracht zu haben. Aber es
wird fast noth thun, sich diesen Schriftsteller noch einmal etwas
genauer anzusehen.

435 (Umstellung 330). [1]) Da „obliquo" ebensowohl „schräg"
im Sinne von „wenig vertical" wie in dem von „wenig horizontal"
heissen kann, so ist die Stelle nicht ganz deutlich. Der Sachverhalt
ist wohl folgender: Legt der Vogel mitten im Flug die Flügel an
den Leib und streckt Hals und Kopf nach vorn (oder entfernt, mit
anderen Worten, das Centrum seiner Schwere von der Flügelmitte),
so sollte man denken, dass dies nach vorn hin verlegte Uebergewicht ihn rascher und in steilerem Fall zu Boden ziehen müsste,

als wenn er den Kopf zurück, mitten zwischen die Flügel legte. Nun sieht man aber die Vögel, wenn sie in horizontaler Richtung vorwärts schiessen, Kopf und Hals horizontal hervorrecken; dabei geht der Flügelschlag von vorn nach rückwärts. Und legen sie die Flügel plötzlich an, so behalten sie die Horizontalrichtung des Flugs noch eine Weile bei, bis die von den Flügeln verliehene, in solcher Richtung gehende Wurfkraft von der Körperschwere überwunden wird. Ein so disponirter Vogelkörper sinkt also nicht sehr steil zu Boden. Dies würde zum Eingang der Nummer stimmen und zu dem anderswo ausgesprochenen Gesetz: „Jeder schwere Körper gravitirt in der Richtung seiner Fortbewegung." — Wirft aber der Vogel den Vorderkörper nach unten, so dass Kopf und Hals senkrecht unter die Flügelmitte kommen, dann fällt er steil. Er kann diese Veränderung seiner Lage wohl aber nicht ohne Hilfe eines nun nicht mehr horizontal gehenden Flügelschwungs bewerkstelligen.

Von Seiten der Malerei gewinnt die Beobachtung dadurch Interesse, dass man auf vielen Bildern aus Lionardo's Zeit mit einer gewissen Vorliebe fliegende Vögel mit angelegten Flügeln dargestellt sieht, z. B. Finken, deren Flug dies Intermittiren des Flügelschwungs ein Auf- und Niederhüpfen verleiht. Auf dem überaus reizenden Jugendwerk Rafaël's, „Apoll und Marsias" ist rechts eine ganze Gruppe von Vögeln dargestellt, die sich in der von Lionardo geschilderten Weise niederlassen.

436 und **437** (Umstellungen 469 und 470). Die beiden Nummern handeln von der perspectivischen Construction solcher Gegenstände, die in der Decoration des Raums wirklich Architektonisches oder Statuarisches nachtäuschen. Dieser Kunstzweig stand, wie Lomazzo bezeugt, in Oberitalien schon sehr früh (um 1450) in Beliebtheit, wie denn daselbst überhaupt alles, was mit Perspective zusammenhängt, einer frühen und eigenthümlich realistischen Ausbildung theilhaftig ward, um auch in der Blüthezeit von grossen Meistern, wie Mantegna und den grossen Venetianern in demselben Sinne weiter gepflegt und bis in späte Zeit (Tiepolo) mit Vorliebe und Routine gehandhabt zu werden. Lomazzo nennt mehrere ältere norditalienische Künstler, die solche Dinge mit grosser Virtuosität bemeisterten, darunter an erster Stelle den vorerwähnten Foppa, dessen Name also vielleicht verdient, unter diejenigen der Begründer der malerischen Perspective, gleich denen des Paolo Uccello und

Pietro della Francesca aufgenommen zu werden. — Barbaro und
Lomazzo zählen auch verschiedene Handgriffe und Praktiken auf,
die, um die Täuschung zu einer ganz vollständigen zu machen, bei
solchen Gelegenheiten damals schon im Schwange waren, darunter
jenes Nachhelfen mittelst Auflegens von Stucco, das bei Decorationen
der Barockzeit eine so grosse Rolle spielt, und mittelst dessen es
übermüthiger Geschicklichkeit gelang, gemalte Figuren oder Theile
derselben über wirklich hervorspringende Gliederungen der Architektur anscheinend frei hervorstehen und herniederhängen zu lassen.
Auch was die Wahl der Abstände für solche Dinge betrifft, werden
bei den genannten Schriftstellern manche Feinheiten entwickelt, und
bezüglich der Composition und Anordnung davor gewarnt, mit
Gegenständen, die vertical erscheinen sollen, von den senkrechten
Wänden her allzuweit nach der Mitte des Plafonds hin vorzugehen, da
dieser Theil des Raums nach seiner Mitte zu dem Auge immer näher
zu stehen kommt, und so durch seine natürliche Perspective die con-
structive Verjüngung der gemalten Verticalgegenstände endlich stört.
    Die Figuren zu den beiden vorliegenden Nummern stellen nur
die Auffindung der perspectivischen Bilder der Höhen- und Tiefenmaasse der zu malenden Kolosse auf rechtwinkelig geknickter oder
auf gewölbter Wandfläche dar, mittelst einer, dem Profil dieser
Wandfläche nachgebildeten, linea del taglio. Wo die Verhältnisse
so sind, wie auf Figur zu 437 (470), d. h. wo ein Theil der Figur
(hier die untere Hälfte) eben so grosses Maass bedeuten soll, wie
das reale der Wandfläche selbst, auf die er gemalt wird, da kann
man, wie Lionardo sagt, die bis an diese Wandfläche heran-
tretenden Theile in ihren natürlichen Höhen- und Breitenverhält-
nissen darstellen, deren perspectivische Verjüngung derjenigen der
nach der Höhe zu sich vom Auge entfernenden Bildfläche anver-
trauend. Die Stellen der zurücktretenden Theile aber, und die
Untersichten unter die hervor- und zurücktretenden Dicken müssen
stets zuvor auf der Hilfszeichnung aus dem Profil der Figur bestimmt werden. Und wo der Koloss ein weit grösseres Maass vorstellen soll, als die Wandfläche besitzt, wie also bei Fig. 436 (469)
der Fall, da müssen auch alle vorderen Höhenpunkte so bestimmt
werden, die nicht etwa direct in der Bildfläche selbst liegen sollen.
    Was die Breitenmaasse anlangt, so werden sie für Fig. 437
(470), soweit sie in's Gewölbe fallen, und für Fig. 436 (469) sämmt-

lich auf einer planen Hilfsconstruction aus dem Grundriss der Figur
gefunden, und die perspectivischen Verticalen, zwischen denen sie
sich befinden, nach einem Punkt zusammengeführt, der gerade über
dem Kopf des Beschauers im Plafond liegt. — Ist nun die Mauer
nicht gewölbt, sondern so, dass der Plafond in unvermittelter
Knickung, oder gar rechtwinkelig mit der senkrechten Mauerfläche
zusammenkommt, so entsteht in jenen scheinbaren Verticalen
gleichfalls leicht eine für das Auge fühlbare Knickung; deshalb
sagt Lionardo 436 (469) [1] „Besser würde sich diese Figur in
dem Gewölbe *f r g* machen lassen, denn hier kommen keine
Winkel vor."

Was aber bei derartiger Bemalung von gewölbten Räumen das
Heikelste ist, berührt Lionardo gar nicht. Dies besteht nämlich in
der Uebertragung des fertig gezeichneten planen Cartons und seiner
Construction in die Wölbung. Die Uebertragung kann selbstverständlicherweise nicht mittelst Durchzeichnens geschehen, sondern
muss mit Hilfe eines Quadratnetzes bewerkstelligt werden, dessen
Linien auf dem Gewölbe ebenso gerade und rechtwinkelig auszusehen
haben, wie auf dem planen Carton.

Ein geistreiches Auskunftsmittel zu Ausführung dieser Operation hat der spätere Pozzi erdacht. Nachdem er seinen Plan-
carton mit einem regelmässigen Netz von Linien überzogen,
fertigt er ein diesem proportionales, grosses planes Netz von Fäden
oder Drähten an, das er horizontal unter dem Gewölbe anbringt.
Dann stellt er gerade dahin, wo das Auge des Beschauers des zu
malenden Bildes stehen wird, ein kleines aber scharfes Kerzenlicht,
dessen Schein nun den Schatten des Drahtnetzes exact in die
Wölbung hinein projicirt, welche Schattenlinien dann mit Kohlen-
strichen nachgefahren werden. Diese Methode ist aber nur ausführbar, wenn das Gewölbe von kleiner Dimension und nicht zu hoch
vom Boden entfernt ist. So erzählt also Pozzi weiter, er habe bei
Uebertragung des Cartons in das enorm grosse und hoch vom Fussboden entfernte Flachgewölbe der Kirche St. Ignazio zu Rom, nachdem er das flache Drahtnetz horizontal unter dem Gewölbe befestigt,
an Stelle des Lichts einen Zapfen am Fussboden angebracht, an
dem mit dem einen Ende ein Faden befestigt gewesen sei, so lang,
dass das andere Ende auch die äussersten und entferntesten Stellen
des Gewölbes erreichen konnte. Mit einer Maschinerie ward dann

ein Gehilfe unter dem Gewölbe umher dirigirt, der das Ende des
Fadens, diesen straff anziehend und damit den Netzdrähten nach-
fahrend, unter der Wölbung hinführte, und in der gleichen Hand
ein Stück Kohle haltend, zugleich seine Striche zog. — Hiebei werden
selbstverständlicherweise zuerst die Längsfäden und Drähte des Netzes
allein gespannt und in der angegebenen Weise nachgefahren, und
dann erst die Querdrähte; der Leitfaden läuft in einer verschieb-
baren Schlinge oder über eine Rolle, in der Hand des Gehilfen, und
unten steht Jemand, der durch genaues Visiren die straffe und exacte
Richtung des Fadens controlirt.

Am leichtesten wird die Construction in steilen Kuppelgewölben.
Hier sind solche Apparate kaum vonnöthen. (S. Pietro Accolti's
Perspective, Florenz 1625, wo auch genaue Anweisung zur Anfertigung der pariete da rilievo für geknickte Wandflächen nachzulesen.) Vielleicht sind manche Kuppeln der italienischen Spätrenaissance zum Theil aus Rücksicht auf die in ihnen anzubringenden
Malereien hoch und eng gewölbt.

Den Text von Nr. 437 (470) anlangend, ist der Anfang des
Satzes [1]) vom Abschreiber etwas verstümmelt, allein leicht in dem
gegebenen Sinne herstellbar. [2]) pariete, Wand, hier für die geometrische Bildfläche oder für: linea del taglio. [3]) di che grandezza
ti piace; kann auch heissen: „Du kannst die Vorbereitungscon-
struction in beliebigem Maassstab machen und sie bei der Uebertragung vergrössern." [4]) larghezze, ovvero grossezze; das Letztere
kann unmöglich bedeuten sollen: „die Dicken nach der Tiefe zu",
die vorher „sporti, Ausladungen" genannt werden. — Der Codex
leidet in der Nummer wiederholt an Ungenauigkeit der Buchstabenbezeichnung, wodurch der Sinn mehrfach undeutlich wird. So bei
[5]) wiederum $n—r$, was keinesfalls Sinn hätte. Denn die wahren
Breitenverhältnisse finden sich nur auf dem Wandstück $m—r$ vor.
[6]) levarai und [7]) „di rilievo; levare, rilevare", wörtlich: „aufheben,
aufrichten" oder auch „körperlich erhaben machen", bedeutet in
der italienischen Perspective einen Solidkörper aus dem flachen
Grundriss — der unter die Grundlinie der Bildfläche gezeichnet
ist — in's Bild hinauf perspectivisch construiren, so dass er hier
in seiner Höhen- und Relieferscheinung dasteht. — „Levare le
figure" oder „le misure delle figure" heisst also auch: die wirklichen Breitenmaasse vom Grundriss aus auf die Grundlinie hinauf-

oder abtragen. — „Ridiminuire in su una pariete di rilievo" entweder: die Maasse des flachen Grundrisses zu ihrer perspectivischen Reliefserscheinung im aufrecht erscheinenden Solidkörper des Bildes richtig verjüngen, und das zwar auf oder mittelst einer „pariete", Schnittlinie, die hier, dem Zweck gemäss, wie z. B. in Fig. 432 (468) horizontal gelegt ist; oder aber es heisst kurzweg: sie auf einer „pariete di rilievo", auf einer „Schnittlinie zum Aufrichten" verjüngen; oder endlich: sie auf einer Wand verjüngen, die perspectivisch so gezeichnet, dass sie wie senkrecht aufgerichtet aussieht, was auf das Gleiche hinausläuft, wie das Vorhergehende. — Von dieser planen Hilfsconstruction oder von dieser senkrecht und gerade aussehenden Wand derselben, werden dann die gefundenen Maasse der perspectivischen Erscheinung oder die ganze so gefundene Figur selbst in die krumme und nach vorn übergeneigte wirkliche Gewölbwand mittelst Quadratnetz übertragen. — Im Codex ist die grössere Figur zu 437 (470) flach gelegt, vielleicht um anzudeuten, dass sie auf dem Saalboden angefertigt wird. In der kleineren steht *F* fehlerhaft an der oberen Spitze der Senkrechten auf *m* und fehlt an seiner richtigen, das Auge bezeichnenden Stelle, was zu dem Missverständniss Veranlassung geben könnte, als werde der Augenpunkt oder Vereinigungspunkt der Senkrechten für die Construction der Breitenverjüngung hier oben angenommen, während daselbst doch erst der Scheitel des Kolosses steht.

446 (Umstellung 5o2). [1]) Diese Nummer ist möglicherweise aus zwei einander ähnlichen zusammengezogen, oder aber im Text lückenhaft copirt. Sie ist nämlich im Codex mit zwei Figuren versehen, von denen die erstere auf dem Thurm links die hier unnützen Buchstaben: *F, G, H, I, M* trägt, während ihr die nothwendigen Buchstaben *s, m* fehlen. Am Ende der Nummer folgt dann die zweite Figur, die der ersten fast ganz gleich ist und wiederum viele unnütze Buchstaben trägt, *s, m* aber an den richtigen Stellen. Da die Figuren in der Zeichnung ganz gleich, so gibt die Edition nur die erste Figur, dieselbe in der Buchstabenbezeichnung zweckmässig berichtigend.

448 (Umstellung 5o3). Die Ueberschrift gilt als Generalüberschrift für mehrere nachfolgende Nummern. Der erste Satz der Nummer gibt die Thesis oder die Ursache, aus der sich die in diesen späteren Nummern aufgeführten Erscheinungen erklären.

450 (Umstellung 506). [1] sc. : denn er liegt hinter der dicksten Luftschicht. [2] sc. : dem, in Nr. 448 (503) Enthaltenen zufolge.

451 (Umstellung 504). [1] la passata: die in Nr. 448 (503) bewiesene Proposition.

452 (Umstellung 508). [1] Hier kommt nämlich für das Auge der Mauerrand, der, aus der Nähe gesehen, sich auf dem Himmelblau nahe beim Zenith absetzte, auf die weisslichen Nebelpartieen des Lufthorizonts zu stehen; noch stärker wird das im Text Gesagte eintreten, wenn die Sonne mit ihrem Glanz hinter den Mauerrand zu stehen kommt, wie bei Auf- oder Untergang der Fall.

458 (Umstellung 492). [1] nervo vuoto; unser: Krystallkörper des Auges. [2] an einer andern Stelle heisst es, das Licht der Sterne werde durch das dunkle Mittel der nächtigen Luft gemässigt, durch welches hin man sie sieht. — Solche verdunkelnde Wirkung fällt also in vorliegender Nummer der Dunkelheit der Pupille zu, bei welcher die entfernten Scheinbilder ohnedies schon verdunkelt anlangen, weil das Luftblau, durch das sie herkommen, gleichfalls Dunkelheit enthält; oder Lionardo denkt vielleicht daran, dass die Farben in Dunkelheit verschwimmen, die das Auge durch eine helle Luft hin im Innern der mit dunklerer Luft erfüllten Fenster sieht. — Wenn solche Erklärungsversuche heutigen Physikern sehr kindlich vorkommen möchten, ein Maler kann sich bei ihnen getrösten, dass es bei der mit Verstandeswissenschaft geregelten Erziehung und Uebung des Auges nicht auf den Werth des wissenschaftlichen Resultats ankommt; sonst müsste gar mancher Physiker von heute schärfere Augen haben, als Lionardo besass.

461 (Umstellung 471). Die Nummer enthält das Experiment auf der linea del taglio, mittels dessen Lionardo das Eintreten der Verhältnisszahlen harmonisch klingender Saitenlängen im perspectivischen Fluchtmaassstab gleicher Abstände fand, die gleich dem Augenabstand sind. Das Capitel ist also die Ergänzung zum Eingang von Nr. 31 (34) des ersten Theils, sowie zu allen anderen Nummern, in denen die fünf gleichen Abstände vorkommen und somit eines der wichtigsten im ganzen Tractat. In Nr. 791 (761) ist eine vollkommen richtige Figur dazu gegeben, und sind auch die Zahlenverhältnisse fehlerlos ausgedrückt. In der vorliegenden Nummer fehlt die Figur, und ist der Text in den Zahlen arg verstümmelt. Wir fertigen hier eine besondere Figur an, da die Figur zu Nr. 791 (761) für den

zweiten Theil vorliegender Nummer nicht ausreicht. — Textverstüm-
melung im Codex: [1] „dass fernerhin ein dritter Gegenstand, der
ebenso gross, wie der zweite und dritte vorher, welcher wieder vom
zweiten so weit entfernt ist, wie der zweite vom dritten, von der
halben Grösse des zweiten sei. Und so werden alle weiteren Gegenstände von Grad zu Grad kleiner werden, immer der nachfolgende
(oder zweite) um die Hälfte des vorhergehenden (oder ersten)." —
Dann weiter unten bei [2]: „Und bei diesem Intervall von besagten
20 Ellen verliert eine dir gleiche Figur $^4/_2$ von ihrer Grösse; danach bei 40 Ellen, $^9/_0$ (unleserlich), und nachher bei 60 Ellen $^{19}/_{20}$."

Fig. XV.

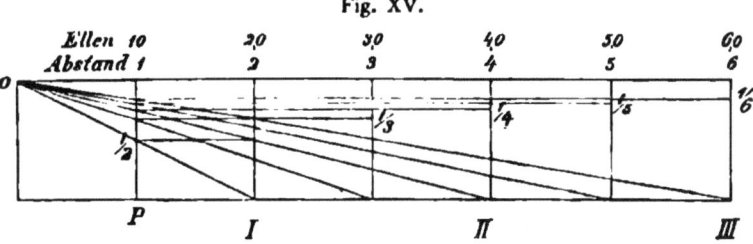

Jedermann sieht bei der Einfachheit des Experiments auf der
linea del taglio, wo man die richtigen Zahlen ablesen kann, ein,
dass diese complete Entstellung nicht von Lionardo herrühren kann.

Auch Cod. Barb. hat die Ziffern verstümmelt, und zwar genau
wie der Cod. Vat.; Dufrèsne gibt die Sache correct, wozu ihm
möglicherweise Poussin und Gil Alberti verholfen haben. Die Edition
Fontani des Codex della Bella gibt die Stelle gleichfalls correct, es
wäre aber nachzuprüfen, ob sie deshalb auch der Cod. Pinellianus
richtig hat; Fontani hat nämlich, so gut wie später Manzi, vielfach
die Dufrèsne'sche Ausgabe nachgedruckt.

In der Uebersetzung ward schärfer hervorgehoben, inwiefern die
Grössenabnahme eine proportionirte ist, und mit was proportional
sie vorschreitet.

Bei Absatz drei springt Lionardo plötzlich vom Allgemeinen
zum Besondern über und spricht von seinem Intervall von 20 Ellen.
Im Nachfolgenden gibt er jedoch von [2] an den Schülern ein kleines
Räthsel zur Lösung. Um diese Lösung zu finden, braucht man nur
zu wissen, dass er hier unter braccio das Maass von Ellbogen zu
Handgelenk versteht, das in der Divina Proportione zu zwei Ge-
sichtslängen angenommen wird, von welchen letztern 10, also fünf

Braccien oder Ellen in die ganze Manneslänge aufgehen. So ist
also im vorliegenden Falle der Abstand des Auges von der Bildfläche, (in deren Vordergrund auf der Grundebene stehend eine
Figur ihr reales Maass zeigen würde), gleich 10 Ellen, oder zwei
Menschenlängen angenommen. Die erste Figur aber, welche wirklich
im Bild dargestellt wird, bleibt 20 Ellen vom Auge entfernt, oder
10 Ellen hinter der Bildfläche. Sie erscheint demnach um die Hälfte
kleiner, als wenn sie in der vordersten Bildfläche selbst gedacht
wäre. — Die zweite dargestellte Figur ist bereits 40 Ellen vom
Auge entfernt, wird also nur noch ein Viertel ihrer Grösse behalten, wie die dritte bei 60 Ellen ein Sechstel. Zwischen Figur I
und Auge, II und I, III und II, ist jedesmal ein Augenabstand vom
Bild = 10 Ellen übersprungen. — Man vervollständige hienach
Janitschek's Citat der Stelle, Quellenschriften, Alberti de Pittura,
Interpretation S. XII und XIII, wo durch Versäumniss der Aufklärung,
dass Lionardo unter braccio etwas ganz Anderes versteht als Alberti,
die Stelle von Grund aus unverständlich und falsch erscheint.

466 (Umstellung 493). [1] macchie de l' ombre. In der italienischen Malersprache bedeutet das Wort „macchia, Fleck", jede allgemeine, nicht durch genauen Umriss oder Formendetail präcisirte
Erscheinung der Sache; ebenso: allgemeinen Mittelton der Farbe
und der Lichtmodellirung; ferner: eine ungefähre Effect- oder Farben-
skizze. „Macchiare una tela" heisst z. B. nicht etwa: „eine Leinwand beschmutzen", sondern auf ihr eine allgemeine Anlage der
Formenmassen und des Generaleffects anfertigen. [2] Dieser Satz
zeigt im italienischen Text eine gewisse Ungeduld des Denkens, in
Folge deren Lionardo's Diction sich öfters im Satzbau verwickelt.
Dufrèsne (und nach ihm Manzi), der grammatikalisch nachhelfen
wollte, hat hiebei den Sinn halb ausgemerzt.

477 (Umstellung 518). [1] Dies Stück der Nummer ward in der
Umstellung vom Rest abgetrennt, da es dessen gemischtem Inhalt
offenbar fremd, man müsste denn annehmen wollen, Lionardo hätte
daran gedacht, dass sich die Pupille auch bei düsterm Nebelwetter
erweitere, und dies zum Grössersehen beitrage.

477 b (Umstellung 452 a). [2] Diese Nummer, so wie noch
mehrere andere der in der Umstellung unter dem gleichen Fascikel
vereinigten, könnten ebensowohl bei der Farbenperspective im Sinne
von Abnahme der Farbe durch Ferne und zwischenlagernde Dunst-

schicht der Luft Platz finden, wurden aber hier zusammengestellt, weil sie auch den Charakter von Beschreibungen farbiger Lichteffecte tragen. — Nimmt man die vorliegende Nummer von *) an in der allenfalls denkbaren zweiten Version der Uebersetzung, so hätte sich Lionardo hier nicht zu erklären gewusst, was er an anderen Stellen als die Folge heftiger Gegensatzwirkung aufführt. Licht- und Schattengegensatz sind an den grossen — vielleicht hellfarbig gedachten — Gebäudemassen stärker als an kleineren dunkelfarbigen Bauernhäusern, Felsen und Bäumen, die grelle Farbe der sonnenbeschienenen Seiten hält sich auch durch den Nebel hin noch lebhaft, und so erscheinen die Schattenseiten daneben dunkler, als sie sind. Vergl. 260 *a* (Nr. 226 *a*), 475 *a* (Nr. 496 *a*) und anderwärts, wo gleichfalls starker Gegensatz von Hell und Dunkel als Grund angeführt wird, aus dem farbige Scheinbilder die abschwächende Kraft der Luftperspective überwinden. Man erkennt wieder, wie viel aufmerksamer, genauer und vielseitiger Lionardo die Erscheinungen der Luftperspective beobachtete, als Moderne dies zu thun pflegen.

488 (Umstellung 424). ¹) Dies heisst also: Die ganz in vollem Licht oder Schatten befindlichen Figuren zeigen die Umrisse des innern Details nur schlecht, wirken silhouettenhaft und eignen sich nicht gut zur malerischen Darstellung. Der Rath, die Gegenstände so zu beleuchten, dass sie der malerischen Darstellung Gelegenheit zur Vortäuschung möglichst drastischen und vollendeten Reliefs bieten, kommt zu wiederholten Malen im Tractat vor. Möge das Studium der diesbezüglichen Leistungen Lionardo's und seiner Nachfolge ein Heilmittel gegen die holzhackermässige und alle Formfeinheit gröblich ignorirende Modellirungsweise werden, die bei uns aus Frankreich importirt ward.

489 (Umstellung 460). ¹) In der Umstellung des Abschnitts von Perspective ward diese Reihenfolge nicht eingehalten, und was hier den dritten Theil ausmacht, vor die Farbenabnahme gestellt, weil es noch zum Theil zur linearperspectivischen Verkleinerung gehört, überhaupt von Verwirrung der kleinen Formen-Scheinbilder durch das behindernde Medium die Rede ist.

492 (Umstellung 445). ¹) Diese Stelle erklärt wohl die Vorliebe der besten italienischen Meister des dunklen Clairobscur für kühle Localfarbenprobleme. Siehe Bilder des Luini etc., auch des Coreggio.

495 (Umstellung 464). [1] Die Figur des Codex etwas unklar, es fehlen dort Auge und Sehstrahlen. Um den Ausdruck „Frontseite" zu bestätigen, hat man sich die Figur als Grundriss dreier senkrechter Gegenstände zu denken.

496 (Umstellung 461). Im Codex wird der zweite Theil der Auseinandersetzung im Drastischen seiner Wirkung geschmälert, weil, sei es in Text oder Figur, [1] *m* und [2] *g* vertauscht sind. — *h*, mit einem Auge gesehen, deckt den grösseren Hintergrund *g* vollkommen, während *c*, mit zwei Augen gesehen, an zwei von einander getrennten Stellen des Grundes erscheint, was mit anderen Worten dasselbe bedeutet, als das in Nr. 494 (461) Gesagte.

504 (Umstellung 527). In diesen Schilderungen versagt es Lionardo sich nicht, in der Diction poetische Kunst zu zeigen, und beutet im Wortklang Alles aus, was seine in dieser Hinsicht so mächtige Muttersprache für den Fall darbietet. Für unser deutsches Gehör wäre es des Guten fast zuviel. So häuft er beim Anzug des Donnerwetters grollende Klänge, wie: orribile, turbolente, oscuro orizonte, gruppolenti globbosità, und beim Sausen des Sturms, solche, wie: foglie rovesciate etc. Trotzdem könnte man aber Manches in der Schilderung sehr nüchtern auffassen, so gleich in der Ueberschrift: [1] „dispositione" mit „malerischer Anordnung" übersetzen, oder [2] „apparecchio", mit: „was zum Apparat eines Donnerwetters" gehört etc. — Sonst ist noch zweideutig, infolge unregelmässiger Wortstellung, der Satz vor [3]), wo die „rauchförmigen Wolken" auch die Staubwolken sein können. Alsdann hiesse die Stelle: „Der dunkle Himmelshorizont wird zum Hintergrund für seine (d. i. des Staubes oder Meersandes) wie Rauch gestalteten Wolken, die der Sonnenstrahl trifft, der aus dem Gewölk gegenüber hervorbricht; so zur Erde niederfahrend, hellen sie auch diese auf, wo sie sie treffen. Die Winde, des Staubs Besieger etc. [4]) balzo, Sprung, der Abprall z. B. der geschleuderten Kugel. Dieser Ausdruck möchte also wohl der soeben gegebenen Interpretation von [3]) das Wort reden.

506 (Umstellung 518). [1] Lionardo bringt mehrmals im Tractat die subjective Capacität des Auges beim Beobachten und Erklären der Dinge mit in Anschlag. Erscheint dies Gelehrten für eine Zeit auffallend, in der Optik und Physiologie noch auf so niederer Entwicklungsstufe standen, so mögen sie berücksichtigen, dass Maler

bei ihrer vielfältigen und oft wiederholten Beobachtung von Licht-
erscheinungen sehr bald, ja fortwährend, einer Anzahl von Täuschungen über den objectiven Thatbestand auf die Spur kommen
müssen, denen das Auge ausgesetzt ist, und hievon auch heute
eine weit deutlichere Vorstellung und Erfahrung haben möchten, als
irgend ein Gelehrter. [2]) Die Note des Abschreibers ist in einem
Zuge dicht neben den Schlusssatz gesetzt, und besagt wohl, dass dieser
von Lionardo selbst an den Rand des Originals geschrieben war.

513 (Umstellung 520). [1]) und [2]) olio rasodato al sole. Es ist
fraglich, ob dies eigentlich: an der Sonne dick gewordenes Oel
heissen soll. Solches ist nämlich, so lange es an der Sonne steht,
wohl sehr hell von Farbe, wird aber nachher beim Trocknen um so
gelber, und trocknet, da es ranzig geworden, überhaupt nie recht fest
aus. Es kann also auch Oel gemeint sein, das in wohl verkorkter
Flasche eine Zeit lang an der Sonne gebleicht wurde, etwas Wasser-
gehalt verloren hat und so in seiner Helligkeit solider gemacht
(rassodato) ist.

514 (Umstellung 521). Es handelt sich bei dieser Anweisung
offenbar nur um eine decorative Malerei auf. Fahnen oder Stoffe,
die beweglich bleiben sollen, und die also, um das Brechen und
Abkrusten der Farbe zu verhüten, nur sehr dünn, mit möglichst
geringem Zusatz spröden Bindemittels und gänzlich ohne Gyps-
grund oder sonstige spröde Präparation angefertigt und der Raschheit halber in Wasserfarben ausgeführt werden muss. Die Nummer
hat also hauptsächlich den Zweck, auseinanderzusetzen, wie man
Pigmentmasse und sprödes Bindemittel nach Kräften sparen und
vermeiden kann. — Gleich im Anfang werden die Schattenfarben,
die kein Weiss ·enthalten, ohne Bindemittel (fresche) auf die
schwachgeleimte Leinwand aufgetragen. Der Leimgrund dieser
letzteren, d. h. der geschmeidige Leim der Temperamalerei (aus
Pergament- oder Lederschnitzeln gekocht), wird sich unter dem
nassen Auftrage der Wasserfarbe etwas auflösen und beim Trocknen
deren ganz dünne, körperlose Schicht genügend binden. Ob aber
auch Lichtfarben, die mit Weiss gemischt wären, so gebunden
würden, ist zweifelhaft. Wahrscheinlich ist von Malerei mit aus-
gesparten Lichtern die Rede, oder von sogenanntem „Suggo",
Saftfarben-Malerei. Jedenfalls werden substanziellere Farben, wie
bei [5]) der Zinnober, extra getempert. Und infolge dessen kann

dann die dünne Saftlasur von wässerigem Lack wieder ohne besonderen Temperazusatz über die Zinnoberschicht hin gegeben
werden. Soll dagegen eine Lackunterlage, die ohne besonderes
Bindemittel auf die geleimte Leinwand getragen ward, übergangen
werden, so wird die Lasurfarbe, der Befestigung halber, mit Gummi
getempert. [4]) Gummi arabicum ist gewählt wegen seiner Farb-
losigkeit. Vergleiche die alten Vorsichtsmassregeln bei Cennini bei
Wahl des Bindemittels für helle und schöne Farben, sonderlich
transparente, wie Ultramarin und Lack.

Eine weitergehende Anweisung für Methode der Unter- und
Uebermalung ist in der Nummer nicht zu suchen. „Du machst es
nach deiner Art und Weise", sagt der Autor zum Eingang. Und
der Zweck solcher Malereien ist ausserdem auch keinenfalls der
grosser Haltbarkeit. — [2]) Majolica: bei Lomazzo: terra rossa,
Neapelroth. — Majolica steht oft für Bolus, rothe (armenische),
oder auch weisse Pfeifenerde. [3]) apis duro, harter Röthel; hier wohl
die dunkle in's Violettliche spielende Art. — Die helle Nuance,
auch Bergzinnober genannt, kam, nebst der mittleren — immer
sehr hartkörnigen — sehr in Aufnahme, als der Handel mit der,
die Stelle des Lacks in der Frescomalerei vertretenden, Sinopia
aufhörte, deren noch Cennini erwähnt. Alle diese hartkörnigen
Röthelarten sind sehr schöne und dauerhafte Farben. Der heutige
Fabrikbetrieb vernachlässigt sie, weil sie schwer zu reiben sind. So
werden denn die heutigen Maler fast nur noch mit den schmutzigen,
schmierenden Röthelerden bedient, die mit Phantasienamen, wie
Indisch-roth, Spanisch-roth und dergleichen aufgestutzt werden.
Neuerdings werden diese sogar nicht selten zum Ersatz von Neapelroth gebraucht, dessen schönste bekannte Sorte, einer Mulde in
der Solfatara bei Puzzuoli entstammend, im Handel selten wurde,
da diese Fundgrube erschöpft ist.

517 (Umstellung 494). [1]) „Regel für Perspective in der Malerei"
mehrsinnig, erstens: Was bedeutet die allgemeine Lehre vom Sehen
für die Malerei? Zweitens: Wie soll man die malerische Perspective
im Bilde verwenden, um auf dessen Fläche möglichst gute Resultate
der anscheinenden Raumvertiefung zu erzielen? — [2]) Man könnte
die Stelle auch anders interpretiren: „Verstehst du dich nicht auf
die Veränderung von Hell und Dunkel durch die zwischenlagernde
Luft" — oder: „auf die unterschiedlichen Elemente von Helligkeit

und Dunkelheit innerhalb der Luft, auf welchen die Luftperspective beruht." Die Ueberschrift würde in diesem Falle noch den besonderen Sinn bekommen, man könne die malerische Perspective nicht recht betreiben, ohne Kenntniss der allgemeinen, wissenschaftlichen Lehre vom Sehen. — Da indess in der Folge nur vom Ausschluss der Licht- und Schattenperspective die Rede, so ist die einfachere Interpretation vorzuziehen, der Autor wolle sagen: In Fällen, wo man im Natur- und Darstellungsproblem an den Gegenständen keine Licht- und Schattenmodellirung gewahr wird, wie solches z. B. bei gerade von vorn gewählter, voller Beleuchtung, oder auch bei allseitigem, gedecktem Himmelslicht im Freien vorkommt, und wie die sogenannte schönfarbige Manier der Malerei es liebt, entsagt die Darstellung dem Vortheil der Hinzuziehung des Hilfsmittels der Licht- und Schattenperspective und der drastischen Bezeichnung der scheinbaren Raumvertiefung durch die allmählige Abnahme des Reliefs nach der Ferne zu, bleibt demnach umso ausdrücklicher auf alle übrigen Hilfsmittel der malerischen Perspective angewiesen. — Im Hinblick auf manche Werke der zeitgenössischen schönfarbigen Manier erscheint die Mahnung sehr gerechtfertigt. Häufig ist in diesen wohl gute Linearperspective vorhanden, wird aber nicht durch entsprechende Abnahme der Umriss- und der Farbendeutlichkeit unterstützt. [3]) Lionardo trennt hier die Lehre von der Perspective ganz nach den Fällen der malerischen Anwendung, in die sie kommt. Denn sonst würde die Farbenperspective ja mit der Schattenperspective (vergl. Nr. 484 (Umstellung 446) in die allgemeinen Gebiete der Medienperspective und der Ineinandermischung der Scheinbilder durch perspectivische Verjüngung zusammenfallen. [4]) Das Auge ohne Bewegung, d. i. das Auge vor dem gemalten Bild, allwo man die hintereinanderstehenden Dinge durch Verrückung des Augenstandes ihren Platz nicht anscheinend kann wechseln lassen, um sich, wie dies bei Freistehendem möglich, durch Anwendung dieses Auskunftsmittels in zweifelhaften Fällen Gewissheit über die wahren Raumverhältnisse zu verschaffen. Die blosse linearperspectivische Verjüngung löst diese Zweifel nicht immer; zum Wenigsten muss man Einsicht in die Bodenverhältnisse und in den Ort der Fusspunkte der Objecte haben, und auch dies wird unzulänglich ohne die gehörige Unterstützung durch Luft- und Farbenperspective. — Im Bilde ist es also doppelt nothwendig, die höchste Klarheit der

perspectivischen Verhältnisse einzuführen, und womöglich von allen
gebotenen Hilfen energischen Gebrauch zu machen, am besten, in
sich harmonischen Verlauf von Grössen-, Farben- und Verundeut-
lichungsperspective unter, vom Maler eingesetzten, bestimmten und
bekannten Verhältnissen einzuhalten. — ⁵) Die Entfernung, über die
das Auge hauptsächlich in Zweifel kommt, ist nicht sowohl die zwischen
ihm selbst und dem ersten, ganz gesehenen Gegenstand obwaltende,
als die Entfernung weiterhin folgender Objecte von diesen etc.

.   **518** (Umstellung 500). ¹) Im Codex „Berggipfel" und „Berg-
basis" möglicherweise vertauscht. Allein auch so passt die ²) citirte
Thesis nur dann, wenn man in Gedanken einschiebt, dass die
dichtere Substanz einer mässigen Luftschicht gleichbedeutend ist
mit der grösseren räumlichen Dicke einer stärkeren. — Die Nummer
ist vielleicht fehlerhaft aus zwei verschiedenen des Originals zu-
sammengeschrieben, oder auch dort nur nachlässiger Entwurf.

520 (Umstellung 466). ¹) Die Nummer bezieht sich nur im Allgemeinen auf das Gesetz der perspectivischen Verkleinerung.

525 (Umstellung 487). ¹) Wir geben die Figur des Codex, wie
sie ist, es scheint aus ihr hervorzugehen, dass Lionardo von der
zweiten Refraction des Lichtstrahls, die dieser bei seinem Austritt
aus dem Krystall in die Luft in paralleler Richtung zu $a\,b$ erleiden würde, keine Kenntniss hatte. Hievon abgesehen, wäre für
sehr starke, einmalige Refraction die Sache durch die anfänglich
befremdlich erscheinende Richtung des Strahles $n—b$ richtig ausgedrückt. Lionardo nimmt eine Refractionskraft des Krystalls an,
die gleich dem Winkel $n\,b\,a$ ist, und es kann daher von den
Strahlenbüscheln, die der Punkt n aussendet, nur der bei b den
Krystall erreichende in's Auge a abgelenkt werden, die andern,
directer nach dem Auge gerichteten, werden vom Krystall abwärts
unter das Auge hin gebrochen. — Eine Kleinigkeit möchte an der
Figur corrigirt werden müssen. Die Figur müsste so gezeichnet
sein, dass die Linie $b'\,o\,p$ senkrecht zu stehen käme, da sie als
Schnittlinie der Sehpyramide fungirt, auf der die Grössen der Er-
scheinungsbilder beider Körperhälften sich abtragen.

526 a (Umstellung 488 a). Bestätigung, dass das Scheinbild
wie die Substanz, vom Körper entfernt, Wirkungskraft und Lebendigkeit verliert.

Vierter Theil.

Dieser Theil des Tractats kann als ein Anhang zum vorigen angesehen werden, denn das in ihm Enthaltene gehört mit zur Figurenmalerei. Im Register ist er mit der einfacheren Ueberschrift: „De' Panni" eingetragen. Im Text scheint die Beifügung der Worte „erstes Buch" darauf hinzudeuten, dass in den Originalmanuscripten noch eine Anzahl weiterer Capitel über den Gegenstand vorhanden war. Auch am Schlusse dieses Theils sind drei Blätter leer gelassen, Fol. 171,2 bis 174,2.

Der Stoff ist wiederum von den in Nr. 511 (409) aufgestellten Gesichtspunkten, d. h. soweit thunlich, von einem Theil derselben aus, betrachtet. In der klaren und gründlichen Weise des Meisters wird der Schüler dazu angehalten, sich das Wesen des Faltenwurfs aus der Natur der Zeugstoffe an und für sich, aus der Form der bekleideten Körper, aus den Ursachen und Bedingungen des Bruchs, der Bewegung, Undulation und deren Reflexion, etc. zu erklären, es wird die perspectivische Zeichnung erwähnt, Charakteristik und Wohlanständigkeit, wie sie den Compositionsbedingungen zu folgen haben, zur Sprache gebracht, die der Formmodellirung günstige Beleuchtung betont u. s. w. — Vor dem Missbrauch vieler Renaissancemaler, in historischen Compositionen zeitgenössische Costüme anzubringen, wird energisch gewarnt, wobei Lionardo nicht versäumt die Geissel des Spotts über die Costümemalerei überhaupt zu schwingen. Als Muster für freie Gewandung führt er die Antike auf, da hier die zeitgenössische Umgebung kaum Gelegenheit des Naturstudiums bot.

Umstellungstabelle des vierten Theils.

Nr. der Um-stellung	Von den Draperien und der Art die Figuren mit Zier-lichkeit zu bekleiden, von den Kleidertrachten und den (verschiedenen) Arten und Eigenschaften der Ge-wänder und Zeugstoffe.	Nr. des Co-dex
529	Von der Gewandumhüllung der Figuren.	529
530	Von den Falten der Gewänder in Verkürzung.	540
531	Vom Auge, das Falten der Gewänder sieht, die den Menschen einhüllen.	542
532	Von den Gewändern der Figuren und ihren Falten.	532
533	Von der brüchigen und von der grossen Manier von Gewän-dern der Figuren.	530
534	Von den Kleidungsstücken.	534
535	Von der Natur der Zeugfalten.	537
536	Wie man den Gewändern die Falten geben soll.	538
537	Von der geringen Anzahl der Gewandfalten.	539
538	Von den Falten der Gewänder.	543
539	Von den Falten.	544
540	Von fliegenden und von festliegenden Gewändern.	535
541	Meinungsverschiedenheiten über Gewänder und deren Falten, die von dreierlei Natur sind.	536
542	Wie man die Figuren mit Zierlichkeit bekleidet.	531
543	Von der Art und Weise die Figuren zu bekleiden.	533
544	Von (guter) Art seine Figuren zu kleiden und von verschie-denen Moden.	541

Sachliche Erörterungen und Noten

des Uebersetzers

zu den einzelnen Nummern des vierten Theils.

Ueberschrift. [1] panni: Tücher, Zeugstoffe, Kleidungsstücke im Allgemeinen, sonderlich aber im Sinne von: freie Gewänder, Draperie. [2] abiti: zugeschnittene Kleider, Röcke, Kleider-Trachten und -Moden.

529 (Umstellung 529). [1] panni, che uestono le figure: freie Gewandung der Figuren, zum Unterschied von sonstiger Draperie, als Vorhängen und dergleichen.

530 (Umstellung 533). [1] rotte: brüchig, knitterig von Falten. [2] salde; hierunter können ebensowohl die vollen, durch's ganze

Gewand hingehenden Hauptfaltenzüge des grossen Gewandstils verstanden sein, als auch Falten starrer oder gesteifter Stoffe. — Man hat sich selbstverständlicher Weise bei allen diesen Rathschlägen und Warnungen die verschiedenartigen Liebhabereien der einzelnen Schulen und Ateliers zu vergegenwärtigen.

532 (Umstellung 532). [1]) Falda: Saum, Umkrempung, aber auch: ganzer Rockschoss, eine ganze, zusammengehörige, grössere Faltenpartie. [2]) Coperture da letto: Bettdecken, Bettvorhänge, auch Schlafteppiche.

533 (Umstellung 543). [1]) Aus diesem Capitel wurde die Hypothese geschöpft, Lionardo habe im Uebrigen das Studium der Antike nicht anempfohlen, da er die Griechen und Römer an keiner andern Stelle des Tractats nenne.

Allein es bedarf kaum der Erwähnung, dass aus der ganzen Theorie Lionardo's, ebenso wie aus seinen Werken, das Studium der Antike überall hervorleuchtet, nur dass es ein Studium im Geist war, und Lionardo in der Antike das feinstentwickelte künstlerische Studium der Natur, wie billig, erkannte. Da nun zu Lionardo's Zeit, so gut wie heute, der Modeschnitt steifer Kleidertrachten dem Maler wenig Gelegenheit zum Studium freier Gewandung nach dem Leben bot, so musste Lionardo wohl hier ausdrücklicher als sonst die antiken Muster empfehlen, deren mannigfaltige Schönheit doch wohl unausgesetzter Gelegenheit des Naturstudiums verdankt war.

534 (Umstellung 534). [1]) Dies ist zum Theil wohl auch des Modellirungseffectes halber gesagt, da in der Mitte der Faltentiefe der dunkle Schatten sitzt. Wird dieser nun sehr breit, so unterbricht er die Abwandlung und malerische Ruhe der Hauptformenmodellirung.

535 (Umstellung 540). Doppelsinnig: die Falten sollen nach der Undurchsichtigkeit (Dicke und Schwere), oder Durchsichtigkeit (Leichtigkeit) des Stoffs, und zweitens, nach den durch sie herscheinenden Körpertheilen accommodirt sein.

536 (Umstellung 541). [1]) Die etwas unklare Codexfigur als nachschleppende Gewänder gedeutet.

537 (Umstellung 535). [1]) In der Figur sollte *c* etwas weiter oben stehen, wo die Falte umbricht. Im Text ausserdem noch eine Unklarheit zu Anfang der Demonstration: *a* und *b* seien die

gekniffenen Stellen — statt *a* und *c* etc. — Die Sache ist zu einfach um missverstanden zu werden. Sowohl bei *b* als am unteren
Ende des Lappens muss das Tuch sich mehr ausbreiten als an den
zusammengekniffenen Brüchen.

539 (Umstellung 537). [1] Ueberschrift nicht passend.

541 (Umstellung 544). [1] Wörtlich: ausser bei Figuren, die
denen ähnlich sein sollen, die in den Kirchen begraben liegen.

Fünfter Theil.

Dozio theilt (Seite 3o) aus dem ersten Buch des Codex Ambrosianus H. 227, welches er für eine Copie des 1603 von Mazzenta dem Cardinal Borromäo geschenkten Originals von Schatten und Licht hält, folgende Stelle mit, die man für eine Art von Inhaltsangabe oder für einen Plan dieser Schrift ansehen könnte.

„Da es scheint, dass die Schatten in der Darstellung gesehener Gegenstände (Prospectiua) sehr vonnöthen seien, weil ohne sie die undurchsichtigen und raumerfüllenden Körper auf das hin, was innerhalb der Umrisse sitzt, sehr schlecht zu verstehen sind, auch die Umrisse selbst unvollkommen deutlich werden, wenn sie nicht an einen Grund anstossen, der eine vom Körper verschiedene Farbe hat, so nehme ich mir in den ersten Propositionen von den Schatten vor (zu sagen), und sage in folgender Weise, dass:

1. ein jeder undurchsichtige Körper von Schatten umgeben und an seiner Oberfläche mit Schatten und Lichtern bekleidet sei (oder zu sein habe). Hierauf begründe ich das erste Buch.

2. Ausserdem sind selbige Schatten unter sich an Qualität der Dunkelheit verschieden, denn sie werden von verschiedenartigen Quantitäten von Lichtstrahlen verlassen. Ich nenne diese (Schatten) Originalschatten, denn sie sind die ersten Schatten, die den Körper selbst, wo sie festsitzen (oder sich anheften), bekleiden. Hierauf baue ich das zweite Buch.

3. Von diesen Originalschatten aus entstehen (oder springen heraus*) Schattenstrahlen, die, sich ausbreitend, durch die Luft hingehen und von so vielerlei Qualität sind, als die Originalschatten,

---

*) Dozio liest hier, wie weiter unten**): risultano, was bei **) jedenfalls unrichtig für risaltano.

von denen sie abstammen, Verschiedenheiten haben. Ich nenne diese Schatten Derivativschatten, weil sie von (oder bei) anderen Schatten Ursprung haben. — Und darüber mache ich das dritte Buch.

4. Ueberdem bringen diese abstammenden Schatten in ihrem Anprall so vielerlei verschiedene Effecte hervor, als der unter sich verschiedenen Stellen sind, an die sie hinfallen. — Hier ist das vierte Buch, das ich machen werde.

5. Und da der Anprall der herstammenden Schatten stets von einem Anprall von Lichtstrahlen umgeben ist, die mittelst reflectirten Zusammenlaufs gegen ihre Ursache hin zurückspringen**), (auf diesem Weg) den Originalschatten antreffen, sich mit demselben mischen und sich einigermaassen in ihn umwandeln, wobei sie auch ihn in seiner Natur verändern, so baue ich hierauf das fünfte Buch auf.

6. Ausserdem mache ich auch ein sechstes Buch, in dem wird die Rede sein von den verschiedenen und vielfachen verändernden Wirkungen dieser zurückspringenden Reflexstrahlen; sie verändern (nämlich) den Original(-schatten) so vielmal in der Farbe, als der Stellen (verschiedenfarbige) sind, von denen die reflectirten Lichtstrahlen abstammen.

7. Auch werde ich die siebente Abtheilung machen über die verschiedenerlei Entfernungen, die zwischen der Percussionsstelle des Reflexstrahls und dem Ort liegen, von dem dieser Strahl herkommt, und über das Wievielerlei der Veränderung der (mitgeführten) Farbenscheinbilder, die er dem undurchsichtigen Körper im Anprallen anheftet."

Dozio bewundert den Reichthum der Gesichtspunkte, den Lionardo seinem Thema abzugewinnen verstanden habe, und fügt beiläufig hinzu, dass der fünfte Theil des Codex Vaticanus nur einige wenige Capitel aus dem ersten Theil des Codex Ambrosianus, H. 227, enthalte. Man sieht jedoch, dass die aufgeführten sieben Punkte den Inhalt des fünften Theils des Codex Vaticanus bei weitem nicht decken würden. Es ist in ihnen weder die Rede von der Natur von Schatten und Licht, noch von Quantität und Figur der Lichter und Schatten, der Bewegung des Schattens wird keine Erwähnung

---

**) Dozio: risultano.

gethan, und es fehlt ausserdem noch das reichhaltige Thema
der Schattenperspective und manches Andere; dagegen sind auf
den 67 doppelseitigen Blättern des Codex alle in den sieben
Punkten erwähnten Dinge in reichlicher Fülle bedacht. Es wird
sich daher erst nach zuverlässiger Publication des Codex C, der
Pariser Manuscripte erkennen lassen, in wiefern dieses Heft dem
fünften Buch überlegen ist, das aus zwei Büchern von Licht und
Schatten (I.° G und L.° W) und ausserdem noch einer beträchtlichen
Anzahl von Capiteln aus den Heften L° A und I.° B zusammengestellt ward. Jedenfalls enthält unser Codex in Nr. 673 (793)
einen Dispositionsplan, der weit besser geklärt ist, als der von
Dozio aufgeführte, und überdem trotz seiner grösseren Einfachheit
den Stoff des Buchs vollständiger deckt. Bemerkenswerth ist
dass, soweit im Codex die Stoffsammlung zum gesammten Malerbuch reicht, im vorliegenden Fall zum einzigen Mal die Möglich-
lichkeit geboten ist, den Plan der Zehntheilung des Ganzen anzuwenden, d. h. wenigstens aus Zweien der dort angeführten
Themen des Auges einen geschlossenen Buchtheil herzustellen.
Für alle übrigen würde man durch Zusammenlese sämmtlicher
ihnen zugehöriger Capitel nur Reihen von einzelnen Fällen und
Beispielen gewinnen, aus denen aber keine geordneten und das
jedesmalige Thema erschöpfenden Abhandlungen herstellbar wären.
Es ist abzuwarten, ob hieran die Lesung der noch ungehobenen
Manuscriptstheile etwas Wesentliches ändern wird.

Hingegen fällt auch im fünften Theil die „Zusammen-
webung" des Gegenstandes unter den zehn Gesichtspunkten deutlich in die Augen. Und als in sich zusammengehörig sind durch
grossgeschriebene Generalüberschriften folgende Gruppen ausge-
sondert.

Carta 226,₂. Nr. 771 (748). DE LUSTRO. Eine zu dieser
kleinen Gruppe gehörige frühere Nummer, Carta 195, 664 (742):
„De alluminatione" ist in Text und Register durch den späteren
Zusatz mit anderer Tinte: „et lustro" kenntlich gemacht.

Carta 228. Nr. 780 (678). DE REFLESSI.

Carta 231. Vor Nr. 791 (761). DELLE . OMBROSITA . ET
CHIAREZZE . DE . MONTI., und da Nr. 791 (761) eigentlich nicht
stricte zu dieser Gruppe gehört, die erst mit Nr. 792 (773) anhebt, so ist auch diese letztere Nummer in der Ueberschrift äusser-

lich ausgezeichnet: DELLE . Cime etc. Am Schluss dieses kleinen
Sonderabschnittes, Carta 237, kommt zweimal „De Monti" vor und
dieser Titel wäre für den ganzen Abschnitt passender, als der auf
Carta 231 befindliche.

Vielleicht als verspätet gefundene Nummern sind durch grosse
Schrift kenntlich gemacht:

Carta 241. Nr. 820 (808). Del lume Riflesso, und Nr. 821
(757) De Prospettiua.

Was die Darstellung der malerischen Theorie und die Ueber-
führung ihrer Lehrsätze in die malerische Praxis betrifft, so ist
die Methode auch hier die höchst anschauliche, dass zuerst auf
einer Hilfsconstructionstafel Grundriss und Aufriss der Körper
und der sie umgebenden Beleuchtungsbedingungen in realer Gestalt und Stellung angefertigt, und so mit Hilfe der Strahlenlinien Dimension und Ort der Schatten, Lichter und Reflexe
geometrisch bestimmt werden; danach sind die so gefundenen
Verhältnisse, wo es noththut, mittelst Linearperspective, im Bild
vorzuzeichnen. Dies betrifft die Zeichnung der Lichter und
Schatten. Bezüglich der Mischungsverhältnisse der Farben gibt
Lionardo selbst mehrfach Methoden an, mittelst deren die Quan-
titätsverhältnisse von Licht und Dunkelheit in den einzelnen Tönen
der Körpermodellirung bestimmt, dann in ebensolchen Verhältnissen
in der Pigmentmischung nachgeahmt werden. Zu bemerken ist
noch, dass in Lionardo's clairobscurer Manier das technische Verfahren des Lichthöhens, sowie das Ueberschummern farbiger Reflexe über die von Reflex getroffene Localfarbe des Körpers, und
endlich das Ueberlasiren der primitiven Körperschatten mit der
Farbe eines noch weiter verdunkelnden Schattenreflexes genau den
Vorstellungen nachgeahmt sind, die Lionardo von den Beleuchtungs-
vorgängen in der Wirklichkeit selbst gewinnt: Die Lichtfarbe, sowie
die fremden, helleren oder dunkleren Farben-, Licht- und Schatten-
reflexe „schmiegen sich über die Oberfläche der von ihnen getroffenen Körperfarbe hin".

Als bildnerische Lehre befasst sich dies System vorwiegend
mit Allgemeinem der Methode und mit Anregungen für Intelligente; der Lernende wird angewiesen, den Sachverhalt des Naturobjects zu untersuchen, ehe er ihn in seine Nachahmung über-
trägt, die hiezu angegebenen Methoden sind überall anwendbar und

dienen hauptsächlich dazu, dem Auge den Weg zu zeigen. Es liegt
also auch hier eine Verschärfung und Führung des sinnlichen
Beobachtens durch die genaue Frage nach den Ursachen des Thatbestandes vor und zugleich die Correctur des Sehens durch mechanische Hilfen, die für das Erkennen von Licht und Schatten
ganz ähnliche Dienste thun, wie das Quadratnetz und die Linearperspective für das Contour- und Formensehen. Fernerhin wird
aber der fertige Maler durch die Lehre angeregt und in den Stand
gesetzt, auch für die Beleuchtung ganz feste, ihm bekannte Bedingungen in seine Composition einzustellen, und, diesen genau
folgend, wie mit dem Verstande der Natur selbst, dem Werke
eine beweisbare Harmonie der Richtigkeit in sich selbst zu verleihen. Die Folgen für Lionardo's Schule waren ausserordentliche. Hinsichtlich der feinen und detaillirten, zugleich aber in
der Totalwirkung so erstaunlich einfachen und verschmolzenen,
fehllosen Formen-Modellirung mittelst Schatten und Licht, an
Wahrheit und Einheit des ganzen Bildtons, und der einzelnen
Localfarben durch alle Unterschiede von Lichtstärke hin, sowie endlich an malerischem Geschmack der Beleuchtungswahl
und -Anordnung übertreffen die Zöglinge und Nachfolger Lionardo's sämmtliche anderen Gleichzeitigen. Selbst sehr vorzüg-
liche Werke der grossen Venetianer, z. B. Titian's, stehen in
diesen Beziehungen auffallend zurück. Und die Segnungen und
Anregungen der Lehre sind noch über die ganze Spätrenaissance
hin in den Werken und Nachwirkungen italienischer Schule
verfolgbar; erst den Spaniern Velasquez und Murillo, obgleich
ihnen selbst eine solide Jugenderziehung in diesen Dingen zu
Theil geworden war, blieb es vorbehalten, in der Licht- und
Schattengebung eindringender Barbarei und Süsslichkeit das Feld
zu erobern.

Umstellungstabelle des fünften Theils.

Nr. der Um- stellung		Nr. des Co- dex
780	Wie man die Gebirge im Winter nicht so blau als des Sommers machen soll.	800
781	Wie die von Wolken beschatteten Berge der blauen Farbe theilhaftig werden.	801
782	Von der Luft, die sich zwischen den Bergen zeigt.	802
783	Von Bergen und deren Trennung im Bilde.	803
784	Ueber Berge.	807
785	Ueber Berge.	808
786	Lasse du, Maler, etc.	810a
	Anhang 1 zu Fascikel 3: Zusammenwirken von Blau des Luftreflexes und der Luftperspective.	
787	Von Lichtern und Schatten, die ihre Farbe der Oberfläche der Gefilde verleihen.	661
	Anhang 2 zu Fascikel 3: Vom Wachsthum der Berge.	
788	Schilderung, die zeigt, wie die Alpen, Berge und Hügel mit Nothwendigkeit ihre Gestalt bekommen.	804
789	Schilderung, und zwar davon, wie die Berge wachsen.	805
790	Malerei beim Darstellen der Eigenschaften und der Gliederung gebirgiger Landschaften.	806
	Abschnitt V. Malerregeln zum Malen von Schatten und Lichtern.	
	a) Auszüge und Regeln.	
791	Vom Hell und Dunkel.	671
792	Vom Hell und Dunkel.	672
793	Von den vier Dingen, die man bei den Schatten und Lichtern hauptsächlich in Betrachtung zu ziehen hat.	673
794	Warum man die wahre Gestalt eines Körpers erkennt, wenn er mit Schatten und Licht bekleidet und in seinen Flächen durch selbige bestimmt und begrenzt ist.	716
795	Von dem Hauptschatten, der zwischen dem einfallenden Licht und dem (Licht-)Reflex sitzt.	739
796	Wie man mit kunstvollen Lichtern und Schatten dem schein- baren Relief der Malerei zu Hilfe kommt.	759
797	Wie man die Körper mit Schatten von verschiedenerlei Linie (Zeichnung und Richtung) umgibt.	760
798	Von Lichtern und Schatten.	667
799	Von Schatten und Lichtern.	669
800	Welche Beleuchtung die Figur der Muskeln am deutlichsten und schärfsten erkennen lässt.	784
801	Von der Breite der primitiven Schatten und Lichter.	647

Sachliche Erörterungen und Noten
des Uebersetzers
zu den einzelnen Nummern des fünften Theils.

545 (Umstellung 545). [1] Luce, das · ursächliche Leuchtlicht, die Kraft zu leuchten, zum Unterschied von lume, applicirtes Licht,

20*

das eine Wirkung des vorigen; auch Lichtöffnungen, durch welche die Beleuchtung eindringt, heissen luce, z. B. die Fensteröffnung, die Augenöffnung. Doch wird der Unterschied von luce und lume nicht immer streng durchgeführt, auch ein einzelner Repräsentant der Kraft des Selbstleuchtens, wie eine Kerze, die Sonne, wird öfters lume genannt. — Der eigentliche Schatten beginnt, „wo das Leuchtlicht aufhört"; man könnte übersetzen „wo es zu Rande geht", denn die obwaltende Vorstellung ist ganz geometrischer Natur: der Schatten des lichtspendenden Körpers beginnt genau da, wo auch der letzte Rand des lichtspendenden Körpers nicht mehr geradlinig hinsehen kann. S. z. B. Fig. 561 (664).

547 (Umstellung 549). [1] Nur mitgetheiltes, oder vom Licht-spender nach allen Seiten des Raums ausgeflossenes Licht kann zum Ort der Absperrung des Leuchtlichts oder zum Schatten re-flectirend hinsehen und bewirken, dass dieser nicht volle Finsterniss wird. — Geistig werden alle nicht palpabeln Dinge genannt, so z. B. ausser dem Licht auch Stoss- und Wurfkraft (impeto) der Körper, Zugkraft der Gewichte etc.

548 (Umstellung 552). [1] Cose uniuersali, die von einem Cen-trum oder centralen Anlass aus nach allen Seiten hin sich verbrei-tenden Dinge. Nach dem aristotelischen Satz „die Ursache ist stärker als die Wirkung" verlieren sie mit zunehmender Entfernung von ihrem Ursprung an Wirkungskraft. Vergleiche Nr. 526 a, (488 a) des dritten Theils.

549 (Umstellung 550) [1] „Der Schatten oder die Finsterniss hat grössere Macht als das Licht." Die Lichttheorie hat auch bei Lionardo eine wesentlich poetische Färbung, bei Anderen, z. B. bei Lomazzo, eine mystische. So findet sich bei diesem Schriftsteller eine Erörterung darüber, ob bei Darstellung heiliger Vorgänge die Beleuchtung (lume) der irdischen Gegenstände von den heiligen Personen oder Engeln und deren Aureolen herkommen dürfe, oder ob nicht vielmehr die Engel selbst ihre malerische Licht- und Schattenmodellirung von dem ausserhalb des Bildes gedachten Ur-licht der Welt empfangen müssten.

553 (Umstellung 555, 565 a, b, c, 661 a, 697 a). [1] Die ganze Nummer ist offenbar einer jener Entwürfe, mit denen Lionardo sich den Gedankengang klar machen und vorzeichnen wollte, den er einzuhalten hätte. Er kommt hiebei, wie öfters, so in's Verfolgen

einer Einzelheit, dass der Entwurf für den Gesammtplan der Thema-
behandlung keinen Werth mehr hat, daher wurde das Capitel in
unserer Umstellung unter den oben angegebenen Nummern in seine
einzelnen Themen zerlegt.

555 a (Umstellung 629 a). [1]) „geringere Dunkelheit"; wohl
soviel wie: geringere Verdunkelung oder Verundeutlichung der
Localfarbe, wie solche den Schatten entfernterer Gegenstände durch
das Ineinanderfliessen der verkleinerten Licht- und Schattenschein-
bilder zutheil wird. Jedenfalls können nur die farbenklaren, helleren
Schatten gemeint sein, denn die vollkommen schwarzen, die in
lichtlosen Tiefen sitzen, sind in der Nähe am dunkelsten. Lionardo
rügt an anderer Stelle selbst den Fehler mancher Zeitgenossen,
nach der Ferne zu die Sachen immer dunkler werden zu lassen,
und findet man in Bildern Späterer auch noch zuweilen die Dunkelheiten der Ferne nicht gehörig aufgehellt, so rührt das wohl mehr
vom nachträglichen Auswachsen dunkler, z. B. mit Umbra an-
gefertigter Untersuchungen durch die Schicht der zart darüber
gelegten Luftverschleierungstöne her, als von Unkenntniss der
Maler. — Das Sätzchen ward in der Umstellung nur zum Nothbehelf an seiner Stelle untergebracht, und könnte auch beim Abschnitt von der Schattenperspective stehen.

560 (Umstellung 586 a oder 688 a). [1]) sarà di minor notizia,
vielleicht in gleichem Sinne gebraucht wie in 566 (586) „è di
breue discorso", und „termine" dann in der Bedeutung von „Erstreckung, Ziel, Breite". Man nehme zur Veranschaulichung die
Figur zu 733 (598) zur Hand. Je näher das Object *r* an das Fenster
gebracht wird, desto schmächtiger muss der kleine Kernschlag-
schatten *f*, und desto breiter der seitliche Halbschatten *p m* werden.—
Doch scheint der Erklärungssatz: „dies kommt daher, dass der
Winkel des gemischten Schattens der stumpfere ist", dafür zu
sprechen, dass „è di notizia" im Sinne von „macht sich bemerklich", vermöge seiner relativen Dunkelheit und schärferen Rände-
rung nämlich, gemeint sei; alsdann ist „minor — weniger" offenbar
Schreibfehler für „maggior — mehr". Denn, wenn (siehe die gleiche
Figur) der Körper *r* dem Fenster *a b* näher rückt, müssen die
Randstrahlen *g p* und *i m* der Halbschatten-Pyramide immer undeutlicher werden, weil sie immer horizontaler der Einwirkung des
vertical eindringenden Lichts ausgesetzt wird, der Rand *i m* näm-

lich denjenigen des bei *b* eindringenden Strahls, und der Rand *g p*
dem Lichte *a*. Auch die kleine Kernschatten-Pyramide *f* wird
nun wohl gleichfalls immer stumpfwinkeliger, bleibt aber beständig
der Einwirkung jener Lichtstrahlen entzogen und erscheint daher
relativ zum Rand des progressiv blasser werdenden Halbschatten-
randes immer deutlicher und dunkler abgegrenzt. Auch wenn man
das Experiment mit einer Kugel macht, die zwischen einem grösseren
Licht und senkrechter Wand frei schwebt, ist es der äussere Halbschatten, der in dem Maasse seine Ränder undeutlicher zeigt, als
die Kugel dem Licht sich nähert, nur dass bei diesem etwas veränderten Experiment auch der Kernschatten immer undeutlicher in
den Halbschatten zerfliesst. Bedeutet daher der Ausdruck „sarà di
notizia" „macht sich durch Schärfe und Dunkelheit des Randes
bemerklich", so ist „minor — weniger" jedenfalls ein Fehler, und
es muss heissen: „Der Umriss des einfachen Schattens macht sich
in dem Maasse mehr bemerklich". Die Edition entschied sich
nicht unbedingt für diese Annahme, weil der Fehler zweimal, im
Text und in der Ueberschrift, vorkäme.

562 (Umstellung 665). [1]) Hier im Codex eine nicht fertig
gezeichnete und für den Text nicht passende Figur, siehe Manzi
Tav. IX, 3, und eine im Entwurf ähnliche bei 719 (646) unserer
Ausgabe. — Die Figur zu 561 (664) kann, von der Buchstabenbezeichnung abgesehen, als Ersatz dienen.

563 (Umstellung 666). [1])Manus 1 verweist hier ausdrücklich auf
die Figur zu 561 (664), wohl erst, nachdem der Zeichner *(m?)* die
Untauglichkeit der vorgefundenen bemerkt hatte. So stimmt im
Text die Buchstabenbezeichnung nicht, d. h. sie ward nicht der an-
gezogenen Figur angepasst; sie stimmt übrigens auch nicht zu der
irrthümlich hierhergesetzten. [2]) „Dass die Wirkung der Ursache
theilhaftig werde", d. h. der Kernschatten am Körper und der
dunkle Kern im Schlagschatten sind aus dem gleichen Grunde
dunkel, weil der Körper hier das Leuchtlicht vollkommen absperrt.
Bei [3]) wird die Ursache verändert und der ausfliessende Schatten
daher nach den Rändern hin progressiv heller. Siehe Figur 561
(664) zur Verdeutlichung. [4]) von hier oder von [an ist der
Text verstümmelt und sinnlos, es lohnt nicht ihn herzustellen,
da die ganze Nummer durch 561 (664) vollkommen ersetzt
wird.

565 (Umstellung 585). [1]) Eine von den Bemerkungen, die in der Malerei nicht zur Verwendung kommen; potenziell setzt sich der unendliche Auseinanderlauf fort, auch wenn ein breiterer Körper die Schattenpyramide quer schneidet, denn die Kraft und Ursache des Divergirens liegt in der Pyramidenspitze, gleichsam bei der Quelle des Auseinanderlaufs, und wird durch die Schneidung nicht aufgehoben.

566 (Umstellung 586). [1]) Hier liegt die Schattenquelle bei der Basis der Pyramide, von der aus zusammenlaufend der Schatten stets an Breite abnimmt, also, auch ohne dass er quer geschnitten wird, zu Ende geht. — „Die Basis wird nicht zerstört"; d. i. ihre Breite bleibt bestehen, und folglich bleiben auch die Winkel des endlichen Zusammenlaufs unverändert. — „discorso" zu Anfang, doppelsinnig, was die Uebersetzung wiederzugeben suchte.

568 (Umstellung 588). [1]) Der potentielle Winkel, d. i. der Winkel, den die zusammenlaufenden Linien nach der Kraft, die ihr Richtungsverhältniss beherrscht, bilden müssen. Weil der geometrische Zusammenstoss jenseits des dunklen, oder hier gar erst jenseits des Lichtkörpers eintritt, kommt der Winkel actuell nicht zu Stande, wird nicht sichtbar. Indess kann die Anweisung vorkommenden Falls für Maler der exacteren Schattenconstruction halber von Werth sein.

571 (Umstellung 565). „mai non si uaria"; er bleibt immer so breit wie die Körperform, an der er sitzt, nimmt nicht durch Weitergehen und Weggehen vom Körper eine unendliche Quantität verschiedener Breiten an, wie der Schlagschatten in seinen Querschnitten. — Da indess die Bezeichnungen sehr schwankend sind, und ombra primitiva auch ebenso oft den Kernschatten erster Dunkelheit bedeutet, als den Schatten am Körper, so könnte auch vielleicht der reflexlose Schatten am Object selbst sammt dem davon „ausfliessenden" Kernschatten im Schlagschatten gemeint sein, alsdann bedeutete „mai non si uaria": er ist überall einförmig dunkel. [2]) Diese näheren Bezeichnungen gewähren keinen Aufschluss und passen ebenso gut auf den Schatten am Körper als auf den Schlagschattenkern.

603 (Umstellung 671). [1]) Die auffällige Bezeichnung des Zusammenlaufs einer Geraden mit einer Krummen als „Winkel" kehrt an mehreren Stellen des Tractats wieder. „Contingenzwinkel". Die

Stelle spielt an auf: Euklid, Elemente III, XVI: „An die Berührungs-
stelle von Kreisperipherie und Tangente kann keine weitere Gerade
gelangen." [1]) secondo che la linea *f g* puo farsi bassa di trian-
golo ecc. Vergl. 635 (630), wo das Gleiche, auf Lichtreflex bezogen,
in Figur und Text deulicher ausgeführt. — In der vorliegenden
Figur bezeichnen die Tangenten *g b* und *f c* die Stellen an der
Peripherie, über die hinaus nicht mehr alle Schattenreflexstrahlen
der Basis *f g* gelangen können. — Der Punkt *d*, an den Körper
versetzt, würde sie alle sehen und auch den kürzesten von ihnen
„zwischen zwei gleichen Winkeln" empfangen.

608 (Umstellung 707). [1]) „mandano li loro razi dal medesimo
lato — die ihre Strahlen von der nämlichen Seite hersenden."
Die sonderbare Hypothese der farbig geränderten Schlagschatten
wird auch in 728 (708) dargelegt, siehe dort. — Doch könnte
dal m. lato in dem Volgare des Codex auch soviel bedeuten wie:
nach der Seite h i n senden. — Alsdann heisst die Nummer: „Stets
sind die Ränder der einfachen Schlagschatten an ihrem Anprall von
der Farbe der beleuchteten Gegenstände umgeben, die ihre Strahlen
nach der Seite des Lichtspenders (zurück-) senden, welcher den
dunklen Körper beleuchtet, der besagten Schatten erzeugt." —
Für diesen Fall also würde in der Umstellung das Capitel etwa
unter Abschnitt III, Fascikel 4, oder aber Abschnitt II, 2 *a*, unter-
zubringen sein. — Doch spricht das folgende Capitel 609 (720)
für die erstere Interpretation.

631 (Umstellung 738). [1]) Cod.: *d o r*; [2]) Cod.: *a b s*; Beides
entspricht der Bezeichnung der Figur nicht, vielleicht ist also anzunehmen, dass noch eine andere Figur vorhanden war. Das Capitel
ist übrigens flüchtig gearbeitet, der Nachweis des Vordersatzes gar
nicht geführt.

635 (Umstellung 630). [1]) Die Figur spricht sehr deutlich und
vollständig Lionardo's geometrische Vorstellung von Licht- und
Reflexstrahlung aus.

654 (Umstellung 726). [1]) Im Codex eine falsche Correctur von
man.?: wenn die Dinge k e i n e Farbe besitzen. — m. 1 ursprünglich:
ritegnalo, vielleicht für ritinganlo, ihn umfärben. — Der Text zeigt
übrigens offenbar Spuren von Zerstreutheit des Verfassers, zuerst
setzt dieser als Bedingung für das Hervorkommen der wahren Naturfarbe des Objects farbloses Licht, bei [2]) mischt er dann etwas Neues

ein, gleichfarbiges Licht von Beleuchtungsspender und Object, und
führt seine Untersuchung nicht ohne einige Confusion weiter.
[3]) mi ridico: ich nehme zurück, dass das blaue Tuch von blauem
Himmel gesehen sein darf; wörtlich: ich sage es mir noch einmal
vor, überlege es mir noch einmal.

662 (Umstellung 558). [1]) lume deriuatiuo, das sich ableitende,
abstammende, ausfliessende oder ausgeflossene Licht. Die Verwendung des Ausdrucks sehr vielfältig; bald wird das Reflexlicht so
genannt, bald das Halblicht am Körper und im Schlagschatten, das
noch Stücke des Leuchtkörpers sieht, und endlich steht lume deriuatiuo zuweilen auch für lume, mitgetheiltes Licht überhaupt, im
Gegensatz zu lume originale, das gleich luce.

Dem entsprechend gilt auch der Ausdruck lume primitiuo
nicht blos der Bezeichnung des Hauptlichts am Körper, sondern
bezeichnet zuweilen lume incidente, direct einfallendes, aus erster
Quelle empfangenes, oder originales Licht überhaupt; lume primitiuo ist gleichsam das Licht erster Geschlechtslinie, lume deriuatiuo
das Nachkömmlings- oder abstammende Licht.

666 (Umstellung 683). [1]) Die im Eingang gestellte Aufgabe
wiederum nicht ausdrücklich durchgeführt, das Fehlende lässt sich
jedoch leicht an der Figur ergänzen. Um das Gefühl aufrecht zu
halten, wie weit bis zur Lichtseite hin noch Schattenstrahlen gelangen können, und wie sich also eine äusserst verschmolzene, sanfte
Modellirung herstellen muss, fügte die Edition auch im zweiten
Figürchen die den Kreis umarmenden äussersten Schattenstrahlen
hinzu, die im Codex fehlen. Vergleiche Manzi Tav. XI, 33.

679 (Umstellung 696). [1]) Codex: scope, Besen, also der Besen-
baum, welcher in Deutschland gemeiniglich die Birke ist, auf deren
duftiges Aussehen der Text auch passt. Es ist aber wahrscheinlicher,
dass Ginster, oder aber eine dem Maïs nicht unähnliche Rohrstaude
gemeint sei, aus deren zähen dürren Blüthenbüscheln man in Italien
Besen macht.

680 (Umstellung 631). [1]) la qual sarà percossa dal razzo
luminoso infra angoli più simili, die Stelle, an die das Lichtbündel zwischen die zumeist ähnlichen Winkel hinein trifft, und
[2]) die Stelle, die sich zwischen den am meisten unähnlichen Winkeln
des Lichtstrahls befindet; die Figur illustrirt deutlichst den Unterschied zwischen der Vorstellungs- und Ausdrucksweise Lionardo's

und der heutigen physikalischen. Diese letztere würde die Gleichheit
der beiden Lichtwinkel bei *n* durch das rechtwinkelige Einfallsloth
auf die Linie *o r* ausdrücken; Lionardo lässt aber das ganze
Strahlenbüschel *a n b* zwischen zwei einander gleiche spitze Winkel
fallen. — Die kleine Horizontale von *n* nach der Sonne bedeutet
nicht unser Einfallsloth, sondern beweist, dass das Lichtdreieck
a n b auch noch ein gleichschenkeliges ist, dessen Basis, zu *o n r*
parallel, mit ihrer Mitte dem Punkt *n* gerade gegenübersteht, folglich von hier aus in ihrer ganzen Ausdehnung am wenigsten verkürzt gesehen wird, zudem zeigt die kleine Horizontale noch den
Punkt der Peripherie des Leuchtkörpers, der *n* am nächsten ist.

681 (Umstellung 637). Erklärung der Figur, die ganz erneut
ward, weil die des Codex etwas verworren: Der äussere Kreis ist
die Luftkugel, der grössere von den beiden eingeschlossenen Kreisen
die Erde, der kleinere daraufgesetzte das beleuchtete Object. Die
Tangenten *c b* und *r s* schneiden im äusseren oder Luftkreis die
Bogen oder Lufthorizonte ab, welche von den Punkten *e* und *a*
aus gesehen werden können. Dies das für den Text Nöthige. Im
Codex ist die Figur erstens unexact gezeichnet, zweitens hat sie
noch eine Anzahl von Linien, die vom Luftkreis aus zum Mittelpunkt des kleineren Objects gehen, vielleicht zum Zweck einer
Gradtheilung des Himmels behufs der Ablesung der Grössenverhältnisse der Himmelsbogen *s r* und *c b*; für die Bogen, sonderlich
für *r s*, lässt sich aber diese Gradtheilung vom Mittelpunkt des
kleinen Kreises aus nicht wohl ausführen, und so scheinen die unsicher gezogenen Linien nur einen vom Autor wieder aufgegebenen
Versuch darzustellen. Vergl. Manzi, Tav. XI, 35.

683 (Umstellung 756). [1]) Entweder rechnet Lionardo hier den
Mittelton des Lichts noch zum Schattenmittelton, oder hat im Sinn,
dass das Glanzlicht den Lichtmittelton überstrahlt.

685 (Umstellung 617). Der in der Umstellung hier beginnende
Abschnitt 4 gehört eigentlich zur Perspective; nach Lionardo's
in 673 (793) gegebener Disposition bildet er aber ein eigenes
Capitel, den „aspetto" oder die Ansicht des Schattens. [1]) Schwan-
kende Bezeichnung; in der Ueberschrift ist von dem zwischen
Licht und Schatten eingeschlossenen Mittel oder Mittelding die
Rede, man sollte also denken, vom Halbschatten zwischen dem
Hauptlicht, das bei *a*, und dem tiefsten Schatten, der bei *u* sein

müsste. Statt dessen ist bei *u* Reflexlicht angenommen, und, was
seiner Stellung an der Peripherie und zum Licht nach eigentlich
nur Halbschatten sein kann, die Gegend von *n m*, wird nun, relativ
zu dem durch Reflex stark aufgehellten Hauptschatten, selbst zum
dunkelsten Schattenstück. — Figur mit Rücksicht auf die folgende
Nummer etwas exacter gezeichnet. Vergl. Manzi, Tav. XI 37, abgesehen von der vom Zeichner Rossi's verfälschten Buchstabenbezeichnung.

686 (Umstellung 618). [1]) Im Codex einige Versehen in der
Buchstabenbezeichnung des Textes. — Uebrigens würde die Figur
für die Textworte drastischere Wirkung thun, wenn Licht und
Schatten am Körper gleich gross wären, und das Auge so stünde,
dass es das Licht kleiner sehen müsste als den Schatten. — Auch
für die dem Hauptschatten im Text der vorigen Nummer ange-
wiesene Stelle würde dies Beleuchtungsverhältniss entsprechender
sein, doch müssten dabei Lichtspender und dunkler Körper gleiche
Grösse haben, und ist wohl nicht anzunehmen, dass die Figur, im
Originalentwurf so gemeint, von m.? dann in der vorliegenden ein-
greifenden Weise abgeändert worden sei.

695 (Umstellung 573). [1]) Codex: in pari corpi, bei Gleichheit
der Körper, entweder falsche Ueberschrift oder Schreibfehler. —
[2]) Codex: nella vera distantia, im „wahren" Abstand, möglicherweise einfach Schreibfehler für „vicina", nahen Abstand; oder man
müsste sich etwa hinzudenken, die Lichter hätten zuvor in
gleichem Abstand vom Körper gestanden, um den „wahren Thatbestand" zu zeigen; das eine blieb dann in diesem „wahren" Abstand, das andere ward weiter fortgerückt. — Distantia bedeutet
bei Lionardo sehr oft „das perspectivisch verkleinerte Bild einer
Dimension, wie es dem Auge in einer gegebenen Entfernung erscheint." Somit könnten vielleicht auch die Lichtfiguren als realiter
gleich grosse Körper gedacht sein; „vera distantia" bedeutete dann
das Bild, wie es dem Auge wirklich erscheint und „remota distantia"
wäre wieder die reale Grösse und Entfernung selbst. — Vergl. hiezu Nr. 722 (576). — [3]) „der umfangreicher ist", fehlt im Codex;
ohne diesen Zusatz ist man genöthigt anzunehmen, dass die Worte
„luminoso" und „ombroso", Licht- und dunkler Körper, constant
mit einander verwechselt seien, wenn man die Stelle nicht für eine
wörtliche Wiederholung des Vordersatzes ansehen will. Die Codex-

nummer ist also voller Schreibfehler, und endlich ist auch die zweite Figur falsch gezeichnet: statt des grossen Körpers am Ende ist der mittlere schattirt, sonst aber sind die Lettern vertheilt wie hier.

698 (Umstellung 675). Die erste Figur in den Buchstaben berichtigt, die zweite etwas vergrössert. Nach dem Schluss der Nummer scheint übrigens im Original *n m* in umgekehrter Neigung dem Stück *b c* gerade gegenüber gestanden zu haben, alsdann dürften die beiden Gegenüber gleichweit von der Peripherie entfernt sein, und würde dennoch nach der Definition des Kreises der Punkt *a* näher bei *r s* sein, als *b* bei *m n*.

701 (Umstellung 722). [1]) Der Sinn dieser Stelle ist wohl reichhaltiger, als auf den ersten Blick scheinen möchte: 1. bekommt die Mischfarbe ihren Stich in's Gelbe oder Bläuliche, sowie ihren Grad von Helligkeit, je nach dem Ueberwiegen des einen oder anderen Componenten, wird rein oder schmutzig, je nachdem die Componenten frei von Roth sind, oder nicht; 2. bekommt das Mischgrün bei Lasurauftrag eines Componenten über den andern mehr oder weniger den Charakter des Durchleuchteten, bei Mengungsmischung dagegen den des an der Oberfläche Beleuchteten; bei halbdeckender Schichtung des undurchsichtigen Componenten über den transparenten hat es den Ausdruck des Zurückfliehens und wird überhaupt, je nach Behandlung und Hervorbringung der Mischung, brillant oder stumpf. Grün ist in der Malertechnik eine der schwierigsten Farben, und fast alle vorhandenen Pigmentnuancen müssen durch geschickt berechnete Unterlegungen unterstützt werden, sonderlich, da die an sich brillanten Grünsorten nicht haltbar sind. — Endlich denkt Lionardo noch an das Blau und Gelb der trüben Medien, von denen schon jedes für sich aus Licht und Finsterniss zusammengesetzt, folglich jeder Component des Mischgrüns schon selbst eine gemischte Farbe ist. Und der Maler kann somit durch eine Verschleierung aus zartem, halbdeckendem Gelb über Schwarz ein mildes, leichtes Grün erzeugen, das bläulicher oder gelblicher, heller oder dunkler wird, je nachdem er die Schicht von Gelb schwächt oder verstärkt. Dies Grün ahmt aufs Glücklichste die milde Farbe des abendlichen Dämmerungshimmels nach, welche, wenn jede Spur der Abendröthe längst verschwand, als letzter Lichtschimmer der untergegangenen Sonne am westlichen oder nordwestlichen Himmel zurückbleibt. Man kann aber auch sogar sehr brillantes Grün erzeugen, indem man intensives Hellgelb über klares Schwarz legt. — Dies alles wird der mit Nachdenken beobachtende Maler, als offenbar, aus den Worten des Textes hervorlesen und demgemäss die beiden Componenten abwägen und den gewollten Dienst thun lassen.

703 (Umstellung 729). [1]) Codex: „nelli termini inclusi nelli termini del corpo, an den (Schatten-)Rändern, die in die Umrisse des Körpers eingeschlossen sind." Dies würde weder zu den sonst ausgesprochenen Principien stimmen, noch zu Lionardo's Malerei. — Wollte man „termini del corpo" die Grenzen verstehen, die schon nicht mehr zum Körper gehören, so wäre das ein sinnverwirrendes Wortspiel, und der Ausspruch auch nur dann wahr, wenn die an die Körperfigur anstossenden Dunkelheiten in der That völlig schwarz wären. — „Termini" ist also wohl das erstemal Schreibfehler für „tenebre" und sind die dem Licht vollkommen unzugänglichen Stellen gemeint, wie äusserste Faltentiefen, kleinste Zwischenräume u. s. w., die innerhalb der Figur und ihres Umrisses vorkommen oder auch zwischen den Umrissen zweier sich berührenden Theile oder Glieder des Körpers sitzen.

705 (Umstellung 734). [1]) Sopra la superfitie, nur ganz oben auf die Oberfläche; im Uebrigen hat die Körpermasse durch und durch ihre Naturfarbe; die Reflexfarbe schmiegt sich auf die Naturfarbe oberflächlich an (s'aggiongie), kleidet sie ein (la veste).

712 (Umstellung 714). [1]) „non è bono da usare" — entweder „solche Fensterbeleuchtung zu benützen ist nicht gut", oder: „es ist überhaupt für die Malerei nicht empfehlenswerth, solche starke Unterschiede zu wählen".

717 (Umstellung 628). [1]) siti — die weiten landschaftlichen Lagen nach den verschiedenen Himmelsrichtungen zu.

718 (Umstellung 634). [1]) Hier wird der Unterschied zwischen Lionardo's und der modernen Lichtmessung mittelst der Entfernung vollkommen klar. Nach dem physikalischen Gesetz der Lichtabnahme im sogenannten Lichtkegel verhalten sich zwei ungleich weit vom Leuchtlicht stehende Punkte in ihren Helligkeitsgraden umgekehrt zu einander, als in den Quadraten ihrer Abstände vom Leuchtlicht. Wäre also in der Figur l doppelt so weit entfernt als k, so wäre l ein Viertel so hell als k, nach Lionardo ist es halb so hell, und für den vorliegenden Fall wird Lionardo's Annahme noch fehlerhafter dadurch, dass auf der Fläche *k l* der Punkt *l* dem Lichtstrahl unter weit ungünstigerem Winkel entgegensteht als *k*.

719 (Umstellung 646). [1] „lume deriuatiuo", hier ist also der Lichtkörper kein selbstleuchtender, oder der Ausdruck ist im Sinne von lume composto — gemischtes Licht, gebraucht. — An der Figur einige unnöthige Lettern unterdrückt.

722 (Umstellung 576). [1] „esso corpo, diesen selbigen Körper"; dennoch ist der dem Licht nähere grösser gezeichnet als der andere. Verhält sich dies im Original gleichfalls so, so bedeutet es in der That, dass hier von perspectivischen Erscheinungen gehandelt wird, das Auge ist dann nahe beim Lichtkörper gedacht, wie bei Fig. 695 (573), gesetzt nämlich, dass dort die Worte „vera distantia" die richtigen des Originals sind.

725 und **725 a** (Umstellungen 593 und 593 a). Die zweite Nummer ist offenbar eine Zweitüberschrift, obwohl der Codex sie nicht als solche auszeichnet; die Figur erläutert beide Propositionen und steht im Codex über dem Ganzen, daher [1] Codex: „wie sich hier oben zeigt", da die Figur dort über dem Capitel steht. — [2] lume deriuatiuo, hier für mitgetheiltes Licht überhaupt.

726 (Umstellung 594). [1] An der Figur mehrere unnütze Buchstaben beseitigt, und die Buchstaben im Text hiemit in Uebereinstimmung gebracht.

728 (Umstellung 708). [1] Hienach folgt im Codex die fast das ganze Blatt füllende Figur, die den Rest des Capitels sehr energisch abtrennt, so dass man den Eindruck gewinnt, als beginne im Nachfolgenden eine neue Auseinandersetzung, die, sowie auch das Capitel 729 (709), an die nämliche Figur angeknüpft werde. — Dennoch berechtigt vielleicht der erste nachfolgende Satz: f ist der stärkste Grad etc. zu der Interpretation, dass im Anfang „colore dell' ombre — Farbe des Schattens" consequent für „Dunkelheitsgrad des Schattens" gebraucht ist. In diesem Falle würde das Capitel nichts Auffälliges bieten und sich in der Umstellung unter Abschnitt III, Fascikel 3, etwa an 562 (665) anschliessen. Bedeutet „colore" aber Farbe im eigentlichen Sinne, so würde uns die Stelle genaueren Einblick in die Theorie vom Wandern der Farbenscheinbilder der Körper auf den Lichtstrahlen gewähren, oder von der Kraft der an sich fatblosen Luft- und Lichtstrahlen die fremden Körperfarben anzunehmen. Alsdann versteht sich von selbst, dass man in dem Capitel nicht die Darstellung eines inductiven Versuchs erblicken konnte, denn nicht einmal mit einer farbigen Glaskugel liessen sich in Wirklichkeit solche Resultate erzielen; Lionardo würde vielmehr die auch ohne Versuch geglaubte Theorie an der geometrischen Figur in einem ihrer Fälle deductiv darstellen.

730 (Umstellung 647). Der hie und da schadhafte Text hergestellt, und die Figur etwas exacter gezeichnet. [1] wörtlich: da ihr Winkel kleiner ist, als sein (des Winkels) Gefährte. Wiederum die Berührung einer Geraden, *2 d*, mit einer Krummen Winkel benannt, ähnlich wie in Nr. 603 (671) die Bezeichnung „Contingenzwinkel". Im vorliegenden Fall ist streng genommen gar kein Winkel vorhanden, da der Lichtstrahl die Stelle, von der die Rede ist, geradlinig streift. [2] Die eingeklammerte Stelle fehlt im Codex; gleich vorher: „der Winkel *e d*", statt „der Winkel *e* und der Winkel *i*". [3] al mezzo del lume: in der Mitte oder Mittellinie des Lichts; — die Strahlen aber, die dazu gelangen, die Helligkeit um die Halbschattenpyramide her zu bilden, sind von den bei *a* und *b* „multiplicirten" nur die äussersten, von 2 und *3* herkommenden; die von *m* und *x* kommenden bilden bei *c* das höchste Licht am Object und die übrigen Paare gelangen gar nicht mehr zu wirklicher Vereinigung oder Schneidung.

731 (Umstellung 596). [1] Ragione: Art und Weise oder Gesetz eines geometrischen Verhältnisses. — Die Figur verkleinert und die platzraubenden Beischriften: Ponente, Cerchio del' Orizonte Tramontana, Leuante, entfernt.

734 (Umstellung 621). [1] diferenzia del detto luminoso, in Folge des Unterschieds des Lichtkörpers; — vielleicht Schreibfehler für „distanzia", alsdann: „das Auge kann auch infolge seiner Entfernung vom besagten Lichtkörper keinen Schatten sehen" — d. h. auch wenn es so weit zurückträte, dass es infolge der perspectivischen Verkleinerung die Körper besser übersähe. — Nur ist in allen Fällen die Sache deshalb sehr sonderbar, weil der Leuchtkörper dem Auge den kleinen Körper überhaupt verdecken muss.

737 (Umstellung 641). Die Linien *c m* und *a n* bezeichnen, dass hier noch Scheinbilder der dunklen Erde an weit höher ge-

legene Stellen der Objectperipherie gelangen können als im Falle
von Nr. 737 (640). Die Construction der grösseren Verdunkelung
der Erde selbst ist dem Leser überlassen. ¹) ogni causa è fatta etc.:
Jede Ursache wird ihrer Ursache theilhaftig; causa das erstemal
vielleicht Schreibfehler für cosa, Sache; es ward belassen, da es
guten Sinn gibt, das Nachfolgende anticipirend, dass Schatten der
Erde und Schatten der Kugel sich gegenseitig beeinflussen und
steigern.

739 (Umstellung 795). ¹) Ombra maestra, der Oberschatten;
nicht sowohl das, was wir „Kernschatten" nennen — obwohl diese
Bezeichnung den Sinn gut wiedergeben würde — als der eigentliche formgemässe Schatten, der durch das Wesen der Form bestimmt ist, und diese Form also auch am besten zeichnet, malerisch
modellirt und verdeutlicht, während der fremde, zufällig auf das
Object geworfene Schatten die Form meist verundeutlicht.

740 (Umstellung 773). ¹) di che si predice, kann auch heissen:
wovon hier eben erwähnt wird. ²) Codex: superfitie, zu ergänzen:
la figura della superfitie.

741 (Umstellung 768). ¹) termini, Grenzen, d. i. die Grenze
oder Grenzlinie und alle einzelnen Punkte derselben. ²) pariete,
hier nicht im Sinne von perspectivischer Schnittlinie der Sehstrahlenpyramide, sondern eine hinter dem Object gedachte Wand,
auf der sich die Einzelstellen des Object-Umrisses für's Auge ab-
setzen. ³) „hinaufgetragen wird", durch die Sehstrahlen nämlich,
wie die Figur in Profilansicht deutlich macht. Es lässt sich wohl
kaum drastischer ausdrücken, wie die neben einander liegenden
Punkte der Objectperipherie aus ihrer wahren Stelle und aus-
einandergeschoben scheinen, und dagegen von einander entfernte
Punkte des entfernteren Objects scheinbar zusammenrücken. —
Die Verschiebung der einzelnen Punkte eines Umrisses wird in der
hier angenommenen heftigen Weise nur an sehr nahen Gegenständen bemerkt, sie muss aber auch bei grösseren Entfernungen
stattfinden und wird hier bei starkem Abstandsverhältniss zweier
Gegenstände wieder fühlbarer werden.

Die ganze Untersuchung gewährt einen Blick in die Genauigkeit und Aufmerksamkeit, mit welcher der Zeichner Lionardo sah, nicht nur das Sehobject, sondern auch sein Auge
beobachtend.

742 (Umstellung 759). [1]) ua terminato. Der Sehstrahl, der den Punkt des näheren Objects trägt, wird in seiner idealen Fortsetzung hier von der weiter zurückliegenden Wand geschnitten; und: das Bild des Punktes grenzt hier an das sichtbar werdende Bild der dahinterstehenden Wand.

746 (Umstellung 754). Das vorangestellte, nur flüchtig angedeutete Figürchen des Codex in der beistehenden Figur ausgeführt.

748 (Umstellung 642). Correcturvorschlag 1. Das Figürchen des Codex (vergleiche Manzi Tav. XVI, 78) ist geometrisch unrichtig. Sollen die das Object tangirenden Linien $b-d$ und $c-f$ zwei gleichgrosse Sehnen des Himmelsbogens sein, so muss dieser letztere mit der Objectperipherie ein gemeinschaftliches Centrum haben, wie im Correcturvorschlag Figur 1 ausgeführt. Hieraus entsteht aber für die Figur die Sonderbarkeit, dass der Himmelsbogen mehr als ein Halbzirkel wird. Vielleicht geben hiefür die Worte Aufschluss: Der Lichtspender sei dessen (des dunklen Körpers) Himmelshalbkugel. Jedenfalls musste der geometrischen Richtigkeit zuliebe die Correctur vorgenommen werden, die ohnedies für die Figur der folgenden Nummer 749 (Umstellung 643) ganz nothwendig wird, dort auch vollkommen zum Text stimmt. Endlich ist die letzte Figur zu Nr. 750 (644) auch im Codex selbst in diesem Sinne gezeichnet, und nur etwas unexact ausgeführt. — Die drei Figürchen zu Nr. 748 (642), 749 (643) und 750 (644) sind aber im Codex sämmtlich ungenau ausgeführt, auch in anderen Beziehungen. So sind namentlich die Kreisradien, die zur Bezeichnung der Berührungspunkte der Strahlentangenten dienen, unexact gezogen. — Was die Buchstabenbezeichnung des Codex anlangt, so fehlt dort bei Figur 748 (642) nur der Buchstabe b, sonst ist die Bezeichnung wie hier. [1]) Cod.: $a\ c\ e\ d$. [2]) Cod.: $o\ d\ f$. [3]) Cod.: als p.

Correcturvorschlag 2. Soll der Himmelsbogen genau einen Halbkreis vorstellen, wie im Cod. und Fig. 2 der Fall, also nicht gleiches Centrum mit der Objectperipherie haben, so kann $d-b$ nicht mehr die eine von den beiden gleich grossen Bogensehnen sein, und muss $n-e$ hinzugefügt werden. — Dies würde natürlicherweise auch die Correctur des Textes erweitern, wie in Vorschlag 2 ersichtlich. [1]) Cod.: $n\ c\ e\ f$. [2]) Cod.: $a\ c\ e\ d$. — Der Rest, wie in Vorschlag 1 [2]) und [3]).

749 (Umstellung 643). Figur des Codex, vergleiche Manzi Tav. XVI, 79, nur dass daselbst die Buchstabenbezeichnung falsch. — Unsere Correctur hielt die Buchstabenbezeichnung des Codex fest und stellte die Figur mit gemeinschaftlichem Centrum für beide Kreislinien her, wie sich dies aus dem Text mit Nothwendigkeit ergibt. [1] Cod.: *b s c.*

750 (Umstellung 644). [1] Prima di sopra; das vorhergehende Capitel gemeint. [2] Cod.: „beleuchtete" statt „beleuchtende". — Die drei Figürchen des Codex bei Manzi, XVI, 80, 81, 82. Da die Figürchen zusammengehören, wurden sie sämmtlich mit dem im letzten von ihnen befolgten Princip des gemeinsamen Centrums beider Peripherieen in Einklang gebracht, obwohl der Text von Nr. 750 dies nicht gerade ausdrücklich bedingt. [3] „unsere Himmelshalbkugel"; diese könnte also eigentlich nicht durch mehr, als einen Halbkreis dargestellt werden. Auch ist nicht davon die Rede, dass der oberste Punkt am Object gerade so hell sei, als die beiden ihm zur Seite und weiter abwärts stehenden, es heisst nur von dem ganzen durch diese drei Punkte bezeichneten Theil, er sei der hellere, weil er die Erde nicht sehen könne. — Will man sich also die Figürchen hienach herstellen, so schlägt man von der Mitte der Erdlinie her einen Halbkreis über das Object, der dann „unsere Himmelshalbkugel" vorstellt, in der das Object frei über'm Boden schwebt; beim ersten Figürchen bedeutet dann die Linie *a b* eine in Horizontalebene um das obere Stück des Objects her gelegte Ringlinie, auf der überall gleiches Licht ist; der Punkt *n* hingegen ist wieder etwas dunkler, weil von kleinerem Himmelssegment gesehen. — Bei der Figur zu Nr. 748 (642) würde jedoch diese letztere Anordnung durch den Textlaut ausgeschlossen sein.

755 (Umstellung 633). [1] Abweichend von Nr. 680 (631) wird in diesem Capitel der Einfallswinkel der Lichtstrahlen, wie heute, mittels des Einfallslothes gemessen. —

758 (Umstellung 819). [1] Verfahren des Malens aus einem Mittelton hervor aufwärts zu den Lichtern, und nach den tieferen Schatten abwärts, welches die Giottesken begründeten. Seine Weise, welche mit den einfachsten und natürlichsten Mitteln das allmählige Anschwellen der Lichttöne und Verdunkeln der Schatten bewerkstelligt, sichert eine reiche Modellirung ohne harte Ansätze und ebenso Harmonie der Localfarbe durch alle Licht- und Schattennuancen hin.

766 (Umstellung 627). [1]) Die verstümmelte Figur des Codex berichtigt. Vergleiche Manzi, Tav. XVI, 86.

774 (Umstellung 751). [1]) Wohl soviel wie: ihre verschiedenen Punkte sehen an ebenso vielen Punkten des Körnchens Glanz.

778 (Umstellung 746). [1]) Codex: con densa superfitie, von dichter Oberfläche; wohl Schreibfehler.

779 (Umstellung 747). [1]) Codex wieder: superfitie dense; denso — dicht, zum Unterschied von raro — locker; wahrscheinlich Schreibfehler für „terse — spiegelblanke" Oberfläche. Vermuthlich fehlt noch der Zusatz: Die sehr dunkelfarbig, oder aber gänzlich ohne eigene Farbe sind. [2]) Codex: del oro, che si fila — wörtlich: das Gold, das man spinnt.

780 (Umstellung 678). Die ausgestrichene erste Ueberschrift kommt ausserdem im Tractat nicht wieder vor.

782 (Umstellung 680). [1]) Die letztere Anschauung nicht ganz exact, da weder dem ganzen Stück *r—f* die ganze Lichtstrecke *c—e* verloren geht, noch *b* das ganze Schattenstück *r—f* sieht. — Auch verliert die Beweisführung ihren ursprünglichen Zweck aus dem Auge und mischt vielmehr Neues ein.

785 (Umstellung 737). [1]) Da der Autor in der Regel vor der Darstellung buntfarbiger Sonneneffecte warnt, so ist es möglich, dass der erste Satz verstümmelt ist und im Original vielleicht lautet: „Willst du einen weissen Körper darstellen, so richte es so ein, dass er von viel Luft ohne Sonne (d. h. von farbloser Beleuchtung) umgeben sei. Denn Weiss hat keine eigene Farbe, sondern nimmt alle Gegenüberfarben an etc., scil.: wird also bei dieser neutralen Beleuchtung keine solche bekommen können, die es entstellt." — Um diese Leseart zu bewerkstelligen, braucht man hinter „se figurerai un corpo bianco" nur „userai farlo" einzuschalten, und hinter „aria", „senza sole". [2]) Hier offenbar wirkliche Auslassung eines Worts: poeta nämlich. — Es ist jedoch auch möglich, dass der Autor gerade durch die Buntfarbigkeit der Schilderung dem Poeten imponiren will; demzufolge ward zur Ergänzung des Fehlenden im Eingangssatz die Einschaltung von „abbi rispetto alli suoi obbietti" hinter „aria" gewählt.

790 (Umstellung 812). [1]) Cod.: „migliore rileuo — besseres Relief haben": wahrscheinlich Schreibfehler für maggiore — stärkeres, heftigeres Relief, da der Sonnenschein als Beispiel angeführt wird,

vor dessen Beleuchtung der Autor in der Regel im Interesse des
guten Formenreliefs warnt.

791 (Umstellung 761). [1]) Vor dieser Nummer steht zuerst eine
grossgeschriebene Gruppenüberschrift: „Von den Schattendunkelheiten und den Helligkeiten der Berge." — Dann, wieder ausgestrichen, die bei Nr. 794 (775) wiederkehrende Ueberschrift:
„Warum entfernte Berge die Gipfel dunkler zeigen etc." — Die
Gruppe „von den Schattendunkelheiten etc. der Berge" beginnt
eigentlich erst mit Nr. 792 (773), und die Compilatoren scheinen
Nr. 791 (761), deren Inhalt mit jenem Thema nichts gemein hat,
nur der Figur halber hier eingeschoben zu haben, da dieselbe,
wenn schon zu ganz anderem Zweck, die nämliche perspectivische
Regel darstellt, welche bei den Demonstrationen des Verhältnisses
zwischen Luft- und Linearperspective in der Gruppe von den
Schattendunkelheiten der Berge mehrmals in Anwendung kommt.
Die nämliche Figur dient auch zum Beweis, dass die Zahlenfehler,
welche in Nr. 461 (471) bei Auseinandersetzung der gleichen, von
Lionardo gefundenen Proportionsregel vorkommen, nicht auf Lionardo's Rechnung gehen, denn sie ist vollkommen richtig, gleich dem
Wortlaut des zu ihr gehörigen Textes. [2]) „distantia della cosa
ueduta" ist entweder im Sinne der Uebersetzung zu interpretiren,
oder aber nach „occhio che la uede" einzuschalten: „ma in con-
uerso senso — aber in umgekehrter Weise". — „Cosa uista, gleich
ueduta — die Aussicht" im Sinne von „Bildfläche en face gesehen, sammt ihren perspectivischen Constructionselementen: Horizontlinie, Grundlinie, Centralpunkt"; „occhio che uede — Auge,
das sieht" gleich „Distanz des Auges vom Centralpunkt", also
lauter technische Ausdrücke. Demnach bedeutet „Abstand des gesehenen Gegenstandes" ebenfalls als solcher Ausdruck soviel als:
„perspectivisch verkleinertes Bild oder Maass des Objects, je
nach dessen Entfernung und dem Augenabstand der Bildfläche
gemäss".

792 (Umstellung 773). [1]) Horizont hier nicht die Grenzlinie
zwischen Erdebene und Himmel, sondern die lineare Darstellung
der Ebene, in welcher der Centralstrahl läuft; da dieser hier
nach der Tiefe gerichtet ist, so liegt auch der Horizont in der
Tiefe, wie er bei aufwärts gerichtetem Blick in der Höhe, über
der gewöhnlichen, wagrechten Horizontalebene angenommen wird.

794 (Umstellung 775). [1] Cod.: *a o, p q.* [2] „altezza — Augenhöhe", die Horizontalfläche, in welcher der mittlere Augenstrahl bei gerade gerichtetem Blick hinstreicht. [3] „si riscontrano nella superfitie del p° monte" — sie liegen alle in der nämlichen optischen Ebene wie die erste Bergspitze.

795 (Umstellung 776). Das Figürchen des Codex vollkommen verstümmelt (s. Manzi, Tav. XVII, 96); dort laufen die Sehstrahlen nicht im Auge zusammen, und die Distanz des ersten Berges vom Auge, das sieht, ist nicht gleich den gegenseitigen Abständen der Berge, wie der Text es vorschreibt. — [1] diuerse grossezze d'aria; es kann im vorliegenden Fall nur von der räumlichen Dicke der trennenden Luftschichten die Rede sein sollen, obwohl die Figur auf den ersten Blick mit ihren durch die Luft hinstreichenden Horizontalen die Vorstellung erwecken könnte, dass zwei Luftschichten von verschiedenem Dunstgehalt gemeint seien, womit jedoch der Text durchaus nichts zu schaffen hat. Denn es ist nur von derjenigen Nichtübereinstimmung der Proportionalität der Farbenabnahme mit der Proportionalität der Grössenabnahme die Rede, die durch den Umstand hervorgerufen werden muss, dass bei der Linearperspective oder Grössenabnahme die Abstände vom Auge anders gemessen werden als bei der Luftperspective. Im ersteren Fall wird nicht die reale Entfernung der Dinge vom Auge gerechnet, sondern nur die Tiefenabstände der Verticalebenen, in denen die gesehenen Dinge oder Punkte liegen, und zwar nur nach den horizontalen Entfernungen, welche besagte Verticalebenen auf dem rechtwinklig durch sie hinstossenden Centralstrahl des Auges markiren; z. B. die linearperspectivischen Abstände der Spitzen *o p q* vom Auge *a*, werden nicht mittelst der zu ihnen in obliquer Richtung hingehenden Sehstrahlen ausgedrückt, sondern durch die Punkte bezeichnet, die auf der obersten Horizontalen, die vom Auge *a* ausgeht, oder mit anderen Worten auf der verlängerten Augenaxe durch die Senkrechten abgetheilt werden, die von den Bergspitzen aus aufsteigen. — Die Dimensionen der farbeverändernden Luftschichten aber werden auf den obliquen Sehstrahlen gemessen, die zu den Bergspitzen hingehen, und man sieht also auf den ersten Blick an der Figur, dass zwischen diesen beiden Sorten von Abständen dasselbe Verhältniss bestehen muss, wie zwischen den Diagonalen und den Seiten in rechtwinkligen Vierecken, d. i. ein irrationales, oder ein solches, dessen Thatbestand wohl durch die anschauliche geometrische Figur dargestellt, nicht aber durch Zahlenformel mit Präcision bezeichnet werden kann.

Das Verhältniss zwischen den Seiten und Diagonalen der Rechtecke wird bekanntlich durch den pythagor. Lehrsatz ausgedrückt, oder durch den Satz bei Euklid, Elemente I, XLVII: „Im rechtwinkeligen Dreieck ist das Quadrat der Seite, die dem rechten Winkel gegenüberliegt, gleich der Summe der beiden Quadrate der diesen Winkel einschliessenden Seiten." Man verlängere also an der Figur die untere Horizontale, die auf den Bergspitzen aufliegt, nach vorn bis senkrecht unter's Auge und fälle vom Auge eine Verticale hieher, den Punkt, in dem beide Linien zusammentreffen, x nennend. — Auf diese Weise hat man drei rechtwinkelige Dreiecke $a\ x\ o$, $a\ x\ p$, $a\ x\ q$ gebildet, deren Kathetenlängen und — Verhältnisse man genau kennt, und kann also nun auch den obenerwähnten Lehrsatz zur Berechnung der Verhältnisse ihrer Hypothenusen benützen. — Ansatz $a\ x = x\ o = o\ p = o\ q$.

Demnach ist
$$\widehat{a\ o}^2 = \widehat{a\ x}^2 + \widehat{o\ x}^2 = 2\ \widehat{a\ x}^2$$
$$\widehat{a\ p}^2 = \widehat{a\ x}^2 + \widehat{p\ x}^2 = 5\ \widehat{a\ x}^2$$
$$\widehat{a\ q}^2 = a\ x^2 + q\ x^2 = 10\ \widehat{a\ x}^2$$

Oder es ist $a\ o = a\ x \times \sqrt{2}$; $a\ p = a\ x \times \sqrt{5}$; $a\ q = a\ x \times \sqrt{10}$, und man kann nun durch Ausziehung dieser Wurzeln sich die gegenseitigen Verhältnisse annähernd in Zahlen vorstellen.

Ganz dieselben Verhältnisse wird man natürlich finden, wenn man statt von a, von n aus eine Verticale auf die nach vorn verlängerte untere Horizontale zieht, eine desgleichen vom Punkt s aus, die betreffenden Berührungspunkte x^1 und x^2 nennend, und nun die Rechnung an den so entstandenen unteren, kleineren Dreiecken $n\ x^1\ o$, $m\ o\ p$, $s\ x^2\ q$ führt, deren Hypothenusen und Katheten genau die Hälften der grossen darstellen.

Die Figur zeigt jedoch, dass Lionardo einen dem Maler bequemeren Weg wählte als den der Zahlenrechnung. Er hat einfach die Dreieckshypothenuse $n—o$ in zwei gleiche Theile getheilt, und diese dann auf $p—m$ und $q—s$ abgetragen; ebensowohl hätte er zur Maasseinheit die schon vorhandene Zweitheilung der Hypothenuse $a\ o$ durch die mittlere Horizontale wählen, und dies

Maass dann auf die Hypothenusen der grossen Dreiecke abtragen können, vielleicht wollte er ursprünglich die grossen in möglichst viel kleine Theile theilen, weil man der Bestimmung irrationeller Verhältnisse um so näher rückt, in je geringfügigere Bruchtheile man die unendliche Bruchrechnung weiterführt.

.So weit aus dem Text ersichtlich, liess er sich jedoch an dem ungefähren Zahlenausdruck genügen: $n—o$ zu $m—p$ (oder a o zu a p) sei etwas weniger als $^2/_3$, und n o zu s q (oder a o zu a q) etwas weniger als $^2/_4$ oder $^1/_2$. Diesen Zahlenverhältnissen der Luftlinien stehen die Grössendistanzen (siehe die grossen Dreiecke) gegenüber mit: o x zu $p—x = {}^1/_2$ und zu q $x = {}^1/_3$, welche Verhältnisse sich in den kleinen Dreiecken zwischen x^1 o, o p und x^2 q ebenso wiederholen.

Da der linearperspectivische Abstand des ersten Berges vom Auge, das sieht, gleich dem linearperspectivischen Abstand $o—p$ und ebenso gleich $p—q$ ist, so geht die Abwandlung der Grössenverkleinerung, welche die Sehstrahlen nach der Regel der perspectivischen Dreiecke auf dem perpendicularen Durchschnitt der Sehpyramide oder der linea del taglio verzeichnen, nach dem Gesetz vor sich, das Lionardo in Nr. 31 (34) erwähnt, in Nr. 461 (471) definirt, und dessen Figur er in Nr. 791 (761) zeichnet. Es kommen also zwischen den scheinbaren, perspectivischen Grössenbildern der Berge dieselben Verhältnisse zum Vorschein, wie in den linearperspectivischen Abständen vom Auge, das sieht, nur in umgekehrter Anordnung, d. h.: wenn p in der doppelten Distanz o vom Auge, das sieht, steht, so wird sein Grössenbild auf der linea del taglio $^1/_2$ so gross sein wie das von o, und so wird das Grössenbild von q $^1/_3$ so gross ausfallen wie das von o, weil die Distanz q dreimal so gross ist wie die Distanz o.

Demnach verhalten sich die Grössenbilder der Berge, wie: $o = 1$; $p = {}^1/_2$; $q = {}^1/_3$ und die Proportionen der Farbenabnahme sind: bis $o=2$; bis $p =$ etwas mehr als 3; bis $q =$ etwas mehr als 4.

Erklärung der Figur: Die Linea del taglio ist auch hier wieder der Raumersparniss halber durch die verlängerte Axe des vordersten Gegenstands gelegt. Auf ihr, also auf der Verticalen über o, tragen die Sehstrahlen nach den entfernteren Gegenständen die Grössenbilder dieser letztern ab, so in m das Bild des Punktes p.

Durch *m* ist die mittlere Horizontale gezogen, um genau sichtbar
zu machen, dass hier die Mitte der linea del taglio sei. — Man
kann fast mit Sicherheit annehmen, dass durch den Punkt, in dem
die Verticale auf *o* vom Sehstrahl *a q* geschnitten wird, wieder
eine Horizontale gezogen war, die zeigte, dass von diesem Punkt
bis zur Augenaxe nur noch ein Drittel der ganzen Höhe der Verticalen *o* sei. Die beiden Horizontalen übertrugen diese Verhältnisse auf die Verticale auf *q*, wo dieselben, da diese Linie von
gar keinen Constructionslinien occupirt ist, ungestört und leicht
in's Auge fielen. Dies ist also die Bedeutung der mittleren
Horizontalen, und nicht etwa, dass dieselbe markiren sollte, es
seien zwei Luftschichten von verschiedenem Dunstgehalt im Spiele.
Im Codex bilden die Distanzen in der Luft keine Quadrate,
sondern Oblongen. Allein dann müssten die Verhältnissunterschiede
zwischen Durchmessern und den Seiten der Rechtecke weit weniger
drastisch ausfallen, als der Text verlangt.

[5]) wird das Verhältniss von *n o* zu *m p* subtriplo genannt;
dies braucht nicht absolut zu heissen „wie ein Drittel", was ein
so grosser Fehler wäre, dass man ihn nicht wohl voraussetzen
kann, subtriplo kann auch im Allgemeinen heissen; „im Verhältniss
der Dreitheilung sich bewegend". [6]) subquatruplo, das Verhältniss von *n o* zu *s q*, braucht ähnlich nicht absolut $1/4$ zu bedeuten,
sondern: im Verhältniss der Viertheilung sich bewegend. Doch
können diese Zahlenangaben auch Fehler des Copisten sein, der
zudem anstatt des letztmaligen *n o*, *a o* geschrieben, was ganz
unsinnig.

[1]) „occhio, che uede — der Distanzpunkt." [2]) Die eingeklammerte Stelle im Codex nicht vorhanden, das darin Enthaltene
ergibt sich aber bei [4]) ebenso. [3]) „la proportione delle qualità
delle distantie ch' anno infra loro le cime"; qualità delle distantie
bedeutet also entweder: diejenige Qualität von Abnahme, die
durch die Abstände der Berge unter sich, vom Auge, und drittens
durch den Abstand des Auges von der linea del taglio bestimmt
wird, — d. i.: die Art von proportionaler Abnahme der perspectivischen Grössenbilder der Berge; oder aber, es ist damit die Qualität von Abständen der Berge selbst gemeint, die eben nicht
gemessen oder gerechnet wird, wie die Länge der zu den Bergspitzen hingehenden Sehstrahlen, sondern in horizontaler Richtung,

aus welcher verschiedenartigen Messung des Raums, der das Auge
von den Objecten trennt, also folgt, dass in der Grössenabnahme
eine andere Norm der Proportionalität auftritt, als in der Farbenabnahme. — Doch ist die erste Interpretation vorzuziehen, da das
in der zweiten Gesagte nachher zur Beweisführung dienen muss.
Für die Sache selbst hat Beides gleiche Bedeutung, denn die
gegenseitigen Abstände der Berge befinden sich zu einander [4]) in
der proportione dell'equalità: der dritte ist soweit vom zweiten
entfernt, als dieser vom ersten etc. etc., woraus in der Grössenverjüngung die harmonische Proportion entspringt.

800 (Umstellung 780). [1]) per la quinta di questo: nach der
fünften dieses (Buchs). Im Codex hinter „questo" ein Strich |
und der neue Satz mit grossen Buchstaben begonnen. Es bleibt
dahingestellt, ob dieser Strich einen Doppelpunkt oder einen Punkt
vorstellt, in welch' letzterem Falle also „quinta" wohl ein Schreibfehler für „quarta.", die weiter oben schon einmal citirt ist. Dem
Sinn zuliebe nahm die Uebersetzung den Strich für einen Punkt. Manzi
zieht das Gegentheil vor. Siehe dort Seite 379, Zeile 7 von unten.

803 (Umstellung 783). [1]) kehrt derselbe Strich | wieder, dies-
mal sicher nicht als Doppelpunkt.

807 (Umstellung 784). [1]) perditione e, wahrscheinlich: per-
ditione di; alsdann: weil man mit jedem Grad der Entfernung vom
Auge, den man gewinnt, Grade der Luftweisslichkeit verliert. —
„Oriente" vielleicht Schreibversehen für „orizonte".

808 (Umstellung 785). [1]) di quella medesima ragione; nämlich
wegen des Gesetzes des Sehens mittelst gerade gehender Strahlen
und der im Auge spitz zusammenlaufenden Strahlenpyramide; die
kleinen senkrechten Strichelchen zwischen den Strahlen der Figur sind
wohl die Scheinbilder der Dunkelheiten und Helligkeiten, die zum
Auge gehen, und veranschaulichen, wie oberwärts die hellen Bilder
von den dunklen gedeckt werden. — In der Behandlungsweise passt
die Nummer gut zu den beiden vorhergehenden, 803 und 807
(783 und 784), als Gegensatz nämlich. — Dort bringen zwei verschiedene Ursachen die gleiche Wirkung hervor, hier, 808 (785),
werden zwei verschiedene Erscheinungen von einer Ursache beherrscht.

810 a (Umstellung 786). [1]) Die Durchschneidungs- oder [2]) Bildfläche kann man nach Belieben dem Auge näher oder ferner an-

nehmen, und hienach verändert sich die Proportion der Grössenabnahme der Bilder der dahinterstehenden Objecte. Im Gesetz der
Luftperspective aber bringt dies Näher- oder Fernerrücken keine
Veränderung hervor, denn die Sehstrahlen müssen bis zu den Objecten hin immer die nämlichen Luftdimensionen durchmessen, stehe
das Auge nahe oder fern. Vergl. 795 (776).

810 b (Umstellung 685). [1]) oder: eine potentiell bis in's Unendliche spaltbare Pyramide: Vergl. als Illustration z. B. Fig. 730
(647); die volle Finsterniss ist durch den kleinen, kein Leuchtlicht
sehenden Kernschattenkegel vertreten. — Vorher: „und zwischen"
etc. wörtlich: Zwischen Licht und Finsterniss ist diese Entziehung
in's Unendliche veränderlich.

812 (Umstellung 815). Manzi hat diesen Satz als Ueberschrift
gedruckt. Siehe dort pag. 386.

817 (Umstellung 706). [1]) Codex: „De' termini de corpi medi-
ante li campi"; fehlt wohl „variati" hinter „corpi"; alsdann: „Von
den durch die Hintergründe veränderten Rändern der Körper." —
Das ganze Fascikel 7 der Umstellung Nr. 697—707 gehört eigentlich zur allgemeinen Perspective.

819 (Umstellung 821). [1]) „dimostrationi matematiche — streng
mathematische Beweise" nennt der Autor hier im Eifer Malereien;
„proua" ist im Gegensatz zu „demonstratio" nur die anschauliche
Darstellung des Sachverhalts.

Sechster Theil.

Der sechste Theil des Tractats ist derjenige unter den grösseren Abschnitten, welcher sich inhaltlich am leichtesten übersehen lässt, da nur ganz wenige seiner Capitel vom Thema abweichen. Ebenso erkennt man sehr leicht in ihm, wie dies concrete Thema „von den Bäumen" nach den zehn Gesichtspunkten des Malers abgehandelt, ohne dass, um dies fühlbar zu machen, eine systematische Einschachtelung des Inhalts in deren Einzelrubriken wirklich durchgeführt zu sein brauchte.

Die Zweifel an der Zugehörigkeit des sechsten Theils zum Malerbuch finden an verschiedenen Textstellen ausdrückliche Widerlegung, so z. B. in Nr. 829 (831), 834 a (851 a), 837 (839) und anderwärts.

Umordnungstabelle des sechsten Theils.

VON DEN STÄMMEN UND VOM LAUB,
oder: Von den Bäumen und grünen Gewächsen.

Nr. der Um-stellung	1. Von den natürlichen Eigenschaften der Bäume. *Wuchs, Ernährung, Zweig- und Blattstellung.*	Nr. des Co-dex
822	Von der Verästung der Bäume.	823
823	Von der Astbildung der Bäume.	824
824	Von den Verzweigungen der Bäume.	830
825	Von der Astbildung der Bäume.	825
826	Die Zweige der Bäume sind etc.	828 c
826 a	Der Zweig bildet etc.	828 d
826 b	Von der Verzweigung der Bäume.	828
826 c	Die Dicke des Astschusses etc.	828 a
826 d	Die Baumrinde etc.	828 e
826 e	Am jungen Baum etc.	828 b
826 f	Theilt sich der Stamm etc.	828 f
827	Vom Centrum in der Dicke der Stämme.	850

Nr. der Um- stellung		Nr. des Co- dex
913	Vom Laub.	924
914	Von jungen Bäumen und ihrem Laub.	895
915	Von den Bäumen und ihrem Licht.	870
916	Von den Schatten in transparentem Laub.	891
917	Dass man niemals von der Sonne durchschienene Blätter vorstellen soll.	892
918	Von der Sonne, die den Wald beleuchtet.	883
919	Von einer Baumvedute.	909
920	Anmerkung für den Maler hinsichtlich der Bäume.	868
921	Von Schatten im Grün.	905
922	Von Landschaften in der Malerei.	906
923	Von den Schatten und der Transparenz des Laubs.	890
924	Aus was man in der Malerei die Unterlage der Baumfarben macht.	920
925	Anweisung zum Nachmachen der Laubfarbe.	925

Sachliche Erörterungen und Noten
des Uebersetzers
zu den einzelnen Nummern des sechsten Theils.

824 (Umstellung 823). [1]) Die Figur nach dem Text berichtigt; an der Codexfigur macht $g—s$ kaum $1/4$ der Zweigperipherie aus.

828 f (Umstellung 826c). [1]) Codex ac; Vielleicht ae, welches letztere dann in der Figur in der Mitte zwischen den drei Aesten im Stammcentrum sässe.

832 (Umstellung 846). [1]) „Zucche, di quelle larghe"; — die flachen Flaschenkürbisse, deren ungeheure Pflanzen in wenig Wochen ganze Bäume überspinnen.

837 (Umstellung 839). [1]) Uiti canni; dieser sonderbare Ausdruck soll wohl soviel bedeuten wie: Rankenzweige, — oder wie: nicht holzigfeste, sondern mehr markartige Gewächse. [2]) „Uiti pruni delle more"; more heissen wohl heute die Brombeeren, aber nicht pruni — Pflaumen; Die Richtigkeit der Uebersetzung kann daher nicht verbürgt werden. — dagegen nennt man auch heute noch vielerwärts „uitalba gelsomino" die in Italien auf allen Zäunen wachsende, weissblühende Heckenrebe.

838 (Umstellung 834). [1]) „La sua linea circumferentiale fatta sopra il taglio del ramo cola lunghezza del diamitro di tale rami-

culo", was so viel heisst als: der neue Astschuss wird just so
dick, wie der alte. — Die Sache ist jedoch so unklar und sonderbar
ausgedrückt, dass vermuthlich eine Verstümmelung oder Auslassung, oder Beides, vorliegt, und es Zeile 4 und 5 des Textes
vielleicht heissen muss: cioé, la sua linea circumferentiale sopra il
taglio del ramo, fatta (d. i. multiplicirt) co'la $\frac{1}{2}$ lunghezza del
diametro di tal ramiculo. Dann hiesse die ganze Stelle von Anfang
an: „Die Quantität des neuen Astschusses auf dem abgesägten Ast,
zusammen mit den Zweiglein, die dasselbige Jahr hinzukommen
sollten, ist gleich der Peripherie der abgesägten Stelle multiplicirt
mit der Hälfte ihres Durchmessers"; — oder mit anderen Worten:
„die Peripherie des neuaufsetzenden Astes wird an Flächeninhalt
doppelt so gross, als die des abgesägten Astes".

Zur Erklärung siehe Nr. 823 (822), achtens; an der Figur sei
Ast $o\,e$ abgesägt; der Flächeninhalt der abgesägten Stelle war $= \frac{1}{2}$
des Flächeninhalts der Stammperipherie o; die Zweige $a\,b$ — welche
also die Neubildung des kommenden Jahres vorstellen — haben
wieder zusammen das Volumen von Ast $o\,e$ und sind folglich mit
diesem zusammen $=$ dem Hauptstamm $o\,p$ — was mit der vor-
herigen Annahme und Rechnung stimmen würde. — Bei dieser Annahme wäre dann in der Folge bei [2]) „c' habbracciasi il tutto" mit
„mehr als vollkommen deckte" zu übersetzen. — Und sollte der
neue Ast nur gerade so dick werden, als er war, also nur gleich
dem Volumen der Zweigbildung, die er hätte aufsetzen müssen, so
wäre statt „co' la $\frac{1}{2}$ lunghezza" colla $\frac{1}{4}$ lunghezza zu lesen, denn
die Peripherie $\times \frac{1}{4}$ Halbmesser ist gleich dem Flächeninhalt des
Kreises. Endlich ist noch möglich, dass „diamitro di tale ramiculo" soviel bedeutet wie „linea centrale — Längenaxe". — Dann
hiesse diese Stelle: „wie die Fläche des in der Umfangslinie des
Bastes befindlichen Schnittes, multiplicirt (fatta) mit der Längenaxe
des neuen Astschusses", oder wie wir sagen würden, „wie der
Kubikinhalt des neuen Astes" — vorausgesetzt nämlich, dass dieser
so dick würde, als der abgeschnittene war. Dies gäbe dann für das
Ganze gleichen Sinn, wie die erste Annahme, nämlich: „der
Kubikinhalt des neuen Astes allein soll gerade so gross werden,
als er mitsammt den neuen Zweigen sein würde, die, wäre der
vorhandene Astschuss nicht abgeschnitten worden, im selbigen Jahre
zuwachsen mussten; der neue Ast wäre also an Volumen gleich

einem vollen Ersatz für alles Eingebüsste, und für das, was neu kommen musste, dazu."

839 (Umstellung 835). [1]) Lionardo erklärt sich also wohl hier, dass am oculirten Zweig zutrifft, was ihm bei dem blos abgeschnittenen unmöglich schien. Der obere Zweig ist sogleich vorhanden, zieht sein und seines neuen Jahresschusses Nahrungsquantum und wird deshalb dicker als der untere. — Nach neueren Untersuchungen findet das Wachsthum der Aeste in die Dicke überhaupt erst beim Niedersteigen des Nahrungssafts statt.

856 (Umstellung 856). [1]) secare und sechato; Manzi (p. 408) liest hier wie in der vorhergehenden Nummer „segare, sägen", als wenn das Holz beim Sägen Risse bekäme.

Die Anweisungen zum Anfertigen von Malertafeln sind ein Beleg dafür, wie sehr sich die grössten Meister bis in's letzte Detail mit dem Werkmaterial befassten. Janitschek rühmt in seiner Ausgabe des Alberti diesen Künstler und Autor, im Gegensatz zu Cennini, weil er „alles Handwerkliche an der Kunst mit souveräner Verachtung behandle". Dies ist ein Irrthum; wer jemals selbst mit Pinsel und Palette an die Malerei herangetreten sei, wird bald genug erfahren haben, wie wenig Handwerk und Material sich souveräne Verachtung gefallen lassen, und könnte man Alberti diese Missachtung wirklich nachweisen, so würde man zugleich seine bilderische Unfähigkeit dargethan haben. Alberti hat aber glücklicherweise gerade das Handwerk der Bilderei durch entscheidende Erfindungen gefördert, wie nur Wenige ausser ihm.

Dass ein Maler jener Zeiten sich nicht auf die Herstellung seines Materials verstanden, oder gar sich nicht darum gekümmert hätte, würde wohl geradezu für unerhört gegolten haben. Von den grössten Meistern weiss man vielmehr, dass sie bei dieser Herstellung keinen Aufwand von Geld und Zeit für Verschwendung hielten, und gerade nur solchen, die zu den Bedeutendsten zählen, verdankt die Malerei technische Neuerfindungen. Auch Lionardo war geradezu unermüdlich in diesbezüglichem Nachdenken, im Tractat allein kommen mehrfach Vorschläge zu technischen Verbesserungen vor, noch gar manche andere aber sind in den unveröffentlichten Manuscripten enthalten. So versuchte er auch bekanntermaassen, seine Schlacht von Anghiari in einer neuen technischen Methode zu malen. Der Nachricht zufolge, er habe vor dem Bild

ein grosses Feuer angezündet, mag hiebei wohl die Absicht zu
Grunde gelegen haben, der Wandmalerei eine Art von Glasur zu
geben, wie den Majoliken, auf deren Dauerhaftigkeit er im Tractat
so häufig zu reden kommt. *)

Souveräne Missachtung des malerischen Handwerks kann man
erst den Bravourmalern der Decadenz nachsagen, und erst bei
sogenannten Kraftgenies, die unter dem eilfertigen Bestreben, sich
möglichst vielfältig in reingeistiger Potenz zu zeigen, keine Zeit
mehr fanden, des Handwerks sorgfältig zu pflegen, tritt dasselbe
immer gröber und augenfälliger als etwas Gesondertes neben dem
geistigen Element des Kunstwerks in die Schranken, so dass nun
in der That solche Werke den Beigeschmack einer handwerksmässigen Faustfertigkeit bekommen, der nur dann noch einigermassen erträglich bleibt, wenn, wie bei Ribera, Velasquez und
Anderen, nur die Vernachlässigung eines besseren Wissens
am Tage liegt. Als aber die Nachahmer dieser Verachtung es in
unseren Tagen zu jenen vollkommenen Absurditäten der Technik
brachten, die wir sonderlich bei modernen Franzosen zu bewundern
so oft Gelegenheit haben, da konnte allerdings mit Recht der Ruf der
Aesthetik entstehen, das Handwerk sei dem Geiste des Kunstwerks
unterzuordnen, und die gesonderte Werthlegung auf dasselbe sei ein
Zeichen bildnerischer Geistesarmuth. — Wohlverstanden, die Werthlegung auf solch ein verkommenes Handwerk, dem seiner Unbehilflichkeit zufolge die Fähigkeit abgeht, dem geistigen Element im
Kunstwerk harmonisch angeschmiegt zu werden — nur hätte man
dem Ausspruch und der Forderung keine weitergehende, allgemeinere
Bedeutung beilegen sollen. Allein bei Unkenntniss von der Procedur
bildnerischen Schaffens, und bei der Unmöglichkeit, in der man ist,
in die Schwierigkeiten einer vollendeten und deshalb nicht augen-

---

*) Man begegnet bei neueren Schriftstellern häufig der Annahme,
dieser Lionardo'sche Versuch habe wohl die Wiederauffindung der antiken
Wachsmalerei bezweckt. Sicher war aber Lionardo in der Lectüre des Plinius
und Vitruv nicht so unbewandert, dass er nicht besser gewusst hätte, auf
was sich diese — erst von modernen Archäologen erdachte — angebliche
Wachsmalerei der Alten beschränkte, und ausserdem würde Wachs vor einem
grossen Feuer ja wohl einfach abbrennen. Zum Einschmelzen und Glätten
der Wachsüberzüge, welche die Alten auf Tempera-Wandmalereien dem
Zinnober und anderen hier nicht haltbaren Farben gaben, genügten bekanntlich erwärmte Eisen.

fälligen Technik, als z. B. eines Lionardo, Holbein, Rafaël, Dürer, deutlichen Einblick zu haben, gab man sich der Imagination hin, beim rechten Talent müsse das Handwerk nur eine unbewusste Aeusserung des geistigen Willens sein, eine von selbst sich ergebende Ausprägung der vom Willen dictirten Erscheinungs-Formen, und werde so im Ausdrücken des geistigen Elements selbst gleichsam unsichtbar. Diese Vorstellung ist sehr mangelhaft und, als Forderung an den Künstler gestellt, einfach gar nicht ausführbar, ganz wie die andere, die sinnlich natürliche Erscheinungsform im Bildwerke hätte mit dem seelischen Inhalt so in Harmonie zu sein, dass ihre' Eigenart und ihr besonderer Reiz gar nicht augenfällig werden könnten.

Dort, wie hier, ist Harmonisirung, die so weit geht, dass sie einem uneingeweihten Auge die vollkommene Einheit des Gusses auf einige Zeit hin vortäuscht, nur das weislich und mannigfach durchprüfte Werk des vollendeten Meisters, der sich durch das sorgfältige Sonderstudium seiner Mittel die allergrösste Herrschaft über dieselben erwarb, und während seiner Arbeit der schöpferisch thätigen Phantasie nie so weit die Zügel schiessen lässt, dass ihn deren Erregung über die Realität seiner sinnlichen Leistung verblendete, oder dass er sich gar darüber Nachlässigkeiten des ausführenden Händewerks zu Schulden kommen liesse; vielmehr muss er die Kraft besitzen, zu Gunsten der Technik und ihrer Manipulationen, so oft es noth thut, dem Drange innerer Vorstellungsbilder, unbeschadet ihrer Lebendigkeit, auf Tage und Wochen hin Einhalt bieten zu können, bis das mechanische Gefäss, in das sie ergossen werden sollen, wirklich im Stande ist, ihre Formen und ihren Ausdruck aufzunehmen, ohne Hervorkehrung seiner subjectiven Mängel und materiellen Unzulänglichkeiten, sondern vielmehr unter drastischer Hervorkehrung seiner subjectiven Reize und Vorzüge. Dank dieser ihnen zutheil gewordenen Sorgfalt reihen sich nun die technischen Mittel als ein angenehm Empfundenes in die Gesammtharmonie des ganzen Werks ein, sie sind also im Grunde weit entfernt davon, der Beachtung für unwerth zu gelten, denn sie erhöhen und vermehren ja den Genuss der Gesammtharmonie um ihr eigenes Element. Auch ist es gar nicht wahr, dass der Geniessende auf die Dauer vom Anblick des Ganzen so gefangen genommen werde, dass er darauf verzichtet, sich zeit-

weilig der gesonderten Betrachtung und dem Sondergenuss der
einzelnen Elemente hinzugeben; und dass dieser Sondergenuss
wiederum die Empfindung der Gesammtharmonie nicht im Mindesten
schädigt, geht mit Evidenz daraus hervor, dass das eingeweihtere
Auge eines Bildners einem jeden Meisterwerk gegenüber sofort be-
gierig die Mittel zu zergliedern und die Wege sich klar zu machen
sucht, die zu solchem Ziel führten, und, wenn es ihm gelingt,
immer tiefer in diese Geheimnisse einzudringen — also auch in
das Geheimniss dieser meisterlichen Technik — jederzeit zu
Genuss und Bewunderung der Gesammtharmonie zurückzukehren
vermag, und das zwar mit einer Steigerung des Empfindens, deren
Klarheit und Energie dem weniger beglückten Auge des Laien und
des gelehrten Aesthetikers wohl auf ewig versagt sein möchte.

Wie sollte es denn anders sein? Dies schön und edel ausgebildete Handwerk ist ja nur ein wohlgefügtes Glied in einem,
seiner Natur nach zusammengehörigen Complex und ohne sein
Dasein könnte dieser Complex gar nicht zu Stande kommen.
Stört uns z. B. etwa an der Schönheits- und Harmonieempfindung,
die ein sehr wohlgestaltetes und vom edelsten geistigen Ausdruck
beseeltes Menschenbild in uns hervorruft, die Bemerkung oder
gesonderte Betrachtung irgend einer schönen Eigenschaft, eines
Theiles, sagen wir, der sehr schönen Hautfarbe, oder der meisterlich geformten Hände und Füsse? Wären sie hässlich, dann
würden sie aus der Gesammtharmonie herausfallen.

Die Aesthetik widerspricht denn auch ihrer Forderung selbst
fortwährend. Nicht ungern reden Aesthetiker von der „kenntlichen
Handschrift dieses oder jenes Meisters", sie bewundern gar manches
Werk, das nachweislich unvollendet blieb, und den unfertigen,
demnach auch noch gar nicht versteckbaren Mechanismus der
Bildnerei unverhüllt zur Schau trägt; sehr oft werden sie von
dem eigenthümlichen Reiz angezogen, der in sehr rein und scharf
geführten allerersten Anfängen der mechanischen Vorbereitung
eines Werks liegt, ja, sie pflegen in der Art von Darstellung,
die wahrlich unter gar keinen Umständen zulässt, das Mechanische
des Materials und der Technik zu verbergen, in Zeichnungen
mit Stift oder Feder nämlich, das Bestvergeistigte bildnerischer
Ausdrucksform zu erkennen. Und endlich unterliegen sie den
allerletzten, in der That rein sinnlichen Sonderwirkungen der

substanziellen Eigenschaften des Materials, in welchem das Bildwerk ausgeführt ist, und geben sich der Sonderfreude hieran
willig und zwanglos hin. Der köstlichen Steine und edlen Metalle
Pracht beeinflusst gar wohl die Gesammtstimmung, die ein Kunstwerk auf sie wirkt, wenn nur der Künstler verstand, dieser Mate-
rialien subjective und nun einmal nicht vollkommen auszutilgende
Eigenart an rechter Stelle in ihrem besten Glanze zu zeigen, und
wer wollte denn ableugnen, dass auch hiedurch eines Kunstwerks
Ausdruck und Bedeutsamkeit um ein neues, festlich wirkendes
Element bereichert werden kann?

Mit ihrer Geringschätzung des bildnerischen Handwerks und
ihrer Forderung von dessen Austilgung durch den Geist bewegt
sich die gelehrte Schönheitslehre in einem Circulus vitiosus.
Denn diejenigen unter den Bildnern, bei denen das Handwerk in
wirklich unästhetischer Weise und gesondert augenfällig wird, sind
es gerade, welche in Befolgung der undurchführbaren Forderung
noch am weitesten gelangen; und hinwiederum lässt sich auch
nur aus dieser Werken das Aufkommen und Behaupten jener
Geringschätzung bedingungsweise rechtfertigen.

Doch kehren wir zu dem speciellen Gegenstand zurück, von
dem das Lionardo'sche Capitel handelt.

Der Laie wird es unwesentlich oder sogar belächelnswerth
finden, dass ein Maler, wenn er ein rechtes Werk vorhat, auch
eine rechte und tadellose Tafel für dasselbe zu beschaffen bemüht
ist, sich freut, wenn er diese rein und wohlgeglättet vor sich
sieht, und auf ihr mit ganz anderem Respect sein Werk beginnt,
als auf einer schlechten und mangelhaften, auch wohl weiss, dass
ihn dieser guten Tafel Eigenschaften ganz anders unterstützen
und ihm bei der Arbeit keinerlei Hinderniss bereiten werden.
Der älteren Schulen Sauberkeit und Präcision in Zeichnung und
Formbildung, die Kraft und der Glanz ihres edlen Colorits, sind nur
auf solch guter, tadelloser Grundlage erreichbar. Der modernen
Realistik formlose Zeichnung und Modellirung, ihr trüb und kraftlos
disharmonisches Colorit aber werden zum grossen Theil allein schon
aus der widersinnigen Zubereitung der von dieser Schule gesuchten
Malerleinwanden erklärlich, deren mit Bürsten im dicken Farbenbrei
der Imprimitur absichtlich hervorgebrachte Wirbel und Unsauber-
keiten von vornherein jede sorgfältige, künstlerisch angenehme

und geistvolle Führung der Arbeit unmöglich machen, vielmehr
besonders zu dem Zwecke da zu sein scheinen, bildnerische Gefühl-
losigkeit und Sudelei durch ihren Anblick nach Kräften zu stimuliren
und herauszufordern, und den Gang der Arbeit zu einem Spiel
des Zufalls mit Hemmnissen zu gestalten. — Möchte unseren
Kunstschulen der alten Meister Beispiel auch auf diesem primitiven
Gebiete Wink und Anregung sein, und sie es nicht für unbedeutend
halten, dass der Schüler von allem Anfang her auch zu Sorgfalt
und Intelligenz bezüglich seines technischen Materials erzogen werde.

857 (Umstellung 892). Hier kehren die fünf gleichen Distanzen,
in praktischer Anwendung wieder. —

[1]) Es wird hieraus nicht vollkommen klar, wie Lionardo die fünf
Distanzen nimmt. Rechnet er nicht die zwischen Auge und vorder-
ster Bildfläche befindliche als die erste, so kommt für die Gegenstände im Bild nur eine Vierzahl in Betracht. Auch ist es nicht
richtig, dass die Entfernung zwischen der vierten Distanz und dem
Horizont, an dem die Grössen zu mathematischen Punkten zusammen-
schrumpfen, eine geometrische Erstreckung vorstelle, die gleich jeder
der vorderen vier Distanzen sei, sie enthält vielmehr noch eine
weitere, zu ermittelnde Anzahl solcher Distanzen in sich, die beim
mathematischen Horizont der Perspectiviker zu unendlichen werden
würde. Die Sache ist vielleicht dahin zu verstehen, dass die erste
Distanz die vorderste Bildfläche und den in diese hineinreichenden
Raum bedeutet. Dann kommen noch vier andere solche Distanzen;
und endlich folgt diejenige, oder folgen alle diejenigen, welche für die
Wirkung der Proportionalität nicht mehr in Betracht fallen, da sich
die in solchem Abstand bereits sehr klein gewordenen Objecte nun
auch in dem Maass immer weniger drastisch verkleinern, dass das Auge
keine Proportionalität der Grade mehr deutlich zu empfinden vermag.
Alle diese für die Proportionalität gleichgiltigen Distanzen werden
dann zusammen als Eine gerechnet, die sich bis dahin erstreckt,
wo die Bilder der Grössen zu Punkten einschrumpfen. [2]) ,,al uero
orizonte, che termina in pianura — am wahren Horizont, der in
der Ebene den Abschluss bildet''; hiemit ist also der reale Erdhorizont bezeichnet, zum Unterschied vom unendlich fern gedachten
Horizont der Perspectiviker (vergl. Theil VIII), was die soeben
gegebene Interpretation von [1]) auf den ersten Blick zu stören
scheint. Diesen realen Erdhorizont, oder von der Erdkrümmung

bewirkten Abschluss des Sichtbaren, könnte nämlich Lionardo, ähnlich wie im achten Theil den Horizont der Wasserkugel, in seiner Entfernung vom Auge abgeschätzt, und dann solchen Abstand — sagen wir also z. B. die Erstreckung von sieben Miglien (vergl. Theil VIII) — in fünf gleiche Theile eingetheilt haben. Dann müsste jedoch schon nach der ersten Distanz eintreten, was der Text erst nach der vierten eintreten lässt, und der Sinn kann daher nicht wohl ein anderer sein als der: „Ich habe die Erstreckung bis zum wirklichen Horizont, soweit das Auge noch die Norm der Grössenverkleinerung von Bäumen bemerken und abschätzen kann, in fünf gleiche Distanzen eingetheilt; was von hier an noch bis zum wirklichen Horizont übrig bleibt, dient als an sich gleichgiltige Folie".

861 (Umstellung 902). [1] „si mischiano nelli loro stremi" — drückt wohl durch die Wahl dieses Wortes den doppelten Sinn aus: „Die Scheinbilder mischen sich an ihren äussersten Enden oder Angrenzungen, und ebenso in ihren äussersten Unterschieden von Hell und Dunkel, so dass die besonderen Scheinbilder dieser Extreme ihre Kraft einbüssen, die einem jeden von ihnen eigen wäre, wenn es ungemischt bliebe". — Uebrigens ist an dieser Stelle der Vorgang der Farbenabnahme, schon ohne Mitwirkung der Luftmedien, deutlicher dargelegt als sonstwo im Tractat.

873 und **875** (Umstellung 878, 876). [1] Es ist nicht uninteressant, dass in diesem Capitel die Möglichkeit angegeben ist, den bekannten Helmholtz'schen Versuch der gegenseitigen Spiegelung der Complementärfarben Gelb und Blau, welcher nach Helmholtz die Mischung Neutralgrau ergeben soll, umgekehrt zu veranstalten, als der physikalische Apparat ihn gestattet, in welchem nur Gelb auf Blau gespiegelt werden kann, da es in Pigmenten kein scharfes Gelb gibt, das dunkel genug wäre, um einem Blaupigment als Spiegelfolie dienen zu können. — Dagegen ist das Blau des Himmels im Verhältniss zu materiellem Pigmentgelb licht genug, um hier gespiegelt zu werden. Nach Lionardo würde das so gewonnene Resultat dem Helmholtz'schen widersprechen.

885 (Umstellung 886). [1] fia chiara, la qual chiarezza; es kann also nur von ziemlich nahen Bäumen die Rede sein, bei denen die vordersten Zweige der Schattenpartie wieder Luftlicht zeigen, das im Verhältniss zum Stamm und dem Innern der Laubmasse hell wirkt. [2]) „il loro campo di sotto e dirietro sara di ucrdura scura, per esser ombrata dalla parte dinanti"; hier kann also unter „loro" nur das Gleiche verstanden sein wie unter „parte dinanti della detta pianta", denn die nächste Baumpartie, die hinter dem ganzen Baum steht, wird nicht von diesem von vorn her beschattet, sondern ist an der dem Baum zugekehrten Seite schon von Natur schattig, weil hierher das Hauptleuchtlicht nicht sieht.

890 (Umstellung 923). [1]) Ein Wink für den Maler, der nicht das Licht der Sonne auf seiner Palette hat, womit er dem Grün der Baumzweige im Bild diese hohe Schönheit zu geben vermöchte.

909 (Umstellung 919). [1]) Durch die perspective Verkleinerung werden ihre zerstreuten Schattendunkelheiten zu einer zusammenhängenden Masse zusammengezogen.

919 (Umstellung 887). [1]) Codex „non fanno — sie bilden keinen Schirm", was mit dem vorher Gesagten in Widerspruch wäre.

Siebenter Theil.

Umordnungstabelle des siebenten Theils.

Sachliche Erläuterungen und Noten
des Uebersetzers
zu den einzelnen Nummern des siebenten Theils.

926 (Umstellung 929). [1]) et l'humidita seguita il caldo, che
la su la condusse etc. könnte vielleicht auch übersetzt werden:
und so tritt an die Stelle der Wärme, die sie (die Wolken nämlich) dort hinaufführte, Nässe, nach welcher Seite selbige Wärme
auch zurückweichen möge.

927 (Umstellung 930). [1]) è alquanto penetrato — quando
esso sole si dimostra da sera, ò da mattina; wenn sich die Sonne
nämlich in diesem niedrigen Stande befindet, so dass die auf-
rechten Körper von ihr durchschienen werden können. — Es ist
aber auch möglich, dass hinter „dimostra" „rosseggiante" fehlt;

„sich rothstrahlend zeigt". Denn Lionardo sagt an anderer Stelle, Theil VIII, Nr. 944, das Rothstrahlen der Abendsonne komme davon her, dass diese durch die feuchten Dünste des Horizonts hinscheine.

934 (Umstellung 935). [1] „color rozzo e confuso"; rozzo eigentlich: „roh, gemein", hier im Sinne von: schwer, materiell, nicht von der Eleganz, Reinheit und Durchsichtigkeit, wie es für Farben der Luft eigentlich passt; erdig, schmutzig.

Achter Theil.

Der achte Theil bildet möglicherweise einen Abschnitt von Lionardo's Perspective, wenn ein solcher Tractat in grösserem Umfange überhaupt fertig geworden ist. Wie der Abschnitt hier vorliegt, kann er zum grössten Theil auch eine besondere Abhandlung vorstellen, in der erörtert wird, dass die Anwendung des optischen Horizontes der Perspective auf die malerische Darstellung des realen Horizonts eigentlich nicht passe.

Bereits an einer anderen Stelle des Buchs, Capitel 520 (466) ist erwähnt, dass man im Bild die perspectivisch sich verjüngenden Scheinbilder gleich grosser Gegenstände, die in Parallelen zum Auge gehen, endlich zum Punkt könne zusammenlaufen lassen, weil sich der Sehwinkel nach der Ferne zu stetig verkleinere. Diese Stelle erinnert an die Auseinandersetzung Alberti's (Quellenschr., Buch von der Malerei I, Seite 59), welche lautet: „Je spitzer der Sehwinkel wird, dessen Schenkel einen entfernten Gegenstand einschliessen, desto kleiner sieht der Gegenstand aus. Hierin erkennt man die Ursache, aus der eine sehr weit entfernte Grösse dem Auge fast nicht grösser als ein Punkt erscheint", welche letzteren Worte also beweisen, dass der wirkliche Zusammenlauf zum Punkt, wie er in der malerischen Perspective angenommen wird, nicht für eine genau mathematische Lösung gelten sollte. Anderseits ist aber auch der von den gelehrten Perspectivikern gebrauchte Ausdruck „der scheinbare Vereinigungspunkt verkürzter Parallelen liegt im Unendlichen" ein streng wissenschaftlich nicht zu rechtfertigendes Auskunftsmittel, denn wenn einmal Linien in einander zugeneigter Richtung erscheinen, so muss diese ihre Erscheinung auch nach einer ganz genau zu ermittelnden Endlichkeit durchmessenen Raums eine Winkelspitze oder einen Punkt bilden.

Lionardo beweist nun mit Hilfe sehr drastisch gezeichneter
Figuren die noch weit grössere Ungenauigkeit der Annahme, dass
die Ebene, in der in Wirklichkeit Luft- und Wasserhorizont zusammen zu kommen scheinen, in der Höhe des horizontal gehenden
Augen-Centralstrahls liege. Es würde dies selbst dann nicht der
Fall sein können, wenn Himmel und Erdoberfläche zwei horizontale Ebenen wären, weil in Wirklichkeit der Erdebene die Unendlichkeit mangelt, welche der Lehrsatz der Perspectiviker voraussetzt,
und sich unter diesen Umständen die scheinbare Vereinigung von
Himmel und Erde zum gemeinsamen Horizont überhaupt nicht
vollziehen könnte. Nur deshalb kann sich vielmehr diese scheinbare Vereinigung vollziehen, und zwar in jedem beliebigen Punkt
der Erdoberfläche, weil sich Erde und Himmelsgewölbe krümmen
und sich wie zwei ineinandergelegte Kugelschalen verhalten, bei
denen eine über die innere, convex gekrümmte Schale hinge-
legte Gerade in ihrer Verlängerung einen weiter entfernten Punkt
der äusseren, concav gekrümmten nothwendig treffen muss. Diese
Gerade aber, oder der nach dem letzten sichtbaren Rand der Erdkrümmung gerichtete Sehstrahl kann unmöglich eine Horizontale
sein, d. h. sie kann mit dem Radius, der vom Erdmittelpunkt
zur Augenhöhe geht, keinen rechten Winkel bilden, muss vielmehr
vom Auge aus nach abwärts gerichtet sein, da ja die Erdoberfläche,
von den Füssen des Beschauers an bis zu ihrem letzten sichtbaren
Rand, sich von solch' einer Horizontalen stetig abwärts krümmt.
— In Folge dessen ist also auch erprobt, dass es eigentlich unrichtig sei, die Augenhöhe von Figuren, die gleich gross sind, wie
der Beschauer, und auf einem Erdplan stehen, der eben so weit
vom Erdmittelpunkt entfernt ist, als des Beschauers Standort, in
die nämliche Höhe zu setzen, als den eben erwähnten realen Erd-
und Lufthorizont. — Dies kann nur zutreffen, wenn die Figuren
zu einander stehen, wie in Hilfsfigur Nr. 939 (Umstellung 941),
oder könnte allenfalls annehmbar erscheinen, wenn eine Figur
ganz dicht beim Beschauer, das heisst Aug' in Auge mit ihm
stände. 937 (937). — Die kleine Abhandlung ist, obwohl die
Malerei nichts Verwendbares aus ihr entnehmen kann, doch von
Interesse, weil sie zeigt, wie im wissenschaftlichen Betrieb der
Bildnerei bei der Renaissance keine abschwächende Accommodirung
der wissenschaftlichen Schärfe der Naturanschauung an und für

sich zu erblicken sei; vielmehr bereicherte diese bildnerisch genaue und scharfsinnige Anschauung die Wissenschaft um drastische Experimente. Ja, es legt sich bei dem bestimmten, man möchte sagen oppositionellen Ton, in dem die Abhandlung geführt ist, fast der Gedanke nahe, der Autor sei mit der Waffe seiner experimentirenden Beobachtung wissenschaftlichen Hypothesen und Irrthümern über das fragliche Thema entgegengetreten, die in den Gelehrtenschulen seiner Zeit im Schwange sein mochten.

Für den Biographen ist die Erwähnung Aegyptens im ersten Capitel der Abhandlung interessant. Herr Dr. J. P. Richter hat in neuester Zeit bekanntlich Manuscriptfragmente Lionardo's aus dem Codex Atlanticus veröffentlicht, welche beweisen, dass sich Lionardo eine Zeit lang in diesem Lande aufhielt.

Bei Umstellung der Texte wurde die von den Compilatoren des Codex durch vorgesetzte Lettern vorgeschlagene Ordnung befolgt.

Umordnungstabelle des achten Theils.

Nr. der Um-stellung	VOM HORIZONT.	Nr. des Codex
936	Welches die wahre Lage des Horizonts sei.	936
937	Vom Horizont.	937
938	Vom wahren Horizont.	938
938a	Unter zwei Dingen ist dasjenige das höhere etc.	939a
939	Vom Horizont.	940
940	Ob das Auge, das den Meereshorizont sieht, indem die Füsse auf dem Meeresspiegel stehen, diesen Horizont unter sich sicht.	941
940a	Vom Horizont.	939
941	Wenn *a* und *b* zwei Männer sind etc.	939b
942	Vom Horizont, der sich im laufenden Wasser spiegelt.	942
943	Wo der Horizont in der Welle gespiegelt wird.	943
944	Warum die dicke Luft nahe am Horizont roth wird.	944

Sachliche Erläuterungen und Noten
des Uebersetzers
zu den einzelnen Nummern des achten Theils.

936 (Umstellung 936). [1] Scil.: „und durch dies Ansteigen das Verschwinden des Erdhorizonts, das durch die Erdkrümmung bewirkt wird, verzögert." [2] Hier beginnt der Beweis, dass der Zusammenlauf des Himmels- und Erdhorizonts in der Augenhöhe des

Beschauers und ihm gleich grosser Figuren, nach der Lehre der
Perspectiviker selbst, auch unter Voraussetzung ebener Parallel-
pläne nie stattfinden könne. [3]) Codex: ma u'agiongerai; offenbar
Schreibfehler für „mai". [4]) Dies und das zunächst Nachfolgende
ist im Widerspruch mit dem, was Lionardo beweisen will, denn
wenn schon beim optischen unendlichen Horizont der Perspectiviker
die Grenze der plan gedachten Erde nicht mit der Augenhöhe von
gesehenen, dem Beschauer gleich grossen Figuren zusammenfällt,
so kann dies noch weit weniger beim endlichen der nicht planen,
sondern convex gekrümmten Erde der Fall sein. Man muss daher
annehmen, dass Lionardo hier für den Augenblick eine Concession
macht; „wenn die gesehene Figur mit dem Beschauer Aug in
Auge stände, würde sich allenfalls sagen lassen, dass des Beschauers
Blickstrahl nach dem Erdhorizont gerade durch ihr Auge hinginge".
[4]) che uede la figura $r\,u$ uicina à se nella parte piu strema della
piramide $a\,t\,b$; dies heisst also mit anderen Worten: „die nahe
Figur $r\,u$ deckt mit ihrer Augenhöhe gerade den äussersten Punkt b
des Erdhorizonts". — Allein indem Lionardo die Figur zeichnet,
bemerkt er, dass auch diese Annahme oder Concession · für gleichgrosse Figuren falsch und unzulässig ist, und setzt alsbald corrigirend
hinzu: „das heisst, $r\,u$ ist kleiner als $a\,t$. Und somit zeichnet er
auch in der Hilfsfigur $r\,u$ gleich so, dass der wahre Sachverhalt
drastisch in die Augen springen muss. — So muss man sich wohl
die etwas hastig und unklar ausgedrückte Stelle erläutern. [5]) „Die
Pyramide $a\,t\,b$"; auch dies ist etwas confus, denn der Punkt t hat
eigentlich mit der Sehpyramide, deren Spitze ja im Auge liegt,
nichts zu schaffen, als dass er der Fusspunkt des Auges ist.
Lionardo lässt aber das von den Sehstrahlen umspannte Stück
Erde gleich hier, bei den Füssen des Beschauers beginnen; oder
aber, man müsste annehmen, er nenne $a\,t\,b$ hier nur Pyramide,
weil es auf der Hilfszeichnung Aehnlichkeit mit einer solchen hat,
und verlege die Spitze nach b. Dann hiesse „la parte strema" so
viel, wie die Linie $a\,r\,b$, d. h. der obere Rand dieser liegenden
Pyramide. [6]) Scil.: „und somit passt also die Hypothese der Perspectiviker nicht hierher". In Nr. 938 wird denn weiter bewiesen,
dass Erd- und Himmelshorizont auch dann nicht in die Augenhöhe
der gesehenen gleichgrossen Figur zu liegen kämen, wenn Himmel
und Erde zwei parallele Horizontalebenen wären; ja sogar, dass

das scheinbare Zusammenkommen von Himmel und Erdebene an sich wegen der Endlichkeit der letzteren überhaupt gar nicht stattfinden könnte.

937 (Umstellung 937). [1]) Der Strich d der Figur, gerade so hoch wie b, hat, soll er nicht etwa eine Schnittlinie vorstellen, mit dieser Demonstration eigentlich nichts zu schaffen. Vielleicht sollte auch noch von seinem Ende aus eine Tangente an die Erdperipherie gezogen werden, um zu zeigen, wie sich beide Horizonte von Luft und Erde mit dem Weiterrücken des Auges verändern. Oder aber, es könnte auch sein, dass sich der Strich d schon auf etwas bezöge, was später in Nr. 940 auseinandergesetzt wird; und endlich könnte seine Ziehung einen nochmaligen Versuch darstellen, das zu Ende der vorigen Nummer unklar Gebliebene deutlicher zu machen und würde somit vielleicht auf das in Nr. 939 (940 a) zu Tage tretende Resultat vorbereiten.

938 (Umstellung 938). [1]) Fig. II des Codex durchaus verstümmelt. Vergl. Manzi, Tafel XXII, 5, wo nur die Buchstaben mehr in Unordnung sind. Sie sind im Codex wie hier, bis auf die Vertauschung von m und n, die der Uebereinstimmung mit dem Text halber nöthig war. — Dass die Figur der Originalhandschrift nicht so gewesen sein könne, wie die des Codex, geht daraus hervor, dass der Text den Punkt n auf der Schnittlinie $c d$ als das Bild des Punktes a des Himmelshorizontes bezeichnet. — Mit beinahe komisch wirkender Drastik ist das Verhältniss zwischen Erdebene und unendlicher Himmelsebene zur Anschauung gebracht.

Bei Fig. I zeigt die Buchstabenbezeichnung, dass im Text das vom Meereshorizont Gesagte weiter ausgeführt werden sollte. Es ist wiederum das in Wirklichkeit unmögliche enorme Verhältniss der Augenhöhe zur Erdkrümmung und zum Erdumfange gewählt. — Auffallend ist, dass Lionardo in dieser Nummer zugibt, die beiden parallelen Horizontalen könnten im Horizent der Mathematiker zusammenkommen, während bei diesen der Ausdruck: „Dies Zusammentreffen findet in einem im Unendlichen liegenden Punkte statt" doch nur so viel heissen kann, als: er finde in Wirklichkeit nie statt, was denn Lionardo auch vorher, in Nr. 936, selbst bewiesen hat. Es ist dies wohl nur wieder eine Concession, ähnlich der in 936 gemachten, durch welche dann die Wahrheit

des Gegentheils, welche nachher mittelst Beweis erhoben wird, um
so schärfer hervortreten soll.

939 (Umstellung 940 a) und **930 a** (939 a). Im Codex ist
Nr. 939 a ursprünglich nicht als Absatz von den beiden vorhergehenden Perioden in Nr. 939 getrennt.   Jedem Einzelsatz ist nur
dadurch ein gewisses Gewicht gegeben, dass sie alle drei durch
kleine Zwischenräume auf gleicher Linie bestimmt auseinander-
gehalten sind.   In den Zwischenraum, der so vor 939 a kommt,
ist dann *h* hineingeschrieben, womit wohl gesagt sein sollte, dass
ganz 939 a sich besser an die vorige, mit g bezeichnete Nr. 938
anschliessen und so vor die beiden ersten Perioden von 939 zu
stehen kommen würde. — Dies ist zu billigen, denn der Inhalt
von 939 a bezieht sich noch direct auf die gleichliegende Linie
der Perspectiviker, und Fig. I zu 938 ist so, als wäre sie eigens
für Nr. 939 a gezeichnet.

Nachdem 938 a diese andere Stellung bekommen, würde 939 b
direct auf die beiden ersten Perioden von 939 folgen. Und so
aneinander geschlossen, würden sie, als Schluss der ganzen Untersuchung, am besten hinter 941 Platz finden. Denn in Nr. 940 und
941 wird eigentlich erst bewiesen, was in den beiden ersten Perioden von 939 gesagt ist; angedeutet war dies aber schon in
den Figürchen zu 937 und 938.

941 (Umstellung 940). Bei der Figur des Codex ist auch die
Luftkugel umher gezeichnet, und dann hinzugeschrieben: der grössere
Kreis gilt nicht.

942 (Umstellung 942).   Die Figürchen des Codex, die etwas
unklar, deutlicher gezeichnet.

943 (Umstellung 943).   Die Figürchen des Codex, die etwas
unklar, deutlicher gezeichnet.

SACHREGISTER.